21世纪任务驱动型高职高专国际商务专业规划教材

International Commercial Law:
Practice and Case 2nd edition

国际商法：
实务与案例（第二版）

陈　迎　杨桂红　主　编
　　　　潘凤焕　副主编

北京大学出版社
PEKING UNIVERSITY PRESS

图书在版编目(CIP)数据

国际商法：实务与案例/陈迎，杨桂红主编. —2 版. —北京：北京大学出版社，2020.8
21 世纪任务驱动型高职高专国际商务专业规划教材
ISBN 978-7-301-31501-9

Ⅰ. ①国… Ⅱ. ①陈… ②杨… Ⅲ. ①国际商法—高等职业教育—教材 Ⅳ. ①D996.1

中国版本图书馆 CIP 数据核字(2020)第 141415 号

书　　　名	国际商法：实务与案例（第二版）
	GUOJI SHANGFA：SHIWU YU ANLI(DI-ER BAN)
著作责任者	陈　迎　杨桂红　主编
责任编辑	任京雪　李　娟
标准书号	ISBN 978-7-301-31501-9
出版发行	北京大学出版社
地　　　址	北京市海淀区成府路 205 号　100871
网　　　址	http://www.pup.cn
微信公众号	北京大学经管书苑（pupembook）
电子邮箱	编辑部 em@pup.cn　总编室 zpup@pup.cn
电　　　话	邮购部 010-62752015　发行部 010-62750672　编辑部 010-62752926
印　刷　者	北京市科星印刷有限责任公司
经　销　者	新华书店
	787 毫米×1092 毫米　16 开本　19.25 印张　456 千字
	2012 年 8 月第 1 版
	2020 年 8 月第 2 版　2024 年 2 月第 7 次印刷
定　　　价	49.00 元

未经许可，不得以任何方式复制或抄袭本书之部分或全部内容。
版权所有，侵权必究
举报电话：010-62752024　电子邮箱：fd@pup.cn
图书如有印装质量问题，请与出版部联系，电话：010-62756370

本 书 资 源

学生资源：
◈ 在线测试题
◈ 实训案例评析
◈ 拓展知识链接

资源获取方法：
第一步，关注"博雅学与练"微信服务号。
第二步，扫描右侧二维码标签，获取上述资源。
一书一码，相关资源仅供一人使用。
读者在使用过程中如遇到技术问题，可发邮件至 renjingxue@pup.cn。

教辅资源：
◈ PPT
◈ 典型案例与法律法规链接

任课教师可根据书后的"教辅申请说明"反馈信息，索取教辅资源。

第二版前言

本书的第一版于2012年8月出版，至今已经过去8年。本书的内容适合高职学生学习，案例资源丰富，编写体例新颖、灵活，受到同行和学生的喜爱。但是，在使用过程中，我们也发现了一些需要修正的问题；同时，一些法律、法规陆续出台和修订；此外，随着互联网的发展，电子商务在经济生活中的作用越来越凸显，而且数字化资源在教材中的应用已经非常普遍。基于上述原因，应出版社的要求，我们对本书进行了修订，形成了现在的第二版。

首先，我们优化了编写团队，邀请杨桂红、潘凤焕、任春玲三位老师参加教材的编写，并请杨桂红老师作为主编之一，潘凤焕老师作为副主编。三位老师都是从事国际商法及相关课程教学工作多年的资深教师，同时还担任兼职律师，具有深厚的理论功底、丰富的教学经验和法律实践经验。三位老师的加入是本书第二版得以完成的重要保障，尤其是杨桂红老师，全程参与了第二版的改版和内容设计，并对原书中存在的问题提出了非常专业的意见和修正方案。在此，对老师们的认真负责和辛苦付出表示诚挚的感谢。

其次，在保留第一版基本格局和原有特色的基础上，我们做了如下修订：

第一，添加了国际海上货物运输保险法律问题（杨桂红）、国际知识产权法律问题（潘凤焕）、国际电子商务法律问题（陈迎）和国际商事诉讼法律问题（任春玲）四部分的内容。

第二，对国际商事条约及国内法发生变化的部分进行了更新，如涉及我国《公司法》《民法典》等法律的内容、我国对《联合国国际货物销售合同公约》保留内容的更改及公约缔约国的变化等，我们都认真进行了修订。

第三，对全书的内容进行了严格推敲，修正了不妥之处，使逻辑更为合理、内容更为精简、语言更加规范。各位老师担任的修订工作如下：杨桂红修订项目一、项目七、项目九；任春玲修订项目二、项目十二；陈迎修订项目三、项目四、项目五；潘凤焕修订项目六。

第四，为适应学生的多样化需求及网络时代的要求，我们在书中的适当位置设置了丰富的数字资源，如典型案例和知识拓展资料等；在每个项目后设置思考题、实训案例和在线测试题，帮助学生更好地理解相关知识，并切实有效地把知识转化为运用法律原则和法律方法分析、解决实际问题的能力。

本书在深入研究高职学生的专业方向、岗位需求、学习习惯和认知特点等问题的基础之上，遵循"理论够用"原则，力求深入浅出、通俗易懂；以工作情景与典型案例为切入点，以点带面，以案说法，引发学生的学习兴趣和探究热情，通过案例讨论、实务模拟等实践教学方式，提升学习效果。

本书采用比较的方法，简要介绍英美法系国家和大陆法系国家基本的商法原则，并以最常用的国际商事条约和中国商法规范为重点，内容契合习近平法治思想中的"坚持统筹推进国内法治和涉外法治"理念。党的二十大报告把"坚持全面依法治国，推进法治中国建设"作为全面建成社会主义现代化强国、实现第二个百年奋斗目标的十二项重大部署之一,明确提出"加强重点领域、新兴领域、涉外领域立法,统筹推进国内法治和涉外法治"。学生在比较法律的学习中,不仅能够了解国际商务规则,培养良好的国际视野,还可以深刻认识到中国法治建设的进步与成就,从而对"法治中国"的未来充满信心。

  本书作为商法教材,平等、意思自治、公平、诚信、善意等商法原则贯穿始终,这些原则既是商法的基本原则,又是重要的道德准则,集中体现了商法的宗旨和精神,且与社会主义核心价值观有着深刻的内在联系。深入理解商法原则可以培养学生正确的法治观念和良好的法律意识,同时也有利于培养学生在职业生涯中树立"德重于利"的价值观和遵纪守法、诚实守信、办事公道、团结协作、奉献社会等职业操守。

  本书既可作为高职高专院校学生的学习用书,又可作为国际商务领域从业人员及其他相关人员学习国际商法的参考资料。

  本书在编写过程中,参考了有关专家、学者及同仁的研究成果及网上相关资料,在此表示感谢。另外,限于时间及水平,疏漏之处在所难免,敬请各位专家、学者批评指正。

编　者

目　　录

项目一　国际商法认知 /1
　任务一：认识国际商法 /1
　　一、什么是国际商法 /2
　　二、国际商法的主要内容 /2
　　三、国际商法的渊源 /2
　　四、国际商法的产生与发展 /5
　任务二：运用法律原则解决国际商务纠纷 /6
　　五、国际商法的基本原则 /7
　能力实训 /8

项目二　创建及管理企业过程中的法律问题 /10
　任务一：选择企业的类型 /10
　　一、企业主要形式及立法概况 /11
　　二、企业的法律特征 /13
　　三、企业类型的细化 /15
　任务二：如何设立企业 /21
　　四、企业的设立 /21
　　任务三：企业管理法律实务分析 /27
　　五、企业事务管理制度 /28
　任务四：企业资本管理法律实务分析 /34
　　六、企业资本管理 /35
　任务五：企业运行中的变化 /40
　　七、企业运行中的变化 /41
　能力实训 /46

项目三　国际商事代理中的法律问题 /49
　任务一：认识商事代理 /49
　　一、什么是商事代理 /50
　　二、有关商事代理的法律规范 /51
　　三、商事代理的种类 /52

任务二：代理关系法律实务分析 /54
  四、商事代理权的产生 /56
  五、商事代理关系中的权利与义务 /57
  六、商事代理关系的终止 /63
  七、无权代理 /64
  任务三：我国外贸代理实务分析 /66
  八、我国的外贸代理制度 /67
  能力实训 /68

项目四　国际商事合同订立过程中的法律问题 /70
  任务一：认识合同 /70
  一、合同的概念及分类 /71
  二、调整合同关系的法律规范 /73
  任务二：如何订立合同 /76
  三、合同订立的基本程序 /77
  四、合同的内容和形式 /84
  任务三：确认合同的法律效力 /86
  五、合同的效力 /87
  任务四：缔约过失责任的承担 /93
  六、缔约过失责任 /94
  能力实训 /95

项目五　国际合同履行中的法律问题 /97
  任务一：如何适当履行合同 /97
  一、合同履行的规则 /98
  任务二：合同履行抗辩权、保全措施的运用 /100
  二、合同履行中的抗辩权 /101
  三、合同的保全 /102
  任务三：违约事件的处理 /104
  四、不履行合同的法律后果——违约及违约的救济 /106
  任务四：合同履行中的变化 /111
  五、合同履行中的变化 /111
  任务五：适当履行国际货物买卖合同 /116
  六、国际货物买卖合同的履行 /118
  能力实训 /130

项目六　产品责任法律问题 /132
  任务：产品责任的构成和承担 /132
  一、产品责任法中的几个重要概念 /134

二、产品责任法的概念和特征　　　　　　　　　　　　　　　/137
　　三、国际产品责任法立法概况　　　　　　　　　　　　　　　/138
　　四、美国的产品责任法　　　　　　　　　　　　　　　　　　/138
　　五、欧洲的产品责任法　　　　　　　　　　　　　　　　　　/144
　　六、产品责任法律适用的国际公约　　　　　　　　　　　　　/145
　　七、我国的产品责任法律制度　　　　　　　　　　　　　　　/146
　　能力实训　　　　　　　　　　　　　　　　　　　　　　　　/148

项目七　国际海上货物运输的法律问题　　　　　　　　　　　/149
　　任务一：国际海上货物运输合同与提单的关系　　　　　　　　/149
　　一、国际海上货物运输合同　　　　　　　　　　　　　　　　/151
　　二、提单　　　　　　　　　　　　　　　　　　　　　　　　/154
　　任务二：承运人的权利和义务　　　　　　　　　　　　　　　/158
　　三、租船合同　　　　　　　　　　　　　　　　　　　　　　/167
　　能力实训　　　　　　　　　　　　　　　　　　　　　　　　/170

项目八　国际海上货物运输保险的法律问题　　　　　　　　　/172
　　任务一：海上货物运输保险合同的特点——诚实信用原则　　　/172
　　一、海上货物运输保险法概述　　　　　　　　　　　　　　　/173
　　二、海上货物运输保险合同　　　　　　　　　　　　　　　　/173
　　任务二：海上货物运输保险合同的订立实务分析　　　　　　　/175
　　三、海上货物运输保险的承保范围　　　　　　　　　　　　　/178
　　任务三：共同海损的确认和赔偿实务分析　　　　　　　　　　/180
　　四、海上货物运输保险的险别及除外责任　　　　　　　　　　/184
　　五、保险损失的赔偿　　　　　　　　　　　　　　　　　　　/188
　　能力实训　　　　　　　　　　　　　　　　　　　　　　　　/189

项目九　票据使用中的法律问题　　　　　　　　　　　　　　/191
　　任务一：票据关系法律实务分析　　　　　　　　　　　　　　/191
　　一、票据概述　　　　　　　　　　　　　　　　　　　　　　/192
　　二、票据立法及票据法系　　　　　　　　　　　　　　　　　/195
　　三、票据关系和票据行为　　　　　　　　　　　　　　　　　/197
　　四、汇票、本票和支票　　　　　　　　　　　　　　　　　　/201
　　任务二：票据权利的取得与行使　　　　　　　　　　　　　　/207
　　五、票据权利　　　　　　　　　　　　　　　　　　　　　　/208
　　任务三：票据丧失的补救实务分析　　　　　　　　　　　　　/213
　　六、票据的丧失及其补救　　　　　　　　　　　　　　　　　/214
　　能力实训　　　　　　　　　　　　　　　　　　　　　　　　/215

项目十　国际电子商务中的法律问题　/218
　　任务一：电子商务法律制度认知　/218
　　　一、电子商务法的概念　/219
　　　二、国际电子商务立法概况　/220
　　任务二：电子商务合同签订与履行过程中的法律问题　/223
　　　三、电子商务合同的种类　/225
　　　四、电子商务合同的订立　/226
　　　五、电子商务合同的生效　/228
　　　六、电子签名及其法律效力　/230
　　　七、电子合同的形式问题　/232
　　　八、电子商务合同的履行　/232
　　能力实训　/234

项目十一　知识产权法律问题　/236
　　任务一：认识知识产权　/236
　　　一、知识产权的概念和法律特征　/237
　　　二、知识产权的法律保护　/237
　　任务二：专利权的取得和保护　/238
　　　三、专利权的取得　/239
　　　四、专利权的保护　/244
　　任务三：商标权的取得和保护　/248
　　　五、商标权的取得　/249
　　　六、商标权的保护　/253
　　任务四：著作权的取得和保护　/257
　　　七、著作权的取得　/257
　　　八、著作权的保护　/259
　　能力实训　/266

项目十二　国际商事仲裁与诉讼的法律问题　/269
　　任务一：运用仲裁程序解决国际商务纠纷　/269
　　　一、国际商事仲裁　/271
　　任务二：运用诉讼程序解决国际商务纠纷　/287
　　　二、国际商事诉讼　/287
　　能力实训　/297

参考文献　/299

项目一　国际商法认知

> **学习目标**
>
> 1. **知识目标**
>   （1）熟悉国际商法的基本含义和主要内容；
>   （2）掌握国际商法的渊源；
>   （3）了解国际商法的历史沿革；
>   （4）熟悉国际商法的基本原则；
>   （5）了解两大法系的基本内容和区别。
> 2. **能力目标**
>   （1）在从事商事活动中能够充分认识和运用国际公约、国际惯例和国内法的不同作用；
>   （2）能够运用商法的基本原则解决商务纠纷。

任务一：认识国际商法

> **工作任务**
>
> 一个19岁的西班牙留学生A在中国的某商场买了一块价格昂贵的瑞士名表。其父母听说后，坚决不同意，要求退货，理由是根据西班牙法律，21岁为完全民事行为能力人，A只有19岁，未达到法定年龄，属于限制民事行为能力人，其所进行的超出其能力范围的行为应征得监护人的同意，否则无效。
>
> 请问：本案应适用国际商法吗？

操作过程

本案不应适用国际商法。

国际商法是调整国际商事交易和商事组织各种关系的法律规范的总称。国际商法中的"国际性"是以当事人的营业地处于不同国家为标准，即跨越国界。按照《联合国国际货物销售合同公约》的规定，如果合同当事人的营业地设在同一国家，则即使他们具有不同的国籍，他们之间达成的合同和进行的交易，也不属于国际性的商事合同。因此，当事人的国籍不是衡量国际性的标准。对于商事组织的认定，各国法律规定不尽相同，但对商事组织的要求基本相同：需有自己的名称（商号）；有固定的场所；有一定的资本，以营利为目的；有一定的组织形式，设立程序须符合法律规定。根据多数国家的规定，商事组织主要有公司、合伙和独资。

本案中 A 不属于商事组织,其购买行为也不属于国际商事交易,因此不适用国际商法。关于其行为能力的确认问题,属于国际私法的范畴。

知识链接与归纳

一、什么是国际商法

国际商法是调整国际商事交易和商事组织各种关系的法律规范的总称。它的调整对象是国际商事关系,这种关系是各国商事组织在跨国经营中所形成的各种社会关系。

调整某国国内商事关系的法律规范是国内商法,调整具有国际因素的商事关系的法律规范则是国际商法。所谓国际因素,是指当事人的营业地分处不同国家,而非国家与国家之间的关系,同时与当事人的国籍无关。所谓营业地,是指永久性的经常从事一般商业交易的场所。

国际商法所调整的是商事组织在实施商事行为的过程中形成的各种社会关系,主要体现为平等的当事人之间因经营性行为而产生的关系。传统意义上的商事行为一般仅指买卖行为,随着经济的发展,商业的范围逐渐扩大到各个行业,商事行为的界限变得越来越模糊。另外,从事商事行为的当事人的状态也是商法关注的问题,各国的商法都对商事组织的主体资格进行规范。所以,严格来讲,"商事行为"是指具有经营资格的商事组织所从事的经营性行为。

二、国际商法的主要内容

传统商法主要包括公司法、合同法、买卖法、海商法、保险法、票据法等内容。随着社会和经济的不断发展,新的商事行为必将层出不穷,国际商法的调整范围也会随之发生变化,因此国际商法是一个开放的体系。现代国际商法的调整范围是非常宽泛的,在传统商法的基础上,还包括技术贸易、服务贸易等众多的国际商事领域。鉴于教学时数、本书篇幅以及与其他课程的衔接等方面的限制,本书只选择对学生而言最基本的国际商法领域进行介绍,包括商事组织法、代理法、合同法、买卖法、产品责任法、运输法、保险法、票据法、电子商务法和商事仲裁与诉讼等内容。

商务活动中的所有问题是否都属于商法的调整范畴?

三、国际商法的渊源

法的渊源是指法的表现形式,国际商法的渊源即国际商法的表现形式。国际商法有三个主要渊源:一是国际商事条约;二是国际商事惯例;三是各国商法。

(一)国际商事条约(或公约)

所谓国际商事条约,是指两个或两个以上的主权国家所缔结的有关国际商事的协议。国际商事条约对缔约国的当事人具有普遍约束力,是国际商法的重要渊源。国际商事条约分为两种类型,即实体法条约和冲突法条约。实体法条约直接规定商事主体之间的权利义务关系,这类条约如1980年的《联合国国际货物销售合同公约》;冲突法条约不直接规定商事主体之间的权利义务关系,而是指出有关商事问题应该援引和适用的法律,这类条约如《产品责任适用法律公约》《国际货物买卖合同适用法律公约》。

国际商事条约的约束力不同于国内法。一般情况下,在处理国际商事问题时,国际商事条约比国内法有优先适用的效力,但有些国际商事条约是允许缔约国的当事人明示排除适用的。如《联合国国际货物销售合同公约》就规定:双方当事人可以不适用本公约,减损本公约的任何规定或改变其效力,即缔约国的当事人只要在合同中明确规定不适用公约,则在法律没有特别规定的情况下,可以排除公约的适用。

目前,在各国政府和一些国际组织的努力下,世界上已制定了许多国际商事条约,内容涵盖国际货物买卖、产品责任、国际货物运输、票据、知识产权保护、国际商事仲裁等方面。随着国际经贸的发展,联合国国际贸易法委员会作用的加强,以及各国政府的充分协商、谅解,国际商法中的统一法内容会越来越多,其作用也会越来越大。

(二)国际商事惯例

所谓国际商事惯例,是指在长期的国际商务活动中,因反复实践而形成的,为广大国际商务当事人所普遍接受的,并由某些国际组织或某些商业团体整理编纂成文的规则。例如,国际商会制定的《国际贸易术语解释通则》和《跟单信用证统一惯例》等。国际商事惯例本身并不具有普遍约束力,但是如果交易双方在合同中约定适用某项商事惯例,则该项商事惯例对合同双方当事人就具有法律效力。

国际商事条约与国际商事惯例有什么区别?

(三)各国商法

1. 各国商法在国际商务活动中的作用

在统一的国际商法形成之前,调整国际商事关系的实体法是各国商法。目前,虽然已经制定了很多国际商事统一法,但在国际商事领域,还有许多方面未形成统一法,各国商法在相当长的一个时期内,仍会起到调整国际商事关系的作用。另外,国际商事统一法不是凭空产生的,它的制定必须以各国商法为基础,对某些分歧较大的法律原则进行协调,只有这样才能制定出为各国所接受的统一法。为此,国际

法律冲突

商事统一法的产生必然要受到各国商法的制约与影响。当然,各国商法在制定和修改的过程中,也会受到国际商事统一法的影响,例如我国的合同法律制度,就吸收了《联合国

国际货物销售合同公约》的内容。

2. 两大法系及其主要的特点

从国际商法的角度来看,对国际商事关系影响较大的各国法律可以分为两大法系,即以法国法和德国法为代表的大陆法系以及以英国法和美国法为代表的英美法系。

大陆法系又称罗马法系、民法法系,是指在罗马法的原则和形式的基础上,以1804年《法国民法典》和1900年《德国民法典》为代表,以成文化、法典化为主要特征的法律体系。大陆法系13世纪形成于西欧,除法国和德国外许多欧洲大陆国家如意大利、西班牙等也都属于大陆法系。除此之外,整个拉丁美洲、非洲的一部分国家也属于大陆法系。另外,在属于英美法系的某些国家中,有一些地区属于大陆法系,如英国的苏格兰、美国的路易斯安那州、加拿大的魁北克省等。在亚洲,日本、土耳其等国主动引入大陆法系,对本国法律体系进行改造。

英美法系又称普通法系,是指以英国中世纪普通法为基础发展起来的,以英国、美国为代表,以判例法为主要特征的法律体系。英美法系首先起源于11世纪诺曼人入侵英国后逐步形成的以判例形式出现的普通法。随着社会经济的发展,普通法不论在诉讼程序方面还是在救济方法方面,都越来越不适应现实的需要,为了补充和匡正普通法的不足,产生了衡平法,与普通法共同构成英美法系的法律内容。英美法系的范围,除英国(不包括苏格兰)、美国外,还包括曾是英国殖民地、附属国的国家和地区,如印度、巴基斯坦、新加坡、缅甸、加拿大、澳大利亚、新西兰、马来西亚等。

由于历史传统、法律文化等方面的差异,两大法系在很多方面存在不同。主要表现在:

(1) 在法律渊源方面,大陆法系的主要法律渊源是制定法,判例一般不被作为正式法律渊源,对法院审判无约束力;而英美法系的法律渊源既包括制定法,又包括判例,且判例所构成的判例法在英美法系中占有极为重要的位置,是其主要的法律渊源。

(2) 在法典编纂方面,大陆法系的基本法律一般采用系统的法典形式;而英美法系一般不倾向于法典形式,其制定法一般是单行的法律和法规。当代英美法系虽然学习和借鉴了大陆法系制定法传统,但也大都是对其判例的汇集和修订。

(3) 在法律结构方面,大陆法系的基本结构是在公法和私法的分类基础上建立的,传统意义上的公法是指宪法、行政法、刑法以及诉讼法,私法主要是指民法和商法;英美法系的基本结构是在普通法和衡平法的分类基础上建立的,英美法系没有严格的部门法概念,即没有系统性、逻辑性很强的法律分类,其法律分类比较偏重实用。

遵循法律体系
的具体做法

(4) 在法官作用方面,大陆法系的法官只能遵循制定法的规定办理案件,没有立法权,也就是说,法官只能适用法律和解释法律而不能制定法律;英美法系的法官在处理案件时遵循先例拘束原则,即援用已有的判例来审判案件,同时也可以在没有先例的条件下,运用法律解释和法律推理的技术创造新的判例,因此法官在一定程度上是法律的制定者。

在世界性的法的区域化、一体化的过程中,两大法系之间的差别正在逐渐缩小,以弥补传统方式的不足。英美法系国家相继制定了许多成文法,而大陆法系国家在司法实践中也往往以上级法院以往的有关判例为参考,使得判例在很多场合下实际上成了"准法律"。虽然两大法系的法律渊源正在逐步靠拢,但并未统一,两大法系的差别还将长期存在,不会很快消失。

议一议

假设一家美国公司和一家德国公司签订了一份国际货物买卖合同,因为货物的质量问题而产生了纠纷,那么解决它们之间的纠纷可能会适用哪些法律?

四、国际商法的产生与发展

国际商法是随着国际商事交往的产生而产生的。在古罗马时期,商品经济比较发达,商事法律规范也比较丰富。在罗马法后期的万民法中,已有关于代理、冒险借贷、海运赔偿的规定,这些规定构成了古代商法的基本内容。但是古代各国的商事规范比较简单,并与其他法规混杂,因此当时并没有独立的国际商法。

近代国际商法形成于欧洲中世纪的商人习惯法。公元11世纪到15世纪,欧洲地中海沿岸的城市国家国际贸易迅速发展。而当时欧洲大陆处于封建法和寺院法的支配下,这些法律不但明令禁止放贷收息、借本经营、商业投机和各种转手盈利活动,连正常的债权让与交易也被认为是违法的行为。此外,当时的法律不能为商业交易提供必要的保护,这显然无法适应商业发展的需要。商人们为了维护自己的利益,组织了商人的行会组织——商人基尔特。这种组织最初的作用在于通过行业自治和习惯规则协调商人之间的关系,反抗封建法制的束缚,处理商人之间的纠纷。此后,这种组织还履行了制定和编纂习惯规则、组织商事法庭和行使商事裁判权等职能。经过几百年的沿用与发展,在中世纪地中海一带形成了较为系统的商人习惯法,现代商法的许多制度即源于此。例如,现代商法中的商人资格及公示规则、诚实信用原则、商事代理、商事合伙、保险制度、海商制度、票据制度等,在商人习惯法中已具雏形。随着资本主义生产关系的产生,商人的地位上升,反映商品经济关系的商人习惯法逐渐得到各国的认可。

随着欧洲资产阶级革命的成功,以及社会关系的变革,为了维护资本主义商品经济关系,从19世纪开始,欧洲大陆国家相继开始了大规模的法典制定活动。1807年,法国在拿破仑的主持下,率先制定了《法国商法典》。《法国商法典》的制定开创了大陆法系国家民商分立的体制,对世界各国的商事立法影响很大,欧洲的一些国家纷纷效仿制定自己国家的商法典,如1897年德国制定了《德国商法典》。该法注重法律的系统性、逻辑性与严密性,其内容与结构比较合理,对其他国家的商事立法产生了很大的影响,某些原来以《法国商法典》为蓝本的国家,都按《德国商法典》的模式来修订本国的商法典。日本自明治维新以后,开始近代法典的编纂工作,并于1899年颁布

1897年《德国商法典》

《日本商法典》。进入20世纪以后,法国、德国和日本等国的商法典都进行了多次修改,而且为了适应经济发展的需要,均制定了许多单行法规,对商法典进行修改和补充。需要指出的是,有些大陆法系国家并没有采用法国法和德国法"民商分立"的方式,而是采用"民商合一"的立法模式,在制定民法时,把民事规范和商事规范都包括在其中。采用民商合一立法模式的国家主要有意大利、瑞士、荷兰等。

英、美、法等国家不存在大陆法系形式意义上的商法,但在英、美、法等国家的法律中存在大量的商事规范。英国在商品买卖、公司、票据、保险、海商、破产等方面都制定了单行法律,例如英国《1893年货物买卖法》与《1882年汇票法》在世界上影响很大。美国于1952年制定了《统一商法典》,现在已经被大多数州采纳。

如前所述,近代国际商法产生于欧洲中世纪的商人习惯法,其中许多规范普遍被欧洲各国的商人接受,本身就是具有国际性质的法律。后来由于各国立法,商法成为国内法,各国商法的差别有所增加。这种差别给国际商事活动带来不便,为了减少法律冲突,20世纪以来,西方国家掀起了商法国际化、统一化的浪潮,并取得了可喜的成果。有关国家和国际商事组织制定了一系列国际商事条约与国际商事惯例。这些条约与惯例对各国商法产生了重大影响,许多国家在商事立法中直接引入国际规范,或按国际规范来修改本国的商法。

综上所述,国际商法经历了"国内—国际,再国内—国际"的历程,统一化是必然趋势。当然,由于各国的经济发展水平以及历史、文化差异等因素的影响,国际商法的全面统一之路将是十分漫长的。

任务二:运用法律原则解决国际商务纠纷

工作任务

案例1:A国的甲公司是一家经营土特产的公司,与B国的乙林场签订了一份买卖香菇的合同。由于疏忽,甲公司在自己提供的合同文本中把质量条款错写成"足干、变质、无杂货"。乙林场在发现这一条款后,非常高兴,正好有一批变质香菇准备处理,于是全部交付甲公司。甲公司发现后,要求换货,乙林场则以"按合同办事"为由,拒绝换货。

案例2:K先生是丙有限责任公司的总经理。该公司董事会给K先生的授权范围是,有权自行决定150万元以下合同的签署,150万元以上的合同则应经董事会讨论通过。一次,K先生与丁公司签订了一份180万元的合同,但并没有提前提交董事会讨论。后董事长发现了此事,马上召集董事会讨论,结果董事会认为市场风险太大而没有通过。但是丁公司坚持要求履行合同。

请问:

(1)上述两个案例应如何处理?

(2)上述案例体现了国际商法的哪些原则?

操作过程

（1）案例1中，乙林场的做法欠妥，应当给甲公司换货。甲公司提供的合同文本明显不合常理，一般情况下应是笔误。而且，一份合同是要经过一定的磋商过程的，在此过程中，甲公司没有表现出任何要变质香菇的意图，且从合同的价款上，也能判断出甲公司的真实需求。因此，乙林场以"按合同办事"为由，给甲公司交付变质香菇，显然不是出于善意，且签订的合同明显不公平。这样的行为是不能得到法律支持的。案例2中，丁公司的要求应当得到支持，丙公司应履行合同。因为丙公司董事会对K先生职权的限制仅在公司内部有效，而丁公司并不知情，因此丁公司作为善意的合同当事人，与丙公司签订合同，其合法利益应当受到法律的保护。至于履行合同后丙公司的损失，则应根据丙公司与K先生的劳动合同来解决。

（2）案例1体现了商法中的诚实信用和公平原则。合同当事人在签订和履行合同的过程中，应当重合同，守信用，善意地对待对方，寻求双方利益上的基本平衡，不能欺诈对方，也不能利用对方的疏忽、没有经验等损害对方的利益。案例2体现了保障交易安全的原则。丁公司作为善意的合同当事人，不可能知道K先生在公司中的权限，所以为了保障交易的安全，丁公司的利益会得到法律的优先保护。

知识链接与归纳

五、国际商法的基本原则

所谓国际商法的基本原则，是指对于各类国际商事关系具有普遍适用意义的法律规则。尽管各国商法存在一定差异，但由于商法直接反映商事交易的客观规律，具有很强的社会性与国际性，因此各国商法存在一些共同的基本原则。

（一）平等交易的原则

所谓平等交易，是指在商事交易中，当事人的法律地位平等，在平等的条件下进行交易，以达到公平的目的。平等交易是市场经济的基本要求，参与商事活动的当事人只有具备独立主体的资格，并在平等的地位上自主经营，才有可能公平竞争，造就一个公平合理的商事交易环境。

（二）诚实信用和公平的原则

所谓诚实信用和公平，是指当事人应根据交易习惯，按诚实信用和善意的方法进行交易，禁止欺诈和进行不正当交易，以维护交易公平。诚实信用和公平原则是民法的基本原则，同时也是商法的基本原则。诚实信用和公平原则在商法领域运用得十分广泛，在法律没有明确规定或合同没有明确约定时，法院和当事人可以此原则补充法律规定的不足。

诚实信用和公平是道德原则还是法律原则？

(三) 交易简便迅速的原则

社会经济的发展是通过频繁的商事交易实现的。商事交易的速度越快,社会经济的发展速度就越快。为了促进社会经济的发展,商法的许多制度都贯穿了交易简便迅速的原则。如在商事合同中,商法对许多合同的内容都有统一的规定,这些规定构成了合同的基本条款,使各类合同定型化(又称为"格式合同")。目前这种格式合同的使用已相当广泛,例如在货物买卖业务上使用的销售单与购货单,以及保险业务上使用的各种保险单,海运业务上使用的提单等,均是合同定型化的表现。这种做法大大简化了交易程序,缩短了交易时间,便利了交易的发展。

(四) 保障交易安全的原则

保障交易安全是社会对商法的基本要求。商事交易关系到每个当事人的切身利益,只有对这种利益给予有力的保护,商事交易才能进行与发展。商法对交易安全的保护,主要体现为在某些方面实行强制主义、公示主义、外观主义和严格责任主义的原则。

强制主义原则是指国家为了满足交易安全的需要,对某些商事行为做强制性的规定。例如,公司章程必须有必要事项的记载;各种票据、提单、保险单、保函等商业证券,必须符合法律规定的形式。这些规定对于防止欺诈与不正当的商业行为,以及维护社会交易的安全,起到了很大的作用。

公示主义原则是指交易当事人对于涉及利害关系人利益的经营事项负有公示告知的义务。这一法律原则的目的在于保护社会交易人和不特定第三人的利益。公示主义原则在商法的许多领域都有具体的规定。例如,根据我国《公司法》的规定,公司设立、增资、减资、解散等均应登记,非经登记,不能发生法律效力。我国《票据法》规定,凡实施票据行为者,必须在票据上签名,并须依照票据所载之文义负责。这些都是公示主义的具体体现。

外观主义原则是指交易行为的效果以交易当事人的外观为准。例如,我国《公司法》规定,公司对公司董事或经理权力的限制,不得对抗善意第三人。我国《票据法》规定,在解释票据行为人的意思表示的内容时,只能以票据上的文字记载为准。如果票据行为具备法律要求的形式要件,就不问其记载事项是否与事实相符,即使不相符,也只能遵循票据上的文义,而不影响票据行为的效力。这些法律规定都是外观主义原则的体现,其立法精神在于保护社会交易的安全。

严格责任主义原则是指某些从事商事交易的人,无论是否有过错,对自己的行为所产生的后果,都应当承担责任。例如,我国《公司法》规定,无限公司及两合公司的无限责任股东,对公司的债务负连带责任。我国《票据法》规定,票据的发票人、承兑人、背书人及其他票据债务人,对持票人负连带担保责任。当代产品责任法在处理产品责任案件时,普遍实行严格责任主义原则。凡此种种规定,都加重了商事交易当事人的责任,其立法精神也在于保护社会交易的安全。

能力实训

一、实训案例

某市中外合资企业 A 服装有限公司与该市 B 服装辅料有限责任公司签订了购买 1

万米进口布料合同。双方约定该布料原产国为意大利,交货时,须提供原产地证书;如双方发生争议,则适用意大利法律,同时双方约定管辖法院是 C 市的中级人民法院。签约后,B 公司积极组织货源,但因意大利生产商没能及时供货,导致 B 公司不能按约定履行合同。A 公司依据合同向约定的法院提起诉讼。

请问:

(1) 本案是否属于国际商法的管辖范围?

(2) 双方对于适用的法律和管辖法院的约定是否有效?

(3) 本案应适用何种法律?

评析

二、思考题

1. 简述国际商法的概念。

2. 简述国际商法的渊源。

3. 简述英美法系和大陆法系的主要区别。

4. 简述国际商法的基本原则。

三、在线测试题

为检测本项目学习效果,请学生扫描右侧二维码完成在线测试,习题答案将于提交后自动显示。

项目二 创建及管理企业过程中的法律问题

学习目标

1. 知识目标

(1) 掌握三种企业的组织形式及其主要的法律特征；
(2) 掌握企业的设立条件，熟悉企业的设立程序；
(3) 掌握企业组织结构的基本框架，熟悉各机构的权限及议事规则；
(4) 掌握企业的资本构成、发行、转让等制度；
(5) 熟悉企业进行合并、分立、解散、清算等事务的法律程序。

2. 能力目标

(1) 能够正确选择企业的类型；
(2) 能够依法为设立企业准备条件；
(3) 能够依法管理企业。

任务一：选择企业的类型

工作任务

2018年3月，王一欲创建自己的企业，于是找到朋友李二、张三和赵四。王一现拥有资金25万元，李二拥有一处街面房，房产市价30万元，若出租开店则月租金为5 000元左右，张三拥有一项专利，赵四拥有经营管理能力和客户渠道。李二的街面房因城市建设而处于商业中心地段，市价很可能往上升。王一、李二和张三对赵四的经营管理能力不是很确信，希望尽可能地制约其行为。

请问：

(1) 他们可以采取哪种投资方案？（列举至少两种）
(2) 每种企业中每个人的风险是什么？
(3) 你认为选择投资模式时，投资者应考虑哪些问题？

操作过程

(1) 第一种方案：王一、李二、张三以各自拥有的资产出资建立一家有限责任公司，聘请赵四做公司的经理，管理公司。第二种方案：王一、张三和赵四以各自拥有的资产出资建立一家普通合伙企业，租赁李二的房屋进行经营。为了有效制约赵四的行为并发挥其才能，可以在合伙协议中赋予赵四经营管理权，但设定必要的限制条件。第三种方案：王一出资，设立个人独资企业，租用李二的房屋，与张三签订许可使用合同，在一定的期限内使用其专利技术，聘请李四做经理，管理企业。

（2）第一种方案中，三名股东的投资风险均较小，都是以出资额为限，承担有限责任，赵四作为公司的经理对公司有经营管理的责任，但其与公司之间是合同关系，并非公司股东，因为根据法律规定，有限责任公司是不允许以劳务出资的。因此，赵四只要遵守合同，就没有什么风险。第二种方案中，三名合伙人要对企业债务承担无限责任，并且合伙人之间也要承担连带责任，因此风险较大。李二与合伙企业之间是房屋租赁关系，原则上，只要双方遵守合同，就没有什么风险。而且对于李二来讲，其房屋存在较大的升值可能，选择出租形式进行投资比较灵活，更有利于发挥资产的价值。总体来讲，公司企业的投资人风险较小，但是设立企业的门槛较高，设立及经营管理企业的要求较为严格，而且税务负担较大；合伙企业的投资人风险较大，但是设立企业的门槛较低，设立及管理企业比公司企业灵活，税务负担也比公司企业小。第三种方案中，王一的风险最大，他是独资企业的企业主，应对企业的债务承担无限责任，其他人的风险则较小。但在这种投资方式下，王一对企业有绝对的控制权，且税务负担也比公司企业小。

（3）投资者选择投资模式应注意考虑的因素：① 投资者对企业债务承担无限责任还是有限责任；② 商业活动的性质是否适合此类企业形式、投资者的数目及其相互关系；③ 企业内部运作的有效性及从事业务活动的费用；④ 企业税务负担的大小；⑤ 在设立企业前筹措资金及其他经济资源的可能程度；⑥ 企业未来的发展是否方便融资等。

知识链接与归纳

一切商业活动都要通过商事主体来完成，而企业是最重要的商事主体。因此，规范企业本身的法律，在国际商法中便具有十分重要的地位，世界各国为保护投资者和债权人的合法权益，也都非常重视企业立法。

一、企业主要形式及立法概况

各国对企业的分类标准多种多样，但最具代表性的是法律分类标准，即主要以财产的责任形式来划分企业。

根据这一标准，可将企业划分为独资企业、合伙企业、公司企业三类。

（一）独资企业

独资企业也称个人企业、个体商人，是指由一名出资者单独出资经营，出资者对企业债务承担无限责任的企业。

很多国家都没有制定单独的独资企业法，而是在其民法或商法中做相应的规定。与此不同，我国于1999年8月颁布了单行的《个人独资企业法》，该法自2000年1月1日起施行。

（二）合伙企业

合伙是由合伙人为实现共同目标而互相约定，实行共同经营的一种联合体。

合伙企业是一种古老的企业形式，早在公元前18世纪，古巴比伦的《汉穆拉比法典》

中就有合伙的记载,到古罗马时期,罗马法对合伙的规定已颇为详细和具体。

从立法模式上看,英美法系国家关于合伙的立法一般采用单行法的形式,如英国现行的合伙法是由《1890年合伙法》和《1907年合伙法》组成的。美国的合伙法属于州法,为了统一各州的合伙法,美国的统一州法全国委员会在1914年起草了《统一合伙法》和《统一有限合伙法》两部标准法,现已得到大多数州的采用。大陆法系国家一般将合伙法置于民法典或商法典中加以规定,如德国、日本、法国等国家。我国于1997年通过了单行的《合伙企业法》,该法于2006年进行了重大修订,新的《合伙企业法》已于2007年6月1日开始实施。

隐名合伙的特征

根据不同国家的法律制度,合伙企业也存在不同的类型,大陆法系国家传统上将合伙分为民事合伙与商事合伙,但其实质均为普通合伙企业。另外,在大陆法系国家,还存在隐名合伙,即合伙中存在一个或一部分不公开合伙人姓名且不参与合伙事务执行的合伙人。《德国商法典》规定,隐名合伙由两种成员组成,即营业股东和隐名股东。营业股东必须是商人或商事公司,隐名股东可以是自然人、法人、公司,也可以是一个遗产共同体或者财产共同体。隐名股东必须参与盈利,也分担亏损,不过可以排除亏损分担。

特殊的普通合伙

我国的《合伙企业法》把合伙企业分为普通合伙企业、特殊的普通合伙企业和有限合伙企业。

(三) 公司企业

公司是指依法定程序设立的,以营利为目的的法人企业。

从企业的发展历史来看,企业经历了由个人企业发展到合伙企业的过程,体现了联合经营的趋势,但在法律上,无论是个人企业还是合伙企业,它们仍然是以自然人的名义对外承担责任。随着社会化生产的规模越来越大,企业经营需要大量地吸收资金,联合经营是必需的;同时,为了更有效地改善企业的管理水平,降低投资风险,公司企业(以下简称"公司")应运而生。合伙企业是联合的低级形式,而公司则是联合的高级形式。

公司法发端于欧洲,在大陆法系国家,早期的公司法规范主要见诸民法典或商法典中。1807年的《法国商法典》和1897年的《德国商法典》均将公司视为重要的商事主体。随着公司制度在社会经济生活中的作用与影响日益增大,大陆法系国家的公司法逐渐从商法典中脱离出来,更多地采取单行法的形式。例如,法国分别于1867年和1925年修正颁布了《公司法》和《有限公司法》,德国于1892年颁布了《有限责任公司法》,又于1937年制定了《股份有限公司法》。需要指出的是,法国于1966年制定了适用各种形式公司的《商事公司法》,自此法国过去有关公司的法律均相应废止。

英美法系国家以成文的单行法规范公司关系。英国于1862年制定了第一部公司法,此后,英国公司法的修改日益频繁,先后多次对公司法进行修订和补充。在美国,公司法属于各州立法,没有统一的联邦公司法。为了减少和消除各州公司法之间的差异给公司的发展造成的不利影响与法律障碍,美国律师协会于1950年起草了美国《示范商业公司法》,供各州的立法机关参考。

1993年12月29日,我国第八届全国人民代表大会常务委员会第五次会议通过了

《中华人民共和国公司法》。2005年10月27日,我国修订了公司法,修订后的《中华人民共和国公司法》于2006年1月1日起施行。2018年10月26日,第十三届全国人民代表大会常务委员会第六次会议通过了《关于修改〈中华人民共和国公司法〉的决定》,对其中的个别条款做了修正。

二、企业的法律特征

(一) 独资企业的法律特征

独资企业具有如下法律特征:

1. 独资企业的投资者为一个自然人

这是独资企业与合伙企业、公司等商事组织最本质的区别。将独资企业的投资者限定于自然人是各国立法的通例。

2. 投资者对企业的一切事务享有代表权、决定权和处置权

独资企业的投资者有权对内、对外代表企业从事一切活动,如签订合同、参加诉讼等,对企业的经营管理事务具有决策权,同时对企业的财产享有所有权。

3. 投资者对企业的债务承担无限清偿责任

独资企业不是法人,不具有法人资格,也没有独立的财产,独资企业的人格和财产与出资人的混为一体,出资人以其个人所有的全部财产对企业的债务承担清偿责任。

王某用自己的财产出资20万元设立了一家个人独资企业,经营货物运输。因发生了一起重大交通事故,需要承担赔偿责任100多万元。该企业现有资金40万元,但家庭财产有60万元。请问:王某应当如何偿还债务?

(二) 合伙企业的法律特征

1. 合伙企业的成立以合伙人之间的协议为基础

合伙人通过签订合伙协议来确认各方的合伙关系,明确彼此在合伙中的权利和义务及合伙企业经营的基本准则。可以说,没有合伙协议,就没有合伙企业的成立,正是由于合伙关系的契约性,因此合伙企业也被称为"契约式企业"。

2. 合伙企业具有较强的人合性

合伙是"人"的组合,合伙企业的成立主要是基于合伙人之间的相互信任,合伙企业经营及管理方式的设计也着眼于维系合伙的人合性,合伙人之间的关系,合伙人的死亡、破产以及退出都对合伙企业的存续有着直接的影响。

哪些人可以担任合伙人呢?

3. 合伙人对合伙企业债务承担无限连带责任

合伙企业一般也被称为"联盟",即合伙成员必须为合伙企业的债务承担无限连带责任。即使在有限合伙企业中,也必须有无限责任的合伙人为企业的债务承担责任。

所谓"无限连带责任",是指每个合伙人均以其个人所有的全部财产对合伙企业债务承担全部清偿责任,当合伙企业的财产不足以清偿对外债务时,债权人有权要求任何一个合伙人偿还全部债务,而且,当任何一个合伙人无力清偿自己应承担的债务时,其他合伙人有代替其偿还的义务。合伙人之间可以通过合同协议约定分担债务的份额,但这种约定只在合伙人之间有效,不能用以对抗债权人。当然,当一个合伙人向债权人清偿的债务超过其应当承担的数额时,其有权向其他合伙人追偿。

假设 A、B、C 分别出资共同设立一家普通合伙企业。A 出资 10 万元,B 以房产出资,C 以劳务出资。约定按 2∶1∶1 分配利润,分担亏损。现企业资产有 20 万元,负债 60 万元。请问:该如何偿还债务呢?如果 C 下落不明,B 无钱可还,债权人要求 A 偿还全部债务,A 该怎么办?

4. 合伙企业一般不是法人

关于合伙企业的法律地位,各国的规定不尽相同,大多数国家只承认合伙企业是独立的商事主体,不承认其独立的法人资格,但也有少数国家赋予合伙企业法人资格,如法国、日本、荷兰、比利时等。鉴于对合伙企业法人资格的承认有违合伙的基本法理并使合伙丧失了本来面目,所以,我国的合伙企业法认为合伙企业仍处于非法人企业的地位。

在法律规定合伙人对合伙企业以及对合伙人之间承担如此之重的法律责任的情况下,为什么还有甘愿冒风险,成立合伙企业的?

(三) 公司企业的法律特征

1. 公司的营利性

投资者为了获得经济利益才向公司投资,因此公司设立的最终目的是获得利润并分配给股东。营利性是公司的本质属性。

2. 公司的法人性

各国法律几乎都把公司规定为与它的投资者相分离而独立存在的法律实体,即法人。法人的人格独立性、财产独立性及责任独立性,是国际通例。公司依法成立,拥有独立的财产,以自己的名义享受权利和承担义务,并独立承担民事责任。

法人和非法人的区别是什么?

3. 股东责任的有限性

公司的股东以其出资额为限,对公司承担有限责任,这是各国公司法的共同规定,也是公司区别于其他企业形式的关键。当然,出于历史传统等原因,在市场上还存在一些无限责任公司,但那些公司形式并不代表公司制度的主流。

公司对外发生的债务可以用股东的个人财产偿还吗?

4. 公司实行统一(法定)的集中管理制

公司的管理体制必须与公司法的原则规定相一致,由依法设定的组织机构对公司实行统一的集中管理。

陈先生是某公司的股东,他在公司设立时投资了一笔钱。现在陈先生的太太得了癌症,急需用钱,于是他提出从公司提取这笔钱用于治病。请问:他的要求可以得到满足吗?为什么?

三、企业类型的细化

(一)合伙企业的类型

前述所介绍的合伙企业,一般被称为普通合伙企业,是合伙企业的一种传统组织形式,其基本特点是合伙人共同出资、共同经营、共享收益、共担风险,合伙人对合伙企业债务负无限连带责任。另外,在各国的合伙企业法中,除了一般的普通合伙企业,还存在一些特殊的合伙企业,主要有以下几种情况。

1. 特殊的普通合伙

所谓特殊的普通合伙,是指以专业知识和专门技能为客户提供有偿服务的专业服务机构,例如会计师事务所、执业医师诊所、律师事务所、摄影工作室等。随着社会对各项专业服务需求的迅速增加,专业服务机构的规模不断扩大,合伙人数目大增,以致合伙人之间并不熟悉甚至完全不认识,各自的业务也不重合,与传统普通合伙中合伙人数目较少、共同经营的模式已有不同,因而让合伙人对其并不熟悉的合伙人的债务承担无限连带责任,有失公平。20 世纪 60 年代以后,针对专业服务机构的诉讼显著增加,其合伙人要求合理规范合伙人责任的呼声也越来越高。自 20 世纪 60 年代以来,许多国家进行专门立法,规定采用普通合伙形式的专业服务机构的普通合伙人可以对特定的合伙企业债务承担有限责任,以使专业服务机构的合伙人避免承担过度的风险。为了减轻专业服务机构中普通合伙人的风险,促进专业服务机构的发展壮大,我国在 2006 年《合伙企业法》

修订后，借鉴了国外的制度，同时结合我国的实际情况，也规定了特殊的普通合伙制度。

甲、乙、丙三名注册会计师各出资100万元，设立 A 会计师事务所，注册为特殊的普通合伙企业。甲、乙因故意出具虚假的审计报告，致使合伙企业负担了1 000万元的债务。请问：债务该如何偿还？

2. 有限合伙

所谓有限合伙，是指由一名以上普通合伙人与一名以上有限合伙人组成的合伙形式，前者对合伙企业的债务负无限责任，后者则只负有限责任，即仅以出资额为限。

有限合伙起源于中世纪的欧洲，在12—13世纪，随着欧洲地中海地区海上贸易的发展和扩大，单个商人已不再适应较大规模的商业冒险。于是"卡孟达契约"便应运而生。"卡孟达契约"主要在普通商人与海运商人之间订立，它一般规定，由普通商人提供资金，由海运商人负责经营、贩卖货物，普通商人的风险和责任以其出资额为限。这种契约后来便演变为有限合伙。1807年《法国商法典》首次对有限合伙做了规定。1890年《英国合伙法》也规定了有限合伙，1907年英国又制定了单行的《有限合伙法》。美国统一州法全国委员会于1916年制定了《统一有限合伙法》，现已被大多数州采纳。

在有限合伙中，普通合伙人的权利和义务与其在普通合伙中的权利和义务基本相同。普通合伙人负责执行合伙事务，对外代表合伙企业，对合伙企业债务承担无限连带责任；有限合伙人只按出资比例分享利润和分担风险，对合伙企业债务承担有限责任，不参与合伙企业的经营管理，无权干涉合伙企业的内部事务，也无权对外代表合伙企业与第三方发生权利义务关系。

一般而言，有限合伙人向合伙企业的出资只能是金钱或实物，而不能是劳务或信用。另外，我国《合伙企业法》还规定，有限合伙企业应由2个以上50个以下合伙人设立。

有限合伙人和普通合伙人的区别有哪些？

（二）公司企业的类型

公司作为一种占主导地位的商事企业，在长期发展过程中形成了多种形态，依据不同的标准，可做如下分类：

1. 根据股东对公司债务的责任形式不同分类

根据股东对公司债务的责任形式不同，可将公司分为无限责任公司、有限责任公司、两合公司、股份有限公司和股份两合公司。这是大陆法系国家对公司最基本的分类。

（1）无限责任公司，也叫无限公司，是指由两个以上的股东组成，股东对公司债务负无限连带责任的公司。无限责任公司是最早出现的公司形式，其组织机构要比合伙企业完备和健全，投资者间的权利与义务也较为明确和具体，但其实质与合伙企业并无本质区别。在资本主义发展初期，无限责任公司发展得很快，但随着生产社会化的出现，无限责任公司在资本集中过程中显得力不从心，加之股东责任重大，所以在各国的发展都有很大的局限性。

无限责任公司与个人独资企业有什么区别？

(2) 有限责任公司，简称有限公司，是指由法定人数的股东投资组成，所有股东仅以其认缴的出资额为限对公司承担责任，而公司以其全部资产对债务承担责任的公司。有限责任公司在所有公司形式中产生得最晚，它在19世纪末首创于欧洲大陆法系国家，1892年德国制定《有限责任公司法》，标志着这种公司形式得以正式确立。由于有限责任公司仅在特定的当事人之间筹资，所以在英美法系国家，这类公司又被称为私公司或封闭式公司。

有限责任公司具有如下主要特征：

第一，股东人数受法律限制。公司法一般对有限责任公司的人数有限制，如英国规定不得超过50人，美国特拉华州规定不得超过30人，我国《公司法》也规定股东人数为50人之下。实际生活当中，有限责任公司的股东之间往往相互比较了解，许多都是同一家庭的成员或亲朋熟友，具有长期合作共事的基础。

第二，公司不对外发行股票募集资本。有限责任公司成立所需的全部资本都来自全体股东，股东出资后，由公司向其出具出资证明书，以证明其在公司内部享有的权益和承担的风险比例。

第三，股东可以转让股份，但有较为严格的限制。任何股东转让其部分或全部股份，都有一定的限制，在同等条件下，其他股东对被转让的股份具有优先购买权。有些国家如德国规定，转让股份务必经过公证形式，或者符合公司细则规定的其他形式要求。在英国，公司细则往往规定转让股份要经过公司董事会同意。我国《公司法》也有类似规定。

第四，公司的组织机构比较简单灵活。有限责任公司可以根据公司规模大小灵活确定组织机构，如公司规模较小、股东人数较少的可以不设立董事会、监事会；另外，公司主要股东一般都是董事会成员，并直接参与公司管理。

尽管有限责任公司出现的时间最晚，但因其实行有限责任制，具有股东投资风险小、人员相对稳定、企业适应性强等优点，成为市场经济社会中数量众多、实力不可小觑的另一重要公司形式，为中小型企业和家族企业所广泛采用。特别是近年来，其在世界各国工商界中的地位越来越高，如在德国，有限责任公司无论是在数量还是在销售额方面，均超过股份有限公司。

(3) 两合公司，是指由两人以上共同投资，其中至少有一人以上对公司债务承担有限责任，一人以上对公司债务承担无限连带责任的公司。两合公司是在无限责任公司之后出现的公司形式,仅见于大陆法系国家,它类似于英美法系中的有限合伙,但与后者不同的是,它具有法人资格。

(4)股份有限公司,简称股份公司,是指由法定人数以上的股东组成,全部资本划分为均等的股份,全体股东仅就其所认购的股份对公司承担责任,公司以其全部资本对债务承担责任的公司。股份有限公司是欧洲商人为了适应大规模海外贸易的需要,在17世纪初叶首先创立的,它是对各国乃至世界经济最有影响的一种公司形式,在英国被称为company,在美国被称为corporation,在日本被称为株式会社,是现代公司的代表。早期的股份有限公司须由国王特许才能设立,如1600年成立的英国东印度公司和1602年成立的荷兰东印度公司。

股份有限公司具有如下主要特征:

第一,全部资本划分为等额股份。这是股份有限公司区别于有限责任公司的重要特征之一,股份有限公司的注册资本由等额的股份组成,股东以其所持股份为限对公司负责。将注册资本划分为若干等额股份,既适应了公司公开发行股份的需要,又便于股东权利的确定和行使。

第二,股东负有限责任。这是与有限责任公司相同的法律特征。股东责任的有限性,使众多出资人即股东的财产责任被限制到最小范围,对公司快速、方便地吸引投资者,增强财力,扩大规模,避免风险,均有重要意义。

第三,股东人数有最低限制。由于设立公司需由发起人发起,故世界各国对股东最低人数的限制通常表现为规定发起人人数的下限。比如,英国、法国规定发起人不得少于7人;德国为5人以上;我国规定发起人为2人以上200人以下。

想一想

如何认定发起人?

第四,股份以股票形式公开发行并可自由转让。在股份有限公司中,股东出资的证明就是公司发给股东的股票,该股票在依法转让时无须经过公司或其他股东的同意,获准上市的股份有限公司,又称上市公司,其股票还可依法在证券交易所进行流通。

第五,公司的账目必须公开。股份有限公司必须依法将与股东和公众投资者的利益密切相关的财务与营业状况,以及其他重大事项向社会公开。这是股份有限公司特别是上市公司的一项重要义务,其目的是便于股东和公众投资者酌情做出合理的投资决策,也便于国家主管当局进行有效的监督和管理。各国规定股份有限公司应当公示的内容主要有年度报告、中期报告、董事会成员的重大变动、重大合同和涉讼情形等。

第六,组织机构规范,实行所有权和经营权相分离。股份有限公司是最典型的法人,通过设立股东大会、董事会和监事会等负责公司营运,各组织机构之间职能区分、相互制衡,可以实现更民主、更高效的管理。

第七,主要适用强制性规范。股份有限公司是各国公司法规范的重点对象,有关条文占公司法的绝大部分篇幅。例如,法国公司法共计509条规定中,至少有400条涉及股份有限公司或专门规定股份有限公司事务,而且,多数条款属于强制性规范,公司必须遵照执行;《日本商法典》和我国《公司法》也有类似情况。相反,关于有限责任公司的规定,则以任意性规范居多。

(5) 股份两合公司,是指由至少一个负无限责任的股东和至少一个仅就所认购的股份对公司债务承担责任的股东所组成的公司。它是为了规避政府的特许和核准,于18世纪末在有的国家出现的一种公司形式,是股份有限公司与无限责任公司的组合。

股份有限公司的辉煌

将两合公司的机制引入股份有限公司中,改变了股份有限公司的法人地位,但其因不适应市场经济高度发达的社会实际而渐遭淘汰,现只有法国、德国等大陆法系国家仍保留着极少数的股份两合公司形式。

需要注意的是,由于无限责任公司、两合公司和股份两合公司均有与法人的本质特征相悖的责任形式,且在现代社会中的影响日趋减小,因此我国《公司法》中仅规定了有限责任公司与股份有限公司两种公司形式。

2. 根据公司成立的信用基础不同分类

根据公司成立的信用基础不同,大陆法系国家将公司分为人合公司、资合公司以及人合兼资合公司。

(1) 人合公司,是指公司的设立和营运完全建立在股东个人信用基础之上的公司。无限责任公司是其典型代表。

(2) 资合公司,是指公司的设立和营运完全以股东的出资为基础而与个人信用关系不大的公司。股份有限公司为典型的资合公司。

(3) 人合兼资合公司,是指公司的设立及营运既以股东的出资为基础,同时又注重股东个人信用的公司。两合公司、股份两合公司即属于此类。有限责任公司股东虽然对公司债务承担有限责任,但股东之间的关系比较密切,且股东往往共同参与公司管理,具有较强的人合性,也应属于此类。

3. 根据公司资本认购、持有和转让方式的不同分类

根据公司资本认购、持有和转让方式的不同,英美法系国家将公司分为封闭式公司和开放式公司。

(1) 封闭式公司,是指股份全部由发起人认购,股东人数有限,股份转让受到严格限制,股票也不能在证券交易所公开挂牌交易的公司。它类似于大陆法系中的有限责任公司和股份有限公司中的非上市公司。

(2) 开放式公司,是指股份公开发行并可自由流通转让,股票在证券交易所公开挂牌交易,股东人数和身份不受限制的公司。它属于大陆法系中的股份有限公司,有时也被称为上市公司,确切地说应是大陆法系股份有限公司中的上市公司。

4. 根据一公司对另一公司股份或出资额的占有和业务控制程度分类

根据一公司对另一公司股份或出资额的占有和业务控制程度,可将公司分为母公司和子公司。

(1) 母公司,是指拥有另一公司半数以上股份或出资额,并直接控制另一公司经营活动的公司。母公司具有法人资格。

(2) 子公司,是指其半数以上股份或出资额为另一公司所占有,业务受另一公司控制,但仍具有法人资格的公司。

母公司的外债可以用子公司的资产偿还吗?

5. 根据公司的管辖系统分类

根据公司的管辖系统,可将公司分为总公司与分公司。

(1) 总公司,也称本公司,是指依法设立的、管辖所属全部分支机构的总机构。总公司在法律上具有法人资格。总公司对公司系统内的业务经营、资金调度、人事安排等具有统一的决定权。

(2) 分公司,是指由总公司设立的,在经济上和法律上均无独立地位的分支机构。通常情况下,总公司具备法人资格,而分公司则不具备法人资格,仅在总公司规定的权限内从事特定的事务,并由总公司承担法律责任。有没有法人资格,是判断子公司和分公司的决定性因素。

甲、乙两家有限责任公司决定共同出资设立 A 有限责任公司(以下简称"A 公司")。A 公司注册资本 100 万元,其中甲公司出资 80 万元,乙公司出资 20 万元。请问:A 公司是甲公司的子公司还是分公司?如果 A 公司无法偿还债务,甲公司需要为其承担债务吗?

6. 根据公司的国籍不同分类

根据公司的国籍不同,可将公司分为本国公司、外国公司和跨国公司。

对公司国籍的认定标准有很多,如注册登记地、设立行为地、主营业务所在地、股东所在地、董事会所在地等。我国以注册登记地为准。

(1) 本国公司,是指在本国登记设立、具有本国法律认可的法律人格的公司。

(2) 外国公司,是指依照外国法律登记设立、具有外国国籍的公司,它是相对于本国公司而言的。

(3) 跨国公司,是指以本国为基地或中心,在不同国家或地区设立分支机构、子公司或其他企业形式,从事国际性生产经营活动的经济组织。

跨国公司从法律角度而言,并非一个独立的法律实体,而是由分布于不同国家和地区的包括母公司、子公司、总公司、分公司等多个公司实体组成的从事国际性生产经营活动的企业集团。

任务二：如何设立企业

工作任务

王某和甲、乙两个人合伙开办一家普通合伙企业，三人商定各出资2万元并订立了书面协议，到工商局进行了登记。后来王某的妹妹王丙加入，经王某和甲、乙同意，王丙以劳务出资。两年后企业经营不景气，四人决定终止经营。此时，企业欠债10万元，王某和甲、乙丧失偿债能力。债权人找到王丙要钱，王丙表示她只承担一部分，其余的不负责任。

请问：
(1) 王丙以劳务出资可否被视为合伙人？
(2) 王丙是否有义务对外偿还全部债务？

操作过程

(1) 王丙应被视为合伙人。根据我国《合伙企业法》的规定，合伙人可以货币、实物、土地使用权、知识产权、劳务出资。王丙以劳务出资加入合伙企业，其他合伙人一致同意，符合入伙条件和程序。

(2) 王丙有义务对外承担全部债务。我国《合伙企业法》规定合伙人对合伙企业承担无限连带责任。王丙对外承担全部债务后可以向其他合伙人追偿。

知识链接与归纳

四、企业的设立

（一）独资企业的设立

1. 设立条件

独资企业的设立，应当符合法定条件。其设立的条件、程序比合伙企业与公司企业更容易和宽松。我国《个人独资企业法》规定的设立条件主要包括：

(1) 投资人为一个自然人。该自然人必须不是法律、法规禁止从事营利性活动的人。

哪些人不能担任个人独资企业的投资人？

(2) 有合法的企业名称。在独资企业的名称中不可出现"有限"或"有限责任"的字样。

(3) 有投资人申报的出资。该资金只是经营的条件，不具有对外提供信用担保的效力。

(4) 有固定的生产经营场所和必要的生产经营条件。

(5) 有必要的从业人员。

2. 设立程序

设立独资企业必须经过商事登记。商事登记是商事企业取得经营资格的前提条件，它有利于交易相对人和社会公众了解特定商事企业的经营状况与信用状况，也便于国家对商事企业进行管理。

在我国，申请设立个人独资企业，应当由投资人或其委托的代理人向独资企业所在地的登记机关提交设立申请书、投资人身份证明、生产经营场所使用证明等文件。委托代理人申请设立登记时，应当出具投资人的委托书和代理人的合法证明。登记机关应当在收到设立申请文件之日起15日内，对符合设立条件的，予以登记，发给营业执照；对不符合设立条件的，不予登记，并应给予书面答复，说明理由。营业执照的签发日期，为个人独资企业的成立日期。

如果你是投资人，你打算提交哪些文件来证明个人独资企业的生产经营场所？

（二）合伙企业的设立

1. 设立条件

合伙企业的设立条件主要包括：

（1）有两名以上的合伙人。在法律上，合伙企业仍被大多数国家视为自然人的联合，合伙企业的合伙人应是两个以上具有完全民事行为能力的自然人，且是依法承担无限责任者。但近年来，有些国家如法国、比利时、日本等已允许法人作为合伙人。我国也在《合伙企业法》第二条中规定，合伙人可以是自然人、法人和其他组织；同时，该法的第三条规定，国有独资公司、国有企业、上市公司以及公益性的事业单位、社会团体不得成为普通合伙人。

（2）有书面的合伙协议。合伙协议是确定合伙人在出资、利润分配、风险及责任分担、企业宗旨以及经营管理方式等方面权利、义务的基本依据，一经订立，对全体合伙人均具有约束力。所以，订好合伙协议是合伙企业得以顺利设立和发展的前提。合伙协议应载明的事项包括：① 合伙企业的名称和主要经营场所的地点；② 合伙目的和合伙经营范围；③ 合伙人的姓名或者名称、住所；④ 合伙人出资的方式、数额和缴付出资的期限；⑤ 利润分配、亏损分担方式；⑥ 合伙事务的执行；⑦ 入伙与退伙；⑧ 争议解决方法；⑨ 合伙企业的解散与清算；⑩ 违约责任等。

（3）有合伙人实际缴付的出资。合伙协议订立之后，合伙人应当按照协议约定的出资方式、数额、期限实际缴付出资。基于合伙成立的基础主要在于合伙人之间的信任而非合伙人的财产，所以一般国家认为，法律没有必要规定合伙人出资的方式及合伙企业的最低资本金。合伙人出资的方式可以是金钱、物的所有权及使用权、知识产权或者其他财产权利、劳务，甚至信用、管理经验及专业技能等，只要全体合伙人就此达成一致即为合法出资。

想一想

合伙人的出资必须在合伙企业办理注册登记时一次交清吗?

（4）有合法的企业商号及必要的经营条件等。合伙企业的名称必须和"合伙"联系起来。在西方国家,很多合伙企业的名称多以合伙人的姓氏命名,在合伙人的姓氏之后可加上"商行"或"企业"字样,但绝不可用"公司"或"有限"之类的文字。我国《合伙企业法》也规定,普通合伙企业应当在名称中标明"普通合伙"字样,其中特殊的普通合伙企业应当在名称中标明"特殊的普通合伙"字样,有限合伙企业应当在名称中标明"有限合伙"字样。

2. 设立登记

合伙企业的设立登记手续比较简便,但是否必须进行登记,各国态度不一。大陆法系国家一般规定合伙企业只有在依法经核准登记、领取营业执照后,才能以合伙企业名义从事经营活动,否则就要承担相应的法律责任;另外,当合伙企业登记事项发生变更或者需要重新登记时,还应在合理期限内办理有关变更登记手续。而英美法系国家对一般合伙企业并不要求必须登记,只要合伙协议已经签订,资金已经到位且有合法的目的,合伙企业即可成立。

我国《合伙企业法》规定,申请设立合伙企业,应当向工商行政管理部门提交登记申请书、合伙协议书、合伙人身份证明等文件。合伙企业的经营范围中有属于法律、行政法规规定在登记前须经批准的项目的,该项经营业务应当依法经过批准,并在登记时提交批准文件。申请人提交的登记申请材料齐全、符合法定形式,企业登记机关能够当场登记的,应予当场登记,发给营业执照。除上述规定外,企业登记机关应当自受理申请20日内,做出是否登记的决定。予以登记的,发给营业执照;不予登记的,应当给予书面答复,并说明理由。营业执照的签发日期,为合伙企业的成立日期。

(三)公司企业的设立

公司的设立是指促成公司成立并取得法人资格的一系列活动的总称。在各国公司法中,往往对公司设立的条件及程序进行规定,设立公司的过程实际上就是投资人按照公司法的要求准备条件的过程。

1. 设立方式

根据各国公司法的规定,设立股份公司可以采取发起设立和募集设立两种方式。

（1）发起设立,也称一次性认股设立,是由发起人认购公司的全部资本,不向社会公开发行股票。其特点是,公司资本全部来自发起人而不向发起人以外的人募集。发起设立公司的程序:发起人认购应发行的全部股份或认缴全部股权,召开发起人会议选任公司机关,做出公司成立决议后,由董事会负责办理公司设立登记手续,领取商业登记证或企业法人营业执照,取得公司法人资格。

采用发起设立方式设立的公司,发起人可以分期缴纳出资或股款吗?

(2) 募集设立,又称招股设立或渐次设立,是指发起人只需认购公司拟发行股份的一部分,其余部分向社会公开募集而设立公司的方式。其特点是,公司资本不仅来自发起人,还来自发起人以外的其他人,即认股人。募集设立公司的程序较为复杂,包括:发起人订立发起人协议和章程,率先认购股份;发起人制定招股说明书或章程,报经主管当局批准后予以公布;由社会公众在规定的时间内认购股份,在缴纳股款并经验资后,由发起人召集创立大会,创立大会由全体认股人组成;在创立大会上,由发起人代表报告公司设立经过,由全体认股人做出公司设立或不设立的决议,如决议设立公司,则应选举产生董事会和监事会;最后,由董事会负责办理公司的设立登记,公司宣告成立。

认股人缴纳股款时可以采用哪些出资方式?

为防止不具有一定经济能力的发起人完全凭借他人资本开办公司,各国公司法都对募集设立时发起人认购股份的最低数额做出限制,一般规定为25%或35%,我国《公司法》则规定不低于35%。

有限责任公司可否采用募集设立方式?

2. 设立条件

根据各国公司法,设立公司必须符合法定条件。各国公司法对公司设立条件的规定不尽相同,但大体来说均对以下问题进行较为具体的规定:

(1) 有符合公司法要求的发起人。发起人是指承担公司筹办事务的公司创始人。发起人与公司股东不同,在大陆法系国家,一般情况下,发起人要向公司投资,公司成立后即为公司的股东,但公司股东不一定是发起人,尤其是募集设立的股份公司,除发起人外,还会存在大量的普通股股东,这些股东仅负有向公司出资的责任而不需要为公司的设立承担责任;而在英美法系国家,发起人只是承担公司筹办事务的人,并无认购公司股份的义务,而且只有在公司章程上签名才能确定其股东的身份,也就是说,英美法系国家的发起人不一定是公司股东,如在美国,发起人仅指签署公司章程并将章程递交给州政府作为组织公司的申请人。

综观各国公司法,有关公司发起人的规定主要有以下几项:

一是发起人的资格和人数。各国对股份公司发起人的资格和人数都有具体的规定,从资格来看,一般自然人和法人(包括外国的自然人和法人)皆可充当任何合法公司的发起人;从人数来看,多数国家对发起人有最低数量要求,如德国至少为5人,日本、法国至少为7人,挪威、韩国至少为3人。英美法系国家对发起人人数则一般不做限制。我国《公司法》将股份公司的发起人人数控制在2至200人之间。

我国《公司法》中对有限责任公司没有规定发起人,只规定了股东人数为50人以下。是否可以认为有限责任公司的发起人最多不超过50人?

二是发起人的任务。发起人的任务是负责公司的筹备工作,包括决定公司的名称、宗旨、资本、股东的责任范围,起草公司的初始章程和内部细则,认购必要的股本,提出董事、审计员、律师、往来银行的名单并任命公司秘书,拟订招股说明书,申请注册等。

三是发起人对公司的责任。发起人的活动必须着眼于公司的利益,必须有利于公司的设立并不得从中牟利。发起人在公司设立过程中要承担很大的风险,负有较大的责任,如设立失败时的所有设立费用及债务,需由发起人连带偿还;公司设立后资金和实物价额明显不足的,由发起人负责连带补足;等等。

对于发起人以设立中的公司名义订立的合同的效力,各国法律的规定有所不同。德国法律规定,原则上该合同无效。法国法律规定,当公司不能成立时,发起人应对发起人合同承担连带责任;如果公司成立,则一般情况下,由成立后的公司承担发起人合同责任。英美法律规定,发起人以设立中的公司名义订立的合同无效。我国法律则对此未做规定。

(2)有符合公司法要求的公司资本。公司的资本由股东出资构成,是公司进行经营活动的物质基础,因此也是设立公司的必要条件。各国公司法对公司资本的规定主要有以下几个方面:

一是达到法定最低资本额。关于法定最低资本额,世界各国的规定差异较大。传统的大陆法系国家一般都有法定最低资本额的要求,如《德国有限公司法》第5条规定,公司的股本至少为5万德国马克;《德国股份公司法》第7条规定,股本的最低名义数额为10万德国马克(1999年1月1日起,由5万欧元取代);《欧盟第二号公司法指令》第6条规定,成员国法律应当规定实际认购股本的最低数额,此种数额不得低于2.5万欧洲货币单位。而英美法系国家和地区对法定最低资本额一般不做规定,如新加坡的立法。属于英美法系的英国原本没有公司最低资本额的规定,但是为了与《欧盟第二号公司法指令》第6条相协调,修改了自己的公司法,增加了对最低资本额的限制,规定为5万英镑。美国在20世纪60年代前,各州的法律普遍规定公司必须具有一定数额的资金方可开业。但1969年美国《示范商业公司法》取消了法定最低资本额的规定。受其影响,美国的大多数州已经废除法定最低资本额的规定,但也有一些州仍保留法定最低资本额。我国2014年《公司法》原则上取消了法定最低资本额的规定,但是法律、行政法规以及国务院决定对公司法定最低资本额另有规定的,从其规定。

二是符合法定的出资方式。各国皆允许股东以现金、实物、知识产权等形式认购和缴纳股份,其中现金是最常用的认股手段,但是大多不允许以劳务、信用、商誉等不可转让的资产出资。

1981年11月,福克斯公司代表正在筹建中的福克斯和帕特勒公司聘请一家会计师事务所的会计师库珀为公司提供服务。库珀也知道福克斯和帕特勒公司尚未成立。1981年12月4日,福克斯和帕特勒公司正式成立,同月底,库珀也完成了服务,但该公司拒绝支付报酬。库珀便控告福克斯公司违约。请问:福克斯公司是否应为库珀支付报酬?

(3) 制定符合公司法要求的公司章程。公司章程是公司设立过程中必须向公司注册机构提交的关于公司的宗旨、组织、经营规模、活动等诸事项的基本法律文件。设立公司必须制定符合法律规定的公司章程是世界各国公司法普遍采用的制度。公司章程在公司内部的效力有如宪法之于国家,是公司的根本大法。

公司章程由发起人或其委托人起草,经发起人一致同意、签字盖章后,交主管部门审核,一经核准登记后还要在报刊上予以公告,并交由政府有关机关备案,以便公众及股东查阅。就章程内容而言,两大法系的规定有所不同:

英美法系国家的公司章程由组织大纲和内部细则两部分构成。组织大纲是规定公司的基本情况和对外关系的法律文件,其目的是使公司的投资者及与公司进行交易的第三人知晓公司的基本情况,如公司的名称、资本等,一般只能由股东会决议才能修改或废除,具有对抗第三人的效力;内部细则是在组织大纲的基础上订立的,是处理公司内部事务的法律文件,其内容不得与组织大纲相冲突,也不能对抗善意第三人。

大陆法系国家的公司章程为一个独立的文件,其内容通常按照重要程度分成三类,即绝对必须记载事项、相对必须记载事项和任意记载事项。绝对必须记载事项是法律规定必须记载,若不记载或记载有误,则会导致整个章程无效,甚至公司也不得成立的事项,一般包括公司的名称、法定地址、营业范围、资本总额等;相对必须记载事项是为法律条文所列举,但只有准确记载于章程中才有效,若不记载或记载有误,则本身无效,但不影响章程效力的事项,主要包括股份的种类、实物出资的折价等;任意记载事项是为法律条文既未列举又未禁止,发起人记载于章程即生效,若不记载或记载有误,也不影响章程效力的事项。

公司章程主要应规定哪些内容呢?(建议查阅我国《公司法》的有关规定)

(4) 申请公司注册登记。各国皆规定,只有经注册登记后公司才能成立,取得法人资格。发起人申请注册登记时除需缴纳法定的手续费用外,还需提交若干法定文件,其中最主要的就是公司章程。发起人履行了各种法定的手续,经主管机关审查,完备合法的即予注册登记,发给登记证书和营业执照,至此,公司便告成立。

英国、德国、法国、瑞士、荷兰等国要求,公司的设立必须经过严格的法律审查程序,履行登记手续。德国不仅要求公司的发起人把公司章程等提交公证人予以公证,而且须由发起人把经过公证的有关文件报请注册地的法院进行司法审查,通过审查以后才能向公司营业所在地的公司登记处进行注册。只有完成了注册手续,公司才能取得法人资格。而日本的法律则主张,公司的存在主要是依据发起人意志,法律规定的登记程序属于认证、监督和公告的性质,只起对抗第三人的作用,并不影响公司的成立。所以,我们在从事国际商事活动,与其他国家的公司打交道时,要分别依据不同国家的法律来审查公司的法人资格。

可以委托他人代为申请注册登记吗?

任务三:企业管理法律实务分析

工作任务

某股份有限公司董事会由 11 名董事组成。2020 年 5 月 10 日,公司董事长李某召集并主持召开董事会会议,出席会议的共有 8 名董事,另有 3 名董事因事请假。董事会会议经表决在 6 名董事同意的情况下,通过了下列事项:(1) 鉴于公司董事会成员工作任务加重,决定给每位董事涨 30% 的工资;(2) 鉴于监事会成员中的职工代表张某生病,决定由本公司职工王某参加监事会;(3) 鉴于公司的财务会计工作日益繁重,拟将财务科升级为财务部,并向社会公开招聘会计人员 3 名,招聘会计人员事宜及财务科升格为财务部的方案经股东大会通过后实施。

请问:

(1) 公司董事会的召开和表决程序是否符合法律规定?

(2) 公司董事会通过的事项有无不符合法律规定之处?如有,请分别说明理由。

操作过程

(1) 公司董事会的召开和表决程序符合法律规定。按照我国《公司法》的规定,股份有限公司董事会会议应有过半数的董事出席方可举行,董事会会议由董事长召集并主持;董事会决议须经全体董事过半数通过。

(2) 董事会通过的事项中有以下不符合法律规定之处:① 给每位董事涨工资的决定违法。按照我国《公司法》的规定,董事的报酬由公司股东会做出决议。② 由公司职工王某参加监事会的决议违法。根据我国《公司法》的规定,选举和更换由职工代表出任的监事应由公司职工民主选举。③ 将公司财务科升格为财务部的方案须经股东大会通过的观点不符合法律规定。根据我国《公司法》的规定,公司董事会有权决定公司内部管理机构的设置。

知识链接与归纳

五、企业事务管理制度

（一）独资企业事务管理

各国法律一般都规定：独资企业的投资人既可以自行管理企业事务，又可以委托或聘用其他具有民事行为能力的人负责企业的事务管理。

投资人委托或聘用他人管理个人独资企业事务，应当与受托人或受聘人签订书面的委托合同或聘用合同，明确授权的范围。受托人或受聘人应当忠实地履行其职责，在授权范围内进行独资企业的事务管理，并不得有损害投资人利益的行为。受托人或受聘人代表企业对外进行活动的法律后果由独资企业承担。但受托人或受聘人因失职而导致企业财产、名誉损失的，需接受投资人的处罚并承担损失赔偿责任。

此外，投资人对受托人或受聘人职权的限制，不得对抗善意第三人。

（二）合伙企业事务管理

合伙企业的日常事务管理，体现在合伙企业与合伙人以及第三人之间的关系方面。合伙企业与合伙人以及合伙人之间为合伙企业的内部关系，合伙企业和合伙人与第三人的关系为合伙企业的外部关系。

1. 合伙企业的内部关系

合伙企业的内部关系主要涉及合伙企业的事务执行、经营管理及损益分配等问题，以合伙人之间的权利和义务为体现，而合伙人之间的权利和义务又主要通过合伙协议加以规范，虽然各国法律对此也做了原则性的规定，但只有在合伙协议无规定或规定不明确并发生纠纷时，有关法律规定才得以补充适用。

（1）合伙事务的执行。合伙企业的人合性，决定了合伙企业一般没有严格的组织、领导和管理机构，因此，每个合伙人都享有合伙事务的执行权，均有权代表企业对外开展经营业务。但基于效率等原因考虑，如由众多的合伙人共同执行合伙事务则有诸多不便，我国和其他各国法律都允许合伙人通过合伙协议约定或经全体合伙人决定，把合伙企业的事务委托给一名或数名合伙人执行，或者进行专业分工，由各合伙人根据自己的专长分别执行。在合伙企业中受托执行合伙事务的合伙人被称为执行合伙人。执行合伙人对外代表合伙企业执行合伙事务，其他合伙人则不再执行。执行合伙人履行职责执行合伙企业事务所产生的收益归合伙企业，所产生的亏损及其他民事责任由全体合伙人承担。

（2）合伙事务的决策。合伙事务的决策权由全体合伙人共同行使。在合伙企业中，各合伙人的出资份额可能不一样，但依法都要对合伙企业债务承担无限连带责任，所以法律赋予每个合伙人享有平等的决策权，在对合伙事务做出决策时，每个合伙人无论出资多少，均有一个表决权。在决定合伙企业的重大事务时，必须经全体合伙人的一致同意，其他合伙事务，则实行少数服从多数原则。如我国《合伙企业法》规定，合伙企业下列事项必须经全体合伙人同意：① 改变合伙企业的名称；② 改变合伙企业的经营范围、主要经营场所的地点；③ 处分合伙企业的不动产；④ 转让或者处分合伙企业的知识产权和其他财产权利；⑤ 以合伙企业名义为他人提供担保；⑥ 聘任合伙人以外的人担任合伙企业的经营管理人员。

（3）合伙事务的监督。为了保证合伙事务正常进行，防止个别合伙人利用执行合伙事务之机谋取私利，维护全体合伙人的共同利益，各国合伙企业法都将内部监督的权利赋予了各合伙人。合伙人的监督权主要包括：每个合伙人都有权了解、查询合伙企业经营的各种情况，检查其他合伙人的事务执行情况，查阅财务账目，并提出质询，其他合伙人有义务接受，不得拒绝。

（4）合伙利润与亏损的分配。在合伙企业中，每个合伙人均有权分享合伙的利润，而无论其出资种类和数额有何差别。

分配利润一般按照合伙协议中约定的比例进行，如果合伙协议没有约定，则从各国合伙企业法的规定来看，大致有两种处理办法：一是按合伙人的出资比例分配利润，如法国、日本；二是平均分配而不考虑合伙人出资的多少，如美国、英国、德国等，我国的《合伙企业法》也做此规定。

此外，合伙人为处理合伙企业的正常事务或维持企业的正常经营而支出的个人费用或者因此而受到的个人财产损失，合伙企业和其他合伙人应予以补偿。

如果合伙企业的经营出现亏损，则合伙人应依法或依约分担，亏损分配的办法与利润分配的办法基本相同。

想一想

谁在合伙企业中享有经营管理权？

2. 合伙企业的外部关系

无论合伙企业的内部关系如何，合伙企业对外以一个整体与第三方发生法律关系，正确处理合伙企业与第三人之间的关系，有利于保护善意第三人的利益。各国法律一般都规定合伙人之间对第三人适用相互代理原则，即每个合伙人都有权作为其他合伙人的代理人，而且每个合伙人在处理合伙事务时，除非有明确的反证，都可以被认为是合伙企业的合法代理人，有权对外代表合伙企业。据此，合伙企业的对外关系体现出以下几个方面的特点：

（1）每个合伙人在执行合伙事务过程中所做出的行为，对合伙企业与其他合伙人都具有约束力。

（2）合伙企业内部对合伙人执行合伙事务及其对外代表权可以进行限制，但不得以此对抗善意第三人。例如，在第三人不知情的状况下，非执行合伙人越权代表合伙企业与第三人进行某项交易时，其他合伙人及执行合伙人不得以行为人越权而主张交易无效。

如何理解"善意"?

(3) 合伙人在从事正常合伙事务过程中所做出的侵权行为,由合伙企业承担责任。

(4) 合伙人之间对第三人负连带责任。合伙企业的债务,应首先以合伙企业的财产清偿,但当合伙企业的财产不足以清偿到期债务时,债权人可越过合伙企业直接向任何一个合伙人或全体合伙人请求清偿,合伙人对此请求不能拒绝,而只能在清偿了全部债务后再向其他合伙人追偿。

(5) 合伙人向第三人转让其在合伙企业的投资份额受到法律限制。每一合伙人未经全体合伙人同意,不得将自己在合伙企业中的投资份额全部或部分转让给第三人。在相同条件下,第三人不得优于其他合伙人而取得合伙企业中的份额。

甲、乙每人出资一部卡车,合伙成立一家运输公司。甲在开着自己出资的车运输货物时,发生交通事故,经交通部门认定,甲需负全责。请问:这次事故的赔偿责任属于合伙企业的债务吗?应由谁承担?如何承担?

(三) 公司企业事务管理

公司事务由其组织机构依据各国法律规定负责日常管理和运行。根据各国的实践,公司的主要组织机构为"三会加一层",即股东会、董事会、监事会和经理层。由于有限责任公司具有封闭性和人合性的特点,加之规模差异较大,各国公司法对有限责任公司的组织机构的规定都相对灵活,并不严格要求必须按照固定模式组建组织机构,英、美等国甚至允许投资者自己决定公司的组织机构形式。我国《公司法》也规定,规模较小的有限责任公司可以不设董事会,只设一名执行董事,行使董事会职权,可以不设监事会,只设一至两名监事,行使监事会职权。

1. 股东(大)会

在传统上,股东(大)会是由公司全体股东组成的公司最高权力机构,公司的一切重大事项必须由股东(大)会做出决议。

(1) 股东(大)会的类型。各国一般将股东(大)会分为年会和特别会议两种。股东年会,是依照法律或公司章程的规定,由董事会召集,定期召开的股东会会议,因此也被称为定期会议,一般是一年一次。股东特别会议,又称股东临时会议,是指在法定年会之外为处理公司特别重要紧急事项而召开的股东会会议,如临时任命或撤换董事、变更公司章程等。特别会议一般在董事会或监事会认为必要时或拥有法定比例以上股份的股东请求时召开。根据我国《公司法》的规定,当股份有限公司出现下列情形之一时,应当在2个月内召开临时股东大会:① 董事人数不足法律规定的人数或者公司章程所定人数的2/3时;② 公司未弥补的亏损达实收股本总额1/3时;③ 单独或者合计持有公司10%以上股份的股东请求时;④ 董事会认为必要时;⑤ 监事会提议召开时;⑥ 公司章程规定的其他情形。

甲股份有限公司注册资本为 600 万元。某年因经营出现问题,亏损 350 万元。请问:根据我国法律,甲公司是否可以召开临时股东会?

(2) 股东(大)会的职权。各国公司法对股东(大)会职权的规定不完全相同,但都要求股东(大)会必须在法律或公司章程所赋予的权力范围内行使职权,而且,一般多以列举的方式进行规定。通常股东(大)会的职权是就公司重大问题听取报告和做出决议,主要包括:任免董事、监事的人事权;重大经营决策的审议通过权;预算决算和利润分配的财务决策权等。此外,还可对涉及公司存在和消灭或重大变更的增、减资本,公司合并、分立、解散和清算以及修改公司章程做出特别决议。

(3) 股东(大)会决议的表决。股东对公司实施间接控制权的方式,就是在股东(大)会上表决通过各种对公司有约束力的决议。股东(大)会的表决采用"按资论权"方式,即股东表决权的大小,主要在于股东持有公司股份量的多少而非人数的多寡。在有限责任公司中,股东按出资比例行使表决权,而在股份有限公司中,股东出席股东(大)会,所持每一股份为一表决权,每股表决权一律平等。各国一般规定,股东的表决权可以自己行使,也可以委托代理人行使,但对代理表决有严格的限制,例如代理人须持股东出具的注明委托范围的书面委托书,代理人的表决权仅在一次股东(大)会上有效,代理人的表决权不应超过一定比例等。股东(大)会做出决议时,普通决议需代表公司过半数表决权的股东同意,特别决议需代表公司 2/3 或 3/4 的绝对多数表决权的股东同意方可通过。股东(大)会会议的内容或召集程序和决议方式违反法律或章程的,公司股东可以请求法院确认其无效或予以撤销。

2. 董事会

董事会是公司的执行机构和业务管理机构,对内负责公司的经营管理,对外代表公司,是公司中最为重要的一个机构。股份有限公司必须设立董事会。

(1) 董事会的组成。董事会由董事组成,董事由股东(大)会选举产生后,再从中选举董事长和副董事长。董事是拥有实际权力与权威、能代表公司进行管理的人。董事会的人数通常是由法律直接规定的,如我国规定股份有限公司董事会成员为 5~19 人,日本、比利时规定不少于 3 人,而美国《示范商业公司法》则规定为 1 人或数人均可。各国一般也允许公司在自己的章程中对董事会的人数做出规定。

(2) 董事的任职资格和任期。对于董事的任职资格,多数国家对其积极条件(即可以成为董事的条件)做了规定,但对下列问题规定不一:

第一,对于董事是否可以是法人。英美法系国家认为,自然人和法人均可担任董事,但如果由法人担任董事,则应指定 1 名有行为能力的自然人为其代理人;而大陆法系国家一般明确规定,能够成为董事的只能是具有行为能力的自然人,法人不能担任董事。

第二,对于董事是否必须为股东。多数国家如英国、美国、日本、德国等并未要求董事必须为公司的股东,但瑞士、法国规定董事必须由公司股东出任。

此外,对于董事的国籍,多数国家并不要求董事必须是本国(地)国民或居民,但为管辖上的方便,大都规定董事会中至少有1名或一定比例的成员为本国(地)国民或居民。有些国家对董事的年龄和身份还做出了规定,如法国规定,除非章程另有规定,已超过70岁的董事人数不得超过董事会成员的1/3,且董事长和经理的年龄不得超过65岁。

我国《公司法》列举了不得担任董事的情况,包括:第一,无民事行为能力或者限制民事行为能力;第二,因贪污、贿赂、侵占财产、挪用财产或者破坏社会主义市场经济秩序,被判处刑罚,执行期满未逾5年,或者因犯罪被剥夺政治权利,执行期满未逾5年;第三,担任破产清算的公司、企业的董事或者厂长、经理,对该公司、企业的破产负有个人责任的,自该公司、企业破产清算完结之日起未逾3年;第四,担任因违法被吊销营业执照、责令关闭的公司、企业的法定代表人,并负有个人责任的,自该公司、企业被吊销营业执照之日起未逾3年;第五,个人所负数额较大的债务到期未清偿。

对于董事的任期,大陆法系国家一般明确地规定为3～6年不等,英美法系国家则允许公司在其内部细则中做出规定,实践中通常为3年。各国均允许董事连选连任。董事在任期内可以辞职,公司也可通过股东(大)会罢免在任董事,但股东(大)会无正当理由解除董事职务给对方造成损失时,公司应予赔偿。

(3) 董事的责任。董事对公司的事务管理拥有最高的决策权,其与公司有关的行为直接关系到公司、股东及第三人的利益。因此,各国法律在赋予董事广泛权力的同时,亦严格规定了董事对公司的责任。主要可归纳为两项,即董事应对公司负最大善意的"注意义务"和"忠实义务",董事在管理公司的事务时,应当勤勉、谨慎行事,并以自己的技能为股东和公司谋求最大利益。具体而言,董事不能使自己的利益与对公司的责任发生冲突,不能从事与公司相竞争的业务,不能将公司的财产据为己有或者不当借贷给股东或他人,不能接受贿赂或篡夺公司的营业机会等。需要指出的是,董事的上述义务也适用于其他对公司有经营管理职责的人员,如公司的监事、经理等高级管理人员以及合伙企业的合伙人等。当董事违反上述各项职责时,各国一般都规定了相应的经济责任和刑事责任。如英国规定:对欺骗债权人或本公司股东的董事不仅要罚款,严重者还将被判处7年以下的监禁。

> **议一议**
>
> 依据我国《公司法》的规定,董事在什么情形下会对公司的债权人承担民事赔偿责任?(建议查询《公司法》司法解释的规定)

(4) 董事会会议。董事会必须依照董事会会议上通过的决议行事才具有法律效力,因此,董事会会议是董事会行使管理权的关键环节。董事会会议也可分为定期会议和特别会议两种,一般由董事长召集并主持,并应提前书面通知全体董事。出席会议的董事应不少于法定或章程规定的人数比例,董事会表决一般实行一人一票制,董事的表决权亦可由他人代理行使。一般一项有效的决议应由出席会议董事的半数或 2/3 以上同意方可形成。

（5）董事会的职权。各国法律一般都规定，除法律或公司章程规定由股东（大）会决定的事项外，公司的全部事务都可由董事会执行，可见，董事会确实是股份有限公司中最为重要的执行和管理机构。但董事会具体行使哪些职权，却少有国家以法律形式给予明确。根据我国《公司法》，董事会的职权包括：第一，召集股东会会议，并向股东会报告工作；第二，执行股东会的决议；第三，决定公司的经营计划和投资方案；第四，制订公司的年度财务预算方案、决算方案；第五，制订公司的利润分配方案和弥补亏损方案；第六，制订公司增加或者减少注册资本以及发行公司债券的方案；第七，制订公司合并、分立、解散或者变更公司形式的方案；第八，决定公司内部管理机构的设置；第九，决定聘任或者解聘公司经理及其报酬事项，并根据经理的提名决定聘任或者解聘公司副经理、财务负责人及其报酬事项；第十，制定公司的基本管理制度；第十一，公司章程规定的其他职权。

> **议一议**
>
> 甲是某股份有限公司的董事长，该公司有 11 名董事。在一次董事会会议中，甲提出了一项议案，9 名董事参加会议并进行表决，其中甲与另外 3 名董事表示同意，其他 5 名董事不同意。同意议案的董事所持股份占公司股份总数的 51％。请问：这项议案是否能够通过？

3. 监事会

监事会由股东（大）会选举产生，是对董事会、董事及其他公司高级管理人员的活动进行监督的专门机构。股份有限公司股东众多，经营权力合理地集中于董事会，但董事会及其下属经营管理机构也有可能滥用职权，损害公司和股东的利益，因此，设置监督机构即监事会，有利于维护各方利益。

对监事会的称谓各国有所不同，法国称为监察会，日本称为监察人会，德国称为监察委员会，英国称为审计人，美国称为会计监察人。

监事会成员一般为 3 人以上，由股东大会选任，公司的董事、经理和财务负责人不得兼任监事；有的国家还规定一定规模以上的公司监事会中还应有一定比例的雇员和工会代表，如德国和我国都规定，监事会中应有 1/3 的职工代表，且职工代表监事应由职工民主选举产生。监事的任期一般为 3 年，可连选连任。监事可列席董事会会议。监事的义务与董事、经理基本相同。

> **议一议**
>
> 公司的哪些人不能兼任本公司的监事？

4. 经理与执行委员会

经理是由董事会聘任的负责公司日常工作的高级职员,对董事会负责,辅助董事会管理公司事务。此外,规模大的公司还可以设立数个执行委员会(部门)来负责公司各个方面的事务。这些部门的领导大多由董事会聘任,董事也可兼任包括总经理在内的上述各种职务。

经理拥有公司章程赋予的辅助执行事务的一切相关权利,同时与董事一样对公司负有注意和忠实等义务。

> **议一议**
>
> 王某持有某有限责任公司20%的股权;李某持有该公司80%的股权,同时担任公司的执行董事。王某发现李某将公司的产品低价出售给他哥哥开办的公司,于是向该公司的监事胡某反映。胡某碍于情面未过问。请问:(1)根据我国法律,该公司的组织机构是否合法?(2)李某、胡某的行为是否违反法律规定?(3)王某该如何保护自己和公司的合法利益?

任务四:企业资本管理法律实务分析

> **工作任务**
>
> 甲、乙、丙、丁、戊5人组建了一家市场调研公司,形式为有限责任公司,注册资本为20万元,每人出资4万元。公司成立半年后,乙因看好其他行业,想脱离公司。
>
> 请问:
>
> (1)乙能够要求公司退回其出资吗?
>
> (2)如果乙想在股东之间转让股权,而甲、丙都想购买他的股权,那么应该怎样处理?
>
> (3)在股东之间转让股权,对其他股东的利益有无影响?如果其他股东不愿意接受这种结果,那么该如何限制股东之间的股权转让?
>
> (4)如果乙想把股权转让给A,甲、丁表示同意,丙、戊不同意,则会产生什么后果?

> **操作过程**

(1)乙不能要求公司退回其出资。因为公司是法人企业,具有独立的财产。所以,从公司的整体利益考虑,各国公司法均规定,在公司存续期间,股东不得抽回出资。

(2)根据我国《公司法》的规定,在股东之间转让股权,须经双方协商,并通知其他股东。甲、丙都是公司的股东,因此他们应与乙协商,达成转让股权的协议,并通知丁、戊有关股权转让的事宜。

(3)股东之间转让股权,可能会改变公司的股权结构,因此对其他股东的利益有影响。我国《公司法》第七十二条规定,公司章程对股权转让另有规定的,从其规定。所以,其他股东如果不希望因股权变动而对自己产生不利影响,则可以在公司章程中对股权转让加以规定。

(4) 根据我国《公司法》的规定,股东向股东以外的人转让股权,应当经其他股东过半数同意。股东应就其股权转让事项书面通知其他股东征求同意,其他股东自接到书面通知之日起满30日未答复的,视为同意转让。其他股东半数以上不同意转让的,不同意的股东应当购买该转让的股权;不购买的,视为同意转让。因此,如果乙想把股权转让给A,甲、丁表示同意,丙、戊不同意,则没有达到法定比例,原则上不得转让股权;丙、戊应购买乙的股权,如不购买,则视为同意转让。

知识链接与归纳

六、企业资本管理

(一) 独资企业的资本管理

个人独资企业投资人对本企业的财产依法享有所有权,其有关权利可以依法进行转让或继承。企业的财产不论是投资人的原始投入,还是经营所得,均归投资人所有。

个人独资企业投资人在申请企业设立登记时,明确以其家庭共有财产为个人出资的,应当依法以家庭共有财产对企业债务承担无限责任。

(二) 合伙企业的资本管理

1. 合伙企业的财产

根据我国《合伙企业法》的规定,合伙人的出资、以合伙企业名义取得的收益和依法取得的其他财产,均为合伙企业的财产。从这一规定可以看出,合伙企业的财产由以下三部分构成:

(1) 合伙人的出资。我国《合伙企业法》规定,合伙人可以用货币、实物、知识产权、土地使用权或者其他财产权利出资,也可以用劳务出资。这些出资形成合伙企业的原始财产。

(2) 以合伙企业名义取得的收益。合伙企业作为一个独立的经济实体,有自己的独立利益,因此,企业以其名义取得的收益当然归属于合伙企业,成为合伙企业财产的一部分。以合伙企业名义取得的收益,主要包括合伙企业的公共积累资金、未分配的盈余、债权、工业产权和非专利技术等财产权利。

(3) 依法取得的其他财产,即根据法律、行政法规的规定合法取得的其他财产,如合法接受的赠与财产等。

2. 合伙人财产的分割、转让与出质

合伙企业存续期间,除合伙协议另有约定外,普通合伙人向合伙人以外的人转让其在合伙企业中的全部或者部分财产份额时,须经其他合伙人一致同意。合伙人之间转让在合伙企业中的全部或者部分财产份额时,应当通知其他合伙人。

合伙人向合伙人以外的人转让其在合伙企业中的财产份额的,在同等条件下,其他合伙人有优先购买权;但是,合伙协议另有约定的除外。合伙人以外的人依法受让合伙人在合伙企业中的财产份额的,经修改合伙协议即成为合伙企业的合伙人,依照法律和

修改后的合伙协议享有权利,履行义务。

普通合伙人以其在合伙企业中的财产份额出质的,须经其他合伙人一致同意;未经其他合伙人一致同意,其行为无效,由此给善意第三人造成损失的,由行为人依法承担赔偿责任。

有限合伙人可以不经其他合伙人同意将自己的财产份额出质吗?

合伙企业进行清算前,合伙人不得请求分割合伙企业的财产,但法律另有规定的除外。合伙人在合伙企业清算前私自转移或者处分合伙企业财产的,合伙企业不得以此对抗善意第三人。

3. 合伙企业与合伙人的债务清偿

合伙企业对其债务,应先以其全部财产进行清偿。合伙企业不能清偿到期债务的,普通合伙人承担无限连带责任。所谓合伙人的无限责任,是指当合伙企业的全部财产不足以清偿到期债务时,各个合伙人承担合伙企业的债务不是以其出资额为限,而是以其自有财产来清偿合伙企业的债务。所谓合伙人的连带责任,是指当合伙企业的全部财产不足以清偿到期债务时,合伙企业的债权人对合伙企业所负债务,可以向任何一个合伙人主张,该合伙人不得以其出资的份额大小、合伙协议有特别约定、合伙企业债务另有担保人或者自己已经偿付所承担份额的债务等理由来拒绝。

甲为合伙企业的合伙人,乙为甲个人债务的债权人,当甲的个人财产不足以清偿乙的债务时,根据合伙企业法律制度的规定,乙可以行使哪些权利?

普通合伙人由于承担无限连带责任,清偿数额超过其亏损分担比例的,有权向其他合伙人追偿。合伙企业的亏损分担,按照合伙协议的约定办理;合伙协议未约定或者约定不明确的,由合伙人协商决定;协商不成的,由合伙人按照实缴出资比例分担;无法确定出资比例的,由合伙人平均分担。

有限合伙人对合伙企业的债务承担什么责任?

合伙人发生与合伙企业无关的债务,相关债权人不得以其债权抵销其对合伙企业的债务,也不得代位行使合伙人在合伙企业中的权利。

合伙人的自有财产不足以清偿其与合伙企业无关的债务的,该合伙人可以其从合伙企业中分取的收益用于清偿;债权人也可以依法请求人民法院强制执行该合伙人在合伙企业中的财产份额用于清偿。

人民法院强制执行合伙人的财产份额时,应当通知全体合伙人,其他合伙人有优先购买权;其他合伙人未购买,又不同意将该财产份额转让给他人的,依照我国《合伙企业法》第五十一条的规定为该合伙人办理退伙结算,或者办理削减该合伙人相应财产份额的结算。

(三)公司企业的资本管理

1. 公司资本的概念

公司资本又称公司股本、公司注册资本,是公司成立时公司章程确定的、由全体股东出资构成并在公司登记机关登记的财产总额。公司资本是公司赖以存在和正常运营的物质保障,也是公司偿债能力的主要标志,它对股东、债权人和公司自身均有十分重要的意义。

公司资本是否等于公司资产?

2. 公司资本制度

各国公司法对公司资本都做了具体规定,主要有:第一,公司设立必须拥有一定数量的资本;第二,公司的资本必须在公司章程中明确载明,未经股东大会同意修改章程,公司资本不得随意增减;第三,公司必须维持与公司资本额相当的实际财产,不得以公司的资本进行分红。

为了保护股东和债权人的利益,各国公司立法在发展过程中,确立了公司资本的基本原则,并在此基础上形成了各具特色的资本制度。

(1)授权资本制。这一制度为英美法系国家所普遍采用。根据这一制度,公司的资本被区分为"授权资本"和"发行资本"。所谓授权资本,亦即注册资本,是指公司按其章程有权发行的资本总额;所谓发行资本,即实缴资本,是指投资者实际向公司缴纳的资本总额。按照授权资本制的规定,公司在设立时,不必全部发行或认足其注册资本,即公司的实缴资本不一定是公司的注册资本,可以先发行其中的一部分,其余的在公司成立后通过授权董事会根据业务发展需要募集。因此,实际上授权资本并不代表公司实际拥有的资本,只是公司有权通过发行股份而募集资本的最高限额,是一种"名义资本",而发行资本才是公司的真实资本。授权资本制的最大特点在于操作灵活,对公司没有最低注册资本限制,没有首次发行的股份数额的限制,有利于公司的迅速成立;董事会在公司成立后可根据业务发展需要募集资本,有效地避免了公司资本的闲置。其缺陷是在公司股东有限责任的原则下,如果公司成立时所发行的股份数额太少,则易使公司财产的基础不够牢固从而为欺诈行为所利用,进而减弱对债权人的保护。

(2)法定资本制。这一制度为多数大陆法系国家所实行,它要求公司在设立时,即须将章程中所载明的资本额全部认足完毕,否则公司不得成立,公司如增加资本也必须修改章程。法定资本制虽然在保证公司资本的真实可靠、防止公司设立中的欺诈行为和保护债权人的利益等方面发挥了积极作用,但由于它对公司资本充足的要求过于严格,妨碍了公司的迅速成立,容易造成公司资本的闲置、浪费,助长出资、验资过程中的弄虚作假作为。有鉴于此,一些原实行该制度的国家和地区纷纷改弦更张,如日本、德国、法国等均改行折中资本制。

(3) 折中资本制。折中资本制又称认可资本制,它是法定资本制与授权资本制折中调和的产物。这一制度规定公司仍须在章程中载明资本总额,但不必一次性认足,公司成立时只需认足法定比例以上的部分,其余授权董事会在公司成立后的法定期限内认足。例如,《德国股份公司法》规定:在公司登记后至多5年期间,可以授权董事会,通过以出资为条件发行新股,将股本增加至一定的名义金额(授权资本)。授权资本的名义金额不得超过授权时现存股本的一半。《日本商法典》中也规定:公司设立时发行的股份数,不得少于章程所规定的公司发行股份总数的1/4,其余部分,授权董事会根据公司将来需要资本的情形,一次或分次发行。折中资本制是法定资本制和授权资本制进行扬弃的结果,不失为一种可取的资本制度。我国《公司法》取消了法定最低资本额,根据我国的实际情况,采用全面认缴制。

大学刚毕业的小李、小王和小赵准备每人出资1万元(共3万元)成立一家咨询公司。他们准备两年内将资金出足,首期出资为每人5 000元(共1.5万元)。请问:按照中国的法律规定,他们的公司能够成立吗?

3. 股份与股票

(1) 股份与股票的关系。股份是股份有限公司资本的构成单位,也是股东权益的基本计量单位,股东持有公司的每一股份即拥有一份股东权。股票是股份在法律上的表现,是股份有限公司公开发行的证明股东在公司中拥有权益的一种有价证券。股票的特征是每股代表的金额都是相等的,这样便于公司在股东之间分配公司的权益,一般同次发行的股票的价格和条件应相同。股票还是一种可以转让的有价证券,在股份有限公司中,股份的转让都是以交付股票的形式进行的,股票使得股份便于流通和转让。根据各国公司法的规定,投资人持有公司股份,则享有下述几项权利(即股东权):① 分得股息权;② 出席股东大会,就其有权表决的问题行使表决权;③ 在公司解散时,分得公司剩余资产权;④ 转让权,即股票可以根据法定的程序进行转让;⑤ 随时审阅公司的会议记录及资产负债表、损益表等财务报表,索取公司业务进展的资料,就公司业务问题询问董事长等。需要指出的是,有限责任公司由于一般不对资本进行等额划分,也不公开发行股票,因此股东在公司中的出资一般不体现为股份,而是按出资比例享有相应的股权。

(2) 股权转让。股权转让是公司股东依照一定的程序将自己的股权让与受让人,由受让人取得股权成为公司股东的行为。股份有限公司的股权转让以自由为原则是各国公司法的通例。但是为了保护公司、公司股东以及公司债权人的整体利益,许多国家的公司法、证券法多对股权转让做出一些必要的限制,以便将股权转让可能产生的弊端限制在尽可能小的范围内。如对股权转让场所的限制,对发起人、公司董事、经理持有股权转让的限制等。有限责任公司由于具有一定的人合性特征,因此股权转让的限制比股份有限公司严格,尤其是向非股东转让股权时,各国法律一般都要求需经股东大会一定比例以上的股东同意。根据我国《公司法》的规定,有限责任公司的股东之间转让股权,经转让方与受让方协商一致,转让即可成立,并应通知其他股东。股东向股东以外的人转让股权,应当经其他股东过半数同意。其他股东半数以上不同意转让的,不同意的股东应购买该转让的股权;不购买的,视为同意转让。经股东同意转让的股权,在同等条件下,其他股东享有优先购买权。

公司发起人转让股权时有哪些限制?

4. 公司债与公司债券

(1) 公司债与公司债券的概念。公司债是指公司通过向社会发行债券所形成的债。公司债券是指公司依照法定的条件和程序发行的、约定在一定期限内还本付息的有价证券。发行公司债是公司筹集资金的重要途径之一。

(2) 发行股票筹资和发行债券筹资的主要区别。发行股票与债券都是公司向社会公开筹集资金的方式,但是二者又有很大的差别,主要体现在以下方面:① 公司股票的持有者是公司的股东,是组成公司的成员,对公司的经营决策有参与权;而公司债券的持有者则是公司的债权人,一般无权参与公司的经营管理。② 股票投资是一种永久性的投资,股东不得要求公司返还股金;而债券则有一定的清偿期。③ 股票通常没有固定的红利率,只有在公司有盈利时才能获得股利,且股利多少要随公司盈利多少而浮动;而债券有固定的利率,无论公司是否盈利均需要支付利息。④ 股东购买股票是一种出资行为,只承担出资范围内的有限责任,当公司破产而剩余财产不足时,股东很可能无法收回其出资,因此有一定的风险;而债券持有者对公司享有的是债权,即使公司破产或解散,也有权优先于股东得到清偿,所以债券的风险明显比股票要小。

(3) 公司债的种类。公司债具有以下种类:① 担保公司债与无担保公司债。前者是指公司以全部或部分财产为偿还本息的担保而发行的公司债券,后者是指公司仅凭信用而未提供任何担保所发行的公司债券。② 记名公司债与无记名公司债。前者是指在公司债券上记载债权人姓名或名称的公司债券,后者是指不在公司债券上记载债权人姓名或名称的公司债券。③ 转换公司债与非转换公司债。前者是指可以转换为股票的公司债券,后者是指不得转换为股票的公司债券。

任务五：企业运行中的变化

工作任务

2019年1月，甲、乙、丙共同设立一家合伙企业。合伙协议约定：甲以现金5万元出资，乙以房屋作价8万元出资，丙以劳务作价4万元出资；各合伙人按相同比例分配盈利、分担亏损。合伙企业成立后，为扩大经营，于2019年6月向银行贷款5万元，期限为1年。2019年8月，甲提出退伙，鉴于当时合伙企业盈利，乙、丙表示同意。同月，甲办理了退伙结算手续。2019年9月，丁入伙。丁入伙后，因经营环境变化，企业严重亏损。2020年5月，乙、丙、丁决定解散合伙企业，并将合伙企业现有财产（价值3万元）予以分配，但对未到期的银行贷款未予清偿。2020年6月，银行贷款到期后，银行找合伙企业清偿债务，发现该企业已经解散，遂向甲要求偿还全部贷款，甲称自己早已退伙，不负责清偿债务；银行向乙要求偿还全部贷款，乙表示只按照合伙协议约定的比例清偿相应数额；银行向丙要求偿还全部贷款，丙表示自己是以劳务出资的，不承担偿还贷款义务；银行向丁要求偿还全部贷款，丁称该笔贷款是在自己入伙前发生的，不负责清偿。

请问：
(1) 甲、乙、丙、丁各自的主张能否成立？并说明理由。
(2) 合伙企业所欠银行贷款应如何清偿？

操作过程

(1) ① 甲的主张不能成立。根据我国《合伙企业法》的规定，退伙人基于其退伙前的原因发生的合伙企业债务，承担无限连带责任，故甲应对其退伙前发生的银行贷款承担连带清偿责任。② 乙的主张不能成立。根据我国《合伙企业法》的规定，合伙人之间对债务承担份额的约定对债权人没有约束力，故乙提出按照约定比例清偿债务的主张不能成立，其应对银行贷款承担连带清偿责任。③ 丙的主张不能成立。根据我国《合伙企业法》的规定，以劳务出资成为合伙人，也应承担合伙人的法律责任，故丙也应对银行贷款承担连带清偿责任。④ 丁的主张不能成立。根据我国《合伙企业法》的规定，新合伙人对入伙前合伙企业的债务承担无限连带责任，故丁应对其入伙前发生的银行贷款承担连带清偿责任。

(2) 根据我国《合伙企业法》的规定，合伙企业所欠银行贷款首先应用合伙企业的财产清偿，合伙企业财产不足以清偿时，由各合伙人承担无限连带责任。乙、丙、丁在合伙企业解散时，未清偿债务便分配财产，是违法无效的，应全部退还已分得的财产；退还的财产应首先用于清偿银行贷款，不足以清偿的部分，由甲、乙、丙、丁承担无限连带清偿责任。

知识链接与归纳

七、企业运行中的变化

(一) 独资企业运行中的变化

1. 个人独资企业的解散

个人独资企业的解散是指个人独资企业终止活动使其民事主体资格消灭的行为。根据我国《个人独资企业法》第二十六条的规定,个人独资企业有下列情形之一时,应当解散:① 投资人决定解散;② 投资人死亡或者被宣告死亡,无继承人或者继承人决定放弃继承;③ 被依法吊销营业执照;④ 法律、行政法规规定的其他情形。

2. 个人独资企业的清算

个人独资企业解散时,应当进行清算。我国《个人独资企业法》对个人独资企业清算做了如下规定:

(1) 通知和公告债权人。我国《个人独资企业法》第二十七条规定,个人独资企业解散,由投资人自行清算或者由债权人申请人民法院指定清算人进行清算。投资人自行清算的,应当在清算前15日内书面通知债权人,无法通知的,应当予以公告。债权人应当在接到通知之日起30日内,未接到通知的应当在公告之日起60日内,向投资人申报其债权。

(2) 财产清偿顺序。我国《个人独资企业法》第二十九条规定,个人独资企业解散的,财产应当按照下列顺序清偿:① 所欠职工工资和社会保险费用;② 所欠税款;③ 其他债务。个人独资企业财产不足以清偿债务的,投资人应当以其个人的其他财产予以清偿。

(3) 清算期间对投资人的要求。我国《个人独资企业法》第三十条规定,清算期间,个人独资企业不得开展与清算目的无关的经营活动。在按前述财产清偿顺序清偿债务前,投资人不得转移、隐匿财产。

(4) 投资人的持续偿债责任。我国《个人独资企业法》第二十八条规定,个人独资企业解散后,原投资人对个人独资企业存续期间的债务仍应承担偿还责任,但债权人在5年内未向债务人提出偿债请求的,该责任消灭。

(5) 注销登记。我国《个人独资企业法》第三十二条规定,个人独资企业清算结束后,投资人或者人民法院指定的清算人应当编制清算报告,并于15日内到登记机关办理注销登记。登记机关应当在收到按规定提交的全部文件之日起15日内,做出核准登记或者不予登记的决定。予以核准的,发给核准通知书;不予核准的,发给企业登记驳回通知书。经登记机关注销登记,个人独资企业终止。个人独资企业办理注销登记时,应当交回营业执照。

(二) 合伙企业运行中的变化

1. 入伙和退伙

(1) 入伙。入伙是指在合伙企业存续期间,合伙人以外的其他人取得合伙人资格的法律行为。各国合伙企业法一般规定,接纳一个新的合伙人必须经全体合伙人一致同意,并依法订立书面的入伙协议。英美法系国家规定,合伙人可在合伙协议中对入伙的程序进行约定;我国《合伙企业法》则规定,新合伙人入伙,除合伙协议另有约定外,应当经全体合伙人一致同意,并依法订立书面入伙协议。关于新合伙人对入伙前的合伙企业债务是否承担连带责任,各国的规定不尽相同。英美法系国家普遍主张不应承担责任,而法国、日本、瑞士等少数大陆法系国家则规定新合伙人对入伙前合伙企业的债务要承担连带责任。我国《合伙企业法》也承认新合伙人的连带责任,但同时规定,在订立入伙协议时,原合伙人应当向新合伙人如实告知原合伙企业的经营状况和财务状况,以使新合伙人能够在充分权衡利弊的情况下做出最终决断。

2020年3月,甲加入了一家合伙企业。入伙前,由于原合伙人没有如实告知甲合伙企业的经营状况与财务状况,甲对合伙企业其实并不了解。入伙以后,甲才发现合伙企业已经资不抵债。此时,甲要求退出,但债权人A要求包括甲在内的全体合伙人偿还债务。请问:甲应当与其他合伙人一起承担偿还责任吗?

(2) 退伙。退伙是指合伙人使其本人的合伙人身份归于消灭的法律行为和事实。退伙一般分为自愿退伙、法定退伙和除名退伙三种形式。① 自愿退伙。自愿退伙也称声明退伙,是指基于合伙人单方的意思表示而为的退伙行为。合伙人虽然原则上有权提出退出合伙,但为保证合伙企业的稳定发展,各国立法对此项权利都有一定的限制,主要区别是合伙有无约定的经营期限,如果合伙订有经营期限,则合伙人只有在重大事由(主要指其他合伙人已严重违反合伙协议所规定的义务)出现时,方可提出退伙,如《德国民法典》即做此规定;而如果合伙未约定经营期限,则合伙人在不给合伙事务执行造成不利影响的情况下,可以退伙,但应当提前通知其他合伙人并经其他合伙人一致同意。如果合伙人违反上述规定擅自退伙,则应当赔偿由此给其他合伙人造成的损失。依据我国《合伙企业法》的规定,合伙协议约定合伙期限的,有下列情形之一时,合伙人可以退伙:合伙协议约定的退伙事由出现;经全体合伙人一致同意;发生合伙人难以继续参加合伙的事由;其他合伙人严重违反合伙协议约定的义务。② 法定退伙。法定退伙是指基于法定的事由而当然退伙。我国《合伙企业法》规定,法定退伙的事由包括:作为合伙人的自然人死亡或者被依法宣告死亡;合伙人被依法宣告为无民事行为能力人;合伙人个人丧失偿债能力;合伙人被人民法院强制执行在合伙企业中的全部财产份额。③ 除名退伙。除名是指合伙人因有严重违反合伙协议规定或其他损害合伙企业利益的重大不轨行为,而被其他合伙人一致决定开除的行为。我国《合伙企业法》规定,合伙人有下列情形之一的,经其他合伙人一致同意,可以决议将其除名:未履行出资义务;因故意或者重大过失给合伙企业造成损失;执行合伙事务时有不正当行为;发生合伙协议约定的事由。合伙人退伙,其他合伙人应当与该退伙人按照退伙时的合伙企业财产状况进行结算,退还退伙人的财产份额,分配合伙盈余和分担合伙债务。退伙人对其退伙前已发生的合伙企业债务,应与其他合伙人承担连带责任。

A、B、C、D共同出资设立一家普通合伙企业,A被委托单独执行合伙事务。A因重大过失给合伙企业造成了较大的损失,但自己并没有谋取私利。为此,B、C、D一致同意将A除名,并做出除名决议,书面通知A。请问:B、C、D有权将A除名吗?如果A不服,他应当怎么办?

2. 合伙企业的解散

合伙企业的解散是指合伙企业因某些法律事实的发生而使其民事主体资格归于消灭的情形。

(1)合伙企业解散的类型。合伙企业的解散分三种情形,即协议解散、依法解散和强制解散。① 合伙人依协议而自愿解散为协议解散。② 合伙企业依照法律的有关规定而宣告解散为依法解散,主要包括以下情形:合伙协议约定的经营期限届满,合伙人不愿继续经营的;合伙人不具备法定人数的;合伙协议约定的合伙目的已经实现或无法实现的;因出现某种情况,使合伙企业所从事的业务活动为非法的等情形。③ 法院根据有关申请,强制命令合伙企业解散为强制解散。

合伙企业只剩一个合伙人时必须立即解散吗?

(2)合伙企业解散清算。合伙企业解散必然导致业务终结,债权债务清算。合伙人可以先推举清算人,了结合伙企业尚未终结的事务,清缴所欠税款,清理债权债务,并处理合伙企业清偿债务后的剩余财产。清算结束后,清算人应编制报告,经全体合伙人签字、盖章并报送国家相应机关登记后,合伙企业消灭。合伙企业的主体资格为了清算的需要,一直存续到清算结束为止。

(三)公司企业运行中的变化

1. 公司的合并与分立

(1)公司合并与分立的概念和形式。公司合并是指两个或两个以上的公司依照法定程序组合为一个公司的法律行为。公司合并有两种形式,其一为新设合并,又称解散合并,是指合并各方解散而共同组合为一个新的公司;其二为吸收合并,又称存续合并,是指合并一方存续,其他各方解散并归属于存续公司。从实践上看,公司合并可以扩大公司规模、减少竞争对手,而且可以实现多元化经营,例如吸收合并完成之后,原公司的商标、商号等无形资产可以继续不变地使用,原公司的一些优惠甚至特权可以继续保持等。另外,当公司无力经营时,可以通过合并避免破产,原有的经营还可继续下去,不至于突然停顿。公司分立是指一个公司依照法律的规定分为两个或两个以上的公司的法律行为。公司分立也有两种形式,其一为新设分立,又称分解分立,是指原公司解散,而分别设立两个或两个以上新公司的分立方式;其二为派生分立,又称存续分立,是指原公司存续,而其一部分分出设立为一个或数个新公司的分立方式。

(2) 公司合并与分立的程序。公司的合并与分立不仅涉及参与合并公司的股东及职工的利益,而且涉及公司债权人的利益和社会公共利益,因此各国公司法均规定公司合并或分立必须严格按照法定程序进行:

第一,签订合并或分立协议。公司的合并或分立,应当由各方签订书面合并或分立协议,并编制资产负债表、财产清单以及相应的财务报告。

第二,做出合并或分立决议。公司合并与分立属于股东(大)会决议事项,必须由股东(大)会做出决议才能实行。由于公司合并与分立是事关公司存亡的大事,因此,我国《公司法》规定,股东(大)会的议决,应采取特别决议的方式进行。

某有限责任公司欲分立为两个新的公司,该公司股东持有公司75%的股权。请问:该股东可以不经其他股东的同意做出公司分立的决定吗?

第三,通知、公告债权人。我国《公司法》规定,公司应当自做出合并或分立决议之日起10日内通知债权人,并于30日内在报纸上公告。债权人自接到通知书之日起30日内,未接到通知书的债权人自公告之日起45日内,可以要求公司清偿债务或者提供相应的担保。如果不清偿债务或者提供相应的担保,则公司不得合并或分立。

第四,实施合并或分立协议。完成了催告债权程序后,即可着手具体实施合并或分立协议。合并或分立各方应根据合并或分立协议的规定进行资产移交。

第五,办理合并与分立登记。公司合并与分立后,应根据情况,向公司登记机关办理相应的登记。

如果债权人在公告期满后未申报债权,那么可以在清算过程中补充申报吗?

(3) 公司合并与分立的法律后果。公司合并或分立后会产生如下法律后果:① 参与合并或分立的公司主体资格发生变化。公司合并或分立后,必然引起主体资格的变化,根据不同情况,出现设立、变更或注销公司的情形。② 原公司的股东成为合并或分立后的公司的股东。③ 原公司的权利与义务由合并或分立后的公司承担。

如果债权人的请求没有实现,那么其有权不同意公司合并或分立吗?

2. 公司的解散与清算

（1）公司的解散。各国法律规定，公司解散有自愿解散和强制解散两种情况。导致公司自愿解散的情况主要有：公司经营期限届满、股东大会决议解散或章程规定的其他解散事由出现。而强制解散则主要发生在以下情形之下：公司经营目标无法实现；公司被宣告破产；公司有违法行为而被主管机关命令解散；因股东人数或资本总额低于法定最低数额而被法院判决解散等。

（2）公司的清算。清算是指清点公司财产，清理债权、债务，整理各种法律关系，以消灭公司法人资格的一种法律程序。公司在解散后，均应依法成立清算组对公司的财产进行清算。在清算阶段，公司停止开展新的经营业务，公司原有的机构和法定代表人丧失权利，由清算组代表公司执行一切与清算有关的事务。执行清算事务的清算人可以由公司董事担任，也可以根据公司章程的规定由股东大会选任。法院也有权在依前两种方式无法确定清算人时，根据利害关系人的申请指定清算人。

公司在清算过程中如遇到诉讼，谁能代表公司出庭应诉？

清算组的主要职责有：清理公司的财产，编制资产负债表和财产目录；以公告方式通知公司债权人申报债权；了结公司业务；收取公司债权，偿还公司债务；处理公司剩余财产；代表公司进行民事诉讼活动。

清算组需在一定期限内完成公司的清算工作。公司清算终结后，清算组应制作清算报告连同各项账册报股东（大）会或有关机构确认，并报送公司登记机关，申请注销公司登记并公告。自此，公司的主体资格消灭。

清算人在清算过程中应履行哪些义务？

（3）解散与清算的关系。对于公司解散与清算的关系，各国的立法规定有所不同，主要有两种制度：一是"先算后散"，即规定公司只有清算后才能解散，如英国法的规定；二是"先散后算"，即规定公司应当首先宣布解散，然后再进行清算，大多数大陆法系国家都做此规定。在"先算后散"的情况下，宣告公司解散即消灭法人资格；在"先散后算"的情况下，解散只是法人消灭的原因，只有在清算完成后，才能消灭公司的法人资格，在清算完成前，尽管公司的权利和能力受到限制，但是公司仍然拥有法人资格。

3. 外国公司的进入与撤离

（1）外国公司的进入。外国公司是相对于本国（东道国）公司而言的，区分二者的关键在于公司国籍的确定，凡是具有本国国籍的公司都是本国公司，凡是具有外国国籍的公司都是外国公司。外国公司进入东道国进行商业性交易活动，必须依照东道国的法律规定提出申请，完成一定的法律手续。一般来说，必须在东道国设立办事处（代理人）、分公司或子公司,以便取得营业执照。取得营业执照后,该外国公司便有权在东道国从事正当的经营活动且依法享有和东道国公司同样的权利,承担同样的义务。出于主权以及经济利益等各方面的考虑,一般国家会对外资进行一定的限制,如接受特殊的管理,某些领域则禁止外资进入等。

外国公司在东道国设立办事处时,对于代理人的选任有无特殊要求?

(2) 外国公司的撤离。各国公司法对外国公司撤离的规定,一般分两种情况:一是由于被强制吊销营业执照而被迫撤离;二是主动撤离。东道国政府(法院)强令外国公司撤离该国,一般都是由于外国公司严重违反东道国的公司法令或其他法律,东道国有权撤销其营业许可,结束其在本国的经营活动。外国公司主动要求撤离的情况一般发生在外国公司已经完成在东道国从事经营活动的预定目标,需要转移营业地而采取的一种正常方式。外国公司主动撤离也需要依法向东道国政府提出撤离申请,经批准后方可撤离。外国公司撤离应依照法定程序进行清算,未清偿债务前,不得撤离。

能力实训

一、实训案例

1. 某普通合伙企业由甲、乙、丙三人各出资5万元组成。合伙协议记载了合伙企业法应当记载的事项,其中规定利润分配和亏损分担办法为:甲3/5,乙、丙各1/5;甲为负责人,合伙企业经营汽车配件生产和销售。

1. 评析

请问:

(1) 甲为负责人,那么乙、丙在合伙企业事务执行中拥有什么权利?

(2) 甲想和王某合作建立一个经销汽车配件的门市部,是否可以?

(3) 假如合伙协议明确规定甲只能代表合伙企业签订10万元以内标的金额的合同,而甲还是同B厂签订了12万元的合同,那么这个合同是否有效?为什么?

2. 甲、乙国有企业与另外7家国有企业拟联合组建设立"宏达航空货运有限责任公司"(以下简称"宏达公司"),公司章程的部分内容是:公司成立3年内股东缴足所有出资即可。公司股东会除召开定期会议外,还可以召开临时会议,临时会议须经代表1/4以上表决权的股东、1/2以上的董事或1/2以上的监事提议召开。在申请公司设立登记时,工商行政管理机关指出了公司章程中的不合法之处。经全体股东协商后,予以纠正。

2020年1月,宏达公司依法登记设立,甲以专利技术出资,协议作价出资1200万元,乙认缴出资1400万元,是出资最多的股东。公司成立后,由甲召集和主持首次股东会议,设立了董事会和监事会。董事会有9名成员,分别是9家国有企业的负责人,监事会有5名成员,其中1人是公司职工代表。

2020年2月,宏达公司董事会发现,甲投入的专利技术的实际价额显著低于公司章程所定的价额,为了使公司股份总额仍达到1亿元,董事会提出了解决方案,即由甲补足差额;如果不能补足差额,则由其他股东按出资比例分担该差额。

2020年3月,公司经过一段时间的运营后,经济效益较好,董事会拟订了一个增加注册资本的方案,方案提出将公司现有的注册资本由1亿元增加到1.5亿元。增资方案提交到股东会讨论表决时,有5名股东赞成增资,这5名股东出资总和为5830万元,占表决权总数的58.3%;有4名股东不赞成增资,4名股东出资总和为4170万元,占表决权总数的41.7%。股东会通过了增资会议并授权董事会执行。

2020年4月,宏达公司因业务发展需要,依法成立了杭州分公司。杭州分公司在生产经营过程中,因违约而被诉到法院,对方以宏达公司是杭州分公司的总公司为由,要求宏达公司承担违约责任。

请问:

(1) 宏达公司首次股东会会议的召开有哪些不合法之处?为什么?

(2) 宏达公司董事会、监事会的组成有什么不合法之处?

(3) 宏达公司董事会做出的关于甲出资不足的解决方案的内容是否合法?说明理由。

(4) 宏达公司设立过程中订立的公司章程中有哪些不合法之处?说明理由。

(5) 宏达公司是否应替杭州分公司承担违约责任?说明理由。

(6) 宏达公司股东会做出的增资决议是否合法?说明理由。

2. 评析

3. 甲企业、乙企业和朱某作为发起人募集设立了丙股份有限公司(以下简称"丙公司"),丙公司共有200万股股份,甲企业持有丙公司40万股股份,乙企业持有丙公司20万股股份,朱某持有丙公司10万股股份,其余股份以无记名股票的形式发放募集。丙公司章程中规定实行累积投票制。

丙公司为奖励公司杰出员工王某,用税前利润收购了本公司1万股股份,但是转让给王某前,王某辞职,丙公司遂决定由公司自己持有这1万股股份。丙公司董事会成员之间发生矛盾,9名董事中有4名辞职,公司管理混乱,董事会于董事辞职3个月后决定召开临时股东大会增选4名董事。临时股东大会会议召开15日前董事会通知了甲企业、乙企业和朱某,并公告了会议召开的时间、地点和审议事项。

张某持有丙公司6万股股份,张某在临时股东大会召开10日前提出临时提案并书面提交董事会,提案要求股东大会做出解散公司的决议,董事会认为张某的提案是无稽之谈,未予理会。

丙公司临时股东大会增选出4名董事。周某持有丙公司2万股股份,由于没有看到丙公司的公告,周某没能参加临时股东大会,于是在决议做出之日起第45日向法院申请撤销丙公司此次临时股东大会增选4名董事的决议。

请问:

(1) 丙公司是否有权收购本公司股份?为什么?本案例中丙公司收购本公司股份的行为有哪些不符合法律规定之处?

（2）丙公司召开临时股东大会的程序有哪些不符合法律规定之处？

（3）丙公司董事会对张某提案的处理是否符合法律规定？为什么？

（4）甲企业、乙企业、朱某在增选4名董事的表决中各拥有多少表决权？

3. 评析

（5）法院是否应当支持周某的主张？为什么？

二、思考题

1. 个人独资企业与个体工商户有何区别？
2. 设立普通合伙企业需要什么条件？
3. 有限合伙企业与普通合伙企业有什么区别？
4. 与合伙企业相比，公司具有哪些法律特征？
5. 如果你代表国内某公司去境外投资，则在该公司就应选择子公司还是分公司形式征求你的意见时，你应如何向公司分析其利弊？
6. 有限责任公司的股东具有哪些权利？
7. 哪些人不可以担任公司的董事或监事？
8. 编写一份普通合伙企业的合伙协议。

三、小组活动

根据中国法律，每个小组模拟设立一家合伙企业或有限责任公司，并编写一份与之相对应的合伙企业协议或公司章程。

四、在线测试题

为检测本项目学习效果，请学生扫描左侧二维码完成在线测试，习题答案将于提交后自动显示。

项目三　国际商事代理中的法律问题

学习目标

1. **知识目标**
   (1) 了解商事代理的概念、特征和有关的商事代理的法律规范；
   (2) 熟悉代理权产生的方式；
   (3) 掌握代理人、被代理人与第三人之间互相承担的基本义务；
   (4) 熟悉代理法律关系终止的几种情形；
   (5) 掌握狭义的无权代理和表见代理的概念及法律后果；
   (6) 掌握我国的外贸代理制度。

2. **能力目标**
   (1) 能够依法确认代理人身份及代理权限；
   (2) 能够依法正确签订及履行代理协议；
   (3) 能够防范代理业务中的一般法律风险。

任务一：认识商事代理

工作任务

某食品公司国外代理人陈某持公司代理委托书在 A 国推销芝麻糊，代理委托书写明陈某的工作是推销芝麻糊。一次他看到 A 国土特产公司削价出售核桃，价格十分便宜，于是以食品公司名义将当时对方所剩的一千多公斤核桃全部购下，以推销芝麻糊收回的款项交了 500 元定金，并给对方出示了代理委托书，约好其余货款由公司再汇来。

请问：
(1) 食品公司、陈某、土特产公司之间存在什么法律关系？
(2) 陈某与土特产公司的合同对食品公司是否有效？为什么？
(3) 陈某走后，土特产公司发现合同可能是由无权代理人签订的，这时它可采取什么行动来予以补救？
(4) 如果食品公司拒收核桃、拒付货款，则是否合法？在这种情况下，如果造成土特产公司的损失，怎么办？

操作过程

(1) 食品公司与陈某之间存在商事代理关系。食品公司是被代理人（或称委托人），陈某是代理人，他们之间的关系以委托合同为准，委托书是委托合同的证明。土特产公司是合同相对人(或称第三人),陈某应在食品公司的授权范围内与土特产公司签订合同,其法律后果由食品公司与土特产公司承担。

(2) 陈某与土特产公司的合同对食品公司是否有效应视食品公司是否追认而定。因为陈某的代理权限是推销芝麻糊,其购买核桃的行为超越了食品公司的代理权限。根据各国法律的规定,陈某的行为属于越权代理,只有获得被代理人的追认才对被代理人有效。

(3) 土特产公司如果发现陈某可能是无权代理人,则可以与食品公司联系,要求食品公司在一定期限内追认陈某的行为(这种要求在法律上被称为"催告"),如果食品公司不追认,则土特产公司有权撤销合同。

(4) 食品公司拒收核桃、拒付货款的行为合法。因为陈某超越代理权限签订合同,在被代理人不追认的情况下,该合同对被代理人是无效的。食品公司如果拒收核桃、拒付货款,则说明食品公司没有追认陈某的越权代理行为,食品公司不必承担合同责任,如果致使土特产公司遭受损失,则应由陈某承担责任。

知识链接与归纳

一、什么是商事代理

传统意义上的代理,是建立在民事代理制度的基础之上的,是指代理人以被代理人的名义实施的、其法律后果直接归属于被代理人的行为。在代理关系中,涉及三方面当事人,即被代理人(也称本人)、代理人、第三人(或称相对人),其基本特征为:代理人必须以被代理人的名义行事;代理人要在法律或被代理人的授权范围内完成代理行为;代理人行为的法律后果直接由被代理人承担。随着商事活动的发展,代理行为不断突破传统民事领域代理规则的约束,逐渐在商事领域广泛运用,形成了独具特色的商事代理制度。

代理制度的产生及发展

关于商事代理一词,各国立法并未确定其统一的概念,有的称之为"商务代办"或"商业代理",而有的没有明确称谓,只是混同于民事代理之中。一般认为,商事代理是指代理商以自己的名义为被代理人从事交易,并从中获取佣金,其行为后果由自己或被代理人对第三人承担的经营活动。

想一想

甲公司准备向国外的乙公司出售一批货物。由于甲公司与乙公司不是很熟悉,且又没有国际贸易的经验,于是委托丙公司以自己的名义与乙公司签订合同。请问:甲公司、乙公司、丙公司存在何种关系?

与传统意义上的民事代理相比,商事代理具有如下法律特征:

(一) 职业性

现代各国商法中一般将商事代理分为两类:一是由商业企业职员实现的代理,二是通过各种代理商（即商事代办）实现的代理。前者属于职务代理或业务代理，这种代理是建立在雇佣关系基础上的隶属关系，其代理权限由法律加以规定，并由企业主或法定代理人以明示方式授予代理权。对于此种代理是否属于商事代理，在各国法律中是不一样的，大多数大陆法系国家一般不认为其属于商事代理。后者则是专业的代理商，是专门从事各种商事活动的独立的职业代理商，如保险代理人、货物运输中的货代与船代等。根据各国法律，自然人与法人均可成为代理商，但要取得代理商资格，则应当首先取得营业资格，因此代理商和他所代理的企业都是独立的经济个体，他们在营业活动与营业时间上都具有连续性和持续性。

（二）独立性

商事代理关系中的代理商的法律地位是独立的。这种独立性体现在很多方面，如代理商有自己独立的商号、独立的营业场所、独立的账簿，并独立进行商事登记；代理商往往可以自主完成其活动和决定其工作时间；代理商可以以自己的名义与第三人从事被代理人所委托的事项；当第三人的合法权益受到侵犯时，第三人可以独立自主地进行选择，是向被代理人求偿，还是要求代理商赔偿等。

（三）灵活性

商事代理的形式较之传统的民事代理，显现出更多的灵活性与多样性，代理人既可以以被代理人的名义进行活动，又可以以自己的名义进行活动；商事代理权既可以是一般代理权，又可以是特别代理权；既可以是明示授权，又可以是默示授权；既可以是事前授权，又可以是事后追认。实行如此灵活的制度，主要是为了适应商事活动复杂多变的需要。

（四）有偿性

商事代理都是有偿代理，商事代理人与被代理人之间的合同，是为双方共同利益而订立的。代理人有权按交易的数量和价值抽取佣金。

二、有关商事代理的法律规范

（一）各国法律

国际商事代理制度在国际商事活动中起到举足轻重的作用，但是到目前为止，调整国际商事代理关系方面的国际法律规范还十分有限，所以，各国大多以国内立法来调整国际商事代理关系。

1. 大陆法系

在大陆法系国家，法典是其主要渊源，所以这些国家调整国际商事代理关系的法律规范主要表现在民商法典中。现代大陆法系国家的商事代理立法，以1897年《德国商法典》为典型。该法以代理商为出发点对商事代理制度加以规定。根据该法，"代理商是一种独立的商事经营者，他接受委托，固定地为其他企业主促成交易，或者以其他企业主的名义缔结交易"。另外，在制定民商法典的基础上，有些国家还专门制定了调整商事代理关系的单行法，如德国就在1953年通过了《商业代理法》。

2. 英美法系

在英美法系国家，判例是其主要渊源，所以判例是调整这些国家国际商事代理关系的主要法律工具。例如,英国早在1989年就制定了《商业代理人法》,以后又陆续制定了《不动产及商业代理人法》(1970年)、《代理权利法》(1971年)、《不动产代理人法》(1979年)等单行法。在美国,法律协会主编的《美国代理法重述》(第二次)成为美国有关代理方面重要的法律渊源,经常被法官加以引用判案。

3. 中国法

在我国,从现行立法来看,没有明确区分民事代理与商事代理,《中华人民共和国民法典》(以下简称《民法典》)、《中华人民共和国对外贸易法》(以下简称《对外贸易法》)等法律、法规对代理制度做出了原则性规定。

《民法典》第一编第七章"代理"共15条,对代理权的产生和终止、代理权的种类、代理关系中各方权利和义务以及表见代理等问题进行了规定。《民法典》第三编"合同"第二分编第二十三章"委托合同"中,对建立在委托合同基础上的代理关系做了明确规定,借鉴了有关代理的国际公约和两大法系的法律制度,有条件地承认了"隐名代理"和"未披露被代理人的代理"制度,并规定了委托人的介入权和第三人的选择权。另外,在《民法典》中,还对表见代理、行纪合同等问题进行了规定。

(二) 国际规范

1. 国际公约

在国际公约方面,1961年,国际统一私法协会制定了《代理统一法公约》《代理合同统一法公约》两项公约,前者调整直接代理关系,后者调整间接代理关系。由于这两项公约都建立在大陆法系的基础上,因此未能得到普通法系国家的认同。1983年,该协会公布了《国际货物销售代理公约》,该公约矫枉过正,具有浓厚的英美法系代理法色彩,因此遭到了大陆法系国家的抵制,同样也难逃失败的厄运。所以,到目前为止,这三大公约均未生效。目前已经生效的、具有统一各成员商事代理法作用的公约,只有欧共体1986年制定的《关于协调成员国自营商业代理人指令》。

2. 国际惯例

在国际惯例方面,国际商会曾于1960年拟定了一份《国际商业代理示范合同》,尽管在内容上,它仅仅针对国际商事代理活动中的被代理人和代理人之间的内部关系提供一些建议,也只适用于直接代理关系,但它在促进国际商事代理活动中发挥了积极作用。另外,2004年出台的《国际商事合同通则》(修订版)在其1994年版本的基础上增加了代理权一章,这是国际统一私法协会统一国际代理制度的最新努力。由于《国际商事合同通则》适用于各类国际商事合同,因此它可以在国际商事代理活动中作为框架性规则来确定代理当事人之间的权利和义务。根据《国际商事合同通则》的规定,代理制度只适用于被代理人与第三人或者代理人与第三人的外部关系。

三、商事代理的种类

对于商事代理行为,依据不同的标准可以有不同的分类。

(一) 显名代理与非显名代理

根据代理名义的不同,商事代理可以分为显名代理与非显名代理。

1. 显名代理

显名代理在大陆法系国家被称为"直接代理",是指商事代理人在代理权限内,以被代理人的名义同相对人进行商事交易活动,其法律后果直接由被代理人承担的商事代理。在直接代理的情况下,由于商事代理人事实上的代理行为是以被代理人的名义进行的,因此法律后果直接归于被代理人,第三人也直接与被代理人发生权利义务关系。

2. 非显名代理

非显名代理有两种情况:一是隐名代理,这是英美法系代理法的概念,是指代理人仅表明代理身份,但并不指明被代理人的身份;二是代名代理,在大陆法系国家被称为"间接代理"或"行纪",在英美法系国家则被称为"未披露被代理人的代理",是指商事代理人在代理权限内,以自己的名义同相对人进行商事交易活动的商事代理。需要指出的是,虽然两大法系中均有代名代理制度,但在代理行为的法律后果上存在很大差异。关于这个问题,在"商事代理关系中的权利与义务"部分将做较为详细的说明,此处不再赘述。

(二) 一般代理与全权代理

依据代理权限的大小,商事代理可以分为一般代理与全权代理。

1. 一般代理

一般代理是指代理权限受到一定限制的商事代理。一般代理有地区及业务范围的限制,必须在被代理人明确授权范围内实施代理行为。在实务中,如无特别说明,商事代理应为一般代理。

2. 全权代理

全权代理是指代理人的代理权限不受特别限制,可以实施法律允许的一切行为的商事代理。全权代理必须由被代理人在授权委托书中明确规定,否则只能是一般代理。

(三) 总代理与分代理

依据代理业务的范围,商事代理可以分为总代理与分代理。

1. 总代理

总代理也称"全部代理",是指商事代理人在确定的区域内,可以代理被代理人从事全部业务活动的商事代理。

2. 分代理

分代理也称"部分代理",是指代理人在确定的区域内,只能代理被代理人从事某些业务活动的商事代理。

总代理商可选任自己的次级代理商,次级代理商经授权又可再选任自己的次级代理商,如复代理商、再代理商等。在商事代理中,除非合同中有禁止性约定,否则代理商有权选任自己的代理商。这样,实践中就可以形成由一级代理商、二级代理商等构成的多层次的代理商金字塔结构。

(四) 独家代理与多家代理

依据代理权是否具有排他性,商事代理可以分为独家代理与多家代理。

案例分析

1. 独家代理

独家代理是指具有排他性的商事代理。在独家代理的情况下,被代理人在约定的地区只能将代理权委托给一个代理人,该代理人独自享有代理权,其代理权具有排他性,被代理人不得另行委托其他代理人为其办理商事代理业务。

2. 多家代理

多家代理是指不具有排他性的商事代理。在多家代理的情况下,被代理人可以将代理权委托给两个或两个以上的代理人,各代理人的代理权都不具有排他性,其只能在各自的授权范围内实施代理行为,相互间并不发生任何法律关系。

任务二:代理关系法律实务分析

工作任务(一)

代理人权利与义务实务分析

A委托B为销售代理人,合同期为3年。根据代理协议,B的代理业务包括收集订单、交货和收款,A按销售额的8%支付佣金。代理协议还规定,B须缴纳10万元保证金,保证金在合同期满,且在合作过程中无违约行为,将全额退还;如果B在合同期内发生违约行为,则其不得要求退还保证金。代理协议签订后,B开始为A销售产品。B将所有销售款存入自己的私人账户,每月月底又从该账户中取出与销售款等额的现金交与A。A对于B的上述收款与交钱程序一无所知。由于经济不景气,A授权所有的销售代理人对订单打8折,B却给客户打9折,并将另外10%的折扣装进了自己的腰包。尽管如此,由于B的积极努力,其所获得的订单量仍位于A的所有销售代理人之首。后来,A从其他销售代理人处了解了真相,撤销了B的代理权,并要求B退还10%的销售款,否则将拒绝支付佣金。B对此非常不满,认为自己出色地完成了代理任务,行为并无不当。现在,合同期未满,A就撤销合同,是违约行为,应返还10万元保证金,并按合同支付销售额8%的佣金,如果A不支付佣金,那么他将扣留A存放在自己这里的货物,用以冲抵佣金。

请问:

(1) B的行为是否违反了代理人的义务?

(2) A是否有权撤销B的代理权并要求B退还10%的销售款?

(3) A有权拒绝支付佣金吗?

(4) B有权要求返还保证金吗?有权扣留A的货物吗?

操作过程

(1) B的行为违反了代理人的义务。根据代理法,代理人应勤勉、忠诚地完成代理实务。商事代理人应将自己的财产与被代理人的财产分开,并有义务对一切代理交易保持正确的账目,以便根据代理合同的规定或在被代理人提出要求时向被代理人申报账目。B把销售款存入自己的私人账户,且没有取得A的同意,这种做法不利于A对其销售状况进行监督,是违反法律规定的。另外,作为代理人应在被代理人的授权范围内活动,且不应从被代理人处获得佣金之外的其他利益。B在A授权所有销售代理人打8折的情况下,擅自给客户打了9折,并将多获得的10%销售款据为己有,超越了代理权限,且多获得了10%的利益,也是违反代理法的行为。

(2) A有权撤销B的代理权。代理关系产生的前提是被代理人对代理人的信任。在B做出了上述违反代理人义务的行为之后,被代理人A有充分的理由对其忠诚性产生怀疑,解除代理协议是符合法律规定的。在与A的代理协议中,B有权获得的报酬是销售额的8%,即佣金,因此B无权获得多出的10%销售款,所以A有权要求B退还。

(3) A无权拒绝支付佣金,因为在代理关系终止前,B一直在为A销售产品,A从中获得了利益,应当为B支付合同中约定的佣金,这也是被代理人的主要义务和代理人的主要权利。但是,鉴于B违约在先,A可以要求在B返还10%的销售款之后再支付B应得的佣金。

(4) B无权要求退还保证金。关于代理保证金问题,在我国没有明确的法律规定,一般依照代理合同执行。根据合同约定,如果B在合同期内发生违约行为,则其不得要求退还保证金。B有权扣留A的货物。根据法律规定,在被代理人不支付佣金或其他费用时,代理人有权行使留置权,即扣留被代理人的货物,在扣留一定期限后,被代理人仍不支付时,有以该货物折价并优先受偿的权利。当然,如果被代理人A支付了销售货物的佣金,则B必须把A的货物还给A。

工作任务(二)

表见代理行为的处理

某木材器具厂(以下简称"木器厂")与某家具城有多次业务往来。在2014年3月双方第一次签订合同时,木器厂经理对家具城说,以后的业务均由该厂业务员陶某代理。之后,木器厂每次与家具城签订合同,都是由其业务员陶某办理,并带有介绍信、加盖公章的空白合同书、授权委托书。2018年2月前,陶某又与家具城签订了加工家具合同,总价款22万元,40日内交货,预付款7万元。当天家具城将7万元预付款汇入陶某提供的银行账户里。由于与陶某是老关系,家具城这次没有要求陶某出示厂方介绍信及授权委托书,只是在陶某提供的加盖木器厂公章的空白合同书中与陶某签订合同并签名盖章。两个月后,家具城不见木器厂发货,便向木器厂询问,得知陶某早在2017年12月就离开了木器厂。家具城要求木器厂履行合同,遭到拒绝。

请问:

(1) 陶某的行为在法律上属于什么性质?

(2) 木器厂是否应履行陶某与家具城签订的合同?

(3) 陶某需要承担什么责任?

操作过程

(1) 陶某的行为发生在代理权终止之后,应是无权代理行为。但是和一般的无权代理行为不同,陶某的行为构成表见代理。本案中陶某在签订合同时已经不是木器厂的业务员,说明其已经丧失代理权,但其依然以木器厂的名义对外签订合同,而此时家具城并不知情,也没有理由怀疑陶某的身份,且从陶某的表现上看,他依然能够提供加盖木器厂公章的空白合同书,因此陶某的行为属于表见代理。

(2) 木器厂应当履行陶某与家具城签订的合同。根据各国法律的一般规定,表见代理行为签订的合同有效,被代理人应当承担合同责任。本案中陶某的行为构成表见代理,木器厂作为被代理人应当履行陶某签订的合同。

(3) 在确定了木器厂对家具城履行合同,家具城按合同支付货款后,陶某应对木器厂承担还款责任。

知识链接与归纳

四、商事代理权的产生

(一) 大陆法系

在大陆法系国家,代理权可以由下列原因产生:

1. 意定代理

意定代理是指由被代理人的意思表示产生的代理权,又称委托代理。此种意思表示既可以用书面形式,又可以用口头形式;既可以向代理人表示,又可以向同代理人打交道的第三人表示。

被代理人授予代理人代理权限时需表明是一般授权还是特别授权。一般授权是指授予代理人处理一项或数项事务的代理权,特别授权是指授予代理人处理一切事务的代理权。

2. 法定代理

凡不是由被代理人的意思表示而是由法律直接规定产生的代理权称为法定代理。法定代理人的产生主要有以下几种情况:① 根据法律的规定而产生,例如根据民法典的规定,父母对未成年的子女有代理权;② 根据法院的选任而产生,例如法院指定的法人清算人;③ 根据私人的选任而产生,例如亲属选任的监护人及遗产管理人等。

此外,公司法人必须通过代理人来处理各种业务,其代理人就是公司的法定代表人。

需要指出的是,以上分类是针对广义的代理而言的,商事代理由于具有职业性、有偿性等特点,一般都是意定代理,需要代理人与被代理人签订委托代理合同。

(二) 英美法系

在英美法系国家,代理权可以由下列原因产生:

1. 明示授权

明示授权就是由被代理人以明示的语言方式指定某人为其代理人。按照英美法系国家的规定,明示代理权的表达形式一般是授权委托书或在合同中的授权条款。代理协议的成立并不要求特定形式,既可以采用书面方式,又可以采用口头方式。

2. 默示授权

默示授权是指明示授权之外,被代理人使代理人有合理根据相信自己有代理权的行为。代理人所依据的合理根据主要是被代理人使用的语言、行为、身份、法律规定、行业习惯或职业惯例等,如夫妻之间代购日常生活用品、任一合伙人订立的合伙经营合同对其他合伙人均产生代理的效力。

3. 不容否认的授权

不容否认的授权又称表面代理权,在大陆法系国家被称为表见代理,是指代理人或许拥有或许不拥有为被代理人行事的实际代理权限,但因被代理人的行为,使第三人基于善良的信用而认为该代理人拥有一定的代理权限。

4. 紧急处分代理

紧急处分代理是指在紧急情况下,某人虽然没有得到别人关于如何行事的明示授权,但由于客观情况的需要,应视为具有这种授权。例如,承运人在遇到紧急情况时,有权采取超出其通常权限的、为保护被代理人的财产所必须采取的行动,如出售易于腐烂或有灭失可能的货物,并有权抵押船舶以清偿为完成航次所必需的修理费用。但要取得这种代理权是相当困难的,英美法系国家法院一般也不愿意不适当地承认这种代理权。

紧急处分代理权的行使条件

议一议

原告货主委托被告铁路公司运西红柿至B地,半路遭遇铁路工人罢工,被告担心西红柿腐烂,在未联系原告的情况下就地卖掉了西红柿(价格大体合适)。请问:被告是否具有卖掉西红柿的代理权?

5. 追认授权

追认授权是指代理人无权或越权实施代理行为,被代理人予以追认或不明示否认而产生的一种代理权。在一般情况下,无权代理所产生的代理行为,如与第三人订立合同或处分财产,对被代理人是没有约束力的,由代理人本人负责承担给第三人造成的损失,除非符合表见授权或经被代理人追认。

追认授权的条件

(三)中国法

我国在代理权的产生问题上,基本上与大陆法系国家类似。

五、商事代理关系中的权利与义务

代理是一种特殊的民事法律关系,其特殊性在于由三方当事人之间的相互关系组成。其中,被代理人与代理人之间为代理的内部关系,被代理人与第三人之间、代理人与第三人之间为代理的外部关系。

（一）代理的内部关系

由于代理权是被代理人基于对代理人人身信任而设定的权利,这种权利的内容、利益和风险往往存在不确定性,只能根据代理权行使的具体情况予以确定,因此,被代理人与代理人的权利和义务并不限于双方代理合同中约定的内容,还应负担法律上规定的特定的义务。

1. 代理人对被代理人的代理义务

代理人对被代理人应负担以下代理义务：

（1）勤勉地履行代理职责。代理人应在被代理人授权的范围内从事代理事务,并服从被代理人合法及合理的指示。代理人在处理代理事务时应竭尽其能力和经验,完成代理事务；代理人应尽到相当的注意义务,即应如同处理自己的事务一样或以善良管理人的注意处理代理事务。

（2）忠实诚信地履行代理职责。代理人需向被代理人公开其所掌握的有关客户的一切必要的情况,以便让被代理人考虑是否同该客户签订合同。代理人不得从代理业务中谋取被代理人给付的佣金之外的其他利益；不得收取贿赂和秘密佣金；不得篡夺公司机会或利用代理人地位损害被代理人的利益,如与第三人恶意串通损害被代理人的利益。在未经被代理人同意的情况下,代理人不得自己购买代理标的；不得向被代理人出售自己的财产（禁止自己代理）,即代理人不得以被代理人的名义同自己订立合同；不得同时做与被代理人利益存在对立关系的第三人的代理人（禁止双方代理）。在一般情况下,基于信任关系,代理人不得将代理事务委托给他人（禁止转委托）,但若有被代理人的事先允许,或在特殊情况下为保护被代理人的利益,或被代理人事先未禁止而贸易习惯允许这样做则除外。此外,代理人不得泄露被代理人的商业秘密,也不得利用这些信息从事其他任何有悖于被代理人利益的行为。代理人还要承担竞业禁止义务,即在代理期间和代理关系终止之后的合理期限内,不得与被代理人竞争等。

（3）履行因完成代理事务而产生的管理职责。为防止代理人滥用代理权,各国法律均规定,代理人有义务对一切代理交易保持正确的账目,并根据代理合同的规定或在被代理人提出要求时向被代理人申报账目。代理人应将自己的财产与被代理人的财产分开,如果发生混淆以至于无法分开,则被代理人可以向代理人主张全部财产。代理关系终止时,代理人应将有关文件提交给被代理人。

某公司于8月15日举行开业典礼,8月10日,甲被授权购买10台X牌空调安装在公司,后董事长赴国外出差,甲发现X牌空调在市面上断货,至8月13日,与董事长一直联系不上,于是购买其他品牌的空调安装在公司,董事长回来后,认为甲擅自做主,须承担赔偿责任。请问：(1)甲是否应承担赔偿责任？(2)如果甲有一商场,他把自己的Y牌空调卖给该公司,则该行为是否合法？

2. 被代理人对代理人的义务

代理关系中,代理人在执行代理事务过程中必须对被代理人忠诚,但被代理人对代理人没有这样的义务,即在代理事务中被代理人本人并不需要完全从代理人的利益出发来活动。但被代理人对代理人也负有一定的义务。

(1) 向代理人支付佣金。向代理人支付佣金是被代理人最重要的一项义务。所谓佣金,是商业活动中的一种劳务报酬,是具有独立地位和经营资格的中间商(包括代理商)在商业活动中为他人提供服务所得到的报酬。被代理人的报酬给付义务是以代理人完成代理任务为前提的,如果代理人没有完成代理任务,则被代理人就不负有报酬给付义务。被代理人必须按照代理合同的规定及时、足额地支付给代理人佣金或其他约定的报酬,若代理协议中无佣金条款或约定不明确,则依据通常的惯例或习惯办理。根据国际商会《国际商业代理示范合同》的规定,佣金包括代理人为履行本合同项下义务而产生的一切开支,比如电话费、电传费、办公费、旅行开支等。

在商事代理实践中,关于佣金经常会遇到以下三个问题:

第一,在被代理人不经代理人的介绍,直接与代理人代理的地区内的第三人达成交易合同时,被代理人是否仍须向代理人支付佣金?

有些大陆法系国家规定,凡是在指定地区享有独家代理权的独家代理人,对于被代理人同指定地区的第三人所达成的一切交易,不论该代理人是否参与,该代理人都有权要求佣金。为保护商业代理人的利益,在被代理人终止商业代理合同时,商业代理人对其在代理期间为被代理人建立的商业信誉,有权请求给予补偿。

议一议

德国某商人根据当地市场销售情况,建议德国 A 公司生产一种玩具,条件是要求作为销售该玩具的独家代理人,A 公司表示同意并与该商人签订了合同。后来 A 公司与当地某一公司直接签订订货合同,没有经过代理人,该商人向 A 公司索要佣金,A 公司以合同没有通过该商人为由,拒不支付佣金。请问:A 公司是否要给该商人佣金?

根据英美法系国家的判例,如果被代理人与第三人达成的交易是代理人努力的结果,则代理人就有权获得佣金;但如果被代理人没有通过代理人而直接同代理地区的买主达成交易,则代理人就无权索取佣金。不过,这些判例规则可以因双方协议或行业习惯而改变。

第二,代理人介绍的客户在代理关系终止后,连续直接同被代理人达成交易,被代理人是否仍然必须支付佣金?

大陆法系国家和英美法系国家对此采取了不同的解决办法。《德国商法典》规定,代理人对于代理合同终止后所达成的交易,在下列情况下享有佣金请求权:① 代理人曾参与该项交易的洽谈与准备工作;② 该项交易主要是归因于代理人的活动而达成的;③ 该项交易是在代理合同终止后的合理期间内达成的。但在英国,如果代理合同没有规定期限,则在代理合同终止后,如被代理人接到买主再次订货,那么仍须向代理人支付佣金;

如果代理合同规定了期限,则代理人在期满终止合同后不能对再次订货要求佣金。不过,根据这些原则,代理人即使有权取得佣金,也只能要求对再次订货的佣金损失给予金钱补偿,而不能要求未来的佣金和利益。

根据《国际商业代理示范合同》的规定,"本合同终止或者失效之前,由代理人转交的或者被代理人直接收到的在指定地区内客户的订单,如果导致在本合同终止后6个月之内订立销售合同,则代理人有权得到此订单相应的佣金"。

第三,被代理人拒绝了代理人征集的订单,是否应支付佣金?

根据英美法系国家的判例,代理人把买主介绍给被代理人后,被代理人有权决定接受或拒绝买主的订单。被拒绝的订单,代理人不得索取佣金。但这一规则,也可因双方协议或行业习惯而改变。

《国际商业代理示范合同》也允许在代理合同中规定,如果是代理人转交了订单,而订立的合同最终没有执行,则代理人有权获得佣金,除非合同的不履行是由被代理人责任之外的原因所导致的。

(2) 偿还代理人因履行代理义务而产生的费用及损失。代理人如果因执行被代理人指示的任务或不可归责于自己的事由而支出了不合理的费用或遭到损失,则有权要求被代理人予以赔偿。

代理人有权请求被代理人偿还的费用

(3) 尊重代理人的留置权。所谓留置权,是一种法定的担保方式,是指债权人合法地占有债务人的动产,在债务人没有履行债务时,债权人有权扣留该动产的权利。如果被代理人拖欠代理人的佣金或其他费用,则代理人可以对被代理人交给其管理的财产行使留置权,以清偿其应获得的佣金或费用。

(4) 让代理人查对其账册。一些大陆法系国家法律做出强制性的规定,代理人有权查对被代理人的账目,以便核对被代理人支付给他的佣金是否准确无误。

(二) 代理的外部关系

按照代理的法理,代理人在授权范围内以被代理人的名义与第三人从事民事法律行为,则代理的法律后果归属于被代理人,代理人不承担责任,也就是说,承受合同权利与义务的是被代理人和第三人,而不是代理人。但如果代理人在代理过程中未披露被代理人的身份,则应当如何承担责任呢?对此,两大法系国家有不同的规定。

1. 大陆法系

大陆法系国家根据代理人是以被代理人的名义还是以代理人自己的名义,将代理分为直接代理和间接代理。

(1) 直接代理。代理人在代理权限内以被代理人的名义同第三人订立合同,合同效力直接及于被代理人,这种代理称为直接代理。在直接代理情况下,由被代理人与第三人承担合同义务,代理人不对第三人负责。若代理人无代理权、超越代理权或代理权已终止后行使代理权,则代理人就承担相应的责任。至于说代理人承担责任的形式,在各国法律中的规定不完全相同,有的国家规定由代理人承担合同义务,有的国家则规定由代理人负赔偿之责,还有的国家允许第三人在承担合同义务与赔偿损失之间选择其一。

（2）间接代理。代理人以自己的名义为了被代理人的利益而与第三人订立合同,这种代理称为间接代理,也称行纪。在间接代理中,合同的双方当事人是代理人和第三人,被代理人不能仅凭合同直接对第三人主张权利;反之亦然,第三人也只能对代理人主张权利。只有在代理人将其从此合同中所取得的权利通过另一个合同转让给被代理人后,被代理人才能与第三人发生法律上的关系。因此,在间接代理情况下,需要经过两道合同手续才能在被代理人与第三人之间建立法律关系,即第一个是间接代理人与第三人订立的合同,第二个是代理人把有关权利转让给被代理人的合同。德国、瑞士、日本等国法律规定,行纪人的主要业务是买卖货物和有价证券;法国则未对行纪人的业务做出限制。

2. 英美法系

英美法系国家根据代理人在与第三人签订合同时是否披露代理关系的存在,以及由谁最终承担合同的义务,将代理分为显名代理、隐名代理和未披露被代理人的代理。

（1）显名代理。显名代理是指代理人与第三人订立合同时指明了被代理人的姓名或名称。在显名代理情况下,如同大陆法系的直接代理,这个合同就是被代理人与第三人之间的合同,由被代理人和第三人承担合同义务。代理人在订立合同后,即退居合同之外,代理人不承担个人责任。

（2）隐名代理。隐名代理是指代理人在同第三人签订合同时表明他是代理人,但没有指出被代理人的姓名或名称。在隐名代理情况下,这个合同依然为被代理人与第三人之间的合同,应由被代理人对合同负责,代理人对该合同不承担个人责任。但在下列两种情况下,代理人要承担个人责任:一是代理人在合同中签上了自己的名字,但未注明自己是代理人,或仅注明自己是经纪人或经理人;二是代理人在签字蜡封合同中签了名,尽管注明自己为代理人,也要对此合同负责。

（3）未披露被代理人的代理。未披露被代理人的代理是指代理人拥有被代理人的授权,但在进行代理行为时既未指出被代理人的姓名或名称,又未申明自己是代理人。在未披露被代理人的代理情况下,代理人当然要对合同负责。但未披露的被代理人可以通过行使介入权,直接向第三人请求或对第三人起诉,要求其在合同中的当事人权利和义务。另外,为了保护第三人的利益,法律还赋予第三人选择权,即第三人在发现被代理人后,可以选择代理人或被代理人承担合同的义务,也可以向被代理人或代理人起诉。若第三人选择了代理人作为合同的当事人,则实际上就否定了被代理人的介入权。第三人的选择权是不可撤销的,一旦选择了代理人承担合同的义务,就不得选择被代理人承担合同的义务,反之亦然。

甲公司是一家玩具生产企业,乙公司是一家专业外贸公司,丙公司是一家英国公司。乙公司接受甲公司的委托出售一批玩具给丙公司,丙公司不知道甲、乙公司之间的委托关系。合同订立后,甲公司突然提出无货可供。请问:根据英美法系,丙公司该如何维护自己的权益?

按照英国法律，在下列两种情况下，未被披露的被代理人不得行使介入权：一是未被披露的被代理人行使介入权会与合同的明示或默示条款相抵触时；二是第三人是基于信赖代理人的才能或清偿能力而与其订立合同时。

间接代理与未披露被代理人的代理有什么区别？

3. 中国法

《国际货物销售代理公约》中的规定

如前所述，我国的代理法最初受大陆法系影响较深，但随着时代的发展，也有条件地接受了国际公约与英美法系的一些制度。表现最明显之处在于，我国《民法典》第九百二十五条、第九百二十六条的规定中，有条件地接受了英美法系的"隐名代理"与"未披露被代理人的代理"的做法。我国《民法典》第九百二十五条规定："受托人以自己的名义，在委托人的授权范围内与第三人订立的合同，第三人在订立合同时知道受托人与委托人之间的代理关系的，该合同直接约束委托人和第三人；但是，有确切证据证明该合同只约束受托人和第三人的除外。"第九百二十六条第一款、第二款规定："受托人以自己的名义与第三人订立合同时，第三人不知道受托人与委托人之间的代理关系的，受托人因第三人的原因对委托人不履行义务，受托人应当向委托人披露第三人，委托人因此可以行使受托人对第三人的权利，但是，第三人与受托人订立合同时如果知道该委托人就不会订立合同的除外。受托人因委托人的原因对第三人不履行义务，受托人应当向第三人披露委托人，第三人因此可以选择受托人或者委托人作为相对人主张其权利，但是第三人不得变更选定的相对人。"

甲建筑公司为承建某项建设工程，委托乙物资公司购买2 000吨钢材，乙物资公司以自己的名义与丙钢铁公司签订了买卖合同，合同中注明钢材是乙物资公司为甲建筑公司购买，由丙钢铁公司直接向甲建筑公司发货，货到后10日内付清全部货款。后丙钢铁公司按照合同约定的时间，向甲建筑公司发出合同中约定型号、规格的钢材2 000吨，同时告知甲建筑公司支付货款。因此时钢材价格回落，甲建筑公司则以该合同非其所签订为由拒收，并告知丙钢铁公司应向乙物资公司索要货款。丙钢铁公司要求乙物资公司履行合同，乙物资公司则以该合同应由甲建筑公司履行为由拒绝。无奈，丙钢铁公司诉到法院，要求甲建筑公司履行合同，接收钢材，支付货款。请问：甲建筑公司应否履行乙物资公司以自己名义为其与丙钢铁公司订立的买卖合同？

另外，我国《民法典》中还规定了行纪合同制度，根据《民法典》第九百五十一条的规定，"行纪合同是行纪人以自己的名义为委托人从事贸易活动，委托人支付报酬的合同"。

通过行纪合同建立起来的关系类似于大陆法系的间接代理,也就是说,需要通过两个合同才能在委托人与第三人之间建立关系,行纪人在委托人或第三人不履行合同义务时,承担合同当事人的责任。

六、商事代理关系的终止

（一）代理关系终止的原因

1. 根据当事人的行为或协议终止代理关系

（1）代理期限届满。如果代理人和被代理人在合同中约定了代理期限,则代理期限一经届满,代理关系就自然终止。

（2）代理目的实现。代理目的实现一般是指代理任务完成,代理任务完成即告代理关系终止。

（3）代理人与被代理人双方协议终止。除法定代理外,无论代理期限是否届满或代理任务是否完成,双方都可以达成协议终止代理关系。

（4）代理人或被代理人单方终止代理关系。在代理期限内,一方单独要求终止代理关系,另一方不能强制要求实际履行,只能请求对方赔偿损失。各国法律规定原则上允许被代理人在代理存续期间内撤回代理权,但被代理人在终止代理关系时,应事先在合理的时间内通知代理人。如果被代理人在代理关系存续期间不适当地撤销代理关系,则被代理人需赔偿代理人的损失,其中包括代理人的佣金、商誉的损失或其他报酬。需要指出的是,在特殊情况下,有些国家限制被代理人单方面撤销代理权。英美法系国家或地区法律规定,不允许被代理人单方面撤回与代理人利益结合在一起的代理。例如,甲向乙借款,并指定乙为代理人代其收取房地产租金,以清偿其借款,乙的这种代理与他对甲的债权利益结合在一起,在该借款全部清偿前,甲不能单方面终止乙的代理权。

2. 根据法律的直接规定终止代理关系

（1）被代理人丧失行为能力、死亡或破产。代理关系是一种委托合同关系,被代理人需要承担代理的法律后果,因此在被代理人丧失行为能力、死亡或破产后,实质上已无法承担法律责任,此时应当终止代理关系。但是,根据某些大陆法系国家民商法的规定,上述情况只适用于民法上的代理权,至于商法上的代理权,则应适用商法典的特别规定,不因被代理人的死亡或丧失行为能力而消灭。

（2）代理人死亡、破产或丧失行为能力。根据各国的法律,当代理人死亡、破产或丧失行为能力时,无论是民事上的代理权还是商事上的代理权均因之而消灭。

（3）其他原因。在代理关系存续期间,由于出现其他原因,导致代理关系不能存在的,代理关系终止,如法律规定的改变使代理行为成为非法、主要标的物灭失等。

（二）代理关系终止的法律后果

1. 对代理人与被代理人的法律后果

在代理关系存续期间,除非双方达成协议并采取了正当的程序,或存在法定的免责事由,否则一方单独终止代理关系,属于违约,应赔偿给对方造成的损失。代理关系终止后,代理人不再拥有代理权,若代理人仍继续从事代理活动,则属于无权代理,须向被代理人或第三人承担相应的义务或责任。

值得注意的是,在有些大陆法系国家,如德国为保护商业代理人的利益,其商法规定,在代理合同终止时,代理人对于其在代理期间为被代理人建立的商业信誉,有权要求被代理人予以补偿。法律还规定,代理人对商业信誉的补偿请求,必须在代理合同终止后3个月内提出。

2. 对第三人的法律后果

被代理人撤回代理权或终止代理合同,对第三人是否有效,取决于第三人是否知情。当代理关系终止时,被代理人须通知第三人才能对其发生法律效力;若被代理人未通知第三人,第三人不知道或不应知道代理权被终止从而与代理人订立合同,则该合同仍然对被代理人发生效力。如《日本民法典》规定,对代理的限制或撤销,不得用以对抗第三人。《国际货物销售代理公约》《国际商事合同通则》也有类似规定。

七、无权代理

(一) 无权代理的概念及种类

无权代理是指欠缺代理权的人所实施的代理行为。

无权代理的种类主要有:不具备明示授权或默示授权的代理,但无权代理人自称是代理人;授权行为无效或被撤销;超越授权范围的代理;代理权消灭后的代理。

> **议一议**
>
> A公司委托B与C公司签订一份合同,于是写了一份委托书,说明从5月8日至5月18日由B处理一批服装出卖事宜,并交给B一份盖好A公司合同专用章的空白合同书。C公司迟至5月20日才派人来签订合同,B出示了委托书与空白合同书,于是双方在5月21日签订了买卖合同并即时钱货两清。后A公司认为服装出售价格低于向B交代的最低价格,于是否认合同有效。请问:该合同是否有效?为什么?假设合同未履行给C公司造成损失,则C公司可否要求有关当事人承担赔偿责任?

(二) 无权代理的法律后果

对于无权代理行为,各国法律在原则上均允许被代理人选择是否接受无权代理的法律后果,如果接受(即所谓追认),则产生与有权代理一样的法律后果,被代理人应直接对第三人负责;如果不接受,则代理行为对被代理人无效,由代理人承担责任。但在具体制度上,各国又有所不同。

1. 大陆法系

(1) 被代理人的追认权。所谓追认权,是指被代理人对无权代理人的代理行为有追认其效力的权利。追认权可以是明示的,也可以是默示的。从法律效果上看,一经追认,代理人的行为自始直接约束被代理人和第三人。追认权必须在一定期限内做出,否则就会丧失。

(2) 第三人的催告权。所谓催告权,是指第三人可以自行规定一个合理的期限,催告被代理人明确地承认或否认无权代理人的代理行为,但如果被代理人逾期不表态,则应视为否认。如根据德国法的规定,在发生无权代理的情况时,第三人有权催告被代理人表示是否追认。追认的表示应在收到催告后两周之内做出。

(3) 第三人的撤回权。所谓撤回权,是指在被代理人对无代理权行为进行追认之前,第三人有权撤回与无代理权人所为的行为。

2. 英美法系

英美法系把大陆法系的无权代理称为"违反有代理授权的默示担保"。根据英美法系的解释,当代理人与第三人订立合同时,代理人对第三人有一项默示的担保,即保证他是有代理权的。因此,如果某人冒充别人的代理人,但是实际上并没有得到本人的授权,或者超越其授权范围行事,则与他订立合同的第三人就可以其违反有代理授权的默示担保对其提起诉讼;该冒牌的代理人或越权的代理人就必须对第三人承担责任。

英美法系也承认追认的效力,但不是任何无权代理都能追认,根据英美法系,只有无权代理人以代表的身份(即显名代理和隐名代理)实施法律行为时,才有可能得到追认。

3. 中国法

我国法律也规定有追认权、催告权及第三人撤回权等制度。我国《民法典》第一百七十一条规定:"行为人没有代理权、超越代理权或者代理权终止后,仍然实施代理行为,未经被代理人追认的,对被代理人不发生效力。相对人可以催告被代理人自收到通知之日起三十日内予以追认。被代理人未作表示的,视为拒绝追认。行为人实施的行为被追认前,善意相对人有撤销的权利。撤销应当以通知的方式作出。行为人实施的行为未被追认的,善意相对人有权请求行为人履行债务或者就其受到的损害请求行为人赔偿。但是,赔偿的范围不得超过被代理人追认时相对人所能获得的利益。相对人知道或者应当知道行为人无权代理的,相对人和行为人按照各自的过错承担责任。"

(三)表见代理

1. 表见代理的概念和构成要件

表见代理是指行为人虽无代理权,但善意第三人客观上有充分的理由相信行为人具有代理权,而与其产生法律行为,该法律行为的后果直接由被代理人承担的行为。

构成表见代理应该具备以下要件:

(1) 必须以被代理人的名义,即具有能够证明自己有代理权的授权书或声称自己代理被代理人的行为。

(2) 第三人在行为时必须是善意的并且无过失。如果第三人明知他人无代理权,而仍与他人产生法律行为,则不构成表见代理。在判断第三人是否善意时,以"客观上足以使第三人信赖"和"第三人主观上善意且无过失"这两个条件共同进行判断。英美法系对表见代理的认定原则是:当被代理人提供"信息",并且第三人有理由相信此事而遭受损害时,即产生不容否认的代理或表见代理。

(3) 必须是被代理人以其行为表示授予行为人以代理权。这一表示可以是作为的也可以是不作为的,只要使第三人相信无权代理人具有代理权就可以了。例如,被代理人撤回代理权后,未及时收回授权书;被代理人与代理人具有亲属关系、订有劳务合同;等等。至于是否要求被代理人有过错,各国法律规定不统一。如《国际商事合同通则》主张,被代理人应有过错。我国一般则认为,只要表象上具有代理权即可,不论被代理人有无过错。

(4) 必须是委托代理。在法定代理中,因为不存在授权行为,所以也就不存在表见代理。

表见代理与一般的无权代理有什么区别?

2. 表见代理的法律后果

包括我国在内的各国法律都规定,一旦表见代理成立,就产生与有权代理相同的法律效力,即在被代理人和第三人之间产生法律关系,被代理人对第三人负授权的责任(即履行责任而非损害赔偿责任)。如果被代理人因向第三人承担责任之后而遭受损失,则他有权向无权代理人请求赔偿。

几种特殊的国际商事代理

甲委托乙前往丙公司采购男装,乙对丙公司生产的女装市场看好,便自作主张以甲的名义向丙公司订购。丙公司未问乙的代理权限,便与之订立了买卖合同。请问:乙的行为是越权代理还是表见代理?

🔍 任务三:我国外贸代理实务分析

📖 工作任务

甲公司是一家经营服装的国内企业,乙公司是一家设在上海的外贸公司。甲公司通过乙公司对外开展服装进出口贸易,双方订立了代理协议。作为甲公司的代理人,乙公司在外贸业务中是以自己的名义与外商订立合同的。2018年5月,甲公司通过乙公司向某国的丙公司出口一批服装,丙公司收货后以服装质量不合格为由,未支付货款。甲、乙公司均认为质量肯定没问题,因此乙公司希望甲公司能在某国起诉,主张自己的权利。但甲公司迟疑之后认为费用过高,拒绝了乙公司的提议。后乙公司自己对丙公司提起诉讼并胜诉,得到大笔的赔偿。甲公司得知这一消息后,要求乙公司返还这笔服装款。

请问:

(1) 甲公司有权以自己的名义起诉丙公司吗?

(2) 为什么作为代理人的乙公司可以直接起诉丙公司?

(3) 甲公司有权要求乙公司返还服装款吗?

操作过程

（1）甲公司是否有权以自己的名义起诉丙公司，应视不同国家的法律制度而定。根据大陆法系国家的规定，代理人以自己的名义订立合同，属于"间接代理"，合同的当事人是代理人与第三人，被代理人与第三人不发生合同关系。因此，虽然乙公司是甲公司的代理人，但由于乙公司是以自己的名义订立与丙公司（第三人）的合同，从而甲公司不是合同当事人，不能以自己的名义起诉丙公司。根据英美法系国家的规定，代理人以自己的名义订立合同，属于"未披露被代理人的代理"，当第三人不履行合同义务时，被代理人享有介入权，可以直接行使合同权利，也可以直接对第三人起诉。因此，甲公司作为被代理人，在丙公司不履行合同义务时，有权直接起诉丙公司。我国合同法律制度的规定与英美法系相似，也规定了代理人以被代理人的名义与第三人签订合同时，被代理人的介入权。因此，根据我国法律，甲公司有权直接起诉丙公司。

（2）乙公司是甲公司的代理人，但乙公司以自己的名义与丙公司签订合同，乙公司是直接的合同当事人，在丙公司不履行合同义务时，乙公司有权要求丙公司履行合同，也可以直接起诉丙公司。

（3）甲公司有权要求乙公司返还服装款。虽然在与丙公司的合同中，乙公司是直接的合同当事人，且甲公司没有行使介入权，但甲、乙公司之间有委托合同，乙公司在这项合同中只是甲公司的代理人，因此其从丙公司处获得的赔偿应当归属于甲公司。

知识链接与归纳

八、我国的外贸代理制度

（一）我国外贸代理制度的概念及其法律依据

外贸代理制度就是由我国的外贸公司充当国内客户和供货部门的代理人，代其签订进出口合同，并按销售额提取佣金和代理费的制度。外贸代理制度能够促使外贸企业与生产企业相结合，使生产企业直接参与国际市场竞争，有利于促进工贸结合、技贸结合，改善经营管理，提高经济效益。

目前，我国外贸代理制度的法律框架主要包括《民法典》《对外贸易法》和与之配套的《对外贸易经营者备案登记办法》等。根据《对外贸易法》第十二条的规定，对外贸易经营者可以接受他人的委托，在经营范围内代为办理对外贸易业务。

（二）我国外贸代理的形式

我国的外贸代理制度推行始于1984年，形成了包括直接代理、间接代理、部分披露被代理人身份的代理和不披露被代理人身份的代理等多种形式的外贸代理模式，逐渐形成了具有中国特色的外贸代理制度。根据我国《民法典》第三编"合同"第二分编第二十三章"委托合同"和第二十五章"行纪合同"的规定，我国外贸代理的形式主要有两种。

1. 委托合同形式

委托合同形式是指受托人以代理人的身份进行外贸代理活动的外贸代理形式。委托合同形式又可以分为三种情况：

(1) 直接代理模式，即受托人以委托人的名义，在授权范围内与第三人签订外贸合同，其法律后果直接由委托人承受。

(2) 隐名代理模式，即受托人以自己的名义在授权范围内与第三人签订外贸合同，且第三人知道受托人与委托人之间的代理关系的，则其法律后果直接由委托人承受，但有确切证据证明该合同只约束受托人与第三人的除外。

(3) 未披露被代理人的代理模式，即受托人以自己的名义在授权范围内与第三人签订外贸合同，且第三人不知道代理关系存在的，则其法律后果由受托人承担。在这种模式下，如果受托人出于第三人的原因对委托人不履行义务，则委托人享有介入权，可以直接对第三人行使权利；如果受托人出于委托人的原因对第三人不履行义务，则第三人享有选择权，有权选择委托人或受托人作为相对人行使权利。

2. 行纪合同形式

行纪合同形式是指受托人以自己的名义为委托人从事外贸活动，委托人支付相应的报酬的外贸代理形式。

行纪合同形式与委托合同形式中的第二、第三种情况类似，但也存在一些区别，主要体现在以下几个方面：① 行纪合同的受托人大多是专业性的外贸公司，而委托合同中的受托人在身份上没有特殊要求，具有外贸经营权的单位或个人都可以作为受托人签订外贸合同；② 行纪合同允许受托人作为买受人或出卖人来完成交易，而委托合同中的受托人则不允许这么做，否则即构成"自己代理"，属于滥用代理权的行为；③ 行纪合同形式中，委托人不享有介入权，第三人也不享有选择权，受托人直接对委托人和第三人承担合同义务。相比之下，外贸公司在行纪合同形式下承担的风险比较大，如最终用户刻意吹嘘欺诈，被代理人盲目签约，最终用户与被代理人内外勾结等，因此在操作时要特别引起注意。

议一议

A公司委托中国机械进出口公司从德国S公司进口一套啤酒生产线，进出口公司根据A公司的要求，以自己的名义与S公司签订合同后，S公司如期交货，但设备在生产过程中出现质量问题。请问：

(1) A公司能否向法院起诉S公司，要求S公司承担责任？

(2) 假设A公司收货后不付款，则S公司能否要求A公司承担违约责任？

(3) 假设S公司起诉A公司，但A公司已破产，于是S公司想起诉进出口公司，这是否可以？

能力实训

一、实训案例

1. 李某受单位委派到某国考察，王某听说后委托李某代买一种该国产的名贵药材。李某考察归来后将其所买的价值3 500元的药材送至王某家中，但王某的儿子告诉李某，其父已于不久前去世，这药材本来就是给父亲治病的，现在父亲已去世，药材也就不要了，请李某自己处理。李某非常生气，认为不管王某是否活着，这药材王家都应该收下。

请问:

(1) 李某行为的法律后果到底应由谁来承担?

(2) 药材是否应由王家出钱买下?为什么?

2. 甲长期担任 A 公司的业务主管,在 A 公司有很大的代理权限。在甲的努力下,A 公司生意兴隆,新老客户遍及全世界。A 公司的董事长由于嫉妒甲的才能,无理地解雇了甲。甲怀恨在心,于是在遭到解雇一个月后,继续假冒 A 公司的名义从老客户 B 公司处骗得货物,逃之夭夭。B 公司要求 A 公司支付货款,A 公司则以甲假冒公司名义为由拒绝付款。B 公司坚持认为在其与甲做生意期间,其并不知甲已被 A 公司解雇,并且也未收到关于 A 公司已解雇甲的任何通知,故其是不知情的善意第三人,A 公司仍应对甲的无权代理行为负责。双方相持不下,对簿公堂。

1. 评析

请问:

(1) 按照国际商法的代理法原则,A 公司是否要为甲的无权代理行为负责?

(2) 甲是否也要承担责任?

2. 评析

3. A 是我国的一家外贸公司。2019 年 8 月,A 公司接受 B 公司的委托,为 B 公司代理出口某产品。2020 年 1 月,A 公司以自己的名义与德国 M 公司签订出口合同,出口 200 万件 B 公司的某产品。但在合同履行时,M 公司只支付了 70% 的货款,其余 30% 的货款以产品质量不合格为由拒不支付。A 公司在得知这一情况后,即向 M 公司说明了自己实际上是 B 公司的代理商。B 公司以 M 公司为被申请人,依照合同中的仲裁条款,向中国国际经济贸易仲裁委员会提出仲裁申请,但 M 公司认为 B 公司不是合同当事人,无权申请仲裁。

3. 评析

请问:

B 公司是否有权提出仲裁申请?

二、思考题

1. 简述商事代理的概念和法律特征。
2. 简述代理人与被代理人之间的权利义务关系。
3. 大陆法系的直接代理与间接代理的区别是什么?
4. 英美法系的未披露被代理人的代理与大陆法系的间接代理有何区别?
5. 什么是表见代理?表见代理的法律后果是怎样的?

三、在线测试题

为检测本项目学习效果,请学生扫描右侧二维码完成在线测试,习题答案将于提交后自动显示。

项目四 国际商事合同订立过程中的法律问题

学习目标

1. 知识目标
　　(1) 熟悉合同的概念和基本分类；
　　(2) 理解合同自由原则的重要意义；
　　(3) 掌握合同成立的基本程序；
　　(4) 掌握影响合同效力的主要因素；
　　(5) 熟悉缔约过失责任的构成及承担范围。

2. 能力目标
　　(1) 能够熟练判断合同是否成立；
　　(2) 能够依照法律程序订立简单的合同；
　　(3) 能够依法判断合同是否有效。

任务一：认识合同

工作任务

　　小王和小李是好朋友，两人经常互相帮忙，也经常在一起吃饭、聊天。有一天，小王说好要请小李去一家当地新开的餐馆吃饭，小李开玩笑说，如果你不来的话，那么你要给我100元违约金，小王答应了。但是当天小王家中有事，无法赴约。

　　请问：

　　(1) 小王和小李的协议是合同吗？

　　(2) 小王是否要支付违约金？为什么？

　　(3) 小王认为，自己没有赴约，也不用支付违约金，因为自己与小李的约定是口头的，所有没有强制的约束力，如果不是口头约定，而是双方立字为据，那么他就应当支付违约金。你认为小王的说法正确吗？

操作过程

　　(1) 小王和小李的协议不是合同。并不是所有的协议都是合同，小王和小李之间的协议不具有法律关系的性质，只是一般的交往关系，对当事人没有强制的约束力。

（2）小王不需要支付违约金。因为他与小李之间没有形成具有法律约束力的合同关系，从法律上讲，他不必支付违约金。

（3）小王的说法是不正确的。他不必支付违约金是因为他与小李之间并没有形成合同关系，而不在于以什么形式达成协议。根据各国的法律规定，只要不是法律明确要求以书面形式达成合同的，口头合同也具有法律效力。我们在日常生活中存在大量的口头合同，如买卖关系合同、借用关系合同、运输关系合同等，这些合同对当事人都是具有法律约束力的，如果违反了口头合同，则当事人也要承担相应的法律后果。

知识链接与归纳

一、合同的概念及分类

（一）合同的概念和法律特征

目前，世界各国的合同法中有关合同定义的规定不尽相同，各有侧重。一般而言，合同是指平等主体之间为设立、变更、终止民事权利义务关系而达成的具有法律约束力的协议。

有效的合同具有如下法律特征：

1. 合同是一种民事法律行为

民事法律行为是指民事主体设立、变更、终止民事权利义务关系的行为，它以意思表示为核心要素，具有明确的预期性和目的性。这是它与其他法律事实在性质上的不同之处。合同作为民事法律行为，只有在合同当事人所做出的意思表示符合法律要求的情况下，才具有法律约束力，并受到国家法律的保护。

各国合同的定义

2. 合同是双方的法律行为

合同是基于双方当事人的协议而产生的，所以合同的成立必须要双方当事人的意思表示一致，如果双方当事人的意思未取得一致，合同就不能成立。这是合同行为区别于其他法律行为的主要标志，也是合同的基本特征。

3. 合同是平等主体之间的协议

合同关系的当事人地位一律平等，自愿协商是订立合同的前提，是合同关系的灵魂，任何一方都不得将自己的意志强加给另一方，任何第三人也不得将自己的意志强加给合同当事人。

（二）合同的分类

依照不同的标准，可以将合同分为不同的类型。

1. 根据合同当事人相互间义务不同分类

根据合同当事人相互间义务不同，合同可以分为双务合同和单务合同。

双务合同是指当事人双方互相享有权利并承担义务的合同。买卖合同、租赁合同等均为双务合同。

单务合同是指仅有一方当事人承担合同义务，另一方当事人只享有合同权利的合同。例如赠与合同就是典型的单务合同。

2. 根据合同当事人双方权利的转移是否等价有偿分类

根据合同当事人双方权利的转移是否等价有偿,合同可以分为有偿合同和无偿合同。

有偿合同是指当事人一方享有合同约定的权利,须向对方当事人支付相应对价的合同。例如买卖合同、租赁合同等。

无偿合同是指一方当事人向对方为某种给付或为一定行为而不要求报偿的合同。例如赠与合同、借用合同等。在西方国家,若是普通的无偿合同,通常需要按法定形式订立(如需通过公证等),否则,该合同不受法律保护。

3. 根据合同的成立是否必须交付实物分类

根据合同的成立是否必须交付实物,合同可以分为诺成合同和要物合同。

诺成合同是指只要双方当事人意思表示一致,就合同的条款依法达成协议,即认为成立的合同。例如买卖合同、承包合同、租赁合同等。

要物合同又称实践合同,是指除双方当事人意思表示一致外,还必须交付实物才能成立的合同。例如赠与合同、民间借贷合同、保管合同等。

4. 根据合同成立是否要具备特定形式分类

根据合同成立是否要具备特定形式,合同可以分为要式合同和不要式合同。

要式合同是指根据法律规定,合同必须具备一定的形式后才能成立或生效的合同。

案例分析

例如我国法律规定购房合同、保险合同必须为书面形式;对于中外合资经营合同、合作经营合同,双方当事人不仅要采取书面形式,而且必须由有关部门批准后,合同才能成立。

不要式合同是指不需要特定形式,只要双方当事人意思表示一致就能成立或生效的合同。除少数要式合同外,大多数合同都是不要求特定形式的,当事人可以根据实际情况自由选择合同形式。

5. 根据合同之间是否有主从关系分类

根据合同之间是否有主从关系,合同可以分为主合同和从合同。

主合同是指不依赖其他合同而能独立存在的合同,从合同是指以其他合同的存在为前提的合同,主合同无效或发生变更、转让或终止,从合同也会相应发生变化。例如担保合同相对于被担保的合同就是从合同,如果被担保的合同(即主合同)无效,则担保合同也会随之无效。

6. 根据合同的法律效力不同分类

根据合同的法律效力不同,合同可以分为有效合同、无效合同、可撤销的合同和效力待定的合同。

有效合同是指依法成立的、具有完全的法律效力、受法律保护的合同。

无效合同是指不具备发生法律效力条件,因而不受法律保护的合同,如违法合同。无效合同是自始绝对无效的,因此既不产生权利,又不产生义务。

可撤销的合同是指合同虽已成立,但由于存在撤销原因,当事人可据此理由请求法院或仲裁机构予以撤销或者变更的合同。根据我国合同法律制度,下列合同,当事人一方有权请求人民法院或者仲裁机构变更或者撤销:① 因重大误解订立的;② 在订立合同时显失公平的。一方以欺诈、胁迫的手段或者乘人之危,使对方在违背真实意思的情况下订立的合同,受损害方有权请求人民法院或者仲裁机构变更或者撤销。可撤销的合同并非当然无效,只有经过当事人申请,法院或仲裁机构依法裁决撤销后才无效。如果当事人不申请撤销,或者在一定的期限内没有提出申请,则该合同仍然有效。如根据我国《民法典》第一百五十二条的规定,当事人自知道或者应当知道撤销事由之日起一年内、重大误解的当事人自知道或者应当知道撤销事由之日起九十日内没有行使撤销权的,撤销权消灭。因此,可撤销的合同又被称为相对无效的合同。

效力待定的合同是指缺乏合同有效要件,能否发生当事人预期的法律效果尚未确定,只有经过权利人的追认才能生效的合同。效力待定的合同的效力处于不确定状态,是否有效在于权利人是否追认。这是效力待定的合同和可撤销的合同最关键的区别。可撤销的合同虽然也有缺陷,但在未撤销之前是有效合同。根据我国合同法律制度,效力待定的合同包括限制行为能力人订立的合同、无权代理人订立的合同以及无处分权人订立的合同。但限制行为能力人订立的与之能力相适应的合同和纯获利的合同是有效合同。

二、调整合同关系的法律规范

合同法是调整各种合同关系的法律的总称。合同法对于维护国家的社会秩序和经济秩序起着十分重要的作用。合同法在各国的法律体系中也占有十分重要的地位。

(一)各国的合同立法

1. 大陆法系国家的合同立法

大陆法系国家的民法理论把合同法作为债的原因之一,把包括有关合同的法律规范与产生债的其他原因如侵权行为等法律规范并列在一起,作为民法的一编,成为债务关系法或债编,如《法国民法典》的第三卷和《德国民法典》的第二编等。随着社会关系发展的需要,某些大陆法系国家还制定了适用于国内和国际商事合同的单行法,如德国1976年的《普通合同条款法》。

2. 英美法系国家的合同立法

在英美法系国家,判例依然是规范商事合同的主要法律形式。当然,这些国家的立法机构也制定了一些货物买卖、海上运输和保险等与合同有关的单行法,如英国的《货物买卖法》《海上货物运输法》《海上保险法》,美国各州广泛采用的《统一商法典》等。此外,由美国法律协会主持的、著名合同法专家编写的《第二次合同法重述》对合同法方面的很多规范做了系统和权威的阐述。学者的著述本身并不是法律,对法院的判决没有任何强制约束力,但当法官从以往的判决中找不到明确的答案时,往往就会援引或参考这些著述。

3. 中国的合同立法

我国于1999年3月15日颁布《中华人民共和国合同法》(以下简称《合同法》)。《合同法》从我国的实际情况出发,既注重总结我国以

中国合同立法
的发展历程

往的立法、司法实践经验，又注重参考借鉴发达国家立法的成功经验和有关国际公约、国际惯例，从而实现了科学性、先进性和可操作性的结合，达到了较高的立法水平。2020年5月28日，我国颁布了《中华人民共和国民法典》，把合同法律制度纳入其中，定为第三编，下设三个分编，共29章526条，《合同法》就此废止。

（二）调整国际商事合同关系的国际规范

世界各国的合同法在法律形式以及某些具体的法律原则方面存在一定的差别，这些差别给国际商事活动带来了许多不便与纠纷。为此，近一个世纪以来，国际统一合同法逐步产生和发展，形成了一系列的国际公约与惯例。其中，1980年4月11日通过的《联合国国际货物销售合同公约》（以下简称《公约》）和1994年的《国际商事合同通则》（以下简称《通则》）是国际统一合同法运动的两大重要成果。

1. 《联合国国际货物销售合同公约》

《公约》是由联合国国际贸易法委员会主持制定的，1980年在维也纳举行的外交会议上获得通过，1988年1月1日起正式生效。《公约》吸取了各法系有关立法的合理之处，总结了近半个世纪以来国际贸易的惯常做法，尽量调和与折中了各法系有关立法的分歧，受到大多数国家的重视和好评。《公约》自缔结之日起，成员国不断增加，截至2019年4月12日，已经有84个国家加入《公约》。

请通过网络查询一下《公约》的缔约国都有哪些。英国是《公约》的缔约国吗？

《公约》共101条，分四个部分。第一部分是适用范围和总则；第二部分是合同的订立；第三部分是货物的买卖，包括买卖双方的义务、违约的补救及风险转移；第四部分是公约的批准、生效、保留和退出。其中，第二、三两部分是《公约》的实质性内容。

《公约》有一定的适用范围。根据《公约》的规定，公约适用于：营业地在不同国家的当事人订立的货物销售合同；国际私法的相关规则导致适用某一缔约国的法律而适用《公约》。

《公约》不涉及下列事项：第一，销售合同的效力或惯例的效力问题；第二，销售合同中售出货物的所有权问题；第三，卖方对货物引起的人身伤亡的责任问题。如在交易过程中遇到上述问题，则可根据各国法律或相关国际公约等法律规则加以解决。

《公约》没有绝对强行的效力。销售合同当事人可以根据合同的需要和自己的意志做出不同于《公约》的规定或排除《公约》的适用，只有当销售合同对上述事项没有做出规定时，包括《公约》在内的各项法律才有适用的可能。也就是说，如果当事人明确排除了《公约》，《公约》就不能被用来确定国际货物销售合同当事人之间的权利和义务。

我国是《公约》最早的缔约国之一，早在1986年就参加了该公约。在参加《公约》的同时，我国提出了以下两项保留：① 不同意扩大《公约》的适用范围，只同意《公约》适用于缔约国的当事人之间签订的合同。② 不同意用书面以外的其他形式订立、修改和终止合同。2013年2月我国政府正式通知联合国秘书长，撤回对《公约》所做"不受公约第十一条及与第十一条内容有关的规定的约束"的声明，即撤回关于合同形式的保留。

在我国,口头签订的外贸合同有效吗?

2. 《国际商事合同通则》

由于《公约》仅适用于一般货物销售合同,对其他类型的合同虽具有一定的指导意义,但并不能完全适用。为了促进国际统一合同法的发展,国际统一私法协会于1994年5月颁布了《通则》,并于2004年对其进行了修订。《通则》可以被视为一部适用于所有类型的国际商事合同的综合性惯例,内容相当丰富和广泛,不仅包括有形贸易还包括无形贸易,它所适用的国际商事合同类型,既有国际货物销售合同,又有国际服务贸易合同和国际知识产权转让合同。

《通则》尽可能地兼容不同文化背景和不同法律体系的一些通用的法律原理、规则,而且吸收了国际商事活动中的某些惯例和《公约》的某些规则,正如《通则》序言中所说,"《通则》旨在为国际商事合同制定一般规则"。《通则》对于指导和规范国际商事活动具有重大的影响力,被很多国际商法学者称为继《公约》后,国际合同法统一化进程中的第二个里程碑。

2004年《国际商事合同通则》(修订版)的主要内容

《通则》对当事人没有强制效力,只有在经当事人明示选用并不违反有关国家强行法的情况下,才适用于他们之间的国际商事合同。《通则》旨在为国际商事合同制定一般规则,在当事人约定其合同受《通则》管辖时,应适用《通则》;在当事人约定其合同适用法律的一般原则、商人习惯法或类似措辞时,或者在当事人未选择任何法律管辖其合同时,可适用《通则》;同时,《通则》还可用于解释或补充国际统一法文件及各国国内法,也可作为国内和国际立法的范本。

此外,国际商会等组织在货物贸易和贸易结算等方面制定了具有普遍影响力的国际商事惯例,如适用于国际货物销售合同的《2010年国际贸易术语解释通则》等,这类惯例在特定的领域起着十分重要的作用。

(三)国际合同法的基本原则

合同法是商法的一部分,商法的基本原则也同样适用于合同法,在此我们仅对合同法的特有原则——合同自由原则进行阐述。

合同自由是指当事人依法享有自愿订立合同的权利,任何人不得非法干涉。合同自由原则早在历史上第一部资产阶级民法典——《法国民法典》中就得以确立,历经两个世纪一直沿用至今。它反映了商品经济的本质要求,被世界上不同法系和不同国家共同接受。

合同自由原则包括以下几方面的内容:① 缔约自由,即当事人可以自由决定是否与他人缔结合同;② 相对人自由,即当事人可以自由决定与何人缔结合同;③ 内容自由,即双方当事人可以自由决定合同的内容;④ 变更和解除自由,即当事人可协商变更或解除合同,或行使解除权解除合同;⑤ 订立合同的方式自由,即当事人可以自由选择合同的形式(包括书面形式、口头形式、行为形式等)。

合同自由原则意味着符合法定条件的合意将产生法律上的约束力。但是,合同自由不是绝对的,是要受到一定限制的。当事人在市场上进行交易活动,还应强调社会公平,注重社会公德,维护社会公共利益,对合同自由的限制是理所应当的。诚实信用、公平及不得违反法律和公序良俗等体现了对合同自由的限制。

任务二:如何订立合同

工作任务

中国 A 公司出售一批初级产品 C514,6 月 27 日发传真给荷兰 B 公司:"报 C514,200 吨,每吨 920 美元,不可撤销即期信用证付款,立即装船,请即复。"

7 月 2 日荷方回传真:"C514,200 吨,我最后买主开始表示确实的兴趣,恐怕谈判时间较长,请求延长实盘有效期 10 天,如有可能请增加数量,降低作价,请复。问候。"

7 月 3 日中方传真:"C514 数量可增至 300 吨,最优惠价为 900 美元 CIF 鹿特丹,有效期延至 7 月 15 日,请尽快回复。"

7 月 13 日荷方传真:"C514 我接受 300 吨,每吨 900 美元 CIF 鹿特丹,不可撤销即期信用证付款、即期装船,按装船净重计算。除提供通常装船单据外,需提供卫生检疫证明书、产地证、磅码单(以中国口岸装船重量为基础),并需提供良好的适合海洋运输的袋装。"

请问:

(1) 合同成立的基本程序是什么? A、B 公司之间传真往来的法律性质分别属于什么?

(2) A、B 公司的合同成立了吗? 合同内容是什么?

(3) 如果在 7 月 12 日,由于巴西发生严重的冻灾,种植园大量减产,导致 C514 价格飞涨,中方当即发出传真:"十分抱歉,由于世界市场的变化,我方已无法提供 7 月 3 日传真中的货物。因此我方请求撤销发价。致良好问候。"则中方的做法妥当吗?

(4) 如果接到 7 月 13 日荷方来电后,确实由于市场发生变化导致履行合同有困难,则中方可以采取何种方法保护自己的利益?

操作过程

(1) 合同成立的基本程序是要约(又称发价或发盘)和承诺(又称接受或受盘)。中国 A 公司 6 月 27 日传真是要约,7 月 2 日荷方传真是反要约,7 月 3 日中方传真是反要约,7 月 13 日荷方传真是承诺(如果中方没有明确表示反对)。

(2) A、B 公司之间的合同成立。双方通过互相传递有效的要约和承诺,就交易的内容达成了一致意见,因此签订了合同。合同的内容为双方在要约和承诺中达成协议的合同条款,即卖方出售初级产品 C514,300 吨,每吨 900 美元 CIF 鹿特丹,不可撤销即期信用证付款,即期装船,按装船净重计算。卖方除提供通常装船单据外,需提供卫生检疫证明书、产地证、磅码单(以中国口岸装船重量为基础),并需提供良好的适合海洋运输的袋装。

(3) 中方的做法欠妥。因为中方在 7 月 3 日的传真中已明确规定了要约的有效期限为 7 月 15 日。根据《公约》的规定,明确规定有效期限的要约在有效期限内为不可撤销的发价,因此中方在 7 月 15 日之前不得撤销发价。

(4) 荷方在 7 月 13 日的传真中添加了"并需提供良好的适合海洋运输的袋装"这一条件,根据《公约》的规定,一般认为,这种情况属于对要约的非实质内容的更改,只要要约人不明确表示反对,则承诺有效,合同成立,合同内容以要约内容及承诺中更改或添加的内容为准。要约人如果明确表示反对,则承诺不生效,合同不成立。本案中,如果中方只以市场发生变化为由拒绝履行合同,则显然没有法律据。因此,中方可以在接到荷方传真后,立即提出反对意见,可以援引《公约》中的相关规定,以合同未有效成立为由,结束与荷方的谈判和交易。

知识链接与归纳

三、合同订立的基本程序

合同必须是当事人之间经过协商一致达成的协议。根据各国法律和《公约》《通则》的规定,当事人的协商过程在法律上体现为要约和承诺两个基本阶段。

(一) 要约

1. 要约的概念及其有效条件

要约又称发价或发盘,是一方向另一方发出的订立合同的肯定和明确的建议。提出要约的一方称为要约人,接受要约的一方称为受要约人。一项有效的要约必须具备下述条件:

第一,要约人必须清楚地表明愿意按照要约的内容订立合同的意思。也就是说,要约人应在要约中明确表示,一旦受要约人接受了要约,他将按要约的条件与受要约人订立合同。要约的目的在于订立合同,因此,如果当事人的意思表示不是以订立合同为目的,就不能称为要约。例如,邀请他人郊游的意思表示,由于不是以订立合同为目的,故不能称为要约。有些情况下,当事人虽然表达了希望订立合同的意思,但是同时表明了即使对方接受其所提出的条件,也不一定和对方订立合同的意思,则也不是要约。例如,当事人发出信息的同时,附有"以我方最后确认为准"或"以货物未售出为准"等条件,则表明即使对方接受他的条件,也不一定就能和对方签订合同。这种做法在外贸业务中被称为"发虚盘",不属于要约。再如,外贸业务中的"询盘"(又称询价)行为,也不是要约。发虚盘或询价等行为虽然不属于要约,不是订立合同的必经程序,但是其与订立合同关系密切,往往是要约的准备阶段,这些行为在合同法中被称为"要约邀请"或"要约的引诱"。要约邀请的作用在于请他方向自己提出要约,所以要约邀请对双方当事人都不具有法律约束力。外贸公司发出虚盘或询盘以后,从法律上讲,己方不承担必须购买或出售的义务,他方也没有必须回复的责任。

第二,要约的内容必须明确、肯定。因为要约人期望以受要约人的承诺构成合同的成立,所以要约人必须在要约中明确规定各项主要条件,一旦受要约人承诺,就足以成立一项有效合同,不至于因欠缺某项重要条件而影响合同的有效成立。由于交易环境和类别的差异,《通则》和大多数国家的合同法都回避规定一般要约究竟包含哪些内容才被视为具有明确性。一般而言,信息中包含的交易条件越详细、越明确,就越容易被推定为要约。而如果仅仅是向对方寄送价目表、报价单和商品目录等,则不被视为要约,而是要约邀请。当然,在实践中,准确判断一项建议是要约还是要约邀请有时是十分困难的,一般要考虑交易习惯以及合理性等因素。

第三,要约是否要向特定的受要约人发出呢?关于这个问题各国法律规定不一。原则上不认为普通的商业广告是要约。但英美法系国家法院的一些判例主张:要约既可以向某一个人发出,又可以向一群人发出,甚至可以向全世界发出。只要广告的文字明确、肯定,足以构成一项允诺,就可视为要约。在此问题上,北欧各国法律的规定有所不同,强调要约必须向一个或一个以上特定的人发出,广告原则上仅是要约邀请。《公约》规定,除非提出建议的人明确表示相反的意向,否则非向特定人提出的建议仅应视为要约邀请。《通则》对此则未做规定,不以"向特定的人发出"为构成要约的要件。我国《民法典》第四百七十三条第二款规定:"商业广告和宣传的内容符合要约条件的,视为要约。"

下列各项内容哪些是要约?哪些是要约邀请?

由此可见,我国合同法律制度对这个问题的处理倾向于英美法系的规定。

第四,要约于送达受要约人时生效。世界上大多数国家的法律规定,要约只有送达受要约人时方为有效。《公约》第十五条第一款规定:"发价于送达被发价人时生效。"《通则》中不仅重申了这一原则,而且区分了两种情况,即口头要约,口头传达给受要约人时生效;其他要约,送达受要约人或其授权的代理人营业地或通信地址时生效。我国合同法律制度也采用这一规则。

2. 要约的约束力

所谓要约的约束力,是指要约一旦生效后,对双方当事人的强制力。它包括两个方面的内容:对受要约人的约束力和对要约人的约束力。要约对双方当事人的约束力是很不相同的。

第一,要约对受要约人的约束力。一般来讲,要约对受要约人是没有约束力的。受要约人接到要约后,只是在法律上取得了承诺的权利,但并不因此而受要约的约束,即使受要约人对要约不予承诺,也没有通知要约人的义务。不过有些国家(如德国和日本)的法律规定,商人对平时经常往来的客户,当接到在其营业范围内的要约时,应尽快发出承诺与否的通知,如果怠于通知,则视为默认承诺。但大多数国家以及《公约》都规定,受要约人的沉默不等于承诺。然而《通则》指出,根据要约本身,或依照当事人之间的交易习惯或惯例,受要约人可以通过做出某种行为来表示同意。也就是说,在当事人之间存在交易习惯或惯例的情况下,受要约人对要约的缄默和不作为也将视为承诺。我国合同法律制度采纳这一观点。

第二,要约对要约人的约束力。这个问题比较复杂,它牵涉到要约的撤回与撤销的问题。所谓要约的撤回,是指要约人在发出要约后,在要约尚未生效前取消要约的行为。对于要约的撤回,各国法律的规定与《公约》和《通则》的规定基本一致,即一项要约,即使是不可撤销的,也可以撤回,但撤回要约的通知必须于要约到达受要约人之前或与该要约同时送达受要约人。所谓要约的撤销,是指要约生效后,要约人取消要约的行为。对撤销要约的有关规定,两大法系存在较大的差别。传统的英美普通法认为,要约原则上对要约人没有约束力。不论要约是否生效,也不论要约中是否规定有效期,只要在受要约人对要约做出承诺之前,要约人随时都可以撤销要约或更改要约的内容。由于这种规定很不适应现代国际贸易的发展,因此《美国统一商法典》对上述普通法的原则已做了部分修改。根据《美国统一商法典》的规定,要约人如果是商人,则凡以书面形式做成并签字的要约,在要约的有效期内不得撤销或变更;如果在要约中未规定有效期,则在合理期限内,要约人也不得撤销或变更其要约,但要约的存续期不超过3个月。大陆法系各国的法律对要约的撤销问题的规定虽然存在差别,但原则上都认为要约对要约人具有约束力。例如,德国、巴西、希腊、瑞士等国家的法律均规定,要约一旦生效,要约人就不得随意撤销或更改其要约。如果要约中规定了有效期,则在有效期内要约人不得撤销或变更其要约;如果在要约中未规定有效期,则依通常情形在有望得到对方答复之前,要约人不得撤销或变更其要约。《公约》和《通则》对要约的撤销问题的规定是一致的:在合同订立之前,如果撤销要约的通知在受要约人发出承诺通知之前送达受要约人,则要约可以撤销。但是,下述两种情况下,要约不得撤销:① 要约中明确地写明了承诺的期限,或以其他方式表明要约是不可撤销的;② 受要约人对要约有理由信赖其不可撤销,并已按要约做出了某些行为。我国合同法律制度采纳了《公约》和《通则》的上述观点。

议一议

A公司要参加一个工程项目的招标,需要一批钢材的报价。开标日期为8月31日。A公司在8月15日向包括B公司在内的5家公司发出寻价通知。5家公司均在3日内发出了自己产品的详细报价,但B公司的报价没有有效期。A公司经过比较,认为B公司的条件最好,就把B公司的报价作为自己的报价写入投标申请。因不知是否能够中标,所以没有及时通知B公司。由于钢材市场发生变动,B公司于8月30日发出撤销报价的通知。8月31日,A公司中标。A公司于是向B公司发出了承诺通知,要求B公司按报价的条件供货,但是B公司称,其报价已经撤销,所以拒绝供货。请问:B公司有权撤销报价吗?

3. 要约的终止

所谓要约的终止,是指要约的失效。要约的失效主要有下列情形:

第一,要约因过期而失效。如果要约中规定了有效期,则该期限终了时,要约自行失效;如果要约中未规定有效期,但在合理期限内未被受要约人承诺,则要约也归于失效。所谓合理期限,则是一个事实问题,通常是指按常规,一个处于同等环境下的当事人可以对要约做出答复所需要的时间。

如果是口头要约,且未规定有效期,则要约的有效期应为多长时间呢?

第二,要约因被要约人撤回或依法撤销而失效。要约被要约人撤回,实际上就等于要约没有发生过效力,因为撤回的行为是在要约生效之前做出的。但要约一旦生效,要约人要撤销或更改其内容,就必须在法律允许的范围内做出;否则,属无效的撤销。

第三,要约因被受要约人拒绝而失效。所谓拒绝,是指受要约人做出不承诺的表示。这种表示可以是明示的,例如受要约人向要约人发出拒绝通知;也可以是默示的,例如受要约人对要约不加理睬(但此种情况下需注意前述德国、日本和中国法律的有关规定)。

第四,要约因受要约人做出反要约而失效。所谓反要约,又称还价或还盘,是指受要约人对要约的重要条件进行了更改或添加。如果受要约人就要约的重要内容提出了新的成交条件,就不能视为承诺,而是一项新的要约,称为反要约。这种反要约的提出,必须经过原要约人的承诺,合同才告成立。因此,反要约的提出,就意味着原要约失效。

第五,要约因某种法律事由的出现而归于终止。例如,政府发出要约中所涉及的货物进出口的禁令、当事人所在国双方交战、要约人破产或死亡等情况,都会导致要约的终止。因为在上述情况下,即使受要约人承诺,合同往往也无法签订了。

(二) 承诺

1. 承诺的概念及其有效条件

所谓承诺,又称接受或受盘,是指受要约人做出声明或以其他方式对一项要约表示同意的行为。承诺的实质是对要约表示同意。这种同意的行为可以采取向要约人发出声明的方式,也可以用其他行为来表示。例如,受要约人按照要约的要求发运货物或支付货款等行为,也是同意要约的一种表示方式。承诺一旦生效,合同即告成立,除非当事人有特别约定或法律有特殊规定。

一项有效的承诺必须具备下列条件:

第一,承诺必须由特定的人做出。承诺必须由特定的人做出,即由受要约人本人或其代理人做出,其他任何第三人对要约表示同意都不能构成有效的承诺,只能视为新的要约。

卖方拟出售给 A 某产品,于某年 3 月报价给 A,并在报价上写明了交货的时间和数量。A 将该报价单转给印度尼西亚的客户 B,B 确认接受,且于报价单上签字。请问:B 的确认能构成承诺吗?

第二,承诺必须与要约的内容一致。如果受要约人在表示承诺的同时对要约的重要内容加以扩充、限制或变更,则从原则上讲这就不是承诺,而是一项反要约,是对原要约的拒绝,从而不能发生承诺的效力。但是,为了避免因承诺的内容与要约稍有出入而影响整个合同的成立,《公约》和《通则》均规定,对要约表示承诺,但载有添加或不同条件的答复,如果所载的添加或不同条件在实质上并不变更该项要约的条件,则除要约人在不过分延迟的期限内以口头或书面方式提出异议外,仍可作为承诺,合同仍可有效成立。不过,在此种情况下,合同的条件就以该项要约所提出的条件以及承诺中所附加或变更的条件为准。我国和美国等其他许多国家也有类似的规定。我国《民法典》第四百八十八条、第四百八十九条规定,承诺的内容应当与要约的内容一致。受要约人对要约的内容做出实质性变更的,为新要约。有关合同标的、数量、质量、价款或者报酬、履行期限、履行地点和方式、违约责任和解决争议方法等的变更,是对要约内容的实质性变更。承诺对要约的内容做出非实质性变更的,除要约人及时表示反对或者要约表明承诺不得对要约的内容做出任何变更的以外,该承诺有效,合同的内容以承诺的内容为准。

什么是实质上变更要约的条件

议一议

甲公司向乙建筑公司出售一批沙子。乙建筑公司对甲公司提出的要约内容基本同意,但是对于甲公司把沙子分两堆堆放表示不同意,要求分五堆堆放,甲公司对此没有表示意见。请问:

(1) 它们的合同成立了吗?

(2) 如果在交货时,甲公司依然分两堆堆放,则是否属于违约?

第三,承诺必须在要约的有效期内做出。如果要约中规定了有效期,则承诺必须在有效期内做出;如果要约中未规定有效期,则承诺必须在合理的期限内做出。按照各国法律、《公约》和《通则》的规定,逾期承诺不是有效的承诺,只是一项新的要约。不过,《公约》和《通则》在做出上述规定的同时,还规定,逾期的承诺如果得到要约人认可并及时通知承诺人,则该项承诺仍然有效;如果载有逾期承诺的信件或其他书面文件表明,其是在传递正常就能及时送达要约人的情况下寄发的,则该项承诺仍然有效,除非要约人毫不迟延地将相反意见通知受要约人。我国合同法律制度中也有类似的规定。

第四,承诺的传递方式必须符合要约提出的要求。如果要约中对承诺的传递方式做出了具体规定,则受要约人必须按照要约中的规定传递承诺。例如,如果要约中规定必须以电传的方式传递承诺,则受要约人必须以电传的方式,而不能擅自改用平信或空邮的方式传递承诺。如果要约中未规定承诺的传递方式,则受要约人一般可按要约所采用的传递方式或以更快捷的方式传递承诺。

2. 承诺的生效时间

承诺的生效时间是合同法中一个具有实质意义的问题。按照各国的法律,承诺一旦生效,合同即告成立,双方当事人就必须接受合同的约束。但在承诺何时生效的问题上,各国的规定存在很大的差别。主要有两种不同的主张——"投邮主义"和"到达主义"。

"投邮主义"又称"邮箱规则",是英美法系国家的主张,是指凡以信件、电报做出承诺时,承诺的函电一经投邮、拍发,承诺即告生效,除非要约人在要约中明确规定承诺必须送达要约人方可生效。"到达主义"又称"到达生效原则",是以德国为主的大多数大陆法系国家法律的规定,是指凡承诺的函电只要送达要约人的支配范围就告生效,而不管要约人是否已知悉其承诺的内容。也就是说,如果载有承诺内容的函电在传递过程中遗失,承诺不生效,合同就不能成立。按到达生效原则的规定,一项承诺只要送达要约人的营业场所或常居地,即使要约人本人未及时收到或未及时拆阅,或在收到之后拆阅之前遗失等,都不会影响承诺的有效性,合同仍以承诺的函电送达时成立。

到达生效原则便于在承诺人与要约人之间分清彼此对函电在传递过程中可能发生的风险所承担的责任,所以被《公约》接受。此外,作为一种例外,《公约》同时规定,如果根据该项发价(即要约)或依照当事人之间确立的习惯做法或惯例,被发价人(即受要约人)可以做出某种行为,例如用与发运货物或支付价款有关的行为来表示同意,而无须向发价人(即要约人)发出通知,则接受(即承诺)于该项行为做出时生效,但该项行为必须在发价所规定的时间内做出。由此可见,《公约》规定的承诺的生效时间是:凡以函电承诺某一项要约时,承诺于函电实际送达要约人时生效;以行为承诺某一项要约时,承诺则于该项行为做出时生效,并且无须另行向要约人发出承诺通知。但是,不管采用何种承诺方式,承诺必须是明示的,且必须在要约所规定的有效期内做出,若要约中未规定期限,则必须在合理期限内做出。《通则》对《公约》的做法是全盘继承的。

我国合同法律制度对承诺生效时间的规定也是采用到达主义,且一些具体规定基本与《公约》的规定相类似。

3. 承诺期限的确定

承诺期限的确定对合同双方当事人都十分重要。因为如果受要约人表示承诺的通知在要约人规定的期限内未送达要约人处,则其做出的承诺原则上属于无效。因此,在要约人在要约中明确地规定了要约的有效期,例如"本要约有效期至2019年12月31日止"或"本要约有效期为10天,从2019年12月22日起算"的情况下,双方则不易发生纠纷。然而,若要约人在要约中未清楚、明确地规定要约的有效期,例如既未说明计算承诺的起止日期,又未指出遇有节假日的处理办法,而是笼统地规定要约的有效期为××天,就不能使受要约人对承诺期限有一个明确的概念,实际交易中也不易掌握。为此,《公约》第二十条专门对要约人未明确规定承诺期限时应如何计算做出了具体的规定。按照《公约》第二十条及与其有关条目的规定:

第一,以电报方式发出要约,承诺期限从电报发出时间开始计算。所谓发出时间,应指发报人将电报送交邮电局的时间。

第二,以信件方式发出要约,承诺期限从信上所载明的日期开始计算,若信上无日期,则以发送邮局在信封上加盖的邮戳日期为准。

第三,以电话、电传或其他快速方式发出要约,承诺期限从受要约人收到要约时开始计算。

第四，承诺期限内的正式假日和非营业日包括在承诺期限内。

第五，承诺生效的时间是承诺被送达要约人时，也就是说，确定承诺的最后期限是以承诺是否被送达要约人为准的。如果承诺在要约有效期内送达要约人，则属有效承诺；如果承诺逾期送达要约人，则属迟延承诺。

第六，如果承诺在承诺期限的最后一天，因遇要约人营业地的正式假日或非营业日而未能送达要约人，则此项承诺期限应顺延至下一个营业日。

我国合同法律制度中也有类似上述《公约》的规定。

4. 承诺的撤回

所谓承诺的撤回，是指承诺人阻止其承诺发生法律效力的一种行为。原则上讲，承诺人在承诺生效前，如果发现不妥，则可以撤回承诺；而承诺一旦生效，合同即告成立，承诺人也就不存在撤回其承诺的问题。因此，关于承诺的撤回问题与承诺的生效时间密切相关。如前所述，若按英美法系国家的投邮生效原则，对函电承诺的撤回必须于承诺投邮之前；否则，函电承诺一经投邮发出，合同即告生效，承诺人就必须受合同的约束。若按德国等大陆法系国家的到达生效原则，受要约人发出承诺通知后，在其到达要约人之前，仍可将其承诺撤回，但撤回承诺的通知必须先于承诺通知或与承诺通知同时送达要约人，方能阻止承诺发生效力。《公约》第二十二条和我国《民法典》第四百八十五条对承诺的撤回问题做了与德国等大陆法系国家相类似的规定。

以行为做出的承诺可以撤回吗？

5. 合同成立的时间与地点

按照《公约》第二十三条和许多国家的法律规定，合同成立的时间与地点和承诺生效的时间与地点是一致的。也就是说，承诺一旦生效，合同即告成立，合同一旦成立即告生效。但在有合同确认书的情况下，判定合同成立的时间相对复杂，观点尚未统一。《通则》第2.13条及其注释主张，在谈判过程中，特别是进行非常复杂的交易时，在长时间的谈判后，当事人常常要签订一份非正式文件，例如所谓"初步协议""意向书"等，该文件记载了双方已经达成的条款，但是当事人同时声明他们将在以后签订一份正式文件。在有些情况下，当事人认为他们的合同已经成立，签订正式文件只不过是对已达成的协议的确认。这时，合同成立的时间为"初步协议""意向书"等签订之时，而不是确认书签订之时。但是当事人双方或一方声明，除非签订正式文本，否则他们将不受拘束，则在确认书或其他正式文件签订时方为合同成立的时间。我国《民法典》第四百九十一条对此未做区分，一律以确认书签订的时间为合同成立的时间。

我国《民法典》第四百九十十条、第四百九十二条、第四百九十三条对合同成立的时间与地点以及合同生效的时间做出了如下规定：

第一，当事人采用合同书形式订立合同的，自当事人均签名、盖章或者按指印时合同成立。在签名、盖章或者按指印之前，当事人一方已经履行主要义务，对方接受时，该合

案例分析

同成立。法律、行政法规规定或者当事人约定合同应当采用书面形式订立，当事人未采用书面形式但是一方已经履行主要义务，对方接受时，该合同成立。

第二，承诺生效的地点为合同成立的地点。采用数据电文形式订立合同的，收件人的主营业地为合同成立的地点；没有主营业地的，其住所地为合同成立的地点。当事人另有约定的，按照其约定。当事人采用合同书形式订立合同的，最后签名、盖章或者按指印的地点为合同成立的地点，但是当事人另有约定的除外。

四、合同的内容和形式

（一）合同的内容

合同的内容又称合同的条款，是指当事人依照程序，通过协商达到意思表示一致，从而确立合同的具体内容。合同的内容固定了当事人之间的权利义务关系，是当事人履行合同的依据。

合同的内容由明示条款和默示条款构成。

1. 明示条款

明示条款是指当事人明确约定的条款。明示条款是当事人磋商的主要内容。我国《民法典》第四百七十条对合同的内容与条款做出了如下规定："合同的内容由当事人约定，一般包括以下条款：① 当事人的名称或者姓名和住所；② 标的；③ 数量；④ 质量；⑤ 价款或者报酬；⑥ 履行期限、地点和方式；⑦ 违约责任；⑧ 解决争议的方法。"

2. 默示条款

交易习惯举例

默示条款又称默示义务，是指当事人即使没有约定也必须遵守的义务。根据《通则》和很多国家合同法的规定，默示条款主要有以下三类：

（1）当事人之间的交易习惯。如果当事人之间在近期进行过数次类似的交易并形成了某些交易习惯，则只要当事人未予排除，以后交易均应遵循这些习惯。

（2）民商事惯例。各国法律一般承认，与合同中明示条款不相冲突的民商事惯例能够成为合同的组成部分。《通则》第1.8条也规定，在特定的有关贸易中，合同当事人应受国际贸易中广泛知悉并惯常遵守的惯例约束，除非该惯例的适用不合理。

民商事惯例举例

想一想

当事人之间的交易习惯与民商事惯例有什么区别？

（3）法定的默示条款。法定的默示条款有两类：

第一，强制性默示条款。对于这类条款，当事人不能用明示条款加以排除。例如，包括我国在内的很多国家的法律规定,产品的卖方不得在合同中排除其产品导致的人身伤亡责任。据此,所有的产品销售合同都含有一项强制性默示条款,即卖方应依法承担其产品所导致的人身伤亡责任,即使在签订合同时买方同意自己承担损失,也不能免除卖方的责任。

第二,任意性默示条款。所谓任意性默示条款,是指这些条款虽然是法定的,但当事人可以用明示条款加以排除。如果当事人没有用明示条款加以排除,则它们自动成为合同的一部分。如美国《统一商法典》第2—310条规定,除非合同另有约定或是赊销性质的买卖,买方应在收到货物的时间和地点付款。据此,合同对付款的时间和地点有约定的,从约定;没有约定的,按此条规定支付货款。

(二)合同的形式

合同的形式是合同当事人所达成的协议的外在表现形式。在国际贸易中,交易双方订立合同有下列几种形式。

1. 书面形式

书面形式包括合同书、信件以及数据电文(如电报、电传、传真、电子数据交换和电子邮件)等可以有形地表现所载内容的形式。采用书面形式订立的合同,既可以作为合同成立的证据,又可以作为履行合同的依据,还有利于加强合同当事人的责任心,使其依约行事,即使履约中发生纠纷,也便于举证和分清责任,故书面合同成为合同的一种主要形式。鉴于采用书面形式订立合同有许多好处,有些国家的法律或行政法规甚至明文规定有些合同必须采用书面形式。如果这些合同未采用书面形式,则合同一般无效;但如果一方当事人已经履行主要义务,另一方接受的,则该合同成立,即合同有效。

外贸实践中的
书面合同

2. 口头形式

采用口头形式订立的合同,又称口头合同或对话合同,是指当事人之间通过当面谈判或通过电话方式达成协议而订立的合同。采用口头形式订立合同,有利于节省时间、简便行事,对加速成交起着重要作用。但是,口头合同因无文字依据,空口无凭,一旦发生争议,往往造成举证困难,不易分清责任。这是导致有些国家的法律、行政法规强调必须采用书面合同的最主要的原因。

3. 其他形式

这是指上述两种形式之外的订立合同的形式,即以行为方式表示接受而订立的合同。例如,根据当事人之间长期交往中形成的习惯做法,或要约人在要约中已经表明受要约人无须发出承诺通知,可直接以行为做出承诺而订立的合同,均属此种形式。

某人在路边招手打车,一辆挂"空车"牌的出租车停下,某人开门上车。请问:此时,合同成立了吗?

我国《民法典》第四百六十九条规定："当事人订立合同,可以采用书面形式、口头形式或者其他形式。"

什么情况下合同应采用书面形式?

🔍 任务三:确认合同的法律效力

📄 工作任务

某服装店从某服装厂进了一箱文化衫,准备试销一下,看效果如何再决定是否大量进货。结果销售情况非常好,文化衫很快就被抢购一空,于是服装店决定再进10箱货。由于没有留下样品,服装店就按包装箱上写明的"A型文化衫"进货。结果货物运到后,服装店发现,新货与原来的文化衫款式和颜色都不同,但包装箱上确实写明是"A型文化衫"。经过询问和调查才得知,该服装厂有两款文化衫,分别为A型和B型,服装店试销的实际上是B型文化衫,但由于装箱工人的疏忽,错用了A型文化衫的箱子。

请问:
(1) 本案中,服装厂的行为是欺诈吗?
(2) 服装厂的行为的法律性质如何?
(3) 这份合同的效力如何?服装店可以如何处理后来的10箱货物?
(4) 如果服装店在收到第二批货物后没有提出异议,但是在上架销售后发现该款文化衫销售状况不好,那么其还有权要求换货或退货吗?

操作过程

(1) 服装厂的行为不属于欺诈。因为欺诈是一方故意提供虚假信息,使对方产生错误认识的行为。而本案则是由于服装厂工人的疏忽导致装箱错误,服装厂没有欺诈的故意,所以不构成欺诈行为。

(2) 服装厂的行为属于错误(中国法称为"重大误解")。根据《通则》的定义,错误是对已经存在的事实或者法律发生的不正确的假设。本案中,服装厂工人的疏忽行为导致服装店错把B型文化衫认为是A型文化衫,因而收到的货物不符合自己的真实意愿,双方当事人实际上并没有就合同的条款达成一致意见。

(3) 根据我国法律,本案的合同属于可以撤销的合同,当事人可以行使撤销权保护自己的利益。服装店可以选择撤销合同或者接受合同。如果选择前者,则合同无效,服装店有权退回货物并请求赔偿;如果选择后者,则合同有效,服装店可以要求更换货物或接受货物并支付货款。当然,如果选择更换货物,则服装店依然有权就因此而造成的损失请求服装厂赔偿。

（4）如果服装店在上架销售后才提出退换货物，则根据我国合同法律制度，服装厂有权拒绝服装店的请求。根据我国合同法律制度，享有撤销权的当事人在知道撤销事由后明确表示或以自己的行为表示放弃撤销权的，撤销权丧失。服装店发现货物与自己的要求不符，但没有提出异议，而且还上架销售，说明其已经放弃撤销权，接受了货物，所以其无权再要求退换货物，只能履行合同了。

知识链接与归纳

五、合同的效力

合同的效力是指合同的法律约束力，是指用法律的标准评价已经成立的合同，以便确认合同是否能够对当事人产生约束力。

（一）合同效力的一般规定

一般来说，能够影响合同效力的因素主要有以下几个：

1. 当事人须具有订立合同的行为能力

各国法律均规定，当事人须具备缔约能力是合同成立的必要条件。而当事人又可分为自然人与法人两种。

（1）自然人订立合同的行为能力。所谓行为能力，是指当事人能用自己的行为去取得民事权利、承担民事义务的能力。各国法律基本上都对未成年人、酗酒者、吸毒者、精神病患者等的行为能力进行了一定限制，但在具体规定上有一定差别。英美法系国家对未成年人不进行分类，18周岁以下都是未成年人。一般规则是未成年人没有订立合同的行为能力，未成年人订立的合同对未成年人一般没有约束力，如对方是成年人，则对对方有约束力。如果未成年人订立了合同，则可以请求强制履行合同，也可以请求撤销合同，且撤销权的行使既可以在其成年之前，又可以在其成年之后。但也有一些例外，如未成年人购买生活必需品的合同对未成年人是有效的。关于酗酒者、吸毒者和精神病患者订立合同的效力，英美法系国家一般要求，在对方明知此种情况存在但依然与之订立合同的情形下，该合同才是可以撤销的。大陆法系国家则通常根据是否具有正常的认识和判断能力或视行为能力的程度而把自然人的行为能力区分为完全行为能力、限制行为能力和无行为能力三种。如德国法规定：未满7岁、因精神错乱不能自由决定其意志者和因精神病被宣告为禁治产者为无行为能力人；满18周岁为成年人，为完全行为能力人。无行为能力人订立的合同不产生任何法律效力，完全行为能力人能够独立订立合同。未成年人订立合同必须征得其法定代理人的同意，而且法定代理人的同意必须是书面的，或者直接告知对方当事人；但如果未成年人在与其智力相适应的情况下，未经法定代理人同意，对属于其个人的金钱进行处分，则是有效的，即德国法中著名的"零用钱条款"。另外，德国法还规定，对未成年人订立的合同，既可以由其法定代理人追认，又可以由其本人在成年后追认。我国《民法典》将公民的民事行为能力分为完全民事行为能力、限制民事行为能力和无民事行为能力三种。按其规定，18周岁以上的成年人具有完全民事行

"禁治产"的含义

为能力,可以独立实施民事法律行为;16周岁以上的未成年人,以自己的劳动收入为主要生活来源的,视为完全民事行为能力人,可以独立实施民事法律行为;8周岁以上的未成年人和不能完全辨认自己行为的成年人为限制民事行为能力人,只能实施与其年龄、智力或健康状况相适应的民事法律行为,其他民事法律行为则由其法定代理人代理或征得其法定代理人的同意;不满8周岁的未成年人和不能辨认自己行为的成年人为无民事行为能力人,不能实施有效的民事法律行为。根据我国《民法典》第二十二条的规定:"不能完全辨认自己行为的成年人为限制民事行为能力人,实施民事法律行为由其法定代理人代理或者经其法定代理人同意、追认;但是,可以独立实施纯获利益的民事法律行为或者与其智力、精神健康状况相适应的民事法律行为。"

议一议

一个15岁的中学生为自己买了一件30元的衣服和一台价值2 000元的手机,遭到父母的反对,他能否以未成年为由要求退货?

关于公司越权签订合同的立法举例

(2) 法人订立合同的行为能力。最常见的法人是公司。传统观点认为,公司必须通过它授权的代理人才能订立合同,而且其经营范围不得超出公司章程的规定,否则属于越权行为。若属于越权签订的合同,则对法人来说是无效的,由行为人本人承担责任。但是,随着社会经济的发展,人们对公司越权签订合同的认识也发生了变化。公司成立以后,面对瞬息万变的市场,很难保证经营范围一成不变,因此,如果越权签订合同一律被认为无效,则不利于保护交易对方的合法利益。尤其是当越权签订合同本身并没有给第三人、社会造成不良影响时,法律更没有必要对其进行强制规定。基于此种观点,现代各国公司法、合同法对公司越权签订合同大多采取了非常宽容的态度。我国《民法典》第六十一条规定:"依照法律或者法人章程的规定,代表法人从事民事活动的负责人,为法人的法定代表人。"根据此条规定,法定代表人超越法人内部规定的权限而订立的合同是有效的,除非相对人知道或应当知道其超越了权限。第五百零五条规定:"当事人超越经营范围订立的合同的效力,不得仅以超越经营范围确认合同无效。"根据此条规定,当事人除超越经营范围外没有其他违法行为,其所签订的合同应为有效合同,应当依照合同履行合同义务。

2. 合同必须合意且真实

所谓合意,是指当事人必须有一致的意思表示;所谓真实,是指当事人的意思与意思表示必须一致。如果由于错误、欺诈、胁迫等造成当事人意思表示不真实,则受损害方可以主张该合同无效或要求撤销该合同或要求更改该合同的有关内容。

(1) 错误。错误又称误解,根据《通则》第3.4条,错误是指在合同订立时对已存在的事实或法律所做出的不正确的假设。各国法律都规定,当事人订立合同时发生的错误能引起合同无效或得以撤销的法律后果。但是能引起如此后果的错误需要具备一定条件。大陆法系国家一般规定,必须是本质性的错误才能导致合同无效或被撤销。但是大陆法系各国对本质性错误的限定范围规定不一,如法国法认为只有涉及合同标的物本质的错误和关于合同当事人的错误才能认定合同无效;德国法则规定关于意思表示内容和意思表示形式上的错误均可以引起撤销合同的后果,但要以该项错误在交易上是否重要为判断标准。英美法系对错误的要求比大陆法系严格。英美法系把错误分为共同错误和单方错误,一般情况下只有共同错误才能导致合同无效和被撤销。所谓共同错误,是指当事人双方对于构成他们之间交易基础的事实,在认识上发生了共同错误。例如,在合同性质上发生错误;在认定合同的标的物时,当事人双方都存在错误;在合同的标的物存在与否或在合同重大问题上,双方当事人都存在共同错误;等等。单方错误是指合同当事人一方对构成合同双方交易基础的事实,在认识上发生错误,而对方不知道也没有理由知道该错误的存在。例如,一方当事人意思表示错误;一方在判断上发生错误;一方当事人对自身履约能力的估计发生错误;在凭说明的买卖中,一方对说明含义的理解发生错误;等等。

两大法系关于错误的差别举例

原则上,单方错误是不能主张合同无效或撤销合同的,除非主张无效的一方能够证明错误是由他方造成的,或者他方在订立合同时已经知道或有理由知道错误方的错误。《通则》第3.5条规定,当事人必须是在订立合同时发生了重大错误,同时还必须满足下列四个条件之一,才可宣告合同无效:第一,双方当事人都犯了相同的错误;第二,错误方的错误是由另一方造成的;第三,另一方当事人

案例分析

知道或理应知道错误方的错误,但有悖于公平交易的合理商业标准,使错误方一直处于错误状态中;第四,在宣告合同无效时,另一方当事人尚未依其对合同的信赖行事。《通则》中还指出,有时错误尽管是重大的,但如果错误是由错误方的重大过失造成的,或者错误方已经意识到这种错误的风险,而根据具体情况,这种风险应由错误方承担的,则错误方也不得主张合同无效。我国《民法典》第一百四十七条规定,基于重大误解订立的合同可以撤销。所谓重大误解,是指误解人在做出意思表示时对涉及合同的法律效果的重大事项存在认识上的显著缺陷,其后果是使误解人受到较大的损失,以至于根本达不到缔约目的。一般认为,对合同的性质、对方当事人以及标的物品种、质量、规格、数量等的误解为重大误解。根据我国《民法典》第一百五十二条的规定,当事人自知道或者应当知道撤销事由之日起1年内、重大误解的当事人自知道或者应当知道撤销事由之日起90日内没有行使撤销权,视为放弃撤销权,即无权撤销合同。

(2)欺诈。欺诈是指一方当事人故意制造假象或隐瞒真相,致使对方陷入误解或发生错误的行为。由于在欺诈的情况下所签订的合同是违背了一方当事人的真实意思的,所以各国法律都允许蒙受欺诈的一方撤销合同或主张合同无效。《通则》和多数大陆法系国家的民法典一般只简单规定,欺诈与签订合同有因果关系时,受欺诈方就可以宣告合同无效或撤销合同。英美法系国家把欺诈称为"欺诈性虚假陈述"。所谓虚假陈述,也称不正当说明,是指一方当事人在签订合同之前所做的不真实的陈述,目的是诱使对方

案例分析

订立合同,不真实的陈述应包括语言和行为等。英美法系国家的司法实践一般承认,导致合同无效或被撤销及承担赔偿责任的欺诈性虚假陈述应具备以下条件:第一,欺诈与签订合同的行为具有因果关系。第二,行为人存在过错并导致对方当事人的损失。这里所说的过错包括故意和疏忽两方面。但无论是出于故意还是疏忽的虚假陈述,受欺诈方都可以主张合同无效或撤销合同,并要求欺诈方赔偿损失。至于完全无意的虚假陈述,受欺诈方则只能要求宣告合同无效而不能请求损害赔偿。第三,受欺诈的当事人有理由信赖该欺诈性虚假陈述。在这方面,英美法系国家法院一般根据受欺诈的当事人的识别能力做出判决。如果欺诈方是专家,受欺诈方是外行,就会做出对受欺诈方有利的判决;反之,则会做出对受欺诈方不利的判决。我国法律一般认为,欺诈行为的构成要件包括:第一,欺诈方有欺诈的故意,过失不构成欺诈;第二,欺诈方有欺诈的行为;第三,被欺诈一方因欺诈而陷入错误的认识,并基于错误的认识而订立了合同。根据我国《民法典》第一百四十九条的规定,因欺诈所订立的损害国家利益的合同无效,其他因欺诈而订立的合同属于可撤销的合同,受欺诈方享有撤销权。另外,当一方负有对某种事实(例如货物的特性或缺陷等)做出说明的义务时,假如该方不做此种说明或有意隐瞒该种事实,则也构成欺诈。但若其没有此种义务,则不能仅因沉默而构成欺诈。例如,在销售合同中,当事人是没有义务提供商品的市场价格的,当一方因另一方未提供商品的市场价格而以高于或低于市场的价格购买或销售了合同标的物时,受损害的一方就不能认为对方是欺诈。所以,在此种情况下,欺诈行为必须同时具备以下构成要件:第一,当事人有义务说明而未做说明;第二,当事人明知一旦披露实情,对方就不会订约,因而采取沉默的方式隐瞒实情。

你认为"知假买假"属于受欺诈吗?

(3)胁迫。所谓胁迫,是指以使人感到恐惧为目的的一种故意行为。《法国民法典》规定:"凡行为足以使正常人产生印象,使其身体或财产面临重大而又迫切危害的恐惧者,称为胁迫。"各国法律都一致认为,凡在胁迫之下订立的合同,受胁迫的一方可以撤销合同。一般来讲,胁迫既包括对当事人施加心理上或精神上的压力,又包括身体上的强制;既包括当事人一方直接对另一方施行胁迫,又包括当事人一方雇请或默认第三人对另一方施行胁迫,还包括当事人本人和雇请或默认第三人对另一方的亲属施行胁迫。但是《通则》第3.9条及许多国家的法律规定,受胁迫的当事人宣告合同无效或撤销合同必须证明以下两点:第一,胁迫采用的是非法威胁的方法。如果胁迫是合法的,则不能以此为由宣告合同无效或撤销合同。例如,债务人不按期归还借款,债权人威胁说,如果债务人在3天内不归还借款,那么他将向法院起诉,并申请冻结债务人的财产。受此威胁,债务人做出了书面保证,承诺在3天内归还借款。事后,债务人不得以存在胁迫为由主张书面承诺无效。第二,胁迫使用的手段非常紧急、严重,以至于受胁迫者无其他合理选择。如果胁迫使用的手段很缓和,当事人就无权主张合同无效或撤销合同。当然,实践中当事人的抗胁迫能力是因人而异的,因此,很多国家的法律都规定,要考虑受胁迫者的年龄、性别及个人情况。

(4) 重大失衡。根据《通则》第3.10条的规定,合同的重大失衡是指一方当事人违背诚实信用原则,利用对方当事人的某种依赖关系、经济困境、紧急需求、缺乏远见、无知、无经验或缺乏谈判技巧等,诱使其签订不合理的对自己有利的合同的行为。例如,父母与子女、律师与当事人、医生与病人、监护人与未成年人等之间所订立的合同,如果有不公正的地方,即可推定为重大失衡。此种情况下,蒙受不利的一方可以撤销合同。合同的重大失衡在英美法系中被称为"不正当影响"或"显失公平",在大陆法系中被称为"显失公平的法律行为"。例如,《德国民法典》第138条规定:显失公平的法律行为就是"甲方乘乙方的穷迫、轻率或无经验"而实施的法律行为。这时,受损害的一方可以要求撤销合同。我国《民法典》也规定乘人之危、显失公平的合同是可以撤销的合同。所谓显失公平,是指双方当事人的权利和义务明显不对等,使一方遭受重大不利的情形。一般是一方在紧迫或缺乏经验的情况下签订的明显对自己不利的合同。

案例分析

3. 合同必须合法

合同必须合法包括两个方面:第一,合同的标的物必须合法。例如,将毒品及其他禁止进出口的物品作为国际贸易合同的标的物时,该合同就属违法合同,因此也无效。第二,合同所追求的目的和行使的范围必须合法。例如,以诈骗为目的的合同、同敌人进行贸易的合同、购买武器作为行使暴力或恐怖行动的合同,以及指使他人犯罪的合同等均属违法合同,所以也一律无效。

按各国法律的规定或判例,凡是违反法律的、不道德的和违反公序良俗的合同一律无效。

我国《民法典》也规定:违反法律、行政法规的强制性规定的合同;恶意串通,损害他人合法利益的合同;违背公序良俗的合同;以虚假的意思表示签订的合同等均为无效合同。凡在合同无效的情况下取得的财产,应当予以返还;不能返还或者没有必要返还的,应当折价补偿;当事人恶意串通,损害国家、集体或者第三人利益而取得的财产,则收归国家所有或者返还集体、第三人。

违反法律和公序良俗合同的界定

另外,包括我国在内的大多数国家的合同法都规定,免除造成人身伤害和重大财产损害责任的条款是无效的,因为这些条款有违公序良俗原则。

4. 合同订立必须符合法定的形式

大陆法系把合同分为要式合同和不要式合同。所谓要式合同,是指法律规定必须具备一定形式的合同。例如,赠与合同、设立抵押权合同等,这些合同通常需要以公证人的文书为合同有效成立的要件,否则将不产生法律上的强制力。所谓不要式合同,是指法律没有规定必须具备一定形式的合同。例如,一般商事合同,其订立可以用口头形式,也可以用书面等任何证据形式,并不会因没有以公证书方式做成而使合同不能产生法律上的强制力。

英美法系把合同分为签字蜡封合同和简式合同。所谓签字蜡封合同,是指法律规定必须经过签字、盖章、封闭和交存这些手续方能有效成立的合同，否则均属无效。例如，按照英国的法律和判例，凡是没有对价的合同、转让地产或地产权益的合同、转让船舶的合同等，如不依签字蜡封形式订立，则属无效。所谓简式合同，是指必须有对价支持的普通合同。英美法系中的简式合同不完全等同于大陆法系中的不要式合同。它虽包括大陆法系中的不要式合同，但也包括一些依法必须以书面形式订立的合同，例如保证合同、不动产合同、金钱借贷合同等。

总的来说，在商品经济高度发达的现代社会，各国法律对合同的形式要求大都采取不要式原则，而要式合同则属例外，只是对为数甚少的合同才要求必须按照法律规定的特定形式来订立。

5. 合同要有对价或约因

对价或约因

许多国家的法律均要求，一项法律上有效的合同，除合法和当事人合意外，还需要有对价或约因。但是，也有很多国家的法律没有这方面的要求，因此《公约》和《通则》中没有引入这两个概念，我国法律中也没有相应的概念和制度。

（二）格式条款（合同）及其效力

格式条款又称共同条件、一般交易条件或标准条款、定式条款等。格式条款是指一方为通常和重复使用的目的而预先准备的条款，在实际使用时未与对方谈判。全部由格式条款构成的合同就是格式合同。由于格式条款是单方预先拟定的，所以格式合同往往会使交易双方处于不平等的谈判地位。但是格式合同高效实用的优点使得其在商务实践中受到普遍的欢迎，除了国际贸易领域，消费零售业和服务业也使用，尤其在公共服务领域使用得更为广泛。因此，各国的法律都支持格式合同的存在，并对格式条款的解释及其效力等问题做出了相应的规定。

《通则》中有关格式条款的规定

关于格式条款的效力，各国法律在某些细节上的规定虽然存在一些差异，但从总体上来看基本相同。

我国《民法典》第四百九十六条至第四百九十八条均是有关格式合同的规定，按照其规定，采用格式条款订立合同的，提供格式条款的一方应当遵循公平原则确定当事人之间的权利和义务，并采取合理的方式提示对方注意免除或者减轻其责任等与对方有重大利害关系的条款，按照对方的要求，对该条款予以说明。提供格式条款的一方未履行提示或者说明义务，致使对方没有注意或者理解与其有重大利害关系的条款的，对方可以主张该条款不成为合同的内容。另外，对格式条款的理解发生争议的，应当按照通常理解予以解释。对格式条款有两种以上解释的，应当做出不利于提供格式条款一方的解释。格式条款和非格式条款不一致的，应当采用非格式条款。

议一议

一书店老板害怕其书籍被水淹，便到保险公司投保，此老板应保险营业人员指引投了水灾险，投保后一个冬日的夜晚，书店内水表被冻裂，书籍被淹，失去使用价值。此老板向保险公司索赔，保险公司营业人员告知，老板所投的水灾险的水灾为洪水引起的灾害,保险协议上白纸黑字非常清楚,所以不予赔偿。于是书店老板将保险公司告上法庭。请问:此案应如何判决?

任务四:缔约过失责任的承担

工作任务

甲为一果商,乙为一果农,甲、乙协商,以每公斤2元的价格购买整个果园的苹果,第二天正式签订书面合同,第三天交货。乙为了能在第三天顺利交货,在第二天就抢收了1 000公斤苹果。结果甲在第三天告知乙,他又找到另一家果农,以每公斤1.8元的价格购买了苹果,并且已经签订书面合同,因此他不再购买乙的苹果了。乙因苹果已经采摘完毕,不及时处理则很难保存,无奈之下只能以每公斤1.7元的价格将其卖给了他人。

请问:
(1) 甲、乙的合同是否成立?
(2) 甲的行为合法吗?
(3) 乙遭受的损失可以要求甲赔偿吗?

操作过程

(1) 甲、乙的合同没有成立。合同成立要经过要约和承诺的程序。一般而言,承诺生效,合同成立。但是当事人或者法律对合同成立有特别要求的,需要满足特别要求,合同才能成立。本案当事人之间约定第二天签订书面合同,则可认为当事人之间有特别要求,即需要签订书面合同才能使合同成立。因此,甲、乙之间在没有签订书面合同的情况下,合同未成立。

(2) 甲的行为不合法。根据合同法的一般原理,进入磋商过程的当事人需要承担先合同义务,先合同义务的产生主要是基于双方当事人在磋商过程中形成的信赖关系。甲与乙的磋商已基本完成,只差最后签订书面合同,说明双方之间具有较为明确的信赖关系,在此基础上,乙还完成了主要的交货准备工作。甲在这种情况下,拒绝和乙签订书面合同,侵犯了乙的合法权利,因此是不合法的。

(3) 乙遭受的损失可以请求甲赔偿。因为甲的行为违反了先合同义务,根据合同法,当事人一方因过错违反先合同义务给对方造成了损失而应承担缔约过失责任。甲在找到新的供货商后,拒绝和乙签订合同的行为完全是故意的,且其确实给乙造成了实际的损失。因此,甲应承担缔约过失责任,赔偿乙所遭受的损失。

知识链接与归纳

六、缔约过失责任

（一）缔约过失责任的含义

缔约过失责任是由德国法学家鲁道夫·冯·耶林（Rudolph von Jhering）首先提出来的，在德国新债法中正式加以规定。

缔约过失责任是指当事人一方因过错违反先合同义务给对方造成了损失而应承担的赔偿责任。所谓先合同义务，是指自缔约双方为签订合同而互相接触磋商开始逐渐产生的注意义务，包括互相协助、互相照顾、互相保护、互相通知、诚实信用等义务。合同有效成立以后，当事人的利益可以受到法律的保护，如一方违反合同，则受害方可以获得比较充分的救济。在合同成立之前的磋商阶段，双方当事人基于相互之间的信赖关系都要为订立合同进行一定的准备工作，此时任何一方的不注意都容易给对方造成伤害，甚至有的当事人还会利用对方对自己的信赖而故意做出损害对方利益的行为。为了使当事人都能谨慎地订立合同，法律对缔约过程中的当事人提出了比普通关系中的当事人更高的要求，以保护合同当事人的信赖利益不受侵犯。

（二）承担缔约过失责任的情形

《通则》第 2.15、2.16 条对此做出了规定。

1. 禁止恶意谈判

恶意谈判举例

所谓恶意谈判，是指一方当事人在无意与对方达成协议的情况下，开始或继续进行谈判。属于恶意谈判的情形还有，一方当事人有意或因疏忽而使对方当事人对所谈合同的性质或条款产生误解，或歪曲事实，或隐瞒应当披露的事实。另外，恶意中断谈判也应承担缔约过失责任。

2. 承担保密义务

所谓保密义务，是指在谈判过程中，一方当事人以保密性质提供的信息，无论此后是否达成合同，另一方当事人都有义务不予泄露，也不得出于自己的目的不适当地使用这些信息。

根据《通则》及其注释，因恶意谈判而应承担的责任以给对方当事人造成的损失为限。责任方应负担谈判费用，还要对对方因此而失去与第三人订立合同的机会利益进行赔偿，但是一般不赔偿若订立合同则可能产生的利益。

我国《民法典》第五百条规定，当事人在订立合同过程中有下列情形之一，造成对方损失的，应当承担赔偿责任：① 假借订立合同，恶意进行磋商；② 故意隐瞒与订立合同有关的重要事实或者提供虚假情况；③ 有其他违背诚信原则的行为。

一位老人一日到商场买东西，刚进商场的门就滑倒了，造成腿骨骨折。经查，滑倒的原因是商场的保洁人员擦完地后地上的水没有处理干净。请问：这位老人能否要求商场赔偿？理由是什么？

能力实训

一、实训案例

1. 我国 A 公司于 2018 年 8 月 16 日收到法国 B 公司的发盘："马口铁 500 吨,每吨 998 美元 CFR 中国口岸,9 月装运,即期信用证支付,限 20 日内回复有效。"A 公司于 17 日回复："若单价为 970 美元 CFR 中国口岸,可接受 500 吨马口铁,履行中如有争议,在中国仲裁。"B 公司当即回复："市场坚挺,价格不能降低,仲裁条件可以接受,速复。"此时,马口铁价格确实上涨,A 公司于 19 日回复："接受你 16 日发盘,信用证已经由中国银行开出,请确认。"但 B 公司未确认并退回信用证。

请问：

（1）A 公司 19 日的回复是承诺吗？为什么？

（2）A 公司的做法有无不妥？该合同是否成立？请说明理由。

1. 评析

2. 10 月 20 日,我国 F 公司向老客户比利时 G 公司发盘："可供一级灰枣 100 公吨,每公吨 910 美元 CIF 安特卫普,适合海运包装。定约后即装船,不可撤销即期信用证付款,请速回复。"G 公司立即回复："你 20 日的邮件我方接受,用麻袋装,内加一层塑料袋。"由于 F 公司一时没有麻袋,故立即回信："布包装内加一层塑料袋。"回复后,G 公司未予答复,F 公司便着手备货。之后在 F 公司催请 G 公司开立信用证时,G 公司以合同根本没有成立为由拒绝,于是双方发生争议。

请问：

该合同是否成立？为什么？

2. 评析

3. 哈尔滨甲足球俱乐部(以下简称"甲")准备引进广州乙足球俱乐部的一名球员 A,在正式签订转会合同前,甲要求 A 来试训。当时哈尔滨正遭遇一股寒流,气温直降 15 度,但甲未通知 A。A 带的衣服明显不足以御寒,而甲也没有给 A 提供御寒衣物,加之甲为 A 安排的宾馆暖气又不足,导致 A 到达后第二天就感冒发烧,住院治疗,从而未能参加试训,双方也未能签订合同。

请问：

甲要不要赔偿 A 的损失？为什么？

3. 评析

二、思考题

1. 简述合同的概念和基本特征。
2. 要约和承诺的有效条件是什么？
3. 简述合同效力的一般条件。
4. 什么是格式合同？如何判定格式合同的效力？
5. 什么是缔约过失责任？承担缔约过失责任的情形有哪些？

三、小组活动

1. 课堂活动。每个小组设计一个虚拟的简单交易,要求包括要约邀请、要约、反要约和承诺。

2. 每组学生在课余时间进行讨论,虚拟一项交易过程,并利用网络等工具,查找相应的合同示范文本,订立一份完整的合同。

四、在线测试题

为检测本项目学习效果,请学生扫描左侧二维码完成在线测试,习题答案将于提交后自动显示。

项目五　国际合同履行中的法律问题

学习目标

1. 知识目标

(1) 掌握履行合同的基本规则；
(2) 熟悉合同条款约定不明确的履行规则；
(3) 了解合同履行中的抗辩权及保全措施；
(4) 掌握合同变更、转让和解除的基本规则及法律后果；
(5) 熟悉合同终止的原因及法律后果；
(6) 掌握主要的违约救济方法；
(7) 掌握国际货物买卖合同中买卖双方的权利与义务；
(8) 掌握违反国际货物买卖合同的救济方法；
(9) 熟悉国际货物买卖中确定所有权转移时间的基本方法；
(10) 掌握国际货物买卖中确定风险转移时间的法律规定。

2. 能力目标

(1) 能够依法适当履行合同；
(2) 能够依法确定合同条款约定不明确时的履行方案；
(3) 能够依法正确处理合同变更、转让、解除等问题，防范其中的法律风险；
(4) 能够正确处理违约事件，选择适当的救济方法。

任务一：如何适当履行合同

工作任务

甲、乙签订广告承揽合同，约定：甲为乙制作一广告牌，并负责安置于乙地火车站客运入口处，费用为12 000元，乙预付3 000元。数日后甲将广告牌制作完成，并安置于站内乘客检票处。乙发现后提出异议，认为甲应将广告牌安置于候车大楼大门外，并表示如不照此办理，则解除合同。甲认为乘客检票处即为客运入口处，并提出合同约定的广告定做安置费用是参照乘客检票处广告牌安置费用标准收取的，现乙要求安置于候车大楼大门处需加收1万元，且需承担1 000元的搬迁费。由于双方对合同约定的客运入口处的含义理解未达成一致，乙拒绝支付余下的9 000元费用，遂起纠纷。

请问：

(1) 该合同属于重大误解的合同还是合同条款约定不明的合同？
(2) 该合同的效力如何？
(3) 双方应如何处理此合同纠纷？

操作过程

（1）该合同属于合同条款约定不明的合同而非重大误解的合同。所谓"误解"，又称"错误"，根据《通则》的解释，误解是对已经存在的客观事实或法律所做的错误的假设。而本案中，双方争议的焦点问题是对"客运入口处"应如何理解，至于到底什么是客运入口处，并没有客观标准，因此不是重大误解，而应属于合同条款约定不明。

（2）该合同是有效合同，只是在广告牌安置位置的问题上没有约定清楚，这个问题并不影响合同的效力，双方当事人应当对此问题进行明确约定，依法适当履行合同。

（3）本案双方当事人对"客运入口处"的理解无法形成一致意见，因而不能达成补充约定，但根据交易惯例，安置在乘客检票口处的收费标准为 12 000 元，本合同的收费标准即为 12 000 元，因此安置在乘客检票口处并无不当。所以，乙应支付余下的 9 000 元费用。

知识链接与归纳

合同履行是指合同的当事人双方根据合同的规定，完成各自所承担的义务的行为。各国法律均规定：依法成立的合同，在订立合同的当事人之间具有相当于法律的效力，当事人双方都必须受合同的约束，履行各自所承担的义务，如果违反应履行的合同义务，就要承担相应的法律责任。

一、合同履行的规则

（一）合同履行的基本原则

根据《通则》及包括我国在内的很多国家的合同法的规定，当事人在履行合同的过程中，应遵循以下两条基本原则：

确定当事人默示义务的因素

1. 全面履行原则

全面履行原则是指当事人应当按照合同约定及法律规定全面、适当地履行合同义务的原则。合同义务包括明示义务和默示义务。明示义务是指由当事人明确规定的合同条款所构成的义务；默示义务则是由未被明确规定的合同条款所构成的义务。默示义务有可能是法定的，也有可能是惯例性质的。

2. 合作原则

合作原则是指当事人不仅适当履行自己的合同义务，而且基于诚实信用原则要求对方当事人协助其履行义务的原则。根据《通则》第 5.3 条和很多国家的司法实践，如果一方当事人履行其义务时，有正当理由期待对方当事人合作，则对方当事人即应予以合作，否则，要承担违约责任。

（二）有关事项未明确规定的合同履行规则

根据意思自治原则，各国法律一般规定，只要不违反本国的强制性法律，当事人应按合同中明确约定的质量、价格、时间、地点、方式等条款履行其义务。但是出于种种原因，在实践中，当事人经常对这些条款没有约定或约定不明确；在履行合同时，又往往因协商不成发生纠纷。因此,很多国家的合同法都对这些条款约定不明确的合同规定了履行规则。

1. 质量条款约定不明确的履行规则

根据《通则》第5.6条,如果合同对质量或确定质量的标准无明确规定,那么义务方应使其义务履行的质量达到合理的标准,并不得低于此情况下的平均标准。我国《民法典》的规定较之《通则》更加具体、明确。根据我国《民法典》第五百一十条和第五百一十一条的规定,当事人就质量没有约定或者约定不明确的,可以协议补充;不能达成补充协议的,按照合同相关条款或者交易习惯确定;仍不能确定的,按照国家标准、行业标准履行;没有国家标准、行业标准的,按照通常标准或者符合合同目的的特定标准履行。例如,A承诺在一个繁忙的火车站旁建一座旅馆,合同只规定了"适当的声音隔离",并没有确定更精确的质量要求。然而,从合同中仍可以确定该隔音必须符合在火车站附近的旅馆所需达到的标准。

H先生从花店买了一只花瓶,带回家后在花瓶中装上水插上鲜花放在桌子上。一夜过后,发现花瓶中的水全部漏出。H先生找到花店老板要求退货,花店老板则说,花瓶漏水是正常现象,拒绝退货。请问:花店老板的说法有道理吗?

2. 履行的价格标准规则

根据《通则》的规定,合同的定价明显不合理的,该定价一概无效,义务方仅有义务按照合理的价格履行;在价格或确定价格的方法不明确时,义务方应按照订立合同时一般应支付的价格履行,如没有可比价格,则按照合理价格履行。我国《民法典》则规定,价款或者报酬不明确的,按照订立合同时履行地的市场价格履行;依法应当执行政府定价或者政府指导价的,按照规定履行。

3. 履行时间的确定规则

大陆法系国家和英美法系国家关于合同履行时间的确定规则存在一定的差别。对当事人未明确约定履行时间的,大陆法系国家总的原则是:义务人可以随时履行,权利人也可以随时要求履行,但必须给义务人必要的准备时间。我国《民法典》亦采用此原则。英美法系国家的一般规则是:在合同无明确规定的情况下,权利人可以要求对方当事人在合理的时间内履行合同义务。《通则》采用了和英美法系国家一致的规则。

4. 履行地点的确定规则

各国关于履行地点的确定规则较为一致,即如果合同无相反规定,则付款义务的履行地为权利人的营业地,其他义务的履行地为义务人的营业地。《通则》第6.1条中也确认了上述规则,并进一步规定,当事人应承担在合同订立后因其营业地的改变而给履行增加的费用。

想一想

A公司与B公司订立了一份买卖合同,合同中没有规定交货地点,但是规定交货方式为B公司自行派车到A公司仓库去提货。请问:这份合同的履行地点是哪里?

5. 履行费用的确定规则

履行费用是指履行合同义务所需的费用支出,如运费、邮费等。包括我国在内的很多国家和《通则》规定,当事人无明确约定的,履行费用由义务人承担。

任务二:合同履行抗辩权、保全措施的运用

工作任务

一空调经销商接受了一宾馆经理60台空调的订单。空调经销商同意了先安装空调然后宾馆付50%的货款,1个月后再结清余款,并且要在20天内将空调安装完毕的要求。合同签订后第5天,空调经销商在报纸上看到法院强制执行通告,表明该宾馆拖欠外债300多万元。该经销商由于担心宾馆也会拖欠他的货款,便要求宾馆支付50%的货款或提供适当的担保,结果遭到拒绝,而且该宾馆经理还以追究违约责任相威胁。于是空调经销商通知宾馆,他将暂时不为宾馆安装空调。

请问:
(1)空调经销商违约了吗?
(2)如果宾馆要求空调经销商完成合同,则应当怎样做?
(3)如果宾馆无法满足空调经销商的要求,则空调经销商应如何保护自己的权益?

操作过程

(1)空调经销商没有违约,而是在行使不安抗辩权。本案中,空调经销商在看到法院的公告后,有理由怀疑宾馆的财务状况与商业信誉不佳,会拖欠货款,因而要求宾馆支付部分货款或提供适当的担保,是正当行使权利而不是违约。

(2)由于空调经销商是在行使不安抗辩权,因此此时宾馆如果要求空调经销商继续完成合同,则应满足空调经销商的要求,支付部分货款或提供适当的担保,如用财产做抵押,或者找到商业信誉良好的企业做保证人,保证债务的履行。如果宾馆支付了部分货款或提供了适当的担保,那么空调经销商应继续履行合同,否则即构成违约。

(3)如果宾馆无法满足空调经销商的要求,不能使空调经销商对其商业信誉与偿债能力恢复信心,则空调经销商有权解除合同,并请求损害赔偿。

知识链接与归纳

二、合同履行中的抗辩权

所谓抗辩权,主要是一种针对请求权的权利,其效力在于阻止请求权的效力,从而使抗辩权人能够拒绝向债权人履行债务。为了鼓励当事人履行合同,正确区分行使抗辩权行为与违约行为之间的差异,各国法律均确立了双务合同履行的抗辩权制度。

(一)同时履行抗辩权

同时履行抗辩权是指没有先后履行顺序的双务合同的当事人一方在另一方未履行债务之前或未按合同约定履行债务时,可以相应拒绝另一方要求自己履行债务的权利。

同时履行抗辩权仅能阻碍对方的履行请求权,从而使对方的请求权延期,但并不是消灭对方的请求权。

行使同时履行抗辩权的条件

(二)后履行抗辩权

后履行抗辩权是指有先后履行顺序的双务合同中,先履行一方未履行之前,后履行一方有权拒绝其相应的履行请求。后履行抗辩权的设定是为了保护后履行一方的权利。后履行抗辩权是我国首创的制度。

行使后履行抗辩权的条件

后履行抗辩权的行使,使后履行一方可暂时中止履行自己的债务,以对抗先履行一方的履行请求,保护自己的利益。在先履行一方采取了补救措施时,后履行一方应及时履行其债务;后履行抗辩权的行使,不影响后履行一方追究对方违约责任的权利。

(三)不安抗辩权

不安抗辩权最初是大陆法系中的制度,是指当事人一方具有在先给付的义务,如果对方的财产于订约后明显减少,有可能难以给付时,在对方没有对待给付或提出担保之前,有权拒绝自己的给付。

在不安抗辩权的成立条件上,各国法律的规定不尽相同。我国《民法典》第五百二十七条规定,应当先履行债务的当事人,有确切证据证明对方有下列情形之一的,可以中止履行:① 经营状况严重恶化;② 转移财产、抽逃资金,以逃避债务;③ 丧失商业信誉;④ 有丧失或者可能丧失履行债务能力的其他情形。比较起来,我国合同法律制度规定的不安抗辩权的成立条件比其他大陆法系国家要宽得多,一方当事人只要具备上述规定的任何一种情形,对方当事人就可以依法行使不安抗辩权。

不安抗辩权合同立法举例

为了防止当事人滥用不安抗辩权,不安抗辩权的行使应当符合下列条件:

不安抗辩权案例分析

(1)有同一有效双务合同产生的两项债务,并且为对价给付。

(2)互为对价给付的双务合同规定有先后履行顺序,应先履行债务的一方的履行期届至,而应后履行债务的一方的履行期尚未到来。

(3) 应后履行债务的一方在合同依法成立后出现丧失或者可能丧失履行债务的能力,并且应先履行债务的一方对上述情况有确切的证据加以证明。这里所说的"丧失或者可能丧失履行债务的能力"的情形,根据我国合同法律制度,主要包括:经营状况严重恶化;转移财产、抽逃资金,以逃避债务;丧失商业信誉;有丧失或者可能丧失履行债务能力的其他情形。

(4) 应后履行债务的一方没有为主债务的履行提供适当的担保。如果应后履行债务的一方在双方订立合同时就为自己债务的履行设定了充分的担保,则即使应后履行债务的一方出现了"丧失或者可能丧失履行债务的能力"的情形,应先履行债务的一方仍无权行使不安抗辩权,拒绝自己债务的履行。

当事人依法行使不安抗辩权时,应当及时通知对方。对方提供适当担保的,当事人应当恢复履行。中止履行后,对方在合理期限内未恢复履行债务能力并且未提供适当担保的,中止履行的一方可以解除合同,并要求对方赔偿损失。

三、合同的保全

所谓合同的保全,是指合同债权人依据法律规定,在债务人不正当处分其权利和财产,危及其债权的实现时,可以对债务人或者第三人的行为行使撤销权或者代位权的债权保障方法。

合同的保全制度是大陆法系国家普遍采取的制度。合同的保全制度的确立,在一定程度上突破了合同的相对性原则,扩充了合同的效力范围,使合同在特殊情况下发生对合同当事人之外的第三人的效力,债权人的利益得到更周到的保护。

根据大陆法系和我国合同法律制度,合同的保全制度有两种,一是债权人的代位权,二是债权人的撤销权。

(一) 债权人的代位权

1. 代位权的概念

债权人的代位权是指合同依法成立后,尚未完全履行之前,在债务人怠于行使其对次债务人(债务人的债务人)的到期债权并对债权人的债权实现构成妨害之时,债权人为保全自己的债权,可以以自己的名义行使债务人对次债务人的债权的权利。

专属于债务人
的债权

我国《民法典》第五百三十五条明确规定:"因债务人怠于行使其债权或者与该债权有关的从权利,影响债权人的到期债权实现的,债权人可以向人民法院请求以自己的名义代位行使债务人对相对人的权利,但是该权利专属于债务人自身的除外。代位权的行使范围以债权人的到期债权为限。债权人行使代位权的必要费用,由债务人负担。"

债权人行使代位权,应以自己的名义,以次债务人为被告向人民法院提起诉讼。

2. 行使代位权的法律效力

（1）对债务人的效力。根据一般原则，债权人行使代位权所获得的清偿应直接归属于债务人。如果债务人不积极受领，则债权人可代位受领，债务人仍有权要求债权人归还所受领的财产，即所谓的"入库规则"。

（2）对次债务人的效力。对于次债务人来说，债权人行使代位权主要产生两个后果：一是在债权人行使权利的范围内，次债务人与债务人之间的债权债务关系归于消灭；二是次债务人相对于债务人所享有的一切抗辩权都可以用来对抗债权人。

（3）对债权人的效力。债权人代位行使的是债务人的债权，不能超过债务人债权的范围。债权人在债务人不积极受领时虽然可以代位受领，却无权将受领的财产供自己优先受偿或者用来抵消债务人的债务。如果想用代位受领的财产清偿自己的债权，则必须征得债务人的同意。另外，债权人胜诉的，诉讼费由次债务人负担，从实现的债权中优先支付。

需要指出的是，我国《民法典》没有采取传统的"入库规则"，而是规定了债权人的直接受领权和优先受偿权。此规定大大提高了债权人行使代位权的积极性，更有利于保护债权人的利益。

（二）债权人的撤销权

1. 撤销权的概念

债权人的撤销权源于罗马法的"废罢诉权"，是指债权人在债务人无正当理由减少责任财产而妨害其债权实现时，依法享有的请求人民法院撤销债务人的行为的权利。

在大陆法系国家，1804年的《法国民法典》首先继受了罗马法的"废罢诉权"制度，后为大陆法系各国所仿效。我国《民法典》第五百三十八条、第五百三十九条对撤销权做了规定："债务人以放弃其债权、放弃债权担保、无偿转让财产等方式无偿处分财产权益，或者恶意延长其到期债权的履行期限，影响债权人的债权实现的，债权人可以请求人民法院撤销债务人的行为。债务人以明显不合理的低价转让财产、以明显不合理的高价受让他人财产或者为他人的债务提供担保，影响债权人的债权实现，债务人的相对人知道或者应当知道该情形的，债权人可以请求人民法院撤销债务人的行为。"

2. 撤销权的行使条件

为了防止债权人滥用撤销权，行使撤销权应同时具备以下条件：

（1）客观要件。所谓客观要件，是指债务人客观上实施了某种危害债权的行为。

（2）主观要件。所谓主观要件，是指债务人与第三人具有主观上的恶意，即在进行交易时，明知或者应知有害于债权的实现仍进行交易。

行使撤销权的
主观要件

债权人行使撤销权必须以自己的名义向法院提起诉讼，请求法院撤销债务人不当处分财产的行为。

3. 行使撤销权的法律效力

（1）对债务人的效力。债务人的行为被撤销后，视为自始无效。债权人行使撤销权的必要费用，由债务人负担。

（2）对受益人或受让人的效力。受益人或受让人与债务人之间的行为因被撤销而无效，受益人或受让人应当将取得的财产返还给债务人，已向债务人支付代价的，则有权请求债务人返还。

（3）对债权人的效力。因撤销债务人不当处分财产的行为而返还的财产，是债务人对全体债权人的共同担保，行使撤销权的债权人不得优先受偿，该债权人也不得请求受益人或受让人直接对其清偿。债权人行使撤销权所支付的律师代理费、差旅费等必要费用，由债务人负担；第三人有过错的，应当适当分担。

任务三：违约事件的处理

工作任务（一）

确定损害赔偿的范围

A公司与B公司订立货物买卖合同，约定于11月5日交付货物给B公司。为了完成这个合同，A公司又与C公司签订原材料买卖合同，约定C公司应于9月10日将原材料交付A公司。但是9月10日C公司并未交货。A公司虽经多方努力，还是没有按时完成与B公司的合同，致使B公司撤销了合同，并要求A公司承担违约责任。A公司承担违约责任后，又要求C公司承担责任。

请问：

（1）A公司可以获得哪些赔偿？

（2）如果A公司与C公司在合同中约定："如C公司违约，则需支付给A公司合同标的额15%的违约金。"C公司未交货，造成了A公司的损失，则应如何赔偿？如果违约金的数额不足以弥补实际损失，则A公司还可以继续索赔吗？

（3）假设C公司于9月5日发生火灾，其应当发运给A公司的原材料全部被烧毁，导致C公司9月10日无法交货，C公司能否以遭遇不可抗力为由，免予承担违约责任？A公司能否以不可抗力为由免予对B公司承担违约责任？

操作过程

（1）根据合同法，违约方应承担因违约造成的全部损失，包括实际损失和可得利益损失。因C公司未交货，导致A公司没有完成与B公司的合同，为此A公司要对B公司负赔偿责任，属于A公司支出的增加，A公司可以要求C公司赔偿；B公司撤销了合同，导致A公司应得的利润无法得到，A公司可以向C公司索赔；另外，因C公司未交货，A公司为了寻找货源，也支出了一些费用，这些费用也可以向C公司索赔。

（2）如果A公司与C公司在合同中定有违约金条款，则在C公司违约后，C公司应按合同规定支付违约金。如果违约金的数额不足以弥补实际损失,则 A 公司能否继续索赔要视违约金的性质而定。根据不同国家的法律制度,如果违约金是惩罚性的(如德国法),则 A 公司还有权继续索赔;如果违约金是补偿性的(如中国法、法国法),则 A 公司不能再要求损害赔偿。如果违约金的数额过分低于实际损失,则 A 公司可以要求法院或仲裁机构适当提高违约金的比例。

(3) 火灾是否构成不可抗力应看造成火灾的原因。如果 C 公司确实无过错,则可以免予承担违约责任,但应及时通知 A 公司,并提供相应的证据。如果是人为因素引起的火灾,如 C 公司管理不善导致仓库起火,则不能构成不可抗力,不能免予承担违约责任。至于 A 公司能否因此而免予对 B 公司承担违约责任,更要视具体情况而定。一般情况下,A 公司很难证明如果 C 公司不供货其就无法完成合同,因为其与 B 公司的合同中没有约定只能用 C 公司的原材料,其完全有可能从其他渠道获得原材料,所以,A 公司一般不能因 C 公司遭遇不可抗力就免予对 B 公司承担违约责任。

工作任务(二)

提前违约及其救济实务分析

根据买卖双方签订的合同,卖方应以 50 000 元的价格出售一批货物给买方,履行期限为 12 月 1 日。9 月 1 日,卖方要求加价至 60 000 元,否则,将拒绝供货。买方不同意。买方曾于 9 月 2 日向另一供货商 A 询价,该供货商表示可以在 12 月 1 日以 58 000 元的价格出售同样的货物。但买方没有立即补进,而是等到 12 月 1 日。此时卖方没有供货,买方又从市场上以 61 000 元的时价购进了货物。由于时间的拖延,买方还额外支出了 2 000 元。

请问:

(1) 卖方 9 月 1 日的行为是否违约?

(2) 买方的做法是否妥当?为什么?

(3) 买方可以向卖方提出的损害赔偿金额为多少?

操作过程

(1) 卖方 9 月 1 日的行为违约,属于提前违约。本案合同履行期限是 12 月 1 日,因此,9 月 1 日卖方提出将拒绝履行合同的行为即属于提前违约。

(2) 买方的做法欠妥当。买方在卖方提出加价时表示拒绝,因此原合同依然有效,双方应按原合同履行合同义务。此时卖方表示将拒绝履行合同,构成预期违约。买方有权在解除合同与继续等待卖方履行合同之间进行合理的选择。买方于 9 月 2 日就找到另一供货商 A,说明此种货物并非很难找到替代物,所以,买方比较合理的选择应是解除与卖方的合同,与 A 签约,然后向卖方索赔。如果买方选择等待,若卖方届时不履行合同,则卖方会以买方没有减损为由,拒绝赔偿买方多支出的费用;另外,如果在等待期间出现不可抗力等意外因素,卖方的供货义务可能会免除,买方则得不到任何赔偿。

(3) 买方可以得到的赔偿金额应为 8 000 元。买方应解除与卖方的合同并与 A 签订合同。由于与 A 签订的合同价格为 58 000 元,比与卖方的合同价格高出 8 000 元,因此买方有权请求卖方赔偿差价损失。买方因等待而多支出的费用,卖方可以以买方没有及时减损为由,拒绝赔偿。但如果买方能够证明他选择等待是有理由的,则卖方应赔偿全部损失,即 13 000 元。

知识链接与归纳

四、不履行合同的法律后果——违约及违约的救济

(一) 违约的概念及其构成条件

1. 违约的概念

违约有广义和狭义两种含义。从广义上讲,违约是指当事人任何与合同不符的行为;狭义的违约则是指当事人无合法理由而不履行或者不完全履行合同义务的行为。根据《通则》和各国法律的规定,一方当事人只能就另一方当事人狭义上的违约行为采取法律上的救济,即追究违约责任。

2. 违约的构成条件

关于违约的构成条件,大陆法系和英美法系在理论上存在重大差异,主要体现在违约的归责原则上。

传统的大陆法系以过错责任为原则,认为债务人须有过错才承担违约责任。因此仅仅证明债务人没有履行合同义务,不足以构成违约,还必须同时证明或推定债务人不履行合同义务的行为有可归责于他的过错,才能使其承担违约责任。而英美法系则以严格责任为原则,即只要当事人没有履行合同义务,即使他不存在任何过失,也构成违约。

需要指出的是,两大法系在此问题上的差异只是原则上的差异,而就某一具体问题的处理而言,它们之间的差异并没有那么大。各国的归责原则实际上都是多元化的。例如,根据大陆法系国家的规定,品质瑕疵担保责任是不考虑债务人的过错的;而在英美法系国家,也有履行不可能、商业落空等制度,规定当事人无主观过错但是没有履行合同义务,可以免予承担合同责任。

《通则》和《公约》都接受了严格责任原则。

乙需要向甲承担赔偿责任吗?

我国合同法律制度对违约责任的确定,基本上接受严格责任原则,只有在法律规定的特别情况下才采用过错责任原则。根据我国《民法典》的规定,采用过错责任原则的情形主要有以下几类:① 赠与合同赠与人的损害赔偿责任;② 运输合同承运人的过错责任;③ 保管合同保管人的过错责任;④ 委托合同受托人的过错责任;⑤ 居间合同居间人的过错责任。

(二) 违约的救济方法

所谓违约的救济方法,是指合同的一方当事人的合法权利被他方侵害时,法律上给予受损害一方的补偿方法。根据《通则》和各国合同法,违约的救济方法主要有以下

几种：

1. 实际履行

实际履行是指债权人要求债务人按照合同的规定履行合同。

大陆法系原则上采取以实际履行为不履行的主要救济办法。凡是债务人不履行合同的，债权人都有权要求债务人实际履行。法院在债权人有此请求，且履行合同尚属可能的情况下，原则上也应做出实际履行的判决。只有在实际履行成为不可能时，法院才不做出实际履行的判决。

英美法系则以损害赔偿为最基本的救济方法，只有在涉及土地、公司债交易、古董等特定买卖等的情况下，才做出实际履行的判决。

我国合同法律制度也将实际履行作为一种主要的救济方法。按照我国《民法典》的规定，当事人一方不履行非金钱债务或者履行非金钱债务不符合约定的，对方可以请求履行，但有下列情形之一的除外：① 法律上或者事实上不能履行；② 债务的标的不适于强制履行或者履行费用过高；③ 债权人在合理期限内未请求履行。

2. 损害赔偿

当合同的一方当事人发生违约，给另一方当事人造成损失时，另一方当事人可以请求损害赔偿。

（1）损害赔偿的范围。关于损害赔偿的范围，各国法律的规定基本相同，即应包括违约所造成的全部损失。具体来讲，全部损失又包括直接损失和可得利益损失。所谓直接损失，又称实际损失或积极损失，是指既有财产或既存利益因违约行为而减少，如收入的减少或费用的增加等。所谓可得利益损失，又称间接损失或消极损失，是指如果债务人不违约，则债权人本来能够取得的，但因债务人违约而丧失了的利益。但是无论是直接损失还是可得利益损失的赔偿都有一个限制，即一般不得超过违约方在订立合同时预见到或者应当预见到的因违约而可能造成的损失。

可得利益损失举例

（2）损益相抵。所谓损益相抵，是指受害人基于损失发生的同一原因而获得利益时，在其应得的损害赔偿额中应扣除其所获得的利益部分的规则。如 A 出租给 B 一台挖掘机，租期两年，月租金 5 万元。因没有支付租金，6 个月后合同终止。6 个月以后，A 以月租金 5.5 万元把同一机器出租给他人。也就是说，A 从原来合同留下的该机器的转租中，一年可多获得 6 万元。这笔金额不应计算在 B 应支付给 A 的损害赔偿金内。损益相抵不是为了减轻违约方本应承担的责任，而是不使受害人因此而得到不应得到的利益。我国《民法典》和《公约》对损害赔偿范围的规定与上述原则基本一致。

终审判决和初审判决哪一个有道理？

B 应当赔偿多少元？

（3）减损义务。多数国家的合同法及《通则》都规定，在发生违约时，受损害的当事人有义务采取合理措施防止损害的扩大，否则损害扩大的部分将在损害赔偿额中扣除；受损害的当事人采取合理的措施防止损害扩大而发生的合理费用可要求违约方赔偿。

3. 解除合同

解除合同是指一方当事人违约时，另一方当事人单方或通过法院判决解除自己履行合同的义务的一种救济方法。根据各国法律的规定，当事人一方严重违约后，对方有权依法行使合同解除权，终止合同。

（1）大陆法系的有关规定。法国法规定，在双务合同中，当一方当事人不履行债务时，另一方当事人可宣告解除合同，但合同并不是当然解除，债权人要求解除合同时应向法院提出，法院需根据情况给予债务人一定期限。同时，法国法还认为，解除合同具有溯及既往的效力，不但未履行的义务不再履行，即使已履行的义务也要恢复原状。德国法规定，除有特别规定外，债务人于履行到期时仍未履行合同，债权人必须为债务人规定适当的履行期，在此履行期届满时，债务人仍未履行合同的，债权人才可以解除合同。

（2）英美法系的有关规定。英国法把违约区分为违反条件与违反担保两种形式。违反条件是指违反合同的重要条款（美国法则称为重大违约）。违反担保是指违反合同的次要条款或辅助条款（美国法称为轻微违约）。凡一方当事人违反合同条件或重大违约时，另一方当事人可宣告解除合同并请求损害赔偿。但一方当事人违反担保或轻微违约时，另一方只能请求损害赔偿，而不能解除合同。一般而言，判断是否为严重违约，要看违约方的违约行为是否剥夺了对方的主要利益或是否违反了合同的实质性内容。

甲、乙二人于某年 12 月 23 日商定，乙必须在 12 月 24 日下午 5 点以前将一批圣诞节礼物运抵甲的商店。结果乙在 12 月 24 日晚 10 点才将这批货物运抵甲的商店。请问：在这种情况下，甲是否有权解除合同？

另外，英美法系还有提前违约的制度。所谓提前违约，又称预期违约，是指一方当事人在合同规定的履行时间到来之前，就表示其不履行合同义务的行为，包括明示的提前违约和默示的提前违约。明示的提前违约是指合同一方当事人在合同履行时间到来之前，明确表示其将不履行合同义务；默示的提前违约是指合同一方当事人在合同履行时间到来之前，以自身的行为或客观事实暗示其将不履行合同义务，如交货期限已过 2/3，加工方才刚刚开始工作，或一方的商业信誉明显丧失等。在一方当事人提前违约时，另一方可以解除自己的合同义务，并可以立即要求损害赔偿；也可以拒绝接受对方提前违约的表示，坚持认为合同仍然存在，等到合同规定的履行期届满时，再决定采取何种法律上的救济方法。但另一方若采用后者，则需承担在此段时间内情况变化的风险。例如，在一方当事人宣告提前违约后，另一方拒绝接受对方提前违约的表示，然而在履行期届满之前，出现了不可抗力事由，致使合同可依法得以解除，此时，提前违约的一方就可以不承担任何责任。

> **议一议**
>
> 只有一个船台的造船商 A 允诺为 B 制造一艘游艇,于 5 月 1 日交付并不得延误。此后不久,B 从 C 那里得知 A 已经答应在同一时间为 C 制造一艘游艇。请问:B 应如何保护自己的利益?

关于合同解除以后的后果,英国法的规定非常与众不同,其认为由违约造成的合同解除只是使尚未履行的债务不再履行,至于已经履行的债务原则上不产生返还的问题。美国法则认为,合同的解除使原来订立的合同不复存在,因而在经济上应恢复到合同订立前的状态。美国法的原则和大陆法系的原则是相同的。

(3) 中国合同法律制度的有关规定。根据我国《民法典》第五百六十三条的规定,有下列情形之一的,当事人可以解除合同:① 因不可抗力致使不能实现合同目的;② 在履行期限届满之前,当事人一方明确表示或者以自己的行为表明不履行主要债务;③ 当事人一方迟延履行主要债务,经催告后在合理期限内仍未履行;④ 当事人一方迟延履行债务或者有其他违约行为致使不能实现合同目的;⑤ 法律规定的其他情形。

哪一个合同是可以解除的?

4. 支付违约金

违约金是指以保证合同履行为目的,由双方当事人事先约定,当债务人违反合同时,应向债权人支付的金钱。但是对于违约金的性质,各国法律有不同的规定。

(1) 惩罚性违约金。德国等国家的法律规定,违约金是对违约一方的经济制裁手段,具有惩罚性质,即当债务人不履行债务时,债权人除了可以请求违约金,还可以请求因违约而造成的损害赔偿,但在违约金过分高于或低于违约所造成的损失时,允许法院对违约金予以减少或增加。

(2) 补偿性违约金。中国、法国、英国及美国等国家的法律规定,违约金是预先约定的损害赔偿金,即补偿性的违约金,英美法系国家甚至认为如果违约金具有惩罚性则是非法的。当一方违约时,对方可取得此项约定的金额,但当违约金过分高于或低于违约所造成的损失时,当事人可以请求法院或仲裁机构予以适当减少或增加。至于违约金是不是能代替实际履行,一般认为应视违约金的性质而定,如果违约金是专为迟延履行等情况而定的,则支付违约金不能代替实际履行。

关于在不履行合同时支付约定金额的合同条款的统一规则

(三) 违约责任免除

根据各国法律,由于不可抗力导致当事人不能履行合同义务,可以免除承担违约责任。

1. 不可抗力的概念和范围

不可抗力是指非由当事人的主观意志所决定,也非当事人能力所能抗拒的客观事由。凡在合同成立后,不是由于当事人自身的过错,而是由于事后发生的意外情况致使当事人在订立合同时所谋求的商业目的无法实现,从而导致当事人的责任被免除的情由均可属于不可抗力事件。

不可抗力均为意外事故。所谓意外事故,一般包括两个方面的情况:一种是由自然原因引起的,诸如地震、火灾、旱灾、风灾、雪灾、流冰等;另一种是由社会原因引起的,诸如战争、封锁、禁运等。不可抗力的范围也可由当事人根据合同的具体情况在订立合同时加以规定。

2. 不可抗力的法律后果

关于不可抗力的法律后果,两大法系的规定存在较大的差异。英美法系原则上认为,不可抗力的后果,是合同本身归于终止,并且双方义务得以解除。所以,只要双方当事人在合同中就不可抗力的范围及其后果做出了明确的规定,法院在审理案件时,原则上就应该遵循。大陆法系则认为,不可抗力主要是免除债务人不履行合同义务本来应负的损害赔偿责任,合同并非当然消灭。如果履行的障碍是暂时的,则合同仅在障碍存续期间得以中止履行,只有当不可抗力事由致使合同履行成为不可能或对债权人来说已无必要时,合同才得以解除。当然,如果当事人双方在合同中已对不可抗力的范围及其后果有了明确的规定,则法院在审理案件时原则上也应遵循。

《公约》关于不可抗力引起的法律后果在很大程度上吸取了大陆法系的规定。根据《公约》第七十九条第五款的规定:当事人出于不可抗力原因而不履行义务时仅得以免除损害赔偿责任,而任何一方行使其他救济方法的权利不受妨碍。这就意味着受损害的一方在不可抗力事由发生后,虽然不能得到损害赔偿金,但其仍然有权向不履行合同义务的一方请求诸如实际履行(如果履行的障碍是暂时的,且履行有可能的话)、减价和解除合同等《公约》规定的救济方法。而且在解除合同后,双方都有权要求另一方归还其按照合同已支付的货款或交付的货物。

我国《民法典》对有关不可抗力的规定基本上接受了《公约》的有关规定。按照我国《民法典》的规定:当事人一方因不可抗力不能履行合同的,根据不可抗力的影响,部分或者全部免除责任,但是法律另有规定的除外。因不可抗力不能履行合同的,应当及时通知对方,以减轻可能给对方造成的损失,并应当在合理期限内提供证明。当事人迟延履行后发生不可抗力的,不免除其违约责任。

由于各国的法律对不可抗力的有关规定不尽相同,而且法院在当事人未在合同中明确规定不可抗力的有关条款时,要判断哪些意外事故属于不可抗力也十分困难,因此为了避免不测的风险,目前各国当事人的通常做法是:在合同中订上一条称为"不可抗力"的条款,明确规定哪些意外事故属于不可抗力范围以及不可抗力事由所引起的法律后果。

任务四：合同履行中的变化

> **工作任务**
>
> 甲与乙签订了一份大米买卖合同。双方在合同中约定："由乙提供优质大米100吨，交货日期为2019年7月20日，价格为每公斤2.90元，由甲派车在乙仓库处验收交货，10日后付款。"合同还规定："如有特殊变动，则以通知为准。"合同签订后，乙于6月15日发电报通知甲，由于特殊情况，公司暂时提供不了这么多大米，故交货日期推迟至7月30日。甲收到电报后，觉得推迟到7月30日也没有多大影响，就未做答复。到7月份，新米上市后，甲发现自己与乙订的大米价格太高，遂于7月12日通知乙"降低价格，否则将予以解除合同"。乙收到电报后于7月15日回复"价格可以降至每公斤2.65元，请按约定时间来车取货"。甲认为价格还是偏高，于是没有回复，到期也未提货。乙见甲没有履约诚意，于是在8月5日把已经准备好的大米以每公斤2.7元的价格卖给丙。后乙以甲违约为由要求甲赔偿大米差价2万元。甲则称，"合同中写明，如有特殊变动，则以通知为准。我方已履行了通知义务，是你方擅自变更合同履行期限在先"。双方争执不下，乙诉至法院。
>
> 请问：
> （1）甲、乙的买卖合同的交货日期应为哪一天？大米的单价为多少？
> （2）乙能否请求甲赔偿大米差价2万元，为什么？

操作过程

（1）甲、乙的买卖合同的交货日期为7月30日，大米的单价为2.65元。本案的情况属于合同的变更。根据法律的规定，合同的变更分为协议变更和法定变更，本案不具备法定变更的条件，所以应属于协议变更，即双方达成一致意见才可变更合同内容。根据双方的约定，"如有特殊变动，则以通知为准"。所以，在乙通知甲推迟至7月30日交货后，甲方没有提出异议，应认定为同意变更；在乙电报告知甲可以将价格降至2.65元后，虽然甲不满意，但在没有提出异议的情况下，也应认定为同意变更。

（2）乙不能请求甲赔偿大米的差价。根据合同法的规定，合同变更不影响当事人要求损害赔偿的权利。但本案的合同经变更后，大米单价为2.65元。因甲违约，乙以每公斤2.7元的价格卖掉大米，并没有遭受损失，反而获益，因此，不能要求甲赔偿大米差价2万元。当然，因甲违约使乙遭受的其他损失，乙依然有权要求甲赔偿。

知识链接与归纳

五、合同履行中的变化

合同在成立之后履行完毕之前，往往会因为主客观方面的情况发生一些变化，如合同变更、合同转让、合同终止等，使得合同无法按照当事人订立合同时的预期目标顺利完成。由于这些变化的发生会对合同当事人的利益产生重大影响，因此各国法律及《通则》

对合同履行中的变化都做了相应的规定,明确当事人的权利和义务。

(一) 合同的变更

合同的变更一般是指合同内容的变更,即在合同成立之后履行之前,或者在合同履行开始之后尚未履行完毕之前,当事人就合同的内容进行的修改或补充。

合同的变更一般不溯及既往,即对已履行的合同部分不产生效力,对尚未履行的合同部分,按照合同变更后重新约定的内容履行。

1. 各国法律关于合同变更的基本规定

从各国法律规定的实践来看,普遍允许当事人通过协议或在出现法律规定的事由时变更合同。合同成立以后,当事人双方通过协议的方式对合同的内容进行变更,称为协议变更,又称合意变更。合同成立以后,当发生法定的可以变更合同的事由时,经一方当事人的请求而对合同内容进行变更称为法定变更。对于法定变更的事由各国法律的规定不一,大致有不可抗力、情由变迁、重大误解、显失公平等。法定变更合同通常应当通过法院或者仲裁机构来实现。

2. 《通则》关于合同变更的规定

重大失衡和艰难情形

《通则》允许合同当事人在一定条件下变更合同。根据《通则》第2.18条和第3.2条的规定,合同的修改除需当事人的协议外,别无其他要求;如果合同规定对合同的任何变更必须以书面形式做出,则该合同不得以其他形式变更。此外,《通则》还将重大失衡和艰难情形作为一方当事人主张变更合同的理由。

3. 中国合同法律制度关于合同变更的规定

我国《民法典》第五百四十三条规定:"当事人协商一致,可以变更合同。"根据本条的要求,协商一致是合同变更的基础。

合同的变更不影响当事人要求赔偿损失的权利。合同变更以前,一方当事人因可归责于自己的原因而给另一方当事人造成损害的,另一方当事人有权要求损害赔偿,不得因为发生变更,或者以合同的变更是当事人自愿的,而对抗当事人请求损害赔偿的权利。

如果签订合同以后市场价格发生了变化,则当事人能否以此为由变更合同?

(二) 合同的转让

合同的转让,又称合同的让与,是指合同当事人一方将其合同的权利和义务全部或部分转让给第三人。合同的转让实质上是合同的主体发生变更,合同的内容仍然保持不变。

按照合同转让的权利和义务的范围不同,合同的转让可以分为合同权利的转让、合同义务的转让以及合同权利和义务的概括转让三种类型。

1. 合同权利的转让

合同权利的转让又称债权让与,是指债权人将其债权转让给第三人的行为。合同权利的转让是让与人与受让人之间订立的一种合同,但是由于该种让与合同中牵涉到债务人,因此如何保护债务人的利益以及如何使受让人的权益不受损害就成为一个十分重要的问题。

(1) 合同权利转让的生效。关于权利转让合同的生效问题,各国法律有较大差异。归纳起来,主要有以下两种:第一,以权利转让合同成立时合同生效。属此列的国家主要有德国和美国等。第二,以通知债务人时合同生效。属此列的国家主要有法国、英国和中国等。

(2) 债务人的抗辩权。为了保护债务人的利益,包括中国在内的很多国家的合同法都规定了债务人在合同权利转让时的抗辩权。例如,根据德国法的规定,债务人得以对抗原债权人的事由可用以对抗新债权人,但如果债务人对原债权人的抗辩事由是发生在债权业已让与给新债权人之后,则不能用以对抗新债权人。

(3) 合同权利转让的限制。各国法律大多规定,合同的权利原则上都可以转让。但是,一般来说,不允许任意转让的合同权利主要有:① 根据合同性质不能转让的权利,如与当事人的身份有关的权利;② 法律禁止转让的权利;③ 合同当事人约定不得转让的权利。

债务人抗辩权举例

2. 合同义务的转让

所谓合同义务的转让,又称债务承担,是指由新债务人(即承担人)代替原债务人履行债务的行为。

(1) 合同义务转让的生效。各国法律均规定,合同义务的转让必须经过债权人的认可方能发生效力。例如,我国《民法典》第五百五十一条就明确规定:"债务人将债务的全部或者部分转移给第三人的,应当经债权人同意。债务人或者第三人可以催告债权人在合理期限内予以同意,债权人未作表示的,视为不同意。"《德国民法典》第四百一十五条规定:第三人与债务人约定承担债务者,须经债权人追认方可开始发生效力。

(2) 合同义务转让中的抗辩。如果原债务人有对债权人的抗辩事由,则新债务人也可援用对抗债权人。例如,如果某合同是原债务人在受胁迫的情况下与债权人订立的,那么承担该项债务的新债务人也可向债权人主张合同无效或要求变更该合同的内容。但是,新债务人不能以其同原债务人之间的抗辩事由来对抗债权人。

> **想一想**
>
> 甲欠乙100万元货款,后甲经乙同意将该债务转让给了丙,丙取得债务后不久,债务到期了。乙向丙要求偿还,但此前甲与乙的合同中约定乙交付了全部货物之后,甲才需于约定日期付款。此时乙只向甲交付了80%的货物。请问:丙能否以乙未交付全部货物为由不履行还款义务?为什么?

3. 合同权利和义务的概括转让

合同权利和义务的概括转让是指合同一方当事人将自己在合同中的权利和义务一并转让给第三人,由第三人概括地继续承受这些权利和义务。由于合同义务的转让需要债权人的同意,因此对合同权利和义务的概括转让,各国法律基本上都要求经另一方当事人的同意方可生效。在取得合同另一方当事人的同意后,受让方将完全代替原合同当事人一方的地位,原合同当事人一方将完全退出合同关系。我国《民法典》第五百五十五条规定:"当事人一方经对方同意,可以将自己在合同中的权利和义务一并转让给第三人。"第五百五十六条规定:"合同的权利和义务一并转让的,适用债权转让、债务转移的有关规定。"

(三)合同的终止

合同的终止又称合同的消灭,是指合同当事人双方依法或者依约了结合同的权利和义务,使合同关系不复存在的行为。

关于合同的终止,世界各国法律的规定存在很大的差异。总的来说,大陆法系国家把合同作为债的一种,且对有关合同的权利与义务终止的规定没有像英美法系国家的法律规定得那样具体和详细,但在司法实践中的许多做法则与英美法系国家类似。我国《民法典》由于颁布得较晚,所以吸取了两大法系的长处及《通则》中的一些内容,建立了一套符合中国国情的颇具特色的合同终止制度。所以,本书阐述的有关合同终止的规定以英美法系国家的法律和我国《民法典》的规定为代表。

1. 合同权利和义务终止的方式

原则上讲,合同一经依法成立,双方就须受合同的约束,任何一方都不得单方面擅自变更或解除自己的义务。但是,客观情况常有变化,在某些情况下,通过一定的程序,也允许当事人终止其权利和义务,以此实现合同的消灭。

(1) 英美法系中合同消灭的方式。在英美法系中合同的消灭主要有以下五种方式:

第一,合同因单方面依法终止而消灭。在某些持续性合同中,英美法系国家的法律允许一方当事人将其终止合同关系的意思表示通知另一方,以达到终止合同的目的。例如,在租赁合同、雇佣合同、代理合同或其他持续性合同中,如果规定有效期是无限的,则一方可用通知将其终止该合同关系的意向告知另一方。

第二,合同依双方当事人的协议而消灭。英美法系国家的法律认为,合同是依照双方当事人的协议而成立的,因此也可以由双方当事人相互协议而解除。当事人还可以通过自愿放弃自己依据合同所享有的权利,从而解除另一方的义务,合同即告消灭。

第三,合同因依约履行而消灭。合同一经依约履行,双方的权利和义务就都完成了,合同关系也即告终止。

第四,合同因当事人违约而消灭。如果一方当事人完全不履行合同义务、拒绝继续履行合同义务和不完全履行合同义务已构成违反条件或重大违约的程度,则另一方就可以依法解除合同,并向对方请求赔偿由此而产生的一切损失。

第五,合同被依法消灭。合同被依法消灭的情况有许多。例如,如果一方当事人擅自对书面合同做了对其有利的重大修改,则对方有权解除合同;合同的权利和义务归属于同一人,合同也自然被解除;如果当事人破产,取得了法院的解除命令,则破产人可以解除其所订立的一切债务;在合同落空的场合下,对于未履行的合同义务,当事人可以免除责任;无效合同和非法合同均可以依法解除。

(2)我国《民法典》中关于合同的权利和义务终止的规定。我国《民法典》规定合同的权利和义务终止的情形主要有如下几种:

第一,债务已经履行。大陆法系称之为"清偿"。

第二,合同被有效解除。在合同有效成立以后,当事人若依约或者依法有效解除了合同,则意味着该合同当事人的权利和义务也随之终止。合同的解除可以分为双方解除和单方解除。双方解除是指双方当事人经过协议自愿解除合同的情形。双方当事人无论是在合同中约定解除条款,还是在合同成立后另行约定解除合同的协议,只要其内容不违反法律、行政法规的强制性规定,不违反社会公共利益,就应当是有效的。单方解除是指一方当事人单方行使合同解除权的情形。单方解除权的行使条件也可分为约定事由与法定事由。当事人在行使合同解除权时,应当通知对方,合同自解除通知到达对方当事人时解除。当事人对合同解除存在异议的,可以请求法定机构裁定。法律、行政法规规

我国《民法典》第五百六十三条规定的解除合同是单方解除还是双方解除?

定解除合同应当办理批准、登记手续的,应当遵守其规定。合同解除后,尚未履行的义务,终止履行;已经履行的义务,根据履行情况和合同的性质,当事人可以要求恢复原状或采取其他补救措施。当事人可以同时行使解除合同权和损害赔偿请求权。

第三,债务相互抵销。当事人互负债务,该债务的标的物种类、品质相同的,除按照合同性质或者法律规定不得抵消者以外,任何一方均可以将自己的债务与对方的债务抵消;当事人互负债务,该债务的标的物种类、品质不相同的,经双方协商一致,债务也可以抵消。债务抵消以后,合同确立的被抵消部分的权利义务关系也告终止。

第四,债务人依法将标的物提存。所谓提存,是指债务人将无法交付的合同标的物交有关部门保存以消灭合同关系的行为。当债权人无正当理由拒绝接受债务人履行的债务或者债务人无法找到债权人履行债务的场合时,债务人可以依法将标的物提存。对于标的物不适宜提存或者提存费过高的,债务人依法可以拍卖或者变卖标的物,提存拍卖或者变卖所得的价款。提存的费用应该由债权人承担,标的物提存后毁损、灭失的风险由债权人承担。提存期间,标的物的孳息归债权人所有。债务人依法将标的物或价款提存以后,原合同的权利和义务即告终止。

第五,债权人免除债务。债权人免除债务人部分或者全部债务的,合同的权利和义务即部分或者全部终止。

第六,债权债务同归于一人。在大陆法系国家又称"混同"。当债权、债务不涉及第三人利益而同归一人时,合同就失去了履行的意义,因此,合同的权利和义务也告终止。

第七,法律规定或者当事人约定终止的其他情形。

2. 后合同义务

所谓后合同义务,是与先合同义务相对的一种义务,是指在合同关系终止后,当事人依据诚实信用原则应当履行的通知、协助、保密、忠实、照顾等义务。例如,在房屋租赁关

系终止后,房屋出租人应允许承租人在房屋门前适当的位置悬挂迁址启示;承租人则应以适当的方式通知其客户迁移的事实,以免影响出租人宁静的生活。

任务五:适当履行国际货物买卖合同

工作任务(一)

国际货物卖方品质担保义务实务分析

新加坡某贸易公司与我国某省畜产品进出口公司签订购买混级安哥拉兔毛的合同。贸易公司为买方,进出口公司为卖方。进出口公司与某贸易货栈联系,购买其兔毛以履行合同。进出口公司提出,质量标准达到特、甲、乙三个等级的兔毛各占30%,丙级和次级的各占5%;不得掺假使杂。贸易货栈表示保证质量合乎要求。进出口公司要求签订合同,贸易货栈不同意,言明他们是现货交易,如果当时不成交,第二天就将货卖给别人。进出口公司轻信贸易货栈的保证与许诺,与之达成口头协议,每斤91元。但在装货时,进出口公司的经办人员发现一包缝口破裂的兔毛包中混有石块、石粉、砖头等杂物,检查了几包,发现都存在这种情况。经办人员当即质问贸易货栈,贸易货栈在搪塞之下,提出可采取其他办法。在开发票时,贸易货栈开出的发票中写为每斤兔毛103.50元,而将每斤多交的12.5元作为回扣给了进出口公司的经办人员,回扣总计达25万元。

进出口公司购入兔毛后,即电传通知新加坡贸易公司,兔毛已备齐,数量、质量合乎要求。于是,新加坡贸易公司开出了以进出口公司为受益人的不可撤销的信用证,进出口公司接证后发货。新加坡贸易公司收货后,发现了严重的质量问题,于是拒收货物,并立即对进出口公司的行为提出抗议,要求对方赔偿自己的一切损失。

注:新加坡和我国均为《公约》的缔约国。

请问:

(1)进出口公司的欺诈是否导致其与新加坡贸易公司之间的合同无效?为什么?

(2)卖方的行为违反了《公约》的哪些规定?

(3)新加坡贸易公司可以采取何种补救措施?

(4)改变以上案情,假定我方进出口公司已将符合合同质量要求的兔毛备好并通知新加坡贸易公司。但是,由于运输途中遭遇特大暴雨,导致部分货物淋湿受潮,发霉变质。新加坡贸易公司因此拒付货款,有道理吗?为什么?

操作过程

(1)进出口公司的欺诈不能导致合同无效。因欺诈导致合同无效是指在订立合同时,一方当事人故意隐瞒真实情况,致使对方对合同内容发生错误认识,因而签订了合同,当事人可以主张合同无效。本案双方在订立合同时不存在一方对另一方的欺诈,因此合同有效。进出口公司的欺诈行为发生在合同履行阶段,其提供的货物不符合合同规定,属于违约行为。

(2) 卖方的行为违反了《公约》中关于卖方对货物的品质担保义务。根据《公约》及各国法律的规定,卖方提供的货物应符合合同的要求并遵守法律的规定。本案卖方提供的货物掺杂了大量废物,与合同严重不符,故其应承担赔偿责任。

(3) 新加坡贸易公司可以根据自己的实际需求等情况适当采取如下救济方法:① 要求进出口公司按合同要求实际履行合同。② 解除合同,并要求损害赔偿。根据《公约》,一方当事人根本违约,对方有权解除合同。进出口公司提供的货物存在严重的缺陷,严重不符合合同约定,已构成根本违约,买方有权解除合同。③ 解除合同后,补进符合合同要求的货物,并由卖方赔偿差价与其他损失。

(4) 如果我方进出口公司已经交付符合合同约定的货物,由于运输途中的意外事件,导致货物损失,此损失应属于运输途中风险,而非买卖双方的过错所致。根据《公约》,涉及运输的,运输途中的风险应由买方负担。因此,买方应按合同支付货款。

工作任务(二)

国际货物卖方权利担保义务实务分析

我国 A 公司生产了假冒日本野马公司注册商标的 CD 机,后来 A 公司与日本 B 公司签订了出口到日本的该 CD 机的合同。产品在日本销售时,野马注册商标权利人发现了这一问题,遂起诉 B 公司构成侵权。

请问:

(1) 在这种情况下,A 公司对 B 公司是否应承担责任?

(2) 假设 B 公司在缔约时已经知道 A 公司假冒注册商标的行为,则 A 公司对 B 公司是否应承担责任?

(3) 假设 A 公司与美国 C 公司签订上述买卖合同,货物在美国销售,野马公司起诉 C 公司,则 A 公司对 C 公司是否应承担责任?

(4) 假设 A 公司知道 C 公司打算把货物销往日本,野马公司起诉 C 公司,则 A 公司对 C 公司是否应承担责任?

操作过程

(1) A 公司应对 B 公司承担责任。根据《公约》,卖方应对货物的知识产权进行担保,保证其所提供的货物不得侵犯第三方的知识产权。A 公司明知其产品假冒日本野马公司的注册商标,B 公司是日本公司且其产品又在日本销售,很可能遭到日本野马公司的投诉,却仍与 B 公司签订合同,致使 B 公司在日本被追究法律责任,因此 A 公司应对 B 公司承担责任。

(2) 假设 B 公司在缔约时已经知道 A 公司假冒注册商标的行为,则 A 公司可以不对 B 公司承担责任。根据《公约》,买方在订约时,已经知道或理应知道合同标的物有侵权行为仍愿签约的,卖方可以免予承担权利担保义务。本案中买方 B 公司在缔约时已经知道 A 公司假冒注册商标的行为却仍与 A 公司签订合同,则 A 公司可以不对 B 公司承担责任。

(3) 假设 A 公司与美国 C 公司签订上述买卖合同,货物在美国销售,野马公司起诉 C 公司,则 A 公司可以不对 C 公司承担责任。由于知识产权具有严格的地域性,各国授予的知识产权往往是相互独立的,因此,根据《公约》,卖方对知识产权的担保并不是绝对的。A 公司虽然销售假冒日本野马公司注册商标的商品,但是由于该商品是销往美国的,其买方也是美国公司,而野马商标并没有在美国注册,因此该商品在美国没有商标权,故 A 公司可以不对 C 公司承担责任。

(4) 假设 A 公司知道 C 公司打算把货物销往日本,野马公司起诉 C 公司,则 A 公司对 C 公司承担责任。根据《公约》,卖方在订约时,已经知道或能预料到货物将被买方转售到其所在国以外的某一国家的,当处于货物的销售地或使用地的第三方基于当地的法律,对其货物提出知识产权方面的权利或要求时,卖方应对买方承担权利担保义务。买方 C 公司是美国公司,但其打算把货物销往日本,而该商品是假冒日本野马公司注册商标的,在日本会遭到投诉,A 公司明知这种情况却仍与 C 公司签约,致使其遭到损失,应当对其承担责任。

知识链接与归纳

六、国际货物买卖合同的履行

国际货物买卖是最传统的国际商务活动之一,至今在国际商务中依然占据相当大的比例,因此国际货物买卖合同也是非常重要的合同类型。在各国商法中,都对货物买卖合同中双方的权利与义务做了详细规定。《公约》是影响最大、运用最广的国际商事条约之一。有鉴于此,本书将以《公约》的内容为主,对国际货物买卖合同履行的问题进行阐述。

(一) 卖方的义务

在国际货物买卖合同中,卖方的基本义务就是按照合同的规定向买方交付货物,围绕这一基本义务,卖方应做到:按合同规定的时间、地点交付货物;向买方移交一切与货物有关的单据;对货物的权利及品质进行担保。

1. 交付货物

(1) 交付货物的时间。大陆法系国家规定,买方可以随时要求卖方交货,卖方也可以在合同成立后随时向买方交货,但应给对方必要的准备时间。英美法系国家则一般规定,卖方应在一段"合理时间"内交货。《公约》的规定基本与英美法系相同,认为如果合同中未规定交货期,则除非情况表明应由买方选定一个日期,否则卖方应在订立合同后的一段合理时间内交货。

(2) 交付货物的地点。如果合同对交货地点已有规定,则卖方必须在该地点交货。如果合同对交货地点未做规定,则英美法系国家一般规定,若买卖的是非特定物,则交货地点在卖方的营业地,卖方无固定营业地的,应在卖方的住所地;若买卖的是特定物,且买卖双方在订约时都知道该货物的存放地点,则交货地点为货物所在地。所谓"特定物",是指那些一经毁损、灭失后不可以用其他物替代的,具有特定特征的物品,如手稿、定做的货物;"非特定物",也称"种类物",是指那些即使被毁损、灭失仍可以用其他物替代的物品。大陆法系国家一般规定,如果合同对交货地点没有规定,则应在卖方的住所地交货,但日本除外,日本法规定在这种情况下要在买方的住所地交货。《公约》规定,卖方应按下列情形履行其交货义务:① 如果合同涉及货物的运输,则卖方在把货物移交给第一承运人时,视为卖方在适当的地点履行了交货义务。② 如果合同不涉及卖方办理货物的运输事宜,当货物是特定货物或从特定货物中提取的货物(如从指定的仓库中提取10万吨大米)时,若双方当事人在订立合同时已知道这些货物存放在某一特定地点,则卖方应在该地点交付货物;当货物是尚待制造或生产的未经特定化的货物,且当事人在订立合同时已知道该货物将在某一特定地点制造或生产,则卖方应在该地点交付货物。③ 在其他情况下,即合同既不涉及运输,又不涉及上项中所提到的具有一定特殊性的货物,则卖方应在其订立合同时的营业地点把货物交由买方处置。如果货物由仓库保管人或承运人保管,则卖方还要向他们发出向买方交付货物的指示,或者向买方移交控制货物的单据。

A 为日本某公司,该公司与我国云南 B 公司签订了一笔云南特产食用菌的买卖合同。订立合同时,双方都知道此批食用菌已经加工完成,并存放于某县的一个仓库中。请问:交货地点应在哪儿?

(3) 交付货物的方式。在国际货物买卖中交付货物的方式一般有两种:一是实际交货;二是象征性交货。实际交货是指卖方将货物置于买方的实际占有和支配之下。在合同货物涉及运输或其他无法实际交货的情况下,当卖方发运货物并将取得的提单或其他证明货物所有权的运输单证交给买方,或者当货物已由第三人占有且第三人承认是代买方掌管此项货物时,尽管买方没有实际占有货物,但形式上已经拥有支配货物的权利,即构成象征性交货。按照英美法系和《公约》的规定,卖方在象征性交货的情况下,必须履行如下义务:① 如果卖方交付承运人的货物没有清楚地注明有关合同,则卖方必须向买方发出列明货物的发货通知。② 如果卖方有义务安排运输,则卖方必须负责订立必要的运输合同,用适当的运输工具,按照通常的运输条件,将货物运到指定地点。③ 除双方另有约定外,如货物由卖方运交买方过程中需经过海运,而按照一般惯例应予保险的,则卖方须将有关情况通知买方,以便其办理海运保险;如果卖方未能这样做,则货物在海运途中的风险应被视为由卖方承担。④ 使货物处于交付状态的费用,如包装、容器等费用,除双方另有约定外,由卖方承担。

此外,合同应尽可能地一次性履行,如果合同另有约定或只能分次履行,则买方可以分批付款,直到货物完全交付。

2. 移交与货物有关的单据

"与货物有关的单据",主要是指提单、保险单和商业发票,有时还可能包括装箱单、原产地证书、重量证书、品质证书和领事发票等。这些单据是买方提取货物、办理报关手续、转售货物以及向承运人和保险公司请求赔偿所必不可少的文件。

《公约》明确规定,如果卖方有义务移交与货物有关的单据,则卖方必须按合同规定的时间、地点和方式移交这些单据。此外,《公约》还规定,如果卖方在规定的时间以前已移交了单据,则可以在规定时间到达前纠正单据中任何不符合合同规定的情形,但如果因此而使买方遭受损失,则卖方需承担赔偿责任。

3. 对货物的品质担保义务

卖方的品质担保义务,是指卖方应当保证自己所提交货物的品质与合同规定的数量、质量和规格相符,或在没有约定时所提交货物具备法律规定的货物应具备的通常品质。前者为卖方对货物品质做出的"明示担保",后者为"默示担保"。

所谓"明示担保",是指卖方通过语言或行为向买方就货物某些方面的品质所做出的明确保证。所谓"默示担保",是指法律、法规对产品质量有强制性要求,即使当事人之间有合同约定,也不能免除和限制这种义务。

《公约》认为,品质担保义务是卖方的重要义务,并以卖方交付的货物是否与合同不符、货物与合同不符的法律后果是否威胁到合同目的的最终实现为依据,来判断卖方承担根本违约责任还是非根本违约责任。

根据《公约》的规定,除当事人另有协议外,卖方交付的货物是否与合同相符主要依据如下标准进行判断:

(1) 货物是否适用于同一规格货物通常的使用目的或用途。这是买方购买货物时的一种合理期待,是对卖方交货的最低标准要求,如果货物买卖合同的当事人在合同中没有明确规定货物的品质要求,则卖方依据合同提供的货物应达到同一规格货物在通常使用时的功能。一般认为,只要达到一般品质即可,买方通常在这种情况下无权要求卖方提供最优产品,当然,卖方也不应提供最次产品。

(2) 货物是否适用于订立合同时买方明示或默示地通知卖方的特定目的,除非情况表明买方并不依赖卖方的技能和判断力,或者这种依赖对他来说是不合理的。这种情形主要适用于买方为了某种特定用途而向卖方购买产品,但自己又不清楚该种产品的确切规格,于是买方便在合同中向卖方表达这种需求,要求卖方予以满足。在这种情况下,卖方在实际交付货物时,就应保证货物品质适用于该特定用途。

买方的肤质为过敏性肤质并因穿着从卖方处购得的大衣而患上了皮炎,但如果该大衣穿在其他正常人身上则不会有任何不良反应。请问:卖方是否应对买方承担赔偿责任?

(3) 货物的质量是否与卖方向买方提供的样品或说明书相符。这一规定通常适用于"凭样品买卖"的交易。如果合同没有规定货物的品质,但是在订立合同时,卖方向买方提供了样品,则卖方所交付的货物只要与样品相符,即可认为卖方适当地履行了品质担保义务。

> 我国A公司与德国B公司签订了买卖鱼饲料的合同,约定货物的品质,一等品达到60%以上,含水量不超过5%。后来A公司寄去一份样品,说明货物质量与样品一样。A公司履行交货义务后,取得了商检证书,符合约定,但B公司检验后认为,货物与样品质量不相符,于是起诉A公司违约。请问:A公司违约了吗?

(4) 货物是否按同类货物通用的方式装箱或包装,如果没有通用方式,则是否用足以保全和保护货物的方式装箱或包装。

可以看出,《公约》对卖方品质担保义务的规定建立在充分鼓励卖方按照国际货物买卖合同中的约定履行义务的基础上,因此对货物与合同相符的标准规定得并不详细,具体的判别依据可以由当事人根据所选择适用的国内法来进一步确定。但《公约》对卖方承担货物品质担保义务的时间与风险责任的转移做了较为明确的规定。原则上,卖方的品质担保义务应至该货物风险转移于买方时,但在下列两种情况下,卖方仍应负有义务:其一,如果卖方在合同中对货物的品质做了特殊担保,则即便货物风险转移于买方,卖方对特殊担保期间内的品质仍应负有义务;其二,如果在货物风险转移于买方时,其本身就存在隐蔽的或潜在的缺陷,则其后由于该缺陷导致货物与合同不符时,只要买方能提供证明给予证实,卖方则仍应负责。

应当指出的是,与卖方品质担保义务相对应的买方的一个重要权利,即是买方检验货物的权利。各国法律一般都规定买方有权对货物进行检验,对货物的检验已经成为确定卖方货物是否与合同相符和买方索赔的必要条件。据此,《公约》规定,卖方在以下三种情况下可免除品质担保义务:其一,买方在订立合同时已对货物进行了检验,并且知道或不可能不知道货物存在缺陷;其二,买方逾期检验货物时,即使发现货物与合同不符,除非合同另有规定,卖方可不负有义务;其三,买方在发现或应当发现货物存在缺陷后,未在合同约定的期限之内,或合同没有约定期限而未在一个合理的期限之内,或任何情况下买方未在实际收到货物之日起2年内及时将货物不符合合同的情形通知卖方,卖方也可以免除责任,除非特殊担保期限超过2年。

4. 对货物的权利担保义务

卖方的权利担保义务,是指卖方应保证对其所出售的货物享有合法的权利(完全所有权或合法的出售权),没有侵犯任何第三方的权利,并且任何第三方都不会就该项货物向买方主张任何权利。

由于买卖合同的本质在于卖方向买方转让货物的所有权,因此卖方必须首先保证自己拥有处分货物的权利,无论这种处分是作为货物的所有权人亲自行使的,还是作为代理人在授权范围内行使的。各国法律和《公约》都规定,卖方对所出售的货物负有权利担保的义务。这种义务的具体含义包括:第一,卖方必须保证对其所出售的货物享有合法的权利;第二,卖方必须保证对其所出售的货物拥有合法的、包括工业产权在内的各种知识产权;第三,卖方必须保证其所出售的货物是任何第三方都不会向买方提出任何权利要求的。

《公约》将卖方的权利担保义务分为两项:

(1)卖方应对货物的所有权进行担保。卖方应保证所交付的货物是第三方不能提出任何权利或请求的货物,除非买方同意在受制于这种权利或请求的条件下,收取这项货物。

(2)卖方应对货物的知识产权进行担保。卖方应保证所交付的货物没有侵犯任何第三方的工业产权或其他知识产权,如果买方对货物的使用或处置构成了对第三方拥有的知识产权的侵权,那么最终也会产生第三方向买方主张侵权责任的问题。当然,由于买方对货物的使用或转移同样受到干扰,卖方也应向买方承担责任,为买方排除干扰并赔偿其经济损失。

由于各国授予的知识产权往往是相互独立的,具有严格的地域性,这使得国际贸易中的知识产权保护问题愈加复杂,因此《公约》并没有绝对地要求卖方履行权利担保义务,而是做了一定条件的限制,规定卖方只在下述情况下才对买方承担违反权利担保义务的责任:其一,卖方在订约时已经知道或不可能不知道第三方对其货物会提出知识产权方面的权利或要求时;其二,卖方在订约时,已经知道或能预料到货物将被买方转售到其所在国以外的某一国家,而处于货物的销售地或使用地的第三方基于当地的法律,可以对其货物提出知识产权方面的权利或要求时;其三,在任何其他情况下,当第三方依据买方营业地所在国的法律提出卖方的货物有侵权行为时。

我国甲公司与美国乙公司签订进口商标为"R"牌的运动鞋的合同。货物进口后,甲公司将该批货物转售给我国丙公司,不久,接到丙公司的书面通知,称"R"牌运动鞋已经由美国乙公司于三年前授权丁公司,有效期10年,并以丁公司的名义在我国注册商标。现丁公司称丙公司侵权并要求丙公司停止在我国境内销售该种品牌的运动鞋,否则将追究其违约责任。请问:丙公司是否侵权?为什么?甲公司在接到通知后应如何处理?为什么?

相应的,《公约》还规定卖方在下述情况下可以免除权利担保的义务:其一,买方在订约时已经知道或理应知道合同标的物有侵权行为仍愿签约者;其二,发生侵权行为是由于卖方要遵守买方所提供的技术图样、图案、程式或其他规格所致者。

我国进出口公司根据韩国商人所提供的图纸生产并出售一批机器,韩国商人又将该机器转售给美国商人。机器进入美国后,美国商人被起诉,原因是该机器侵犯了美国有效的专利权。法院判令被告向专利权人赔偿损失,随后美国商人向韩国商人索取赔偿,而韩国商人又找我方要求赔偿。请问:我方是否应承担责任,为什么?

(二)买方的义务

与卖方的权利相对应的为买方的义务。根据各国法律和《公约》的规定,如果当事人没有特别的约定,则买方主要应承担两项义务:按时、按量支付货款和收取货物。

1. 支付货款

买方支付货款的义务涉及付款时间、地点、步骤和手续等许多方面。由于国际货物买卖中的付款比国内货物买卖要复杂得多,因此《公约》在这方面的规定更具针对性,也更加具体。

(1) 办理必要的付款手续。《公约》规定,买方应根据合同或任何有关法律和规章规定的步骤及手续,履行其支付货款的义务。按照国际贸易实践,这些步骤及手续可能包括:向政府机关或银行登记合同,取得所需的外汇,申请官方核准向国外汇款,向银行申请信用证或付款保函等。

(2) 确定货物的价格。《公约》规定,如果合同已有效订立,但没有明示或默示地规定货物的价格或规定确定货物价格的方法,则买方应按订约时货物的"通常价格"来确定付款金额。如果货物的价格是依据货物的重量来确定的,则应按净重来计算,即不包括货物包装的重量。

(3) 在适当的地点支付货款。当合同未对买方付款的地点做出规定时,德国法规定,买方应在卖方的所在地进行清偿;法国法规定,买方应在卖方交货地点支付货款。《公约》规定,买方可以在下列地点向卖方支付货款:① 卖方的营业地。如果卖方有一个以上的营业地,则买方必须在与合同的履行关系最密切的营业地支付货款,当卖方的营业地发生变动时,由此而增加的支付费用由卖方承担。② 移交货物或单据的地点。如果是凭移交货物或单据支付货款,则买方应在卖方向其移交货物或单据的地点支付货款。

(4) 在适当的时间支付货款。对于付款时间,各国一般都与卖方的交货义务结合起来予以规定,体现了公平合理的原则。如法国法规定,买方应在卖方交货时付款;英国法认为,卖方交货与买方付款应同时进行;而根据美国《统一商法典》,除双方当事人另有约定外,买方支付货款的时间是在验货后,但合同规定采用"付款交货"或"交单付款"的,则买方必须在验货前付款。

《公约》规定,买方支付货款应遵守以下规则:① 买方应于卖方按照合同或《公约》的规定将货物或控制货物处置权的单据交给买方处置时支付货款,卖方可以将支付货款作为移交货物或单据的条件。② 如果合同涉及货物的运输,则买方应在货物发运前支付货款。③ 买方在获得机会检验货物之前,没有义务支付货款,除非这种检验机会与双方当事人约定的交货或支付程序相抵触。例如,在国际货物买卖中,买卖双方通常采用某种贸易术语成交,而根据这些交易条件,买方在接受卖方提交的单据后首先要做的是必须付款,只有货到后才能对其进行检验,在这种情况下,买方要求验货的权利就被认为与双方当事人约定的支付程序相抵触。

2. 收取货物

《公约》对买方收取货物的义务做了如下规定：

（1）采取一切理应采取的行动，以协助卖方完成货物的交付。

（2）必须接收符合合同规定的货物。如果出于某种不能归责于卖方的原因，买方拒绝接收货物而给卖方造成损害的，则买方应承担违约责任。

（三）违约及其救济

由于国际货物买卖合同是合同的一种，因此合同法中关于违约及违约救济方法的规定，都可以直接适用于国际货物买卖合同。但是由于国际货物买卖合同本身的特点决定了其在违约及其救济方法上更加具体，因此这里仅以《公约》为主线，对违约及其救济方法进行简要介绍。

1. 违约行为的分类

《公约》根据违约的后果以及违约当事人主观上是否预见其违约的后果，将违约行为分为根本违约与非根本违约、实际违约与预期违约等不同类型。

（1）根本违约与非根本违约。根据违约后果的严重程度，违约可以分为根本违约与非根本违约。根本违约是指一方当事人违反合同的结果，使另一方当事人遭受严重的损害，以至于实际上剥夺了其根据合同有权期待得到的利益的情形，除非违反合同的一方并不预知而且一个通情达理的人处于相同情况下也没有理由预知这种结果。构成根本违约的条件除了必须有违约的事实，还必须有这一事实所造成的严重后果，同时必须是违约方对这一违约的严重后果是可以预知或没有理由不预见到的。也就是说，如果当事人一方虽然违反合同的约定，但并没有给对方造成实质性损害的严重后果，或者即使造成了严重的后果，但并不是违约方或其他处于相同情况下的通情达理的人所能预知的或没有理由预见到的后果，那么这种违约也不构成根本违约，而是《公约》所规定的另一种违约类型，即非根本违约。非根本违约是指一方当事人的违约结果并未实际剥夺另一方当事人根据合同有权期待得到的全部利益。

买方有权解除合同吗？

（2）实际违约与预期违约。根据违约事实是否发生，违约可以分为实际违约与预期违约。实际违约是指违约事实已经发生的违约情形，即在合同规定的履行期限内，当事人没有履行合同从而构成违约。在实际违约的情况下，守约方有权采取相应的补救措施。预期违约是指在合同规定的履行期限到来之前，一方有充分的理由相信另一方在履行期限届满时将不履行其合同义务的情形。预期违约的补救方法包括：① 中止履行合同。援用中止履行合同必须采取通知程序，即宣告中止履行的当事人必须立即通知预期违约的当事人，如果对方对其履行合同义务提供了充分的担保，则守约方必须继续履行，但是该担保不充分的，守约方仍然可以行使中止履行的权利。② 撤销合同。在合同履行期限届满前，如果当事人一方明示预期违约，则另一方可以撤销合同；如果当事人一方默示预期违约，则在另一方中止履行合同后，违约方在合理期限内仍没有恢复履行能力并且没有提供担保时，守约方才可以撤销合同。

2. 违约的救济方法

（1）买卖双方均可以采用的救济方法：

第一，实际履行。前已述及，两大法系在实际履行的问题上分歧较大，难以统一，《公约》对此采取了折中的办法，原则上承认实际履行可以作为守约方的一种权利救济方法，但允许各国法院根据当地的法律，对受损方要求实际履行的请求进行裁决。

第二，损害赔偿。损害赔偿是各国法律和《公约》所规定的一种主要救济方法。买卖双方任何一方违反合同，造成对方受损的，受损方都有权请求损害赔偿，而且无须证明违约方的行为是否有主观上的过错。同时，受损方要求损害赔偿的权利也不因已经采取其他的补救方法而丧失。

第三，中止履行。中止履行是指合同成立后，一方当事人出于某种原因显然将不履行其大部分重要义务，另一方当事人暂时停止履行其合同义务并立即通知对方的行为。中止履行合同是一种对利益损失的预先救济方式，是一种事前的防范。中止履行的救济方法既可以应用于预期违约之中，又可以在实际违约时采用。各国法律对于行使中止履行这一救济方法都有较为严格的限制。根据《公约》的规定，一方做出中止履行合同的行为必须基于以下判断：其一，一方当事人履行义务的能力或信用有严重缺陷；其二，一方当事人在准备履行合同或履行合同中的行为表明其显然将不履行大部分重要义务。中止履行义务的当事人在行使其权利时还必须履行"立即通知另一方当事人"的义务，如果另一方当事人对履行合同义务提供了充分的担保，则中止履行方必须恢复履行。

中止履行举例

卖方的担保是否充分？

第四，迟延履行宽限期。尽管在《公约》对违约救济的一般性规定中没有将迟延履行宽限期作为违约的救济方法，但无可否认的是，如果合同双方并无不履行合同的意思或行为，仅是出于某些原因导致不能按合同规定的时间履行，那么给迟延履行方一段合理的额外时间使合同得以履行，对双方合同目的的实现和利益的维护都是有好处的。因此，根据《公约》的有关规定，从事国际货物买卖的当事人可以以这种"合理的额外时间"，也就是所谓的"迟延履行宽限期"救济自己的权利。

第五，宣告解除合同。根据《公约》，只有当一方当事人根本违约时，守约方才可以行使单方解除合同的权利，即《公约》中所表述的"宣告合同无效"。《公约》同时规定，宣告解除合同的效果在于违约方向守约方返还已履行的部分或全部利益，或者双方各自返还所获得的利益，如果这种返还在事实上成为不可能，那么无法返还的一方就丧失了宣告解除合同的权利。但是《公约》也认为，如果这种无法返还是对方的原因造成的，或者是检验货物所致，或者是在未发现其不符合合同之前就已销售或消费或改变等原因造成的，则不影响守约方宣告解除合同。但是无论如何，都不影响守约方采取损害赔偿以及其他救济方法。

第六，保全货物。根据《公约》，如果买方推迟收取货物，则卖方必须按情况采取合理措施，以保全货物；如果买方已收到货物，但打算行使合同或《公约》规定的任何权利以退回货物，则买方必须按情况采取合理措施，以保全货物。有义务采取措施以保全货物的一方当事人，可以把货物寄放在第三方的仓库中，由另一方当事人负担费用，但该项费用必须合理。

(2) 卖方违约时买方可以采用的救济方法。卖方违约的主要形式有不交货、迟延交货或所交的货物与合同不符等情形，买方除了可以采用前面所介绍的买卖双方均可以采用的方法获得救济，还可以针对卖方不同的违约行为采用以下相应的救济方法：

第一，购进替代货物。根据《公约》的规定，在卖方不按时交货从而导致买方合同目的无法实现时，买方有权宣告解除合同并在此后的一段合理时间内，以合理的方式购买替代物（即"补进货物"），并有权要求卖方赔偿合同价格与替代货物价格之间的差额。一些国家的法律将这一权利称为"转买权"。此外，买方还可以索赔因卖方违约而造成的其他损失，如因购买替代物而产生的额外开支等。

在卖方非根本违约的情形下，买方能否行使转买权？

第二，要求卖方交付替代货物。在英美法系国家，只有当其他救济方法不足以弥补买方损失时，买方才可能寻求此种救济方法。大陆法系国家一般只允许种类物的买方采用此种救济方法。根据《公约》，买方只有当卖方所交货物与合同规定严重不符并已构成根本违约时才可采用此种救济方法。买方要卖方交付替代货物的要求，必须与向卖方发出的货物与合同不符的通知同时提出，或者在该通知发出的一段合理时间内提出。买方必须采取合理措施对有缺陷的货物进行保全并做好退还卖方的准备，且买方在要求卖方交付替代货物的同时，不得再采用与其相抵触的其他救济方法，如解除合同等。

第三，要求卖方修补与合同不符的货物。根据《公约》，在卖方交付了与合同不符的货物，但不符的情形不很严重的情况下，买方有权要求卖方对不符之处进行修补。

买方可以要求的减价比例是多少？

第四，要求卖方减价。根据《公约》，如果卖方所交付的货物与合同不符，且这种不符是买方愿意容忍的，则不论买方是否已经支付货款，买方都可以要求降低价格，减价按实际交付的货物在交货时的价值与符合合同的货物在交货时的价值两者之间的比例计算。但是，如果卖方已经按照《公约》的规定对违约做出补救，比如卖方对不足的数量或瑕疵进行了补足或修补，或者买方拒绝接受卖方的补救措施，则买方不得要求卖方减价，而只能采用其他救济方法。

第五，拒绝收取货物。《公约》规定，如果卖方在规定的日期前交付货物，则买方可以收取货物，也可以拒绝收取货物；如果卖方交付货物的数量大于合同规定的数量，则买方可以收取也可以拒绝收取多交部分的货物，但如果买方收取多交部分的货物，则必须按合同规定的价格付款。

第六，分批交货合同的违约救济。分批交货合同是指一个合同项下的货物分成若干批交货。根据《公约》，分批交货合同发生违约时，守约方可以根据以下三种情况选择采用前述所有的救济方法对所遭到的利益损害进行救济：其一，如果当事人一方不履行对任何一批货物的交付义务并已构成根本违约,则另一方可以宣告合同对该批货物无效。其二,如果当事人一方不履行任何一批货物的交付义务使另一方有理由断定其对今后各批货物将发生根本违约,则另一方可以在一段合理时间内宣告合同今后无效。其三,当买方宣告合同对任何一批货物的交付为无效时,如果合同项下的各批货物是相互依存、不可分割的,不能单独用于双方当事人在订立合同时所设想的目的,则买方可以同时宣告合同对已交付和今后将交付的各批货物均无效,即宣告解除整个合同。

在什么情况下,一批货物不符合合同,买方有权宣告解除整个合同?

(3) 买方违约时卖方可以采用的救济方法:

第一,转售货物。根据《公约》,如果买方不按照合同约定接收货物或支付货款或不履行其他合同义务造成根本违约,则卖方有权宣告解除合同,并在一段合理时间内将货物转售,同时可以向买方要求合同价格与转卖价格之间差额的损害赔偿,包括在转售过程中产生的其他费用损失,也可以一并向买方索赔。但是如果转售使卖方没有遭到损失反而获得了利益,则根据《公约》损害赔偿弥补损失的原则,卖方不能再对差价要求损害赔偿,但不影响其行使其他损害赔偿的权利。卖方在转售货物时,应及时通知买方,但一般认为,货物属于鲜活产品或易贬值的产品的,则可以不通知。

第二,自行确定货物的具体规格。根据《公约》,如果买卖合同约定由买方负责订明货物的形状、大小或其他特征,而买方在议定的日期或在收到卖方的要求后一段合理时间内没有订明这些规格,则卖方在不损害买方可能享有的任何其他权利的情况下,可以依照自己所知的买方的要求,订明货物的规格,以使合同不因买方不指定具体规格而不能执行。但在此情况下,卖方必须把订明规格的细节通知买方,而且必须规定一段合理时间,让买方可以在该段时间内订出不同的规格。如果买方在收到这种通知后没有在该段时间内这样做,则卖方所订规格即具有约束力,买方无权拒绝接收这样的货物。如果买方拒绝接收,则卖方有权采用《公约》所规定的任何一项或几项救济方法,使其权利不受损害。

第三,要求买方支付利息。根据《公约》,在买方不支付或迟延支付约定的价款时,卖方不仅有权向买方要求支付价款(事实上,支付价款的实际履行在任何情况下都会得到法庭的支持),还有权向买方要求支付从约定的付款时间到实际的付款时间之间的利息。而且,要求支付利息并不妨碍卖方要求额外的损害赔偿。

(四) 货物所有权及风险的转移

在国际货物买卖活动中,货物所有权及货物灭失风险的转移是关系到买卖双方根本利益的重大问题,不仅为各国国内立法所重视,也为国际公约和国际惯例所重视。

1. 货物所有权的转移

买卖合同是买方支付货款、卖方转移货物所有权的合同。因此，货物的所有权是买卖合同的核心问题。

确定货物所有权转移的意义

所谓"货物所有权的转移"，是指货物的所有权从何时起由卖方转移给买方，从而使买方成为货物的所有权人，享有对货物完全的占有、使用、收益和处分的权利。

货物所有权转移的核心是所有权转移的时间问题。

一般来说，各国都规定当事人可以在合同中约定所有权转移的时间，没有约定的，应按法律规定，总体来说，主要有三种确定方法：

（1）货物所有权在卖方将货物交给买方时转移给买方。如美国、德国、巴西以及我国都采用了这种方式，另外《华沙-牛津规则》也采用了这种方式。

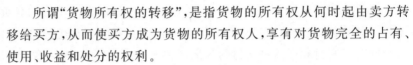

案例分析

（2）货物所有权在合同签订时转移给买方。如法国、意大利等国采用了这种方式。

（3）以货物特定化为所有权转移的前提。根据英美法系的规定，货物特定化以前，所有权不转移。所谓特定化，是指货物被当事人特别指定，如确定在合同项下加注唛头等。

《公约》除原则性地规定卖方有义务把货物所有权转移于买方，并保证其所交付的货物必须是第三方不能提出任何权利或请求权的货物之外，对货物所有权转移的时间、地点和条件，以及买卖合同对第三方货物所有权所产生的影响等问题并没有明确规定。

2. 货物风险的转移

在国际货物买卖中，风险是指承担风险责任的当事人一方必须承担货物因意外而损坏或灭失的责任。对于买卖双方而言，确定货物风险的转移尤其对买方具有特殊意义。

各国法律、《公约》和国际贸易惯例的一般原则是，风险在哪方，就由哪方承担货物的损失。

确定货物风险转移的意义

（1）货物风险转移的时间。货物风险转移的关键性问题是风险转移的时间问题。尽管当事人可以通过约定对风险转移的时间予以安排，但有时约定很难明确做出。在《国际贸易术语解释通则》被制定以后，多数情况下，当事人可以借助合同中所采用的价格术语来确定风险转移的时间，但在没有价格术语或者没有采用价格术语的情况下，风险责任问题依然非常棘手。综合各国法律及国际公约的规定，风险转移的时间标准主要有三个：① 风险转移在买卖合同订立时。如瑞士等国家即采用这一标准。② 风险转移在货物所有权转移时。采用这一标准的国家有英国、法国等。③ 风险转移在交货时，即以货物的实际交付为风险转移的确定标志，而不论货物所有权在何时转移。如以美国、德国、奥地利等为代表的大多数国家均采用这一标准。

（2）《公约》的有关规定。《公约》允许买卖双方当事人在合同中约定风险转移的时间及条件，而且规定约定的效力高于《公约》的效力。因此，《公约》仅在当事人对风险转移未做约定时才适用。《公约》原则上以卖方交货的时间来确定风险转移的时间,但由于国际货物买卖中的交货情形多种多样,因此《公约》又针对不同情形对风险转移的时间做了进一步的规定。① 货物涉及运输时风险转移的时间。《公约》规定,如果买卖合同涉及货物运输,则除双方当事人另有约定外,运输风险应由买方承担。② 路货买卖中货物风险转移的时间。路货买卖是指在运输途中进行的货物买卖,即卖方先把货物装上开往某个目的地的运输工具,然后再寻找适当的买方出售在途货物的买卖。对于货物在运输途中出售时的风险,《公约》规定:第一,从订立合同时起,风险就转移给买方承担。第二,如果"情况表明有需要时",则从货物交付签发载有运输合同单据的承运人时起,由买方承担风险。这一规定,实际上规定了风险转移具有溯及既往的效力,即风险转移可以追溯到交付货物甚至合同订立之前。例如,卖方将一批处于运输途中的货物转卖给买方,此时货物灭失的风险应从买卖合同成立之时起由买方承担,但如果双方同意风险从卖方将货物交给承运人时转移给买方,那么如果在订立合同以前货物已经发生损坏或灭失,则由买方而不是卖方承担这项责任,买方必须向卖方支付货物的价款。第三,如果卖方在订立合同时已知道或理应知道货物已经灭失或损坏,而未将这一事实告知买方,则由卖方承担该损失。但如果卖方在订立合同时将货物损失的实情告诉了买方,而买方愿意接受,则该损失由买方承担。

案例分析

"情况表明有需要时"的含义

(3) 其他情况下货物风险转移的时间。① 从买方接收货物时起,或者如果买方不在适当时间内接收货物,则从货物交付买方而买方违反合同不接收货物时起,风险即转移给买方承担。② 如果买方有义务在卖方营业地以外的某一特定地点收取货物,则当交货时间已到而买方知道货物已在该地点交付时起,风险即转移给买方承担。

想一想

卖方按合同约定于 5 月 10 日交货并交至买方指定的仓库,5 月 12 日发生火灾,则该火灾造成的货物灭损,买方应支付价款吗?

(4) 与货物风险转移相关的其他因素。① 货物特定化与货物风险转移。货物特定化是指卖方在货物上加注标志,或以装运单据、通知买方等方式将货物清楚地确定在合同项下的行为。《公约》规定,货物风险的转移与货物所有权的转移一样,都必须满足一个条件,即必须以将非特定物进行特定化为前提。被特定化的货物,风险自卖方将货物特定化时起转移给买方。② 保留控制货物处分权与货物风险转移。《公约》认为,卖方保留控制货物处分权的单据,只是作为买方支付货款的一种担保,不影响风险的转移。③ 根本违约与货物风险转移。《公约》规定,如果卖方已根本违约,则即使风险已转移给买方,也不损害买方对这种根本违约可以采取的各种救济方法。关于此项规定,有两点需要说明:一是此项规定仅适用于卖方根本违约的场合;二是按此规定,卖方的根本违约并不影响货物的风险按《公约》的规定转移给买方,只不过,买方对卖方根本违约所应享有的采取各种救济方法的权利不受损害。也就是说,在卖方根本违约的情况下,即使货物风险已转移到买方,买方仍然有权采取宣告解除合同、要求卖方交付替代货物或请求损害赔偿等救济方法。

能力实训

一、实训案例

1. A国的甲公司与B国的乙公司签订了购销麻纺织品的合同,约定由甲公司于2019年12月底之前交付200吨麻纺织品给乙公司。乙公司收到100吨货物后,于2019年5月明确通知甲公司由于麻纺织品销路不畅,因此不会接收甲公司的继续供货。这时甲公司仓库里尚存麻纺织品10吨。甲公司为了盈利,在收到乙公司通知后,继续按双方合同约定为乙公司收购了其余的90吨麻纺织品。后因乙公司拒绝接收后100吨麻纺织品,酿成纠纷。

1. 评析

请问:
(1) 本案谁违约?属于哪种违约行为?
(2) 甲公司的做法是否合适?为什么?

2. 我国某进出口公司(买方)与美国某贸易公司(卖方)签订了一份购买柠檬酸的CIF条件的合同,货物于12月运抵目的地后,买方发现存在结块现象,遂于次日向卖方提出索赔,并称将安排SGS检验。卖方拒绝赔偿,称结块是海运受潮所致,但对买方安排SGS检验没有提出异议。SGS委托SJH公司出具检验报告,证明集装箱完好无损,已取出放在托盘上的货物,为数众多的袋内货物已结块。由于买方客户的坚持,买方不得不安排重磨和重新包装。经调查,该合同中,商品名称、规格及包装栏明确规定合同的标的物为 CITRIC ACID BP80,这样的规定说明卖方已经承诺所交货物应该符合 BP80,而根据 BP80,柠檬酸和一水柠檬酸的状态都应是"无色结晶或结晶性粉末"。

2. 评析

请问:
(1) 卖方提供的货物是否符合《公约》的规定?
(2) 如果卖方主张货物在运输途中受潮,因而应由买方承担货物风险责任,有道理吗?
(3) 卖方应对买方承担何种违约责任?

3. 我国甲公司和美国乙公司签订一份出售大米的合同。合同规定,按照卖方仓库条件交货,8月买方提货。8月5日,卖方将提货单交给买方,买方据此付清了全部货款。买方8月底之前未能提货,卖方遂将该批货物转移到其他仓库。9月10日买方前来提货,发现该批货物已经腐烂变质。双方为损失由谁承担发生争议。

3. 评析

请问:
(1) 卖方需要对上述损失负责吗?为什么?
(2) 买方需要对上述损失负责吗?为什么?

二、思考题

1. 合同履行的基本原则是什么?
2. 承担违约责任的主要形式有哪些?
3. 什么是预期违约?根据《公约》,预期违约应如何救济?
4. 什么是品质担保义务和权利担保义务?
5. 简述路货买卖中风险转移的规则。

三、在线测试题

为检测本项目学习效果,请学生扫描右侧二维码完成在线测试,习题答案将于提交后自动显示。

项目六　产品责任法律问题

学习目标

1. 知识目标

（1）掌握产品责任法中的产品及产品缺陷的概念和种类；
（2）掌握产品责任的概念、法律特征及构成条件；
（3）了解美国产品责任法的主要规定；
（4）了解欧洲产品责任法的主要规定；
（5）熟悉《海牙公约》的主要内容；
（6）掌握我国《产品质量法》的主要内容。

2. 能力目标

（1）能够依据法律规定确定产品责任；
（2）能够依据法律规定确定产品责任的赔偿主体及赔偿范围；
（3）能够主动防范产品责任的发生。

任务：产品责任的构成和承担

工作任务

2002年2月6日，黄锦云在江西省抚州市临川区唱凯镇江晓勇开的个体商店，花460元购买了1台"景田牌"JSYD7-A3燃气热水器（生产厂家是广东省中山市东凤镇南华燃气具厂，以下简称"南华厂"）。江晓勇负责设计安装，并把热水器装在黄锦云家的卫生间内。2月8日，黄锦云一家准备去省会南昌过年，委托他的叔叔黄增兴帮助看房。当晚，黄增兴的儿子黄锦平、儿媳张志珍来到黄锦云家，用热水器洗澡，结果双双死在卫生间内。经现场勘察和法医验尸，被害人系煤气中毒身亡。事后，黄锦云和南华厂的代表共同将热水器送江西省燃气用具产品质量监督检验站检验。该站检验后发现，这台热水器使用说明书上所标示的20分钟定时关机功能失效，并向下送风，有离焰现象，判定"产品不合格"。之后，临川区消协召集南华厂和死者家属就赔偿问题进行协商，双方分歧过大未达成协议。10月18日，死者家属以及黄锦云等7人作为原告，向江西省抚州市中级人民法院起诉，请求判令被告南华厂、经销商江晓勇承担赔偿责任，赔偿黄锦平、张志珍死亡赔偿金、丧葬费、被扶养人的生活费、精神损失费等共计73万余元。

请问：

（1）什么是产品责任？

(2) 本案受害者能追究生产者和销售者的产品责任吗？

(3) 如果受害者的家属直接起诉销售者，则其能否以产品缺陷不是由他造成的而拒绝赔偿？

(4) 黄锦云能否作为本案原告参加诉讼？

(5) 南华厂提出，其生产的热水器有生产许可证，所有的产品都是合格产品，并得到有关部门发给的《质量信得过产品荣誉证书》《中国名优产品入选荣誉证书》，说明其产品是名优产品，不存在缺陷，因此不承担产品责任。请问南华厂的说法有道理吗？

(6) 原告可以获得的赔偿范围有哪些？

操作过程

(1) 产品责任是指因产品存在缺陷而导致消费者、使用者或其他第三人遭受人身伤害或财产损失时，该产品的生产者和销售者依法应该承担的一种损害赔偿责任。

(2) 本案的受害者能够追究生产者和销售者的产品责任。因为本案中的情形符合承担产品责任的条件。根据产品责任法的一般规定，承担产品责任应具备三个基本条件：① 产品存在缺陷；② 消费者、使用者或其他第三人因产品缺陷而遭受人身伤害或财产损失；③ 消费者、使用者或其他第三人所遭受的损害完全是有关产品存在缺陷所致。本案中的热水器是缺陷产品。因为经过有关部门的检验，该热水器的定时关机功能失效，并向下送风，有离焰现象，此缺陷是导致燃气泄漏的主要原因，说明该热水器存在危及人身、财产安全不合理的危险，最终导致受害人死亡的发生。

(3) 不能。根据我国《产品质量法》的规定，因产品存在缺陷造成人身、他人财产损害的，受害人可以向产品的生产者要求赔偿，也可以向产品的销售者要求赔偿。因此，销售者不得拒绝赔偿。如果销售者能够证明自己是没有过错的，属于生产者的责任而销售者赔偿的，则销售者有权向生产者追偿。

(4) 黄锦云可以作为本案原告参加诉讼。黄锦云是消费者，其购买的产品是不合格产品，其有权要求销售者退回价款并予赔偿，对被告江晓勇而言，提起的诉讼为财产损害赔偿。黄锦云与受害者家属的诉讼请求是基于同一事实提起的，可以合并审理。但从责任的性质来讲，黄锦云所追究的是被告江晓勇的违约责任，是基于其与江晓勇之间的合同关系。

(5) 南华厂的说法于法无据。虽然南华厂向法庭提供了生产许可证、产品合格证、《质量信得过产品荣誉证书》《中国名优产品入选荣誉证书》等证据材料，但上述材料不足以证明在本案中发生事故的热水器是合格产品。对该台热水器的产品质量鉴定，是在消协组织、协调下，黄锦云、死者家属与南华厂协商一致的情况下委托鉴定的，该鉴定程序合法。因此，南华厂应当承担产品责任。

(6) 根据我国法律，作为死者的家属，原告应获得两死者的死亡赔偿金、丧葬费和两死者的父母及女儿的生活费。另外，江晓勇应退回黄锦云购热水器款及安装费。

知识链接与归纳

一、产品责任法中的几个重要概念

（一）产品

各国法律对其产品责任法中"产品"（products）一词的规定不尽相同。

1. 美国

按照美国《统一产品责任示范法》的规定，产品是具有真正价值的、为进入市场而生产的，能够作为组装整件或者作为部件、零售交付的物品，但人体组织、器官、血液组成成分除外。出于保护产品使用者的基本公共政策的考虑，法官们的态度倾向于更广泛、更灵活的产品定义，即无论此种物品是用于工业还是农业，只要因使用它而引起伤害就可视为引发产品责任的"产品"。

2. 欧盟

按照1985年欧共体《关于对有缺陷的产品的责任的指令》的规定，产品是指可以移动的物品，不包括初级农产品和戏博用品。但各成员国可通过国内立法，将上述两种产品包括在产品的定义范围之内，至于经过工业加工的农产品则包括在产品的范围内。

3. 中国

我国《产品质量法》所规定的产品范围较窄，包括经过加工、制作并用于销售的产品。建设工程不适用《产品质量法》的规定，但是，建设工程所使用的建筑材料、建筑构件和设备属《产品质量法》所称的产品范围。我国《产品质量法》规定的产品不包括初级农产品、未经加工的天然形成的物品和军工产品。

（二）产品缺陷

各国产品质量法都要求受到伤害的产品使用者提供致人伤亡或引起财产损失的产品存在缺陷（defects）的证明，否则将不能得到赔偿。但对什么是产品缺陷并未做出明确、具体的解释，只做了概括的抽象说明。

1. 美国

美国法院判决认为，具有不合理的危险性或过分不安全的产品就是有缺陷的产品。美国法院一般采用以下两个标准来确定某项产品是否具有不合理的危险性。

（1）消费者对产品安全性的期望。这是指一项产品应该具备普通消费者或使用者在可预见的该产品的可能使用范围内认为它应该具有的安全性。若产品不具备此种安全性即被认为有缺陷。

（2）效益-危险性分析。法院如果认为某项产品对社会的用途远超过其具有的潜在危险性就不认为它有缺陷；反之，则视其为有缺陷的产品。这一方法常被用来判定某项产品的设计是否存在缺陷。

2. 欧盟

欧共体《关于对有缺陷的产品的责任的指令》对缺陷的定义采用客观标准，即在考虑所有情况后，如果某产品未能提供一个一般消费者有权期待的安全，则该产品就是有缺陷的产品。所有应考虑的情况包括：产品的使用说明，合理预期的使用目的及产品投入流通的时间等。

3. 中国

我国《产品质量法》规定的产品缺陷,是指产品存在危及人身、他人财产安全的不合理的危险;产品有保障人体健康和人身、财产安全的国家标准、行业标准的,是指不符合该标准。

质量不合格的产品是否一定是缺陷产品?危险产品一定是缺陷产品吗?

根据各国的法律及判例,依产品的生产及制造过程,产品缺陷大致可分为以下五种情形:

第一,设计上的缺陷。是指因不适当的设计而形成的缺陷。

第二,原材料的缺陷。是指因制造产品使用的原材料不符合质量、卫生、安全等标准而形成的缺陷。

第三,制造、装配上的缺陷。是指因产品生产制造或装配方面存在不当,致使产品质量未达到设计或预期的要求而形成的缺陷。

第四,指示上的缺陷。对于一些具有特殊性质或必须采用特殊使用方法的产品,生产者或销售者不仅应保证其产品没有实际缺陷,而且应对消费者或使用者进行必要的说明或指示,如果生产者、销售者对可能出现的危险没有做出必要的说明或指示,或者说明或指示不够真实和充分,都可视为产品存在缺陷。

某化学制品公司出品一种化学制剂,在包装瓶上有"有害蒸汽"字样。结果,一家工厂的员工不慎将这种制剂倒入水中,引起爆炸。该员工当场丧命,工厂也遭受重大损失。请问:该化学制品公司提供的产品是否属于缺陷产品?

第五,科学上尚不能发现的缺陷。受现有科技水平的局限,产品在投入市场时,该缺陷不能被发现。对此类产品缺陷,生产者是否需要承担责任,各国法律存在差异。

我国某玩具进出口公司向美国某玩具公司出口塑料弹弓。出口后不久,美方就反映其质量有问题,称美国儿童使用弹弓时弓柄断裂,并已发生多起伤害案件,有的甚至因此眼睛致残。经法院审理,美方提出证据证明,我方出口的弹弓所使用的材料不安全,仅经受9磅的拉力弓柄就断裂,一般同类弹弓弓柄能承受60磅的拉力。请问:该产品属于质量不合格还是缺陷产品?我方是否应承担产品责任?应对谁承担产品责任?

(三)产品责任

1. 产品责任的概念和法律特征

产品责任是指因产品有缺陷(不限于质量缺陷)而导致消费者或其他第三人遭受人身伤害或财产损失,依法应由产品生产者、销售者承担的一种损害赔偿责任。

产品责任完全不同于买卖合同的质量违约责任。质量违约造成的损失仅限于货物本身的损失,但产品责任造成的损失则是产品给产品以外的人或其他财物造成的损害。例如,出口的儿童玩具质量不合格,构成质量违约责任,但如果不合格的玩具给儿童造成了人身伤害,则还要承担产品责任。

产品责任最初不是一种独立的责任,只是合同责任的一部分。在20世纪以前,产品的消费者、使用者在遭受缺陷产品伤害之后,只能以买方的身份向卖方提起违反明示担保或者存在过错或欺诈的民事责任。但是,自工业革命以后,这种救济方法显然不能适应随之而产生的产品大规模的生产和销售。因为大多数产品可能没有明示担保,证明卖方存在过错或欺诈往往也十分困难,最重要的是,如果受伤害者不是产品的买方,则根据法律的规定,其根本无法适用合同法追究卖方的责任。随着科技与生产力的高速发展,产品责任问题不断增多,对消费者造成的损害也越发严重,专业化和高技术使得消费者不仅对许多产品失去了识别、检查、防范的能力,缔约能力的不平等也使得消费者不可避免地接受各种免责条款,保护消费者权益成为一个重大的社会问题。如何采取有效的措施保护消费者合法权益的问题受到世界各国的普遍重视。

小马能追究厂家的产品责任吗?

产品责任的法律特征包括:① 它由产品缺陷所引起;② 它是一种侵权责任,而且一般适用严格责任原则,区别于货物买卖法中的违约责任;③ 它是一种损害赔偿责任,其赔偿金额比一般货物买卖法索赔的赔偿金额要大得多。

2. 产品责任的构成条件

生产者和销售者承担产品责任必须具备三个要件:

(1) 产品存在缺陷。产品存在缺陷是承担产品责任的前提条件。产品所存在的缺陷是在生产者或销售者把该产品投入市场以前就已存在,如果消费者或使用者在拿到产品之后,擅自改变了产品的性能,因而造成人身伤害或财产损失,则产品的生产者或销售者就不再承担产品责任。这里所说的生产者是广义上的生产者,一般包括产品的生产制造者、加工者、装配者、修理者、运输者和仓储者等,销售者包括进口商和出口商,以及批发商和零售商等经销产品的任何人。

(2) 必须使产品的消费者、使用者或其他第三人遭受人身伤害或财产损失。遭受人身伤害或财产损失的可以是狭义上的消费者,即从销售者或生产者那里购买并亲自使用有关产品的人,也可以是广义上的消费者,即包括直接购买人和基于其他任何原因而亲自使用有关产品的其他人,以及直接遭受损害的其他任何第三人。

北京的一名消费者在北京的一家医院接受了心脏起搏器的安装手术,术后发现心脏起搏器的导管存在裂痕,但无证据表明该情况对该名消费者的人身造成了伤害。请问:如果该消费者以产品存在缺陷为由,要求生产者承担产品责任,则可以得到法律的支持吗?

(3) 消费者、使用者或其他第三人所遭受的损害必须与产品的缺陷之间存在因果关系,即他们所遭受的损害完全是有关产品存在缺陷所致。如果是消费者、使用者或其他第三人本身的过错或其他任何人的过错造成了损害事故的发生,就不存在产品责任的问题。

某人买了一个电磁炉,在使用时发现,电磁炉的电源开关失灵,必须切断电源才能关闭,于是到商场调换。在去商场的路上,他不慎摔伤,到医院治疗花去医疗费200多元。请问:商场应为他赔偿人身伤害的损失吗?

二、产品责任法的概念和特征

(一) 产品责任法的概念

产品责任法是调整产品的生产者、销售者、消费者和使用者之间因产品缺陷而形成的侵权赔偿关系的法律规范的总称。产品责任法的目的在于保护消费者的利益,确定生产者和销售者对其生产或出售的产品所应承担的责任。

产品责任法与货物买卖法之间关系密切,在货物买卖法中,有关卖方对货物品质担保义务的规定同产品责任法的某些要求相同,但二者又有重大区别,主要在于:货物买卖法属于"私法"的范畴,它所调整的是买卖双方基于买卖合同而产生的权利义务关系,它的规定大多具有任意性,双方当事人可以在买卖合同中加以排除或变更;而产品责任法属于社会经济立法的范畴,具有"公法"和"私法"的双重性质,在调整产品的生产者、销售者、消费者和使用者之间因侵权行为所引起的人身伤害及财产损失的责任时,其规定和原则大多具有强制性,双方当事人不得在订立合同时事先加以排除或更改。

在世界各国中,美国的产品责任法发展得较早,也最为发达,对生产者的责任要求亦较为严格。随着国际贸易日益频繁,各国产品在国际范围内广泛流通,国家间的产品责任争端日益增多,对产品责任进行国际调整,日益受到各国的重视。

(二) 产品责任法的特征

产品责任法具有以下特征:

(1) 产品责任法调整因产品责任而引起的人身伤害或财产损失,不包括单纯的产品本身的损害。产品本身的质量问题归由货物买卖法进行调整的,买卖双方可以在合同中规定产品的质量标准。

(2) 产品责任法主要调整生产者、销售者、消费者和使用者之间因产品缺陷而形成的侵权赔偿关系。

(3) 产品责任法中基本的责任原则一般都是强制性规定,当事人不能以合同或单方面声明等方式予以排除。

三、国际产品责任法立法概况

（一）早期的产品责任法

早期的产品责任法起源于英美等发达国家,其产生的原因绝非历史的偶然,而是适应了工业化发展的需要,从 1842 年英国最高法院受理的温特伯顿诉赖特案,到 1852 年美国托马斯诉温切斯特案,再到 1916 年美国麦克弗森诉别克汽车公司案,上述三个代表性的案例显示了产品责任的承担从生产者的"无契约无责任"到强调产品"固有的危险性",再到对非产品"固有的危险性"也要承担责任的发展脉络。

产品责任法三个代表性案例

（二）20 世纪以来的产品责任法

20 世纪以来,尤其是 60 年代以后,国际消费者运动在世界范围内广泛开展,消费者的合法权利日益受到各国的重视,而产品责任法律制度是保护消费者利益的重要组成部分,因此,很多国家的法律制度中都规定了产品责任,德国、丹麦、日本等国家还制定了专门的产品责任法。

综观世界各国产品责任立法状况,美国是现代产品责任法产生最早,发展最迅速,最完备、最具代表性的国家,其立法与司法实践对西方发达国家的产品责任立法,以及对国际产品责任法的形成和发展都具有较大的影响。美国的产品责任法包括判例法和制定法。美国商务部 1979 年公布了专家建议文本《统一产品责任示范法》,此外,联邦政府还通过了《联邦食品、药品、化妆品法》《消费品安全法》等单行法。

伴随着世界经济一体化的进程,产品责任立法更加显示出国际化趋势。目前,产品责任方面最有影响力的区域性和国际性公约有:欧共体于 1977 年和 1985 年制定的《关于造成人身伤害和死亡的产品责任欧洲公约》(即《斯特拉斯堡公约》)和《关于对有缺陷的产品的责任的指令》;1973 年海牙国际私法会议制定的《产品责任法律适用公约》。

四、美国的产品责任法

美国的产品责任法主要是州法,而不是联邦统一的立法。各州都有自己的产品责任法,而且各有差异。为了统一各州法律,美国商务部于 1979 年颁布了《统一产品责任示范法》,供各州参考采用。

（一）产品责任的诉讼依据

美国的产品责任法发展得最为完备,突出表现在为消费者提供了多种可供选择的求偿理论依据,以提高其获得赔偿的胜诉概率。凡原告因使用有缺陷的产品遭受损害而向法院起诉要求赔偿损失时,其必须基于下述三种理由之一,作为要求该产品的生产者或销售者承担责任的依据。

1. 疏忽责任理论

所谓疏忽,是指产品的生产者或销售者有疏忽之处,致使产品有缺陷,而且由于这种缺陷使消费者或使用者的人身或财产遭到损害,对此,产品生产者或销售者应承担责任。但是,当原告以疏忽为由向法院起诉要求被告赔偿其损失时,原告必须提出以下证据证明:一是被告负有"合理注意"的义务,即像"一个理智和谨慎的人"那样尽了"合理注意"的义务;二是被告没有做到"合理注意",即被告有疏忽之处;三是由于被告的疏忽直接造成了原告的损失,即仅凭原告使用产品造成了损失这一事实本身一般并不能推定被告存在疏忽。另外,如果原告因自己的疏忽造成了损失,则原告不能要求被告赔偿损失。

疏忽责任一经提出,立即为其他各州法院所采纳,成为当时美国法院确定产品责任的主要依据。

但实际上在现代化大生产的条件下,要证明某种产品有缺陷往往是很困难的,有的甚至是不可能的。这是因为产品从设计到制造始终控制在生产者手里,如果原告对生产和销售的过程不够熟悉,那么他就无法举证。这是原告在以疏忽为由起诉生产者或销售者时所遇到的一个难题。

2. 担保责任理论

所谓担保责任,是指产品存在某种缺陷或瑕疵,生产者或销售者违反了对货物的明示担保或法律规定的默示担保,致使消费者或使用者遭受损害,对此,生产者或销售者应承担责任。

明示担保是产品的生产者或销售者对产品的性能、质量或所有权的一种声明或陈述。它一般载于产品标签、广告或使用说明上。关于明示担保之诉,1932年巴克斯特诉福特汽车公司案是最典型的。被告福特汽车公司在其广告中表明其汽车玻璃不会破裂。原告相信了广告上的话,并且向销售者购买了汽车。当原告驾驶汽车时,一个小石块击中挡风玻璃,玻璃破碎,并有一块碎玻璃片伤及其眼睛并致失明。原告据此向与其无合同关系的福特汽车公司提起损害赔偿之诉。华盛顿州最高法院受理此案,认为被告应负明示担保责任,即对不具合同关系的被害人,应负损害赔偿责任。

默示担保不是基于生产者或销售者的意思表示,而是依法产生的一种担保责任。默示担保责任又分为商销性的默示担保和适合特定用途的默示担保两种。所谓"商销性的默示担保",是指出售的产品应符合该产品之所以被生产和销售的一般目的。商销性也可称可销售性,据美国法院的司法解释,它是指"良好、平均、中等"品质的商品。如生产者、销售者出售汽车时,汽车必须有合适的刹车装置。如果刹车不灵,使用者由此而遭遇车祸,则生产者或销售者要承担责任。所谓"适合特定用途的默示担保",是指所有产品的生产者和销售者,不管是否为商人,在出售产品时都应做这样的默示担保,即所售产品能适合购买者的特定用途。如某人定做登山用鞋,显然他不是为一般走路之用,而是用来登山,那么登山就是鞋的定做者的特定用途。如果购买者在选购时说明了这个目的,又有生产者或销售者的有关担保,而后购买者发现所购产品不能满足自己的特定用途并致损害,就可要求损害赔偿。

A制衣厂声明,在-15℃的环境下,人们仅穿该厂生产的保暖内衣也不会感觉寒冷,否则该厂奖励其5 000元。李某看到广告后,找来朋友一同到某冷库进行试验,结果李某在-10℃的环境下,仅坚持了15分钟就无法忍受。第二天,李某因肺炎住进医院。出院后,李某向法院起诉,要求A制衣厂支付承诺的奖励费并赔偿其医药费用。A制衣厂称,当初的声明只是一种促销广告,李某的行为与其无关。请问:李某的诉讼请求是否合理?

当原告以违反担保为由提起诉讼时,对原告的有利之处在于他无须证明被告有疏忽。在因违反明示担保要求赔偿中,原告只需提供证明:① 被告所做的说明;② 受害人相信该项说明;③ 伤害是产品不符合被告所做说明引起的。在因违反商销性的默示担保要求赔偿中,原告必须证明:① 产品在出厂时即有缺陷;② 缺陷与损害之间存在因果关系。在因违反适合特定用途的默示担保要求赔偿中,原告必须证明:① 被告知道或有理由知道产品的使用意图;② 原告信赖被告在产品方面的技能和技术及专门知识;③ 伤害是产品未能符合特殊用途引起的。这样原告就可以要求被告赔偿其损失。原告在担保诉讼中还必须就被告违反担保给予及时通知,否则被告可能会阻止其提起诉讼。

需要指出的是,由于"违反担保"实际上来自合同法上的制度,因此原则上原告与被告之间应具有合同关系。因此,为了更有效地保护消费者的利益,美国法官在运用此原则时,往往把合同关系的当事人扩大化,如买方的亲属、朋友、客人或者邻居都可以作为原告,而应承担责任的被告可以是生产者、销售者、零件供应商、批发商、经销商、零售商、进出口商等,他们都可以属于"卖方"。

3. 严格责任理论

严格责任又称侵权法上的"无过错责任",是近年发展起来的一种产品责任理论。按照严格责任原则,只要一件产品存在缺陷,对消费者或使用者具有不合理的危险性,并因此造成其人身或财产损害,则该产品的生产者或销售者就应承担赔偿责任。

严格责任理论最初于1944年由美国加州最高法院法官R.J.特雷纳在审理艾斯科拉诉可口可乐装瓶公司一案时做出的判决中提出。一般认为,1963年的格林曼诉尤巴电器公司案使严格责任理论在美国司法实践中得到了第一次正式确认。该案中,原告格林曼在按说明书使用被告尤巴电器公司生产的多用电器削木机床时,一块木头从机器中飞出来,撞击到格林曼的头部,致其重伤。经检查,该多用电器属于有缺陷的产品,它与事故有直接关系。加州最高法院在该案的判决中明确表示,一旦生产者将其产品投入市场,而明知使用者对产品不经检查就使用,只要能证明该产品的缺陷对人造成伤害,生产者即负赔偿责任。

根据严格责任原则,原告不需要证明被告对产品缺陷存在过错,也不需要与被告有合同关系,只要能证明下列事项,即可获得损害赔偿:① 产品存在缺陷并在投入市场时就已存在;② 产品缺陷是造成损害的直接原因。而实际上,由原告去证明产品存在缺陷有时也是十分困难的,因此,法官往往采取"举证责任倒置"的方法,即由被告来证明产品是没有缺陷的,如果不能证明,则认为产品有缺陷。

以严格责任为由起诉和以疏忽为由起诉的主要区别在于,疏忽是以卖方有无疏忽,即卖方是否尽到"合理注意"的义务为确定其应对买方承担损害赔偿责任的依据;而严格责任则不必考虑卖方是否已尽到"合理注意"义务的问题,即使卖方在生产或销售产品时已经尽到一切"合理注意"的义务,但如果产品仍有缺陷并且使买方遭到损失,则卖方仍须对此负责。这里所说的"卖方",不仅包括同买方订立合同的卖方,还包括生产者、批发商、经销商、零售商以及为生产该产品提供零部件的供应商;这里所说的"买方",也不仅包括直接买主,还包括买方的亲属、朋友、客人乃至过路行人。所以,严格责任原则对消费者的保护是最为充分的。

由疏忽责任向严格责任发展的过程,记录了产品责任法发展的轨迹,反映了产品责任法逐渐向更有力地保护消费者权益方面的发展。但是,这并不意味着严格责任理论已经取代其他理论而成为唯一的诉讼理由。事实上,在美国,原告也仍可依据各种理论所确立的原则提起产品责任之诉,也就是说,原告可以在疏忽责任、担保责任、严格责任中选择对自己最为有利的原则提起诉讼。另外,由于美国是联邦国家,各州所采用的原则并不一致。疏忽责任、担保责任和严格责任在各州独立并存,构成产品责任的三轨体系。但综合观之,严格责任已为大多数州所采用,并成为美国产品责任法的共同基本制度。

(二) 被告的抗辩理由

在产品责任诉讼中,对于原告的指控,被告可以提出某些抗辩,要求减轻或免除其责任。被告的抗辩理由主要有以下几点:

1. 原告自己的过错行为

原告自己的过错行为又称过失之分担,通常用在疏忽责任中,即受害人因自己的过失而对加害产品的缺陷未能发现或对缺陷可能引起的损害未能适当地加以预防所应承担的一部分责任。也就是说,原告负有保护自己安全的义务,如果因疏忽大意而未能发现或阻止本能够避免的损害,就应对此承担责任。

某人是一名熟练的印刷工人,在操作一台印刷机时,由于偷懒未使用安全保护装置,导致事故发生并受伤。请问:他能够向印刷机的生产者索赔吗?

为避免因原告一旦存在过失就可能完全丧失取得任何赔偿的权利的不公平结果,美国法院后采用双方过错原则,也就是说,在原告和被告都存在过失的情况下,法院并非采取要么允许原告获得全部赔偿,要么禁止原告获得任何赔偿的做法,而是根据原告的过失行为在导致损害发生的因素中所占的比例减少原告获得的赔偿。例如,原告原可获得的赔偿为10万元,但由于原告的过失行为在导致损害发生的因素中占20%,法院可能减去其所应获得20%的赔偿,即原告只能获得8万元的赔偿。

但是,在严格责任案件中,情形则不尽相同。美国法律协会对《侵权法重述第二版》第402条A款所做的评注中指出,如果原告自己的过失行为仅仅是由于未发现产品中缺陷的存在或对缺陷存在的可能性未采取措施防御其本身的危险,则被告不得作为抗辩。因此,在严格责任案件中,被告在引用"原告自己的过错行为"作为抗辩理由时,将受到很大限制。

2. 风险的承担

风险的承担是指原告对产品的缺陷及其危险具有充分的知识和鉴别力,但其自愿地、不合理地使用了有缺陷的产品,或擅自对产品的结构和性能进行了改变。原告因这种情况而致伤,被告可引之为抗辩理由。例如,明知雨伞是雨天的防雨用具,却将它当作降落伞使用而致伤亡,雨伞生产者可不承担责任。《侵权法重述第二版》第402条A款的评注认为,如果使用者或消费者发现了缺陷并注意到危险,但仍然继续不合理地使用该产品而致受伤,则不得请求损害赔偿。

3. 非正常使用产品

非正常使用产品是指产品消费者将产品使用于该产品原有用途以外目的或其使用方法明显不当时,对其所致损害,产品生产者可以该损害并非由产品的缺陷所致为由进行抗辩。美国法院在审理斯金梅尔诉通用汽车公司案中判决原告无权要求赔偿,其理由是原告驾驶的汽车超过了允许的速度。但是,值得注意的是,被告引用此项抗辩理由,还必须证明消费者误用或滥用产品的行为是其无法预见的,如果是能够预见的,则其必须采取必要的防范措施,否则,还是要承担责任。例如,一个带小孩的妇女A,端着从餐厅里刚买的一杯热饮上车,在车上,为了照顾小孩,A把杯子夹在两腿中间,结果饮料溢出,烫伤了小孩,于是A要求餐厅赔偿损失。此案中,餐厅以"非正常使用产品"为由抗辩,但是法官认为,餐厅提供的热饮的温度过高是导致小孩烫伤的主要原因,因此,虽然消费者非正常使用产品,但餐厅仍然要承担责任。

4. 特殊敏感性或过敏

凡产品或其配料对大多数人不至于引起伤害,被告就可以进行抗辩,并认为伤害是由使用者对产品特别敏感引起,而不是由产品缺陷所致。例如,洗涤剂对其他每个人都是安全的,但因原告自己完全异常的过敏性而引起了皮炎,在这种情况下,原告就不能提出赔偿要求。

另外,在采用担保责任原则的诉讼中,被告还可能提出以下几点作为抗辩理由:原告与被告之间没有合同关系;损害发生后,原告没有在合理的时间内告知被告;有关的文字和内容仅为商业宣传,不构成一种对消费者信赖的担保;等等。

在采用严格责任原则的诉讼中,被告也可以提出以下抗辩理由:① 被告未将其产品投入流通;② 在产品投入流通时缺陷并不存在;③ 一般的人很容易发现缺陷的存在;④ 被告已经对缺陷产品做了充分的说明和指示。

(三) 损害赔偿的范围

按照美国法院的判例,在产品责任诉讼中,原告可以提出的损害赔偿的请求范围相当广泛,判决的金额往往也相当可观,通常在100万美元以上,有时甚至高达上亿美元。具体来说,原告可以提出的损害赔偿主要包括:

1. 对人身伤害的损害赔偿

如果原告因产品缺陷而遭受人身伤害,则其可以向被告要求如下赔偿:① 因身体伤残而遭受的痛苦；② 精神上的痛苦和烦恼；③ 收入的减少和挣钱能力的减弱；④ 过去和将来必要与合理的医疗费用开支。

美国法律不仅允许受害者要求被告赔偿其医疗费用，还允许其索赔肉体上和精神上的损害补偿费，而且后者的金额在全部赔偿额中占很大的比重，这是美国产品责任法的一个重要特点。

2. 财产损失的赔偿

产品缺陷导致的财产损失与人身伤害不同，与产品本身的损坏也有区别，所以可追偿的数额一般只限于损坏财产必要的和合理的更换或修理费用。在个别案例中，也有把修理时因财产损坏不能使用该财产所产生的损失计算在内，这在商业案件中具有特殊意义。

原告从被告处购买了一辆摩托车，某日原告驾驶该摩托车在回家途中，与骑自行车的马某发生碰撞，造成双方均受重伤的交通事故，后马某因抢救无效死亡。交通事故认定书认为：原告驾驶的机动车不符合安全标准（摩托车前大灯光线偏低，亮度不够）是事故发生的主要原因，故原告对此事故应承担主要责任。请问：本案中原告可否要求被告承担产品责任？如果可以，则被告应承担哪些赔偿责任？

3. 惩罚性的损害赔偿

当被告的行为异常严重，但又不足以在刑法上定罪时，公共政策要求给予其某种经济上的惩罚，这种赔偿形式一般叫惩罚性赔偿，它经常作为补偿性赔偿之外的附加赔偿。《统一产品责任示范法》规定，如果原告通过明确的、令人信服的证据证明，其所受的伤害是产品销售者的粗心大意，根本不顾产品的使用者、消费者或其他可能受产品伤害的人的安全所致，法院就可以判决给予销售者惩罚性赔偿。

惩罚性赔偿的金额一般很高，其目的是用以惩罚加害人的恶意、任意、轻率行为并防止他人的类似行为发生。在具备判处的事实根据后，法院是否判处此种赔偿，以及赔偿额多少，都由陪审团决定。

（四）美国产品责任法对涉外产品责任诉讼的影响

美国的产品责任法虽然是国内法，但在某些情况下也可适用于涉及产品责任的对外贸易争议案件。一方面，当外国的产品输入美国时，如果由于产品的缺陷，使美国的消费者或用户遭到人身伤害或财产损失，则美国的消费者和用户就可以根据产品责任法对美国的进口商、经销商和零售商提起诉讼要求其赔偿损失。在美国法院认为有管辖权的情况下，蒙受损害的美国消费者或用户还可以对外国的出口商和该产品的生产者在美国法院提起诉讼，要求他们承担赔偿责任。另一方面，当美国的产品出口到外国时，如果由于产品的缺陷，使外国的消费者或用户遭到人身伤害或财产损失，则外国的消费者或用户也可以援引产品责任法要求美国的出口商和生产者赔偿损失。但是，由于这类案件属于涉外案件,往往会涉及复杂的管辖权和法律适用问题。

1. 关于管辖权问题

确定产品责任的管辖权是受理产品责任案件时首先需要解决的问题。目前,美国采用所谓的"伸长司法管辖",又称"长臂法",是指法庭可对不住在本州内的非居民被告取得对人的司法管辖权。由此它使得州法院控告他州加害者的侵权行为成为可能。

就管辖权的标准而言,各州都要求凡是非居民被告都必须与本州有某种"最低限度的接触",只有这样该州的法院才能对该被告享有对人的司法管辖权。所谓"最低限度的接触",通常是指被告经常直接地或通过代理人在该州境内从事商业活动,或因其行为或不作为在该州境内造成了损害。美国的长臂法管辖原则对美国产品责任法的发展起到了重要作用,它对原告十分有利,致使原告所能选择的不仅是最方便的法院,而且是最有利的法律。与此同时对被告(特别是国外被告)却十分不利。

2. 关于法律适用问题

在涉外的产品责任案件中,按照美国的冲突法规则,通常是适用损害发生地法来确定当事人的责任,即产品在什么地方对消费者或用户造成了损害,就适用那个地方的法律来确定产品生产者和销售者的责任。但是近年来,这项原则受到了批评,特别是在涉及汽车事故的产品责任案件中,由于汽车到处行驶,经常跨州越国,如果完全以出事地点的法律来确定汽车生产者或销售者的产品责任,则有时可能对原告(受害者)不利。因此,近年来,美国一些有影响的州,如纽约州和加利福尼亚州已经不再坚持适用损害发生地法,而转为适用对原告最为有利的地方的法律,以保护美国原告的利益。

五、欧洲的产品责任法

欧洲各国产品责任法的发展比美国稍晚。在 20 世纪 80 年代以前,欧洲各国都没有专门关于产品责任的立法,为了协调欧共体各成员国有关产品责任的法律,欧共体理事会于 1985 年正式通过了《关于对有缺陷的产品的责任的指令》(以下简称《指令》),要求各成员国通过立法将其纳入国内法予以实施,但同时允许各成员国有某些取舍的余地。由此欧洲国家产品责任立法发生了根本性的转折,英国率先立法,其后欧共体及欧洲自由贸易区的一些国家也发布了本国的产品责任法,并采取严格责任原则。现将《指令》的主要内容介绍如下:

(一)采取无过失责任原则

《指令》规定,如果产品使用者因使用某一有缺陷的产品而遭受了损害(死亡、致残或财产损失),那么他无须证明被告有过失,但仍要负举证责任,证明其产品有缺陷且他所受的损害就是由缺陷造成的。这与美国的严格责任原则相同。

(二)关于生产者

《指令》对生产者所下的定义是较为广泛的,它包括:① 制成品的制造者;② 任何原材料的生产者;③ 零部件的制造者;④ 任何将其名称、商标或其他识别标志置于产品之上的人;⑤ 任何进口某种产品在共同体内销售、出租、租赁或在共同体内以任何形式经销该产品的人;⑥ 如果不能确认谁是生产者,则提供该产品的供应者即被视为生产者,除非受损害的消费者在合理时间内获得查出谁是生产者的通知。

（三）关于损害赔偿

赔偿范围主要包括人身伤害和财产损失。《指令》未规定对人身伤害的最高赔偿额，它授权各成员国就此问题自行做出规定，但无论如何同一产品的一切人身伤害赔偿不得高于7 000万欧洲货币单位。关于每一诉讼财产损失，《指令》规定最低赔偿额为500欧洲货币单位。《指令》未规定对间接经济损失的赔偿责任，也不允许受害方索取精神损害补偿费。

（四）关于产品责任的抗辩

依照《指令》的规定，在产品责任诉讼中，被告可以提出以下两种抗辩：

1. 无罪责

如果生产者能够证明他没有罪责，那么他就可以不承担责任，这主要包括以下几种情况：① 生产者没有将产品投入流通；② 在产品投入流通时缺陷尚不存在；③ 产品不用于商业销售的目的；④ 产品有缺陷是遵守政府的有关法律所致；⑤ 发展风险，即生产者在将产品投入流通时的科学技术水平尚不能使产品存在的缺陷被发现，对此，《指令》允许各成员国决定是否采纳，英、德等多数成员国规定发展风险可以免责；⑥ 被害者自己的误用或过失是否可作为抗辩理由，由各国自行决定；⑦ 如果伤害是产品设计中的缺陷或者生产者所提供的说明不当所致，则产品零部件及原材料的供应者不承担责任；⑧ 属于被害者的过失，在某些情况下，生产者只能根据本事由减轻责任。

2. 时效

在产品责任诉讼中，时效已过也是重要的抗辩理由。《指令》对时效做了如下规定：① 被害者的权利自生产者将引起损害的产品投入市场之日起10年届满即告消灭，除非被害者已在此期间对生产者提起诉讼；② 各成员国必须在其立法中规定提起损害赔偿诉讼的时效，该诉讼时效为3年，从被害者知道或理应知道受到损害、产品有缺陷及谁是生产者之日起开始计算。

（五）关于产品责任的强制性规定

生产者不得以合同或其他办法来限制或排除其对产品的责任。

六、产品责任法律适用的国际公约

随着国际贸易的深入发展，国际上涉及不同国家当事人的产品责任诉讼案件逐步增多，因此有必要统一各国在这一领域的法律规定。1973年10月2日，海牙国际私法会议通过了《产品责任法律适用公约》（以下简称《海牙公约》），对产品责任的法律适用规则、产品、损害及责任主体等做出了详细的规定，这是目前有关产品责任法律适用方面的唯一的国际性公约。该公约自1977年10月1日起开始生效，奥地利、比利时、法国、卢森堡、荷兰、瑞士、挪威等均批准了该公约。

（一）《海牙公约》适用的案件类型

《海牙公约》主要适用于有关产品责任的国际性诉讼案件，而且仅适用于无合同关系的当事人之间所发生的纠纷。

（二）《海牙公约》对产品、损害及责任主体的规定

1. 产品

《海牙公约》所规定的产品含义极其广泛，包括各种天然物品与工业产品，既可以是动产，又可以是不动产。但是，《海牙公约》允许缔约国做出该公约不适用于未经加工的产品的保留声明。

2. 损害

《海牙公约》规定的损害是指因产品有缺陷或虽然产品无缺陷，但由于对产品的错误说明或对其使用方法未加适当说明而致使消费者所遭受的人身伤害和财产损失，但不包括产品本身的损失。

3. 责任主体

《海牙公约》规定，下列人员为承担产品责任的主体：① 成品或零部件的制造者；② 自然产品的生产者；③ 产品的供应者；④ 在产品准备或商业分配环节中的有关人员，包括修理员和仓库管理人员；⑤ 上述人员的代理人或雇员。

（三）《海牙公约》规定的法律适用原则

在有关产品责任纠纷同时涉及几个国家的法律，而各国法律的规定又不尽一致，应依据哪个国家的法律来解决纠纷的问题上，《海牙公约》采取了较为特别的法律适用规则。

（1）以侵害地所在国的国内法为基本的适用法律。但是，只有侵害地同时又是直接受害人的惯常居所地或被请求承担责任人的主营业地，或者是直接受害人取得产品的地方，侵害地所在国的国内法才能适用。

（2）以直接受害人的惯常居所地所在国的国内法为基本的适用法律。其适用条件是：① 直接受害人的惯常居所地是被请求承担责任人的主营业地；② 直接受害人的惯常居所地是直接受害人取得产品的地方。

（3）若上述两项原则所确定的法律都无法适用，则除非原告选择适用侵害地所在国的国内法，否则，适用的法律应为被请求承担责任人的主营业地所在国的国内法。

（4）若被请求承担责任人证明他不能合理地预见该产品或他自己的同类产品会经商业渠道在侵害地所在国或直接受害人惯常居所地所在国出售，则侵害地所在国和直接受害人的惯常居所地所在国国内法均不适用，应适用被请求承担责任人的主营业地所在国的国内法。

七、我国的产品责任法律制度

我国《产品质量法》于 1993 年 2 月 22 日经第七届全国人民代表大会常务委员会第三十次会议通过，并于 2000 年、2009 年和 2018 年做了三次修正。在我国，《产品质量法》与《民法典》《消费者权益保护法》等法律共同构筑起产品责任法律制度的框架。此外，还有一系列相关的法律、法规，如《工业产品质量责任条例》《药品管理法》《食品卫生法》等，最高人民法院的有关司法解释也是产品责任法律制度的内容之一。

我国的产品责任法律制度在相当大的程度上借鉴了欧美的成功经验,同时,考虑到本国国情,也在很多方面形成了独具特色的制度。

(一) 归责原则

根据我国《产品质量法》,在确定产品缺陷责任时,规定采用不同的归责原则。对生产者采用严格责任原则,对销售者则实行过错责任原则。一般情况下,销售者有过错的才承担责任;但是,销售者在不能指明产品的生产者或提供者时,也被要求承担责任。另外,在举证责任方面,为了更有效地保护消费者的利益,我国也往往采用"举证责任倒置"的方法,即由生产者证明产品不存在缺陷,如无法证明,则认为产品有缺陷。此外,因产品存在缺陷造成人身、他人财产损害的,受害人可以向产品的生产者要求赔偿,也可以向产品的销售者要求赔偿。属于生产者的责任而销售者赔偿的,销售者有权向生产者追偿;属于销售者的责任而生产者赔偿的,生产者有权向销售者追偿。

山西的消费者老吴购买了一个电热水器,结果因热水器漏电不幸身亡。老吴的妻子向热水器的销售商索赔,销售商认为,热水器虽然是他卖的,可他对热水器的质量问题并不知情,也没有责任,因此拒绝赔偿,让老吴的妻子直接找厂家交涉。请问:销售商的说法有道理吗?

(二) 抗辩事由

我国《产品质量法》对于生产者规定了以下抗辩事由:① 未将产品投入流通;② 产品投入流通时,引起损害的缺陷尚不存在;③ 产品投入流通时的科学技术水平尚不能发现缺陷的存在。

(三) 赔偿范围

根据我国《产品质量法》,因产品存在缺陷造成受害人人身伤害和(或)财产损失的,损害赔偿包括人身伤害赔偿和财产损失赔偿。造成受害人人身伤害的,侵害人应当赔偿医疗费、治疗期间的护理费、因误工减少的收入等费用;造成残疾的,还应当支付残疾者生活自助具费、生活补助费、残疾赔偿金以及由其扶养的人所必需的生活费等费用;造成死亡的,应当支付丧葬费、死亡赔偿金以及由死者生前扶养的人所必需的生活费等费用;造成财产损失的,侵害人应当恢复原状或折价赔偿;受害人因此遭受其他重大损失的,侵害人应当赔偿损失。我国对于产品责任的赔偿主要是经济方面的损失,对于精神损害赔偿的态度则是非常慎重的。

(四) 诉讼时效

我国《产品质量法》第四十五条规定:"因产品存在缺陷造成损害要求赔偿的诉讼时效期间为二年,自当事人知道或者应当知道其权益受到损害时起计算。因产品存在缺陷造成损害要求赔偿的请求权,在造成损害的缺陷产品交付最初消费者满十年丧失;但是,尚未超过明示的安全使用期的除外。"

能力实训

一、实训案例

1. 上海市某区法院接到消费者陈某的起诉,状告某一化妆品不合格,造成她面部皮肤严重损伤,要求该化妆品厂赔偿损失。在法庭上,化妆品厂承认陈某使用的化妆品确为该厂生产,但该产品是正在研制过程中的实验品,并没有投入市场,不清楚陈某是从哪里得到该化妆品的。陈某向法庭陈述:她使用的化妆品是其男友刘某所送,刘某是这家化妆品厂的质量检验员,并告诉她化妆品下月将在市场上出售。法庭传讯了刘某,刘某向法庭证实:其一,他是该化妆品厂的质量检验员,产品是其从成品车间偷来送给女友的;其二,该化妆品不是实验品,是下月将在市场上出售的正式产品。刘某当庭出示了产品检验合格证书和该厂在下季度出售该产品的广告宣传。法院立即委托有关检验机构对该化妆品进行技术检验。结果表明,该厂生产的化妆品不存在对人体皮肤造成损害的缺陷,是合格产品。法院又请皮肤专家对受害人陈某进行皮肤测试,结论是陈某的皮肤属于特殊的过敏性皮肤,对该化妆品具有严重的过敏性,经法庭辩论,法院判决化妆品厂不承担赔偿责任。

1. 评析

请问:该化妆品厂是否可以免除责任?

2. 原告贾某在家中吃晚饭,不慎将橱门旁边的一瓶珍珠啤酒碰倒,当天晚上,倾倒在地的啤酒引起爆炸,玻璃瓶碎片将贾某的右眼球击伤,经鉴定为伤残六级。事故发生以后,贾某提起诉讼,要求被告珍珠啤酒厂承担侵权责任,赔偿相关的经济损失。本案双方争议的焦点在于,啤酒瓶是否存在缺陷。被告认为,该厂生产的是合格产品且符合国家标准、行业标准,产品标贴上也注明警示性文字,原告未能举证啤酒瓶存在产品缺陷,故自己不应承担缺陷产品的侵权责任。

2. 评析

请问:珍珠啤酒厂是否应承担侵权产品的侵权责任?

二、思考题

1. 如何理解产品缺陷?其主要有哪些类型?
2. 简述产品责任法的主要特征。
3. 简述美国产品责任法中原告可以请求赔偿的范围。
4. 欧共体《关于对有缺陷的产品的责任的指令》中生产者的产品责任抗辩理由是什么?
5. 《海牙公约》规定的法律适用规则有哪些?

三、在线测试题

为检测本项目学习效果,请学生扫描左侧二维码完成在线测试,习题答案将于提交后自动显示。

项目七　国际海上货物运输的法律问题

学习目标

1. 知识目标

(1) 了解海上货物运输合同的种类；

(2) 熟悉和掌握提单的种类、内容及法律作用；

(3) 了解调整班轮运输的国际公约；

(4) 掌握《海牙规则》规定的承运人的权利和义务；

(5) 熟悉国际公约规定的承运人的责任期间和责任限制；

(6) 掌握海上货物运输的索赔与诉讼时效；

(7) 理解租船运输合同的种类和主要条款。

2. 能力目标

(1) 能够依法签订班轮运输合同，确认合同与提单的区别；

(2) 能够正确使用提单及提单保函；

(3) 能够明确班轮运输合同当事人(特别是承运人)的权利和义务，依法履行班轮运输合同。

任务一：国际海上货物运输合同与提单的关系

工作任务

承运人上海某运输公司在厦门装载托运人厦门某公司托运的10万袋共5 000吨白糖时，因发现有10%的脏包，就在收货单上做了批注。按规定，上海某运输公司应在提单上做同样的批注，但厦门某公司为了能够迅速出口货物与及时结汇，请求上海某运输公司接受其保函并签发清洁提单。因考虑到厦门某公司一时难以换货，上海某运输公司在厦门某公司许诺承担由此而产生的责任的情况下，给予厦门某公司适当的通融，签发了清洁提单。在船抵达科伦坡港卸货后，收货人以脏包造成损失为由，向斯里兰卡高等法院申请扣船并提起诉讼，船被扣达13天。厦门某公司经与收货人多次交涉，终于达成由其赔付162 366.67美元而收货人撤回起诉的协议。后上海某运输公司以厦门某公司出具的保函为依据，要求厦门某公司承担赔偿责任，遭到厦门某公司的拒绝。

> 请问：
> （1）提单是海上货物运输合同吗？如果提单的内容与合同不一致，应以哪个为准？
> （2）提单保函有效吗？
> （3）承运人是否可以依据该保函免除对收货人的赔偿责任？
> （4）在托运人拒绝依保函承担赔偿责任时，承运人是否能够通过诉讼保护自己的权益？

操作过程

（1）提单是托运人向承运人托运货物，在货物装船后或在承运人收到货物后，由船长或承运人的代理人签发的，证明收到提单上所载明的货物，允诺将货物运至指定的目的地并将货物交付收货人的凭证。因此，在承运人与托运人之间，提单不是海上货物运输合同，而是海上货物运输合同的证明，如果提单内容与合同不一致，则应以合同为准。

（2）所谓提单保函，是指托运人出具的，用以承担因签发清洁提单等行为而产生的一切责任的担保文书。它是托运人和承运人之间达成的，由托运人附条件在一定范围内向承运人赔偿损失的协议。实践中，保函的种类有很多，如清洁提单保函、倒签提单保函、预借提单保函、凭副本提单提货保函等。从各国的法律传统上看，大多认为保函是无效的，因为提单保函是托运人与承运人之间的协议，其内容与提单内容不一致，而对于提单的受让人而言，他要以提单来确认货物是否上船及货物的状态，提单保函的签订必然导致受让人受到欺诈。《海牙规则》和《维斯比规则》没有规定保函的效力问题。《汉堡规则》对保函的效力做了原则性规定，即保函对受让提单包括任何收货人在内的任何第三人不发生效力。在托运人与承运人之间，善意保函有效，承运人有权依据保函向托运人索赔；恶意保函无效，承运人不仅无权从托运人处取得赔偿，而且要对包括收货人在内的第三人的损失承担无限赔偿责任。所谓善意保函，是指在出现分歧时，为了尽快解决问题而出具的保函。此种保函不属于对收货人的恶意欺诈，因而对托运人有效。所谓恶意保函，是指以欺诈第三人为目的而签发的保函。若承运人接受恶意保函而签发清洁提单则属有意的欺诈，保函对托运人无效。我国《海商法》对保函问题未做明确规定，但最高人民法院在1988年针对保函曾做出过司法解释，指出"海上货物运输的托运人为换取清洁提单而向承运人出具保函，对收货人不具有约束力，不论保函如何约定，都不影响收货人向承运人或托运人索赔；对托运人和承运人出于善意而由一方出具另一方接受的保函，双方均有履行之义务"。综上所述，提单保函对收货人无效，但善意保函对托运人有效，恶意保函无效。

（3）承运人不可以依据该保函免除对收货人的赔偿责任。因为提单保函是托运人与承运人之间的协议。对于收货人来说，他是提单的受让人，他与承运人之间的关系是以提单为准的，且提单是他们之间关于货物状态的终结证据，任何提单之外的其他证据都不能推翻提单内容,如果货物与提单内容不符,则收货人有权要求承运人承担赔偿责任。

(4) 在托运人拒绝依保函承担赔偿责任时,承运人可以通过诉讼保护自己的权益。本案中,货物包装的不良状态不是十分严重,且如果只是包装出现较轻微的污损则不一定会对货物的品质造成严重影响,加之考虑到买卖合同的履行及船期延误等问题,在托运人出具保函的情况下,签发清洁提单,不应构成对收货人的恶意欺诈,因此该保函应属于善意保函,对托运人有效。当承运人因保函范围内的情形遭受损失时,托运人应依据保函予以赔偿。

知识链接与归纳

在国际贸易实践中,货物运输的方式、种类有很多,除海上运输外还包括铁路运输、公路运输、航空运输、邮政运输、江河运输、管道运输和国际多式联合运输等。海运是最古老的运输方式之一,但是,由于海运具有运量大、成本低的优点,目前仍然承担着世界上国际贸易总量2/3的货物运输,是国际货物运输中最重要的方式。

国际海上货物运输在法律上即体现为国际海上货物运输合同。

一、国际海上货物运输合同

(一) 海上货物运输合同的种类

国际海上货物运输通常依营运方式划分为班轮运输和租船运输,对应不同的运输方式,当事人应签署不同种类的运输合同,即班轮运输合同与租船运输合同。

1. 班轮运输合同

班轮运输也称定期运输,是指托运人将一定数量的货物交由承运人,承运人将众多托运人的货物,按固定航线、船期、港口和运费进行的运输。班轮运输通常适用于数量少、交接港口分散的零货、杂货的运输,因此,又称"件杂货运输"。由于班轮运输合同多以提单为表现形式,故班轮运输又称提单运输。班轮运输是海上货物运输中使用最为广泛的一种方式。

2. 租船运输合同

租船运输也称不定期船运输,是指将船舶的全部、部分或指定舱位出租给承租人而从事的货物运输。这种运输没有固定的航线、船期、港口和运费,运费或租金就行论价。租船运输一般适用于批量大、货种单一、交货港口集中的大宗货物的运输。

依据租船方式的不同,租船运输又可分为航次租船运输、定期租船运输和光船租赁运输。

(1) 航次租船运输,也称"程租船",是指承租人租用船舶全部、部分或指定舱位,将约定货物运抵指定港口的运输。

(2) 定期租船运输,也称"期租船",是指承租人租用由出租人配备船员的船舶,在约定期间内按照约定用途从事的运输。

(3) 光船租赁运输,是指船舶出租人向承租人提供不配备船员的船舶,在约定期间内由承租人占有、使用和营运,并由承租人向出租人支付租金的运输。

在租船业务中,为了便于交易的进行,通常都采用某些标准格式的租船合同,这些标准格式合同都是由航运业垄断组织制定出来的,其条款内容一般多是维护船东的利益的。因此,在洽租船只时,租船人为了维护自身的利益,往往要通过谈判斗争,对标准租船合同格式加以修改或补充。目前,在租船市场上,定期租船一般多采用"波尔太姆"期租租船合同格式,航次租船一般多采用"金康"程租租船合同格式。光船租赁实为财产租赁的一种形式,出租人并不承担运输义务,因此,光船租赁合同不能视为海上货物运输合同。

3. 海上货物运输合同的当事人

实际承运人

在班轮运输合同中,当事人为承运人与托运人。而在租船运输合同中,当事人为出租人和承租人,出租人一般就是班轮运输合同的承运人。国际贸易实务中的收货人往往不是托运人或承租人,因此其不是合同当事人,而是与运输合同有紧密联系的关系人。

美国 A 公司(卖方)与我国 B 公司(买方)签订了货物买卖合同,双方约定价格条件为 CFR(大连),由 M 公司负责承运该批货物。但实际上,M 公司未实际承运这批货物,而是由 D、E 公司来完成陆海联运。请问:货物运输合同的双方当事人是谁?如果发生了货损,应由谁承担责任?

(二) 海上货物运输合同的立法概况

1. 国际公约

目前,生效的有关班轮运输的最重要的国际公约是《海牙规则》《维斯比规则》和《汉堡规则》。

(1)《海牙规则》。《海牙规则》全称为《统一提单的若干法律规定的国际公约》。提单最早出现于中世纪。按照当时英国的普通法,对承运人的责任要求十分严格。后来根据契约自由原则,法律允许承运人和托运人自行商定承运人责任。于是,承运人在提单上列入各种免责条款。到 19 世纪,承运人加列在提单上的免责条款竟达六七十种。过度免责严重扭曲了承运人和托运人之间的权利义务关系,使提单的所有权凭证性大大削弱,从而引起贸易界、保险界、银行界及货方国家的普遍不满。1893 年,美国为了抵制提单上免责条款的泛滥,平衡船方、货方利益,制定了《哈特法》,规定了从事美国国内港口之间及美国与外国港口之间货物运输的承运人的最低限度责任:不得在提单上加入因自己的过失而造成货物灭失或损害却不负责任的条款,同时还规定承运人应谨慎处理使船舶适航,船长、船员对货物谨慎装载、管理和交付。这项规定对以后各国航运立法及国际航运法规产生了深刻的影响。为了缓和船方与提单中各利害关系人之间日益尖锐的矛盾，国际法协会所属的海洋法委员会于1921年在海牙召开会议，拟定了关于提单的规则草案，后于1924年在布鲁塞尔修改定稿，正式名称为《统一提单的若干法律规定的国际公约》(即《海牙规则》)。该公约于1931年6月生效，至今已有八十多个国家参加；而且已被世界大多数国家立法采纳，各远洋运输公司大都也依其确立的原则来制定自己的提单条款。因此，《海牙规则》已成为调整海上货物运输的重要而普遍的法律依据。但是，由于制定《海牙规则》的主要是代表船方利益的海运大国，《海牙规则》明显地偏袒船方的利益。因此，代表货主利益的国家和海运业不发达的国家强烈要求修改《海牙规则》。

《海牙规则》的主要内容

想一想

租船合同是否适用《海牙规则》？

(2)《维斯比规则》。《维斯比规则》全称为《关于修改统一提单的若干法律规则的国际公约的议定书》。第二次世界大战后，《海牙规则》存在的问题日益暴露出来，广大发展中国家修改《海牙规则》的要求更加强烈。1968年在布鲁塞尔召开的第十二届海洋法外交会议上，通过了起草于维斯比的《关于修改统一提单的若干法律规则的国际公约的议定书》(简称《维斯比规则》，或《海牙-维斯比规则》)。《维斯比规则》于1977年6月生效。由于修改《海牙规则》的方案主要来自英国和北欧一些海运业发达国家，因此《维斯比规则》只是对《海牙规则》做了某些修补，主要是提高了承运人对货物损害赔偿的最高金额，明确了集装箱和托盘运输中计算货物损害最高赔偿责任的数量单位，但对于《海牙规则》中的基本原则和一直存在重大争论的问题，如承运人不合理的免责等没有进行实质性的修改。

(3)《汉堡规则》。《汉堡规则》全称为《联合国海上货物运输公约》。1971年起，联合国贸易和发展会议下设的国际航运立法工作组继续对《海牙规则》进行修改，旨在以新的公约取代已过时的《海牙规则》，以彻底调整承运人和托运人的责任与义务。1978年3月，联合国国际贸易法委员会将《联合国海上货物运输公约草案》提交联合国主持的有78个国家参加的汉堡会议，并获得通过，即1978年《联合国海上货物运输公约》(简称《汉堡规则》)。《汉堡规则》于1992年11月1日生效，共7章36条和1个共同谅解条款。《汉堡规则》对《海牙规则》《维斯比规则》承运人的责任制度做了重大修改，实行了过失责任制，延长了责任期间，提高了赔偿限额，更体现出船方与货方权利与义务的平衡，更注重保护货主的利益。然而，代表船方利益的海运大国参加《汉堡规则》，有失无得；希望这些国家主动参加《汉堡规则》，显然是困难的。目前，该公约基本上没有海运大国参加。

《鹿特丹规则》

为什么关于海上货物运输的法律和国际公约主要以班轮运输为规范对象?

2. 各国法律

随着海上货物运输日益重要,许多国家都专门制定了有关海上货物运输的法律规范。美国国会早在1893年就通过了《船只航行、提单及财产运输的某些义务、责任和权利法》,即著名的《哈特法》。受美国的影响,澳大利亚、新西兰等国也纷纷制定了海上或水上货物运输法。英国于1924年制定了《海上货物运输法》,该法于1992年进行了修订。《海牙规则》生效后,很多缔约国以国内法的形式将《海牙规则》法典化,如美国的《海上货物运输法》等。我国于1992年11月7日通过了《中华人民共和国海商法》,该法于1993年7月1日起施行。我国至今尚未参加上述国际公约,但我国《海商法》对海上货物运输合同当事人的权利与义务的规定同《海牙规则》和《维斯比规则》中的很多原则是完全一致的,同时,为了顺应海上货物运输业的发展,该法在不少方面也吸收了《汉堡规则》的规定。

二、提单

(一)提单概述

1. 提单的概念及内容

提单是托运人向承运人托运货物,在货物装船后或在承运人收到货物后,由船长或承运人的代理人签发的,证明收到提单上所载明的货物,允诺将货物运至指定的目的地并将货物交付收货人的凭证。

提单并无统一的格式,可由航运公司自行制定,目前在海上货物运输中所使用的提单,都是由各航运公司按照自己的提单格式事先印刷好的。提单通常是一页纸,有正反两面。

提单的正面主要载明以下内容:船名和船舶的国籍;承运人名称;装货地和目的地或者运输航线;托运人名称;收货人名称;货物的名称、标志、包装、件数、重量或体积;运费和应当付给承运人的其他费用;提单签发的日期、地点和份数;承运人或其代理人或船长的签字。在上述九项内容中,第一项至第六项由托运人填写。托运人应向承运人保证其所填报情况的精确性,如果因托运人填写不清楚或不正确,引起货物的灭失或损害,则托运人应负责赔偿承运人的损失。如果承运人怀疑所收到的货物同提单上所填报的情况不符,则须在提单上添加批注。第七项至第九项一般由承运人填写。提单通常一式三份,但也可以根据托运人的需要适当增加或减少份数。承运人凭其中一份提单交付货物之后,其余提单一律作废。

提单的背面印有详细的运输条款,主要是规定承运人与托运人的权利和义务。这些条款由各航运公司自行拟订,内容繁简不一。一般情况下,主要包括:管辖权和法律适用条款;承运人责任条款;承运人的免责条款;承运人责任期间条款;赔偿责任限额条款;特殊货物条款;留置权条款;共同海损条款;双方有责碰撞条款。此外,提单中还有关于战争、检疫、冰冻、罢工、拥挤、转运等内容的条款。

承运人往往力图在提单中列入减免其对所运货物的责任的条款,但如果提单规定适用 1924 年的《海牙规则》,则承运人就不能在提单条款中排除其按《海牙规则》所应承担的最低责任,即使承运人在提单中列入了这样的免责条款,按照《海牙规则》的规定,这类免责条款也是无效的。

2. 提单的法律作用

提单是国际贸易最重要的装运单据之一,按照各国法律,它具有以下三种作用:

(1) 提单是托运人、承运人之间订有运输合同的凭证。在班轮运输中,当托运人与承运人已事先就货物运输订有货运协议(包括订舱单、托运单等)时,提单是双方运输合同的证明;若事先无货运协议或类似性质的任何协议,则提单就是双方订立的运输合同。当托运人将提单通过背书方式转让给第三人(通常就是收货人)时,在承运人和第三人之间,提单就是承运人与第三人之间的运输合同。

如果事先的协议与提单不一致,则应以提单为准还是以协议为准?

(2) 提单是承运人从托运人处收到货物或货物已装船的凭证。在班轮运输中,有权签发提单的是承运人(船长或其代理人)。托运人将货物交给承运人后,承运人签发提单,证明承运人按提单上所列内容收取了托运货物,日后即按提单所载内容向收货人交付货物。提单中属于证据性的内容主要是指提单正面所记载的有关货物的名称、标志、件数或重量等。这些记载的证据对托运人和善意受让提单的第三人的作用有所不同。在托运人与承运人之间,提单所载内容仅构成对货物状态的初步证据,而当托运人将提单转让给第三人时,提单所载内容则构成终结证据,承运人不得以其他证据对抗第三人。也就是说,对于第三人与承运人来说,货物的状态只能以提单为准。

为什么承运人不能以托运人出具的清洁提单保函为由,拒绝赔偿收货人?

(3) 提单是货物所有权的凭证。提单作为货物所有权的凭证,谁持有提单,谁就有权提取货物。无论提单持有人是否合法取得了货物的所有权,是否为货物的真正所有人,只要持有提单,就有提货权,这就是提单所代表的物权凭证的无因性。承运人在收到货物并签发提单之后,负有在目的地只向持有提单正本的人交付货物的义务。如果承运人将货物交给了没有提单正本的人,则承运人将可能承担赔偿提单正本持有人的全部损失的巨大风险。提单作为物权凭证,可以进行买卖和自由转让。

3. 提单的种类

(1) 按货物装船与否分类。按货物装船与否,提单可分为已装船提单、收货待运提单。① 已装船提单是国际海上货物运输中普遍使用的一种提单,是指在货物装船以后,承运人签发的载明装货船舶名称及装船日期的提单。② 收货待运提单主要适用于集装箱运输,是承运人在收取货物以后、实际装船之前签发的提单。在国际货物买卖中,买方和银行一般不接受此种提单。实践中,托运人需要在装货后通过要求承运人在收货待运提单上加注装船名称和装船日期的方法将其变为已装船提单。

(2) 按收货人抬头分类。按收货人抬头,提单可分为记名提单、不记名提单和指示提单。① 记名提单是指托运人指定特定人为收货人的提单,即在提单正面的收货人一栏载明特定的人的姓名或公司名称。这种提单不能通过背书方式转让,因此也称作"不可转让提单",收货人只能是提单上列明的人。由于此种提单流通性的限制,因此在国际贸易中使用不广泛,一般只在运送贵重物品、个人物品、展览品等货物时才使用。② 不记名提单是指托运人不具体指定收货人,在收货人一栏只填写"交与持有人"字样的提单,所以又称作"空白提单"。这种提单不经背书即可转让,凡持有人均可提取货物,因此在国际贸易中因风险太大而很少使用。③ 指示提单是指托运人在收货人一栏内填写"凭指示"或"凭某人指示"字样的提单。按指示人的指示交付货物,称为记名指示;收货人一栏内仅载明"凭指示"的,称为不记名指示,通常指由银行或托运人指示。指示提单通过背书可自由转让,所以又称作"可转让提单",在国际贸易中得到普遍使用。

(3) 按提单上是否有批注分类。按提单上是否有批注,提单可分为清洁提单、不清洁提单。① 清洁提单是指单据上无明显地声明货物及(或)包装有缺陷的附加条文或批注的提单。它表明货物已装船并且外观状况良好。② 不清洁提单是指单据上注明"货物外表状况不良"的有批注的提单,如批注"包装已破""货物已污损""渗漏""货物已锈蚀"等。承运人在目的港交货时,对于批注范围内的货物损失,可以免予承担责任。在国际贸易中,除信用证明确规定可以接受外,买方和银行拒绝接受不清洁提单。此外,不清洁提单也难以作为权利凭证自由转让。应当注意的是,有下列批注,不能算不清洁提单:第一,批注仅是对货物质量或包装情况的客观描述,未表示有不满意的情况,如东北大豆 500 吨,旧麻袋装;第二,批注表明承运人对货物的内容、数量、质量、特性等不详;第三,批注表明承运人对包装或货物特性引起的损失概不负责。在国际贸易实践中,银行、买方和提单的受让人只接受已装船的清洁提单。

基于不同运输方式的提单分类

(4) 其他几种特殊提单。在班轮运输实务中,出于种种原因会出现过期提单、倒签提单、预借提单等情形,对当事人的利益有重大影响。① 过期提单是指出口商取得提单后未能及时到银行议付,或过了银行规定的交单期限而未议付的提单,习惯上也称为滞期提单。按照《跟单信用证统一惯例》(UCP 600)的规定,凡超过装运日期 21 天后提交的单据即为过期提单,但如果信用证有效期或信用证规定的交单期早于此限期,则以有效期或规定的交单期为最后期限。银行一般不接受过期提单,但过期提单并不是无效提单,提单持有人仍然可以凭其要求承运人交付货物。② 倒签提单是指在货物装船完毕后,承运人或其代理人应托运人的要求,由承运人或其代理人签发提单,但提单上的签发日期早于该批货物实际装船完毕的日期,以符合合同或信用证装运日期的规定。表面上,倒签提单使得提单的签发日期与合同或信用证规定的装运日期相吻合,方便了议付和结汇,但它改变不了实际装运和抵达日期的真实情况,一旦这种倒签日期事先没有征得收货人同意并被收货人发现,后果是十分严重的。按照国际贸易惯例,倒签提单是违法的。承运人的这种倒签提单行为虽然是在托运人的正式请求下进行的,但是也要承担由此而带来的风险和责任。③ 预借提单是指由于合同或信用证上的装运日期和交单结汇日期都已到期,而货物因故尚未装船,或已开始装船但尚未完毕,在这种情况下,托运人为了议付和结汇往往向承运人或其代理人提出预先签发已装船提单,这种行为称为预借,借得的提单称为预借提单。预借提单必然又是倒签提单,承运人承担的风险更大。按照许多国家的规定,承运人签发预借提单将丧失享受责任限制和免责的权利。在实践中,为了获得倒签提单或者预借提单,托运人常向承运人出具保函,承诺一旦承运人因提单而遭到受让人索赔,托运人给予承运人赔偿。然而各国法律都不承认这种保函的效力。

　　托运人请求承运人签发倒签提单、预借提单和清洁提单而向承运人出具保函,该保函的法律效力有何不同?

4. 提单的转让

提单作为物权凭证,除记名提单以外,指示提单和不记名提单都是可以转让的。指示提单须经背书后交付而转让;不记名提单无须背书,仅凭交付即可转让。

提单的背书有两种方式:一是只签上背书人的名字,而没有写明货物交付谁,这种背书称为空白背书,任何人取得此种提单,都可以要求承运人交付货物。经过此种背书后,该提单已由指示提单变成不记名提单。二是签上背书人的名字后,写明交付某人或凭某人指示,这种背书称为记名背书,必须是提单的合法持有人才能要求承运人交付货物或将提单再行背书转让。

　　提单在背书时,只写明交付某人,而没有写凭某人指示字样,则该提单是否变成了记名提单?

任务二：承运人的权利和义务

工作任务（一）

案例1：某货轮起航后，船员在检查船舶和货物时，发现某货舱内有水声，担心海水渗入浸泡货物，于是迅速打开舱门，发现是货舱内水管中水流动的声音，后关上舱门离开。船到目的港卸货时，船员们发现货舱内的货物被渗入的海水浸泡，全部损失，调查原因得知是舱门无法关严，船舶在航行中颠簸，打在甲板上的海水渗入所致，货主提出货物损失赔偿。

案例2：某货轮起航后，船员在检查船舶和货物时，发现某货舱内有水声，担心海水渗入浸泡货物，于是迅速打开舱门，发现是货舱内水管中水流动的声音，后关上舱门离开。船到目的港卸货时，船员们发现货舱内的货物被渗入的海水浸泡，全部损失，调查原因得知是船员没有将舱门关严，船舶在航行中颠簸，打在甲板上的海水渗入所致，货主提出货物损失赔偿。

请问：
(1) 案例1中，承运人是否需要对货主的货物损失负赔偿责任？法律依据是什么？
(2) 案例2中，承运人是否需要对货主的货物损失负赔偿责任？法律依据是什么？

操作过程

(1) 案例1中，承运人应对货主的货物损失负赔偿责任。根据《海牙规则》，承运人应在开行前和开航时，谨慎处理使船舶适航。船舶的各项设施应能够经受航程中的一般风险，并且能够安全地运送和保管货物是适航性的基本要求。而案例1中，该船的舱门无法关严是导致货舱进水的主要原因，因此应属于船舶的设施没有满足适航性的要求，除非承运人能够证明舱门在开航前或开航时完好无损，否则就应当承担赔偿责任。

(2) 案例2中，承运人也应对货主的货物损失负赔偿责任。根据《海牙规则》，承运人负有管货义务。承运人在责任期内，应适当和谨慎地装载、搬运、配载、运送、保管、照料和卸载所运货物。案例2中，船员由于疏忽，没有将舱门关严，导致货舱进水，承运人没有尽到管货义务，属于承运人违约，应负赔偿责任。

工作任务（二）

承运人的免责事项

2010年12月12日，上海某机械有限公司（以下简称"机械公司"）委托上海某货运有限公司（以下简称"货运公司"）出口运输一批自行车停放用车架、周转箱至日本大阪，收货人为F公司。随后，货运公司委托上海某轮船有限公司（以下简称"轮船公司"）实际承运该批货物。但至2010年12月31日，收货人仍未接到货运公司的提货通知。2011年1月初，机械公司向货运公司查询得知，装载出口货物的轮船公的"Y"轮已在日本门司海域附近搁浅,船舶和货物救助工作尚在进行当中。2011年6月16日,收货人接到"Y"轮船东保险商代理人的通知,告知上述出口货物推定全损。为此,机械公司向上海海事法院提起诉讼,请求判令货运公司与轮船公司连带赔偿货物损失520万日元。

货运公司对案件事实没有异议,但辩称:货运公司是原告的货运代理人,在代理活动中不存在过错,故不应承担责任。

轮船公司辩称:① 涉案的出口贸易条件为CFR,货交承运人后货物所有权和风险均转移至收货人,所以机械公司无权提起本案诉讼。② 其与机械公司不存在海上货物运输合同关系,也不是涉案船舶的所有人和光船承租人,因此其不是契约承运人也不是实际承运人,不应成为本案被告。③ 涉案船舶在日本海域发生海难事故,货物推定全损;海难发生是船长的航行过失造成的,对此承运人不应承担责任。

法院查明:2011年11月27日,日本门司地方海难审判庭在调查了相关证据的基础上就"Y"轮触礁事件对船长王某做出裁决,判决主文是"有关本触礁事件是由于没有充分地确认船体所在位置而发生的"。"指定海难当事人王某在夜间行驶中,未看GPS图形显示器,未将雷达的图像和海图做比较来充分确认船体所在位置,以至于过于接近位于大藻路岩灯标以西的干出岩,是本事件发生的原因"。

货运公司具备国际货运代理企业资质,其出具的提单为某远洋运输公司的提单,但货运公司没有提供某远洋运输公司合法存在以及该公司授权货运公司代理签发该公司提单的相关证据。另查明,2009年3月30日,轮船公司与永泰国际海运有限公司签订了"Y"轮的定期租船合同。被告轮船公司提供的网站资料上显示,"Y"轮的登记船东为H公司,船舶管理人为J公司。

请问:
(1) 货运公司是承运人还是代理人?
(2) 轮船公司是实际承运人吗?实际承运人应承担什么责任?
(3) 承运人需要为货物损失承担责任吗?实际承运人需要承担责任吗?
(4) 船长王某需要承担货物损失的责任吗?

操作过程

(1) 货运公司是承运人。我国《海商法》第四十二条第(一)项规定,"本人或者委托他人以本人名义与托运人订立海上货物运输合同的人"为承运人。本案中,货运公司接受机械公司的委托,出运出口合同中的部分货物,并通过传真方式向机械公司出具提单。虽然提单是某远洋运输公司的,但被告货运公司不能证明该公司真实和合法存在,也不能证明代理签发该公司的提单系经过该公司的有效授权,因此被告货运公司未经授权实施签单行为,应认为系以自己的名义接受原告关于货物出运的委托;同时,被告货运公司又以自己的名义为托运人委托被告轮船公司承运货物,结合上述事实,认定被告货运公司为本案的承运人。

(2) 轮船公司应为实际承运人。我国《海商法》第四十二条第(二)项规定:"'实际承运人',是指接受承运人委托,从事货物运输或者部分运输的人,包括接受转委托从事此项运输的其他人。"本案中,货运公司以自己的名义委托轮船公司承运货物,轮船公司又与永泰国际海运有限公司签订船舶定期租船合同。根据上述事实,被告轮船公司接受被告货运公司委托后,与永泰国际海运有限公司签订了船舶定期租船合同。根据定期租船合同的特点,被告轮船公司虽不是船舶所有人,但享有船舶经营权,有权就船舶的营运发出指示,参与货物运输环节,应认定从事涉案货物的运输,符合我国《海商法》中有关实际承运人的特征,因此被认定为从事货物运输的实际承运人。托运人、收货人与实际承运人之间不存在运输合同关系,但存在法定运输关系,可追究实际承运人的侵权责任,提起侵权之诉。

(3) 承运人不需要承担货物损失的责任。根据《海牙规则》以及我国《海商法》的规定,因船长、船员、引航员或者承运人的其他雇用人在驾驶或管理船舶中的过失而使货物发生灭失或者损坏的,承运人不负赔偿责任。根据调查笔录及日本有关机构做出的裁决书的内容可知,"Y"轮搁浅的原因是船长王某在驾驶和管理过程中存在过失,因此,货运公司作为承运人可以免责。承运人的免责事项是否适用于实际承运人,在我国《海商法》中没有明确规定,但根据国际惯例,实际承运人有权援引承运人的免责事项,因此实际承运人也应不负赔偿责任。

(4) 船长王某不需要承担货物损失的责任。从合同法原理上讲,承运人的免责事项是运输合同的一部分,因此,只适用于承运人,不能适用于船长、船员等承运人的雇佣人员。但为了避免这些雇佣人员承担赔偿责任,承运人通常会在合同中增加一个条款,明确规定承运人的免责和限制赔偿金额的权利同样适用于雇佣人员和代理人,这就是所谓的"喜马拉雅条款"。《维斯比规则》和《汉堡规则》都承认了喜马拉雅条款的合法性。《维斯比规则》第3条第2款对此做了明确规定:"如果这种诉讼是对承运人的雇佣人员或代理人(该雇佣人员或代理人不是独立的订约人)所提起,则该雇佣人员或代理人便有权适用承运人按照《海牙规则》的各项抗辩或责任限制的规定。"

知识链接与归纳

(二) 承运人的权利和义务

1. 承运人的基本义务

按照《海牙规则》的规定,承运人必须履行最低限度的义务。

(1) 使船舶适航的义务。广义的船舶适航是指船舶在各方面都能满足预定航线航行的需要。根据《海牙规则》的规定,适航包括三项内容:

第一,船舶适于航行。狭义的船舶适航是指船体强度、结构、设备及性能等都能满足在预定航线上安全航行的需要。实践中,船舶具备适航证书不能在法律上证明船舶适航,它取决于船舶在航行中是否能抵御海上航行中通常所具有的一般风险,达到安全航行的标准。

第二,船员配备、船舶装备和船舶供应适当。船员配备适当,是指船员在个人素质、资格、人数上都能满足特定航行的要求。例如,船长要具备适合海上航行的健康体魄,取得行使其职能的有效的职务证书。此外,船上要备齐海上航行中应当具备的一定数量的船员等。船舶装备适当,是指船上设备齐全,安全可靠,备齐海上航行必需品及不能缺少的雷达、仪器、仪表、海图等航海资料,且应是最新的、准确无误的。船舶供应适当,是指带足海上航行中必不可少的燃料动力、食品、药物、淡水等供应品,并在开航前将中途补给的来源和地点一一落实。

第三,船舶适货。货舱、冷藏舱及其他载货处能适宜、安全地收受、运送和保管货物。货仓的消毒、冷藏或排水、通风等要适应所载货物的安全运送和保管需要。

按照《海牙规则》的规定,船舶适航与否,以开航前和开航时的这段时间为标准,不包括航行中或到达目的地时是否适航。《海牙规则》并不要求承运人承担开航后乃至到达目的地以前整个航程中船舶适航的责任。按照《海牙规则》的规定,承运人对船舶适航性的责任,并不是要求承运人保证船舶绝对适航,承运人须在开航前和开航时谨慎处理,使船舶适航。如果承运人能够证明船舶不适航是某种虽然经过谨慎处理但仍然不能发现的潜在缺陷造成的,则承运人就可以免除责任。各国法院一般认为,承运人是否已经做到谨慎处理是一个事实问题,要根据具体案件具体分析。在海运业务中,承运人往往以船舶领有适航证书为其已履行提供适航船舶义务的依据。适航证书是船舶检验机构对船舶进行检修后,认为该船舶具备适航条件而发给船舶的一种证明文件。但是,如果承运人委托验船师或其他代理人为其检验船舶,而这些人没有承担谨慎处理的责任,则承运人也应对他们的疏忽行为负责。

(2) 管货义务。承运人应适当和谨慎地装载、搬运、配载、运送、保管、照料和卸载所运货物。适当是从技术方面,要求承运人对《海牙规则》所列的装载、搬运、配载、运送、保管、照料和卸载七个工作环节具备一定的技术知识、技术水平和能力;谨慎是从个人素质方面,要求承运人尽心尽力做好职能范围内的工作。以上七个工作环节是否做到适当和谨慎是个事实问题而不是法律问题,实践中,除取决于承运人的技术水平和个人责任心以外,还要根据装卸码头的习惯做法以及货物的特性加以判断。

(3) 交货义务。承运人有义务将货物运至约定的目的港并将提单上载明的货物交给收货人。假如目的港发生战争、封锁、瘟疫、罢工、冰冻或者承运人无法控制的其他情况,使船舶不能驶入,则船长有权把船舶驶到附近的安全港口卸货,并通知收货人接货,这样即可认为承运人已履行其交货义务。

2. 承运人的权利

承运人的权利,在国际海上货物运输的国际公约以及相关法律中,体现为对承运人规定的免责事项。

(1)《海牙规则》规定的免责事项。《海牙规则》第4条规定:"不论承运人或船舶,对下列原因引起或造成的灭失或损坏,均不负责。"第2款和第4款共列举了在18种情况下免除承运人依《海牙规则》应承担的责任:① 船长、船员、引航员或承运人的雇佣人员,在航行或管理船舶中的行为、疏忽或不履行义务;② 火灾,但由承运人的实际过失或私谋所引起的除外;③ 海上或其他能航水域的灾难、危险和意外事故;④ 天灾;⑤ 战争行为;⑥ 公敌行为;⑦ 君主、当权者或人民的扣留或管制,或依法扣押;⑧ 检疫限制;⑨ 托运人

恪尽职责亦
不能发现
潜在缺陷案例

或货主、其代理人或代表的行为或不行为;⑩ 不论任何原因引起的局部或全面罢工、关厂停止或限制工作;⑪ 暴动和骚乱;⑫ 救助或企图救助海上人命或财产;⑬ 货物的固有缺点、性质或缺陷引起的体积或重量亏损,或任何其他灭失或损坏;⑭ 包装不善;⑮ 唛头不清或不当;⑯ 虽恪尽职责亦不能发现的潜在缺陷;⑰ 非承运人的实际过失或私谋,或者承运人的代理人或雇佣人员的过失或疏忽引起的其他任何原因,但是要求引用这条免责利益的人应负责举证,证明有关的灭失或损坏既非承运人的实际过失或私谋,亦非承运人的代理人或雇佣人员的过失或疏忽造成的;⑱ 合理绕航。

对于船长、船员在管理或驾驶船舶中的故意行为造成的货物损失,承运人可以免责吗?

《海牙规则》实行的是承运人的不完全过失责任,即船长、船员、引航员或承运人的雇佣人员,在航行或管理船舶中的行为、疏忽或不履行义务造成货物损失,亦可免责。此规定对货方显然不利。但是根据《海牙规则》第5条的规定,承运人可在提单中明确规定放弃某项权利的豁免或加重自己的责任和义务。

A国的甲公司出售一批货物给D国的乙公司,合同履行过程中甲公司找到C国的丙远洋运输公司承运这批货物。丙公司在承运过程中因货物装载不当,致使甲公司的货物发生自燃,轮船船员在救火的过程中致使另一公司丁公司的货物损失了一部分。请问:对于甲公司与丁公司的损失,丙公司是否应承担赔偿责任,为什么?

我国甲轮船将一批饲料从日本东京运至我国威海港,甲轮船到达目的港后,发现所载饲料因发霉受损。经检验,饲料发霉是海上风浪过大,海水浸泡所致。请问:承运人是否需对此损失承担责任?

(2)《汉堡规则》规定的免责事项。《汉堡规则》摒弃了《海牙规则》的不完全过失责任,删除了《海牙规则》中的一些免责事项,实行了完全的过失责任制度。另外,《汉堡规则》加重了承运人的举证责任,除火灾外,采用推定过失责任制度,即在货物损失发生后,首先推定是承运人有过失,如承运人主张自己无过失,则必须承担举证责任。根据《汉堡规则》的规定:除非承运人证明他本人、其他雇佣人员或代理人为避免事故的发生及其后果已采取一切所能合理要求的措施,否则,承运人应对因货物灭失或损坏或迟延交货造成的损失负赔偿责任。

(3)我国《海商法》规定的免责事项。我国《海商法》规定了12项免责事项,基本内容与《海牙规则》类似,但在举证责任方面,吸收了《汉堡规则》的内容,即除火灾以外,采用推定过失责任制度,承运人需负举证责任。根据我国《海商法》第五十一条的规定,承运人可就下列事项免责:① 船长、船员、引航员或者承运人的其他受雇人在驾驶船舶或者管理船舶中的过失;② 火灾,但是由于承运人本人的过失所造成的除外;③ 天灾,海上或者其他可航水域的危险或者意外事故;④ 战争或者武装冲突;⑤ 政府或者主管部门的行为、检疫限制或者司法扣押;⑥ 罢工、停工或者劳动受到限制;⑦ 在海上救助或者企图救助人命或者财产;⑧ 托运人、货物所有人或者他们的代理人的行为;⑨ 货物的自然特性或者固有缺陷;⑩ 货物包装不良或者标志欠缺、不清;⑪ 经谨慎处理仍未发现的船舶潜在缺陷;⑫ 非由于承运人或者承运人的受雇人、代理人的过失造成的其他原因。

3. 承运人的责任期间

承运人的责任期间是指承运人对货物运输负责的时间范围。

(1)《海牙规则》规定的责任期间。《海牙规则》第1条第5款规定的承运人负责的"货物运输"是指自货物装上船时起,至卸下船时止的一段时间。通常适用"钩至钩"条款,即在使用船上吊杆的情况下,装货时,当货物在码头上挂上船舶的吊钩,《海牙规则》开始适用;卸货时,当货物在码头上离开船舶的吊钩,《海牙规则》停止适用。如果使用岸上的起重吊,则以船舷为界。

(2)《汉堡规则》规定的责任期间。按照《汉堡规则》第4条第1款的规定,承运人对货物的责任期间,包括在承运人掌管下的货物在装运港、运送途中和卸货港的期间,即从承运人接收货物时起至交付货物时止的整个期间。与《海牙规则》相比,《汉堡规则》实际上延长了承运人的责任期间,彻底解决了货物在装船前或卸货后无人负责的问题。

4. 承运人的责任限制

承运人的责任限制是指承运人的赔偿限额。一般情况下,如果货物的实际损失低于赔偿限额,则承运人按实际损失给予赔偿;若实际损失高于赔偿限额,则承运人只按赔偿限额给予赔偿。

(1)《海牙规则》的规定。按照《海牙规则》的规定,每件货物或每一计费单位的货物的灭失或损坏,其最高赔偿额以100英镑为限,该货币单位应为金价,而非传统意义上的纸币。但托运人在装船前已就该项货物的性质和价值做出声明并已列入提单者,可不在此限。

(2)《维斯比规则》的规定。《维斯比规则》在赔偿限额方面,对《海牙规则》进行了如下主要修改:

第一,采用双重责任限额制,即承运人对于未申报价值的货物,其灭失或损坏的最高赔偿额为每件或每单位10 000金法郎或每公斤30金法郎,两者以高者计。采用的金法郎仍以金本位制为基础,目的在于防止日后法郎纸币的贬值,一个金法郎是含金纯度为千分之九百的黄金65.5毫克的单位。一旦法郎贬值,仍以上述黄金含量为计算基础。1979年,《维斯比规则》通过了修改议定书,以国际货币基金组织所规定的特别提款权

(SDR)为单位来确定承运人对货物损失的最高赔偿额。1 SDR 折合 15 个金法郎,即承运人对于未申报价值的货物,其灭失或损坏的最高赔偿限额为每件或每单位 666.67 SDRs 或每公斤 2 SDRs,两者以高者计。

第二,有关集装箱货物的赔偿限额。当货物是用集装箱、托盘或类似运输工具集装时,以提单中所载明的该集装箱或托盘内货物件数为计算赔偿限额的件数;若未注明件数,则以集装箱或托盘为一件计算。

第三,承运人丧失责任限额权利的条件。如经证明,损害是承运人故意造成的,或是知道很可能会造成这一损失而毫不在意引起的,则承运人就无权享受责任限额的权利。

(3)《汉堡规则》的规定:

第一,《汉堡规则》规定,承运人的赔偿限额以灭失或损坏的货物每件或每一货运单位相当于 835 SDRs 或毛重每公斤 2.5 SDRs 的数额为限,两者以高者计。这比《维斯比规则》规定的限额约提高了 25%。

第二,承运人对延迟交付的赔偿责任。所谓迟延交付,是指在事先预定的时间内未交付或者按一个负责任的承运人能要求的合理时间范围内未交付的行为。承运人迟延交付货物,其赔偿限额以相当于该延迟交付货物应支付运费 2.5 倍的数额为限,但不得超过海上货物运输合同规定的应付运费总额。

第三,《汉堡规则》还沿用了《维斯比规则》中关于承运人丧失责任限额权利的规定。

(4)我国《海商法》的规定:

第一,我国《海商法》关于赔偿限额的规定,基本上与《维斯比规则》相同。

第二,延迟交付货物的,赔偿限额为迟延交付货物的运费数额;运输合同或提单中规定的限额超过上述限额的,以该合同或提单的规定为准。

第三,承运人对集装箱装运的货物的责任期间,即从装运港接收货物时起至卸货港交付货物时止,货物处于承运人掌管之下的全部期间;承运人对非集装箱装运的货物的责任期间,即从货物装上船时起至卸下船时止,货物处于承运人掌管之下的全部期间。但是当事人可以通过协议改变上述责任期间。可见,我国《海商法》对一般货物运输下的承运人的责任期间的规定与《海牙规则》一致,但对集装箱运输下的承运人的责任期间的规定又和《汉堡规则》一致。

(三)托运人的义务

对于托运人的义务,三个公约并无大的差异,主要包括以下内容:

1. 按约定提交托运的货物

托运人应把约定的托运货物及时运到承运人指定的地点,以便装船;同时,应在提单上把货物的品名、标志、号码、件数、重量、装运港与目的港的名称以及收货人的名称填写清楚。如因资料不正确而造成承运人损失,则托运人应当赔偿。托运人应按港口规定办妥货物出港的一切手续并将单证交给承运人。如因托运人未能及时办妥手续而造成延滞或其他损失,则托运人应承担责任。

2. 支付运费

运费一般包括货物从装运港到目的港的运输费、附加费、装卸费和港务费等。运费的支付办法有预付运费、到付运费和比例运费。采取何种支付办法可由双方在运输合同中约定。

3. 按时提货

托运人或收货人应按习惯或承运人的通知及时到指定地点提取货物。

（四）索赔与诉讼

1. 索赔

《海牙规则》规定，收货人在提货时应检查货物，如果发生灭失或损坏，则应立即向承运人提出书面索赔通知；如果灭失或损坏不明显，则应在3天内提出索赔；在联合检验的情况下，无须出具索赔通知。收货人未按上述时限提交索赔通知的，即构成承运人所交货物符合提单规定的初步证据。《汉堡规则》规定，索赔通知由3日延长到15日，延迟交货的索赔通知时限为自收货后60日内。

不过，收货人即使没有按期把货物损失情况通知承运人，也不因此而丧失索赔的权利，但应另行提供充分的证据材料推翻上述初步证据。

我国《海商法》规定，若运送的是非集装箱货物，则不明显货损通知时限为从交货次日起连续7日内；若运送的是集装箱货物，则为15日。

2. 诉讼

关于诉讼时效，《海牙规则》规定为1年，自货物交付之日起算；在货物灭失的情况下，自货物应交付之日起算。《维斯比规则》对此做了两点修改：① 诉讼时效为1年，双方协商，可延长时效；② 对第三人的追偿诉讼，在1年的诉讼时效期满后，仍有3个月的宽限期。《汉堡规则》将诉讼时效延长为2年，自承运人交付货物或部分货物之日起算；如未交付货物，则自货物应该交付的最后一日起算。

我国《海商法》第二百五十七条规定：就海上货物运输向承运人要求赔偿的请求权，时效期间为1年，自承运人交付或者应当交付货物之日起计算；在时效期间内或者时效期间届满后，被认定为负有责任的人向第三人提起追偿请求的，时效期间为90日，自追偿请求人解决原赔偿请求之日起或者收到受理对其本人提起诉讼的法院的起诉状副本之日起计算。有关航次租船合同的请求权，时效期间为2年，自知道或应当知道权利被侵害之日起计算。

索赔通知时限与诉讼时效有什么关系？

我国甲公司购买的一批美国乙公司的货物由韩国A远洋运输公司运至目的地上海港，甲公司于2019年7月5日在上海港收货后发现这批货物中有1/3发生损失，于是7月10日电告承运人货损情况，并于2019年8月11日向上海市第一中级人民法院提起诉讼。但A公司认为，甲公司的货损通知已超过索赔时限,要求法院驳回原告诉讼请求。经查,双方于运输合同中约定该合同纠纷的解决适用我国法律。请问:我国甲公司的主张能否得到法院的支持?为什么?如果适用《海牙规则》会出现什么样的结果?为什么?如果适用《汉堡规则》则又会出现什么样的结果?

(五)海运单和电子提单

1. 海运单

海运单又称运单,是证明国际海上货物运输合同和货物由承运人接管或装船,以及承运人保证将货物交给指定的收货人的一种不可流通的单证。

海运单是自20世纪70年代以来出现的,是以不可转让的运输单据来代替提单的一种做法,其适用于具有船速快、装卸效率高等优点的集装箱货物运输,以及防止海运欺诈的情况。与提单相比,海运单不具有所有权凭证的作用,收货人提货时无须凭海运单,而只需证明其身份,因而海运单具有实现快速提货的特点;海运单不具有流通转让性,即使非法得到海运单,也无法凭此提货,这样就减少了因被盗或遗失单证而使船方或货主利益受损的风险。

1990年6月在巴黎举行的国际海事委员会第三十四届大会上,通过了《国际海事委员会海运单统一规则》,试图解决和统一海运单本身的主要法律问题。但这一民间规则不具有强制的约束力,它只有在运输合同中被双方当事人协议采纳时,才能适用。

2. 电子提单

电子提单是指通过电子传送的有关海上货物运输合同的数据的单证。电子提单不再像传统提单那样是一种纸面航运单证,而是一系列有关海上货物运输合同的电子数据,按特定的规则组合而成,并以电子计算机通信途径进行传送。

电子提单是当代电子计算机技术和电子通信技术发展的产物。同海运单一样,电子提单是为了解决传统提单主要靠航空邮寄办法进行流转,因而常常出现提单晚于船舶到达目的港的情况而产生的,以满足集装箱货物运输方式对航运单证及其流转途径提出的新要求。此外,电子提单按密码进行流转,能有效地防止航运单证欺诈。1990年,国际商会的《国际贸易术语解释通则》中承认了当事人以电子提单代替纸质提单的约定有效。

1990年《国际海事委员会电子提单规则》第6条明确了电子提单的法律适用、电子提单项下货物支配权的转移和电子提单的书面形式等问题。该规则规定,电子提单应受强制适用于传统提单的国际公约或国内法的制约。电子提单具有传统提单的流转功能,拥有货物支配权的货物所有人可以通过转让这一权利来实现货物的转卖;承运人、托运人及其他有关方,应在计算机存储器中存储,并可在电子计算机屏幕上用人类语言显示,或已由计算机输出的电子数据,视为书面形式。

三、租船合同

(一) 航次租船合同的主要条款

一般来说,在航次租船合同中,出租人(通称船方)就是承运人,承租人(通称租方)就是托运人,虽然租方有时也可能把租来的船舶的全部或一部分转租出去,或揽运别人的货物,但这并不是这类租船合同的主要目的,因此,航次租船合同通常就是货物的运输合同。双方当事人订妥合同之后,船方应将约定的船只驶往约定的装货港装载货物,然后开往合同规定的目的港交货。航次租船合同的条款主要有以下内容:

1. **关于船舶的说明**

在航次租船合同的开头,通常都载有关于船舶特征的陈述,其内容主要包括船舶的名称、国籍、种类、级别、载重量以及订约时船舶所处的位置等。这些情况叫作航次租船合同中的说明,其作用是把出租的船舶予以特定化,使之成为用以履行该合同的特定船舶。船舶一经特定化后,除合同另有规定外,非经租方同意,船方不得以其他船舶代替该船来履行航次租船合同。

2. **船舶到达装货港的日期**

航次租船合同通常都规定有船舶应到达装货港的最迟日期,船方履行这一义务,是租方履行装货义务的先决条件,这个日期的最后一天被称为"解约日"。按照一般航次租船合同的规定,船舶如果迟于解约日到达装货港,或者虽已到达装货港但未能在各个方面做好装货的准备工作,则租方都有权解除合同。而且租方的这项解约权是绝对的,不受航次租船合同内一般免责条款的影响。

3. **安全港口和安全泊位**

航次租船合同一般都载明船舶受载的港口,以便船舶驶往该港装货。船方为了保证船舶的安全,一般都在租船合同中规定,船舶只能驶往安全的装货港和目的港装卸货物,而且还规定装卸的地点应当是该船能经常保持漂浮的地点。这里所谓安全,包括政治上的安全和地理上的安全两重含义。就政治上的安全来说,租方所指定的装卸港应当是船舶能安全进出,不会遭到扣留、没收或拿捕的危险的港口;就地理上的安全来说,该港应当是船舶能在空载时驶进,也能在满载货物以后安全驶出的港口。所谓经常保持漂浮,是指船舶在满载货物后仍应处于浮泊状态。

4. **装卸时间和滞期费、速遣费**

航次租船合同都订有装卸时间和滞期费条款。装卸时间就是允许租方用于装卸货物而不必支付滞期费的时间总数。租方必须在航次租船合同规定的装卸时间内完成装卸作业。如果超过约定的装卸时间,就要向船方支付滞期费;但如果提前完成装卸作业,则可以向船方取得速遣费。这是因为装卸货物的速度直接影响船舶的周转。关于滞期费和速遣费的金额,可以由双方在航次租船合同中规定。如果航次租船合同对此没有做出明确的规定,则按装货港的惯例办理。按照航运习惯,一般以船舶每天的维持费计算滞期费,而以滞期费的半数为速遣费。

5. **货物损害责任**

因货物积载不当或疏忽或船舶不适航导致货物灭失、损坏或延迟交付,且可归咎于船方或船东经理人员本人的行为或过失的,船方承担货物灭失、损坏或延迟交付的赔偿责任。

在以下情况下,免除船方的赔偿责任:

(1) 除上述情况外的其他原因引起的货物灭失、损坏或延迟交付,包括船方所雇佣人员在履行职责时的疏忽或过失引起的;

(2) 货物损坏是与其他货物接触或者其他货物的渗透、串味或蒸发或者货物的易燃易爆性质或不良包装引起的;并且不得视为积载不当或疏忽。

6. 运费

支付运费是租方的一项主要义务。航次租船合同对运费的计算方法和支付方法一般都有具体的规定。运费的支付方法有预付运费和到付运费两种。

(1) 预付运费一般在船舶所有人接管货物或签发提单时支付,预付运费可以全部预付,也可以部分预付。预付运费的特点是,不论船舶与货物灭失与否,一概不予退还。但如遇下列三种情况,船方必须退还预付运费:第一,未能提供适航船舶在合理时间内开航;第二,货物因免责条款以外的事故而招致灭失;第三,货物在预付运费的付款期截止前已遭灭失。

(2) 到付运费的支付时间,原则上是在船舶抵达目的港交货前付清。在到付运费的情况下,支付运费和交货是对流条件,租方或收货人若不支付运费,则船方就没有义务交货;反之,船方不交货,租方就没有义务支付到付运费。因此,在到付运费的条件下,如果货物在中途灭失,则租方就没有支付运费的义务。

7. 责任终止条款和留置权

在航次租船合同中,一般都订有责任终止条款,内容主要规定,在货物装船完毕之后,租方对航次租船合同的责任即告终止,但是在合同所规定的运费、空舱费和滞期费未付清之前,船方对货物有留置权。这种条款多数在货物的卖方是发货人或代理人,而买方是收货人的情况下采用,其目的是要把运输过程中的一切费用移转给收货人负担。

(二) 定期租船合同的主要条款

定期租船合同是指出租人(即船方)在一定期限内把船舶出租给承租人(即租方),供其按约定的用途使用的书面协议。在定期租船合同中,船方出租整个船舶,租方按月或日支付租金。租方租进船舶以后,可以用来运送自己的货物,也可以用来经营货物运输业务,承运第三人的货物。

按照定期租船合同,船舶仍归船东所有,船上的人事安排、航行管理等权限仍归船东掌握,船东可以通过其所选任的船长和船员继续保持对船舶的占有权。但是,船舶在业务上应接受租方的指示,如果租方对船长的工作不满意,则可以提请船东予以撤换。但撤换与否,应由船东决定。在出租期间,船舶的费用开支,应由船方与租方合理分担。

定期租船合同的条款有很多,主要内容如下:

1. 船舶适航

其一是船东保证在交船之日及在整个租期内船舶与其提供的船舶规范相符,如有不符,则租金降至足以赔偿租方遭受的损失。其二是在交船之日及在整个租期内,船舶紧密坚实、牢固,处于良好的工作状态,各方面都适于货运;船壳、机器、设备处于充分有效状态,并按规定人数配齐合格的船长、船员、水手。

关于船舶的燃油量,必须在定期租船合同中说明,为什么?在航次租船合同中是否需要说明?

2. 航行范围

在租期内,船东通常只保证租方在有限的营运范围内活动,超出该范围,则由租方承担船舶保费和其他一切损失。在船东保险人承保的情况下,租方可到许可以外的地区或在船东支付保险附加保费的地区进行贸易。

3. 交船

船东要向租方发出预计交船日和确定交船日通知,若在交船日,船东未准备就绪并交付,则承租人有解除租约的选择权。交船时,货仓需打扫干净,适于接收货物。交船港口应是租方指定的、能安全漂浮的港口。租方接受交船,并不意味着他放弃了其依据租约享有的权利。

4. 船东供应项目

船东供应并支付船长、船员、水手的全部食品、工资、领事费及其他费用;供应并支付甲板、房舱、机舱照明及必需用品;供应并支付全部润滑油及淡水、船舶保险金及修船和保养费。

5. 提单

《海牙规则》不适用于定期租船合同,却适用于定期租船合同下签发的已转让给第三方的提单。

6. 租方供应项目

租方供应并支付航行所需燃油和港口、运河、码头的各种捐、税、费以及装舱、理货、上船执行公务官员所需的各种费用。

7. 租金

与航次租船合同租金不考虑货物重量或航线不同,我国定期租船合同规定的租金是按船舶载重吨每月计算的,每半月支付一次,第一次租金在交船后7个银行营业日内支付,以后各次在到期日后7个银行营业日内预付。租方未履行支付义务时,船方有权撤船并可对船上货物行使留置权。

8. 停租

在出现以下情况时,租方有停止支付租金的权利:船东违反船舶规范与适航义务以及其他租约义务,导致停工和时间延误;船舶或货物遇到海损事故及维修造成延误;船长、船员或水手罢工、拒航或失职;出于船东及雇佣人员的原因导致船舶被扣留;因恶劣天气导致绕航、折返或挂靠非租方指示的港口;因装卸设备损坏导致开工不足或时间延误。当延误时间达6周以上时,租方有解约的选择权。停租时间可计入租期内,并且因时间延误导致的额外费用(装卸工的停时费、罚金等)由船东承担,并可由租方从租金中扣除。

9. 租期和还船

租期届满,租船人应将预计还船时间和港口提前10天通知船东。返还的船舶应保持与出租时大体相同的良好状态并应在安全、没有冰冻的港口返还。当还船日超过租期时,则按返还时较高租率支付超期租金。

10. 装卸

装卸工和理货员由租方安排,但作为船东的雇员,接受船长的指示和指导。因此,租方对装卸工的疏忽、过失或判断错误,以及引航员、拖船或装卸人员因疏忽或装载不良造成船舶灭失或损坏不承担责任。

能力实训

一、实训案例

1. 某年11月20日,某有色金属贸易有限公司(以下简称"贸易公司")与日本丰田通商株式会社(以下简称"丰田通商")签订了一份1200吨低磷硅锰合金的购销合同。贸易公司为了运输合同项下的货物,于12月11日与广东省湛江某货运代理有限公司(以下简称"湛江公司")签订了一份航次租船合同,湛江公司又与广东省某船务代理公司(以下简称"湛江代理公司")签订了一份航次租船合同,湛江代理公司则与海南船务公司签订了一份航次租船合同,这几个连环合同的条款内容基本相同,均协议租用"万盛"轮运输本案所涉1200吨货物。"万盛"轮的注册船东为海南某船务公司。12月25日,贸易公司的1200吨货物装上"万盛"轮,海南船务公司签发了乙X—95B号提单,目的港为日本名古屋。"万盛"轮同航次还装载了另一票目的港为日本川崎的1200吨高磷硅锰合金,这两票货物的外表状况相同。第二年1月8日,"万盛"轮抵达日本名古屋,在卸货时将两票货物错卸。同年1月26日,丰田通商以货物不符合同要求为由,向贸易公司索赔,贸易公司进行了赔付。受该合同履行情况的影响,贸易公司与丰田通商间的后一份硅锰合金购销合同未能顺利履行,贸易公司遭受了损失。

贸易公司起诉海南船务公司,要求赔偿。一审法院判决:海南船务公司赔偿贸易公司经济损失46.1万美元,驳回贸易公司其他诉讼请求。

海南船务公司不服一审判决,提起上诉。二审法院判决:驳回上诉,维持原判。海南船务公司不服终审判决,向最高人民法院提起再审申请。最高人民法院裁定:撤销一、二审判决,驳回贸易公司的起诉。

1. 评析

请问:
(1) 提单就是运输合同吗?
(2) 提单是货物收据吗?
(3) 提单与收货人的关系如何?

2. 承运人对一批橘子的托运人口头保证:船舶装货后将直达目的港并卸货。然而承运人出航后却绕道航行驶至其他港口。结果当托运人的橘子到达目的港时,进口关税提高了,且由于其他橘子大量到货,橘子的价格下跌。托运人认为,如果承运人是依口头约定直达目的港,则关税的提高和橘子的跌价都应该发生在该轮到达之后。于是,托运人向法院起诉,要求承运人赔偿其遭受的损失。承运人辩称,提单中载明承运人可以任意地经过任何航线将货物直接或间接地运往目的地的条款,所以认为自己不应为因绕航而产生的损失负责。

请问:

(1) 双方的口头约定是否有效?

(2) 提单是不是运输合同本身?

(3) 承运人是否应赔偿托运人的损失?

2. 评析

二、思考题

1. 海上货物运输有哪些类型?海上货物运输合同有哪些类型?
2. 关于海上货物运输的国际公约有哪些?
3. 简述提单的概念、内容、种类和作用。
4. 论述《海牙规则》规定的承运人的权利和义务。
5. 比较《海牙规则》《维斯比规则》和《汉堡规则》规定的承运人的责任期间和责任限制的异同。
6. 试比较航次租船合同条款与定期租船合同条款有什么区别。
7. 简述海运单、电子提单与传统的纸质提单的异同。

三、在线测试题

为检测本项目学习效果,请学生扫描右侧二维码完成在线测试,习题答案将于提交后自动显示。

项目八　国际海上货物运输保险的法律问题

学习目标

1. 知识目标

(1) 掌握海上货物运输保险合同的内容和特点；
(2) 熟悉海上货物运输保险所承保的范围；
(3) 掌握中国人民保险公司海上货物运输保险条款的内容；
(4) 了解伦敦保险协会保险条款的内容；
(5) 了解保险损失赔偿的程序。

2. 能力目标

(1) 能够通过对海上货物运输保险条款的了解，选择投保海上货物运输保险的险别；
(2) 能够独立签订海上货物运输保险合同；
(3) 能够处理保险赔偿。

任务一：海上货物运输保险合同的特点——诚实信用原则

工作任务

某古董商以 6.5 万美元购得一批古董，然后以 3.5 万美元向甲保险公司投保运往西欧某国的一切险，被拒保，后便转向乙保险公司投保并获得了保险单。在运输途中，船货沉没，乙保险公司拒赔。该古董商向法院起诉乙保险公司。

请问：

(1) 本案中乙保险公司拒赔的理由是什么？
(2) 法院应如何处理此案？

操作过程

(1) 本案中，乙保险公司拒赔的理由即是该古董商未披露其保单曾被甲保险公司拒保的事实。该事实是能够影响乙保险公司决定是否承保此风险的重要事实，但该古董商隐瞒了这一重要事实，违反了诚实信用原则。

(2) 法院判被告（乙保险公司）胜诉，判决理由是原告（古董商）未履行其诚信义务。

知识链接与归纳

在国际贸易中,货物通常需要经过长途运输。在运输、装卸、储存的过程中,货物可能会遇到各种风险而遭受损失。为了在货物遭受损失时能得到一定的补偿,货物的买方或卖方就要向保险人或保险公司投保货物运输保险。

国际货物运输保险的种类因运输方式的不同而有所不同,主要有海上货物运输保险、铁路货物运输保险、航空货物运输保险、邮包货物运输保险等,其中历史最悠久、业务量最大、影响最深远的是海上货物运输保险。本章主要介绍海上货物运输保险法。

一、海上货物运输保险法概述

海上保险,历史久远。据史料记载,大约公元前900年至公元前700年,地中海东部航海发达的罗得岛就有共同海损的惯例。《罗地安海商法》以立法的形式将共同海损分摊的原则确定下来,其主要内容是"为全体利益而损失的,须由全体分摊归还"。这一原则据说是海上保险的萌芽。

现代形式的海上保险开始于14世纪。当时在意大利的一些商业城市,海上保险已经成为一种通常的商业交易,并已开始使用保险单。15世纪,随着资本主义萌芽的出现,有了海上保险的法律;16世纪,资本主义的发展更促进了保险的立法。1435年,西班牙的巴塞罗那颁布法规,就海上保险做出规定,这是最早的海上保险法。到了19世纪,欧洲的主要海运国家都把海上保险作为海商法的重要组成部分,编入商法典内。其中,具有代表性的是1807年的《法国商法典》和1897年的《德国商法典》。

但是,对现代海上保险影响最大的还是英国。英国伊丽莎白女王一世时,海上保险业就已很发达。英国关于海上保险的第一个立法是在1601年制定的《涉及保险单的立法》,对资本主义世界影响最为深远的海上保险法是英国于1906年制定的《海上保险法》,同时制定了标准保险单格式,作为《海上保险法》的附件。

在国际保险市场上,各国的保险组织或保险公司根据各自的需要,一般都有自己的保险条款,例如英国有"伦敦协会条款",美国有"美国学会条款"等。中国人民保险集团股份有限公司也订有"中国保险条款"。但出于历史上的原因,英国的伦敦协会条款在国际海上保险业务中采用得最为广泛,影响也最大。许多国家的保险条款都是参照伦敦学会条款的内容制定的,在对条款的具体解释上也基本相同。因此,海上保险条款在国际范围内已很大程度上达成一致。

我国1992年《海商法》第十二章对海上保险合同做出了明确的规定,这是我国关于海上保险的第一项重要的立法。

二、海上货物运输保险合同

(一)海上保险合同的定义和特点

1. 海上保险合同的定义

海上保险合同就是由保险人与被保险人订立协议,由被保险人向保险人支付约定的保险费,而在保险标的由于发生承保范围内的海上风险而遭受损失时,由保险人对被保险人给予赔偿的合同。

海上保险属于财产保险范畴,是对自然灾害和意外事故所造成的财产损失的一种补偿方法。凡可能遭受海上风险的财产(如船舶、货物)、期得的收入(如运费、佣金)以及对第三人所应负的责任,都可以作为标的向保险人投保。

海上保险合同是一种补偿合同。它的作用是,当保险标的因发生承保范围内的海上风险而遭受损失时,由保险人负责赔偿约定的保险金额,从而使被保险人的财务处境犹如该保险标的根本没有发生过损失一样。保险人只承担金钱赔偿的责任,而不承担使保险标的恢复原状或归还原物的责任。

海上保险合同所承保的危险,基本上是以海上危险为范围,但经过双方的协议或按照商业惯例,也可以扩展到与航海有关的内河或陆上的损失。

有一份 CIF 合同,共出售 15 吨可可,卖方投保了"一切险",自非洲内陆仓库起直至美国波士顿的买方仓库为止。货物从卖方仓库运往码头装船以前,发生了承保范围内的风险损失。请问:保险公司能给予赔偿吗?

2. 海上保险合同的特点

海上保险合同的一个主要特点是:双方当事人均应本着诚实与信用原则订立合同。在海上保险中,保险人对保险标的的情况往往是一无所知的,而被保险人通常了解保险标的的具体情况,因此,被保险人在订约前应当把他所知道的重要情况告知保险人,以便保险人决定是否承保和决定保险费率。如发现有隐瞒或虚报,则保险人有权解除合同,并可照收应当收取的保险费。

按照英国的法律,被保险人必须在以下几个方面恪守诚信原则:

(1) 投保人或被保险人必须披露重大事实。所谓重大事实,是指一个谨慎的保险人在决定是否承保或确定保险费率时可以依据的事实,如货物的性质、货物的价值等。某一事实是否重大是个事实问题,而不是法律问题,通常由法院依据案件的具体情况加以决定。有些事实虽然可能重要,但如果保险人未提出询问,则投保人或被保险人没有义务予以披露,比如:① 使风险减少的事实;② 保险人知道或应当知道的事实;③ 经保险人告之无须披露的事实;④ 保险单中列明的明示或默示条款、无须告之的事实。如果投保人隐瞒应当披露的事实,则保险人可以解除合同;如果发生承保事故,则保险人可以拒赔并照收保险费。

(2) 对重要事实的陈述必须真实。所谓真实,是指"基本正确"。非实质性的非重要事实的陈述,不能算作虚假陈述。陈述是指对事实的陈述,包括对可能的或期望的事实的陈述。只要是善意的,就不能构成虚假陈述。

(3) 不得违反保证。保证是指在订立保险合同时,投保人或被保险人明示或默示做出的保证,如作为或不作为的保证、某种状态存在或不存在的保证等。投保人或被保险人日后违反这些保证,则保险人可以解除合同,并对违反这些保证之后发生的损失不予赔偿。

任务二：海上货物运输保险合同的订立实务分析

工作任务

有一份 FOB 合同，买方向保险公司投保了"仓至仓条款"的一切险。但货物在从卖方仓库运往码头的途中，因意外而致 10% 的货物受损。事后，卖方以保险单含有"仓至仓条款"为由，要求保险公司赔偿，遭到保险公司的拒绝。后卖方又请求买方以买方的名义，凭保险单向保险公司索赔，但同样遭到保险公司的拒绝。

请问：

（1）保险公司拒绝卖方索赔，是否有道理？

（2）保险公司拒绝买方索赔，是否有道理？

（3）卖方应如何处理？

操作过程

在海上货物运输保险合同中，被保险人对保险标的要存在可保利益。英国海上保险法对可保利益下了如下定义：凡与某项海上风险有利害关系者，即具有可保利益，被保险人在投保时，并不要求被保险人与保险标的之间具有可保利益。但在保险标的发生风险时，要求被保险人与保险标的之间必须具有可保利益，只有这样保险合同才有效。

可保利益来自被保险人：对保险标的享有的所有权、占有权；担保物权和债权；依法承担的风险和责任；因标的的保全可得到利益或期得利益。在 FOB 合同中，由买方租船订舱和办理保险。货物所有权和风险的转移，以装运港船舷为界。本案货物受损时，货权在卖方手中，并未转移给买方。因此，货物发生损失时，卖方对保险标的具有可保利益，但买方还没有取得可保利益。

（1）即使卖方对保险标的具有可保利益，因为不是保险合同的当事人，也没有资格向保险公司索赔。因此，保险公司拒绝卖方的索赔是有道理的。

（2）本案中虽然买方是保险合同的当事人，但在货物发生损失时，因为货权没有转移给买方，所以买方对保险标的没有可保利益。因此，保险公司拒绝买方的索赔也是有道理的。

（3）从卖方仓库到装运港船舷之前的这段时间，卖方应该另行投保。

知识链接与归纳

（二）海上保险合同的订立、变更和转让

1. 保险合同的订立

保险合同的订立主要有以下两种方式：① 间接签订。保险单由投保人通过保险经纪人作为中介来订立。保险经纪人出具保险单，保险人在保险单上签字，合同即告成立。保险经纪人缴纳保险费并从保险人处收取佣金。如果投保人不缴纳保险费，则不能从保险经纪人处取得保险单。这种方式以英美国家为主。② 直接签订。不需要中介，投保人直接与保险人(保险公司)签订。签发保险单的一般程序是：投保人填制投保单，填写规定的内容，提出保险要求，保险人审核同意后，凭投保单出具保险单。

2. 保险合同的变更

保险合同一经有效成立，任何一方都不能擅自变更和解除。但是，保险合同又是非即时清结合同，在合同有效期内，有时根据实际情况确实需要对合同所载的内容进行某些变更，在这种情况下，被保险人必须事先向保险人提出，并征得保险人的同意。

保险合同的内容变更有以下两方面：

（1）保险事项的变更。它主要是指保险标的数量的增减，保险金额的变化，保险地点的变更，危险程度的改变，保险期限的变化，以及运程、航次的变化等。根据我国海洋货物运输保险条款的规定，如遇航程变更或发现保险单所载明的货物、船名或航程有遗漏或错误时，被保险人应在获悉后立即通知保险人并在必要时加缴保险费，该保险合同才继续有效。

（2）保险责任的变更。如果投保人希望变更保险合同的责任条款，那么投保人可向保险人提出申请，双方协商一致后，一般采取批改的方式。批改是保险合同的组成部分，保险合同一经批改，双方当事人均需按照批改后的内容承担各自相应的责任和义务。

3. 保险合同的转让

在国际贸易中，买卖双方分处不同国家，货物在运输途中即能被出售，若按没有可保利益即失去保险权利的原则，货物运输保险合同因货物转让而立即失效，则很不利于货物的成交；或者如一般财产保险合同那样，在财产转让时立即办理产权转让批注手续，每转让一次货物即需办理一次，也不胜其烦。为了便于进行国际货物贸易，保险人对货物运输保险合同的转让，采取通融简化的背书办法，即只要被保险人在保险合同上背书后，将保险合同转移给受让人，被保险人的权利和义务也随之而转移，保险人对该受让人仍按原订保险合同的各项条款负责。若在货物运输保险合同转让过程中，货物本身、货物包装、货物标志等有所变更，则保险人不负损失赔偿之责。

保险合同经背书后，可随同该货物的提单在市场上作为有价证券流通，但其有效期以保险合同承保的货物实际抵达目的港或保险合同规定的日期为止。

（三）保险单证

1. 保险单的内容

保险单是载有保险合同内容的书面文件，是保险合同的证明。因为保险合同通常在保险人出具保险单之前已经成立，所以保险合同的存在与否并不一定以保险人签发保险单为准。保险单应载明如下事项：

（1）被保险人的名称；

（2）保险标的和承保的风险；

（3）保险的航次或期间；

（4）保险金额；

（5）保险人的名称。

保险单都载有关于保险人的责任范围以及保险人与被保险人的权利和义务方面的详细条款，这是确定双方当事人的权利和义务的依据。

2. 保险单的种类

与货物运输有关的保险单主要有以下几种：

（1）定值保险单与不定值保险单。定值保险单是载明保险标的的约定价值的保险单。不定值保险单是不载明保险标的的价值，仅订明保险金额的限额，在危险发生后再根据实际情况确定保险价值的保险单。在国际货物运输保险中一般都使用定值保险单。

（2）航程保险单与定期保险单。航程保险单是将保险标的从某一地点运至另一地点的特定航程的保险单。如果更改航程，或者不当绕航，保险人即不承担责任，除非保险单另有规定或法律允许。定期保险单是订明对保险标的的责任期限的保险单，即保险人的责任期限以约定的时间为限。在国际货物运输保险中大多采用航程保险单。

（3）流动保险单与预约保险单。流动保险单是载明保险的总条件，包括保险货物的总价值、承保的风险、保险费率以及规定的期限等，而将运输工具的名称以及其他细节留待以后申报的一种保险单。预约保险单是预先规定保险货物的范围、险别、保险费率或每批货物的最高保险金额，但不限定总的保险价值的一种保险单。当该保险单所涉及的货物起运时，被保险人应及时将货物名称、数量、保险金额、运输工具的种类和名称以及航程起讫地点等详情通知保险人，保险人即按预约保险单的规定自动承保。这两种保险单因手续简便，在国际货物运输保险中的使用较为普遍。

3. 保险凭证

保险凭证是表示保险公司已经接受保险的一种证明文件。保险凭证的内容比保险单简单，可以说是一种简化的保险单。保险凭证仅载明被保险人名称、保险货物名称、运输工具的种类和名称、险别、保险期限、保险金额等项目，至于规定保险人与被保险人的权利和义务方面的保险条款则不予载明。在保险业务中，当采用预约保险和流动保险的方式投保时，被保险人所得到的通常都是保险凭证而不是正式的保险单。

保险单与保险凭证有何区别？

（四）可保利益

可保利益，在财产保险合同中，是指被保险人对保险标的具有的合法利害关系。

被保险人对保险标的有可保利益才能订立保险合同，否则订立的是赌博合同，在法律上是无效的。按照各国法律的解释，可保利益来自被保险人：① 对保险标的享有的所有权、占有权；② 担保物权和债权；③ 依法承担的风险和责任；④ 因标的的保全可得到利益或期得利益。

可保利益的定义

在财产保险中，可保利益包括：① 财产的现有利益；② 财产的期得利益，又称预期利益，即由现有财产产生出来的可期望得到的利益；③ 财产的责任利益，即根据法律和合同承担义务产生的责任利益。

作为可保利益，必须具备以下条件：① 确定性。可保利益必须是确定的。被保险人的可保利益必须是已经确定的或可以确定的。例如,财产的现有利益是确定的,而期得利益是可以确定的。② 合法性。可保利益不得违反国家的强制性法律规定及公序良俗。③ 有价性。可保利益是可以计算的。在财产保险中,这种损失通常是用金钱加以计算的。非经济利益,如精神损失,则因此不予补偿。

对于财产保险来说,可保利益只要在保险事故发生时存在,即为合法。投保人在投保时尚未取得可保利益,不影响保险合同的有效性。

(五) 保险期间

保险期间即责任期限,是指保险人的责任起止期限,国际上通行"仓至仓"规则,中国人民保险公司海洋货物运输保险条款也采用该规则。

仓至仓规则,即保险公司所承担的保险责任,从被保险货物运离保险单所载明的起运港(地)发货人的仓库时开始,一直到货物到达保险单所载明的目的港(地)收货人的仓库时为止。但这只是原则性规定,还有三种情形须区别对待:

(1) 当货物从目的港(地)卸离海轮时起算满60天,不论被保险货物有没有进入收货人的仓库,保险责任均告终止。

(2) 若上述保险期限内被保险货物需转送到非保险单所载明的目的港(地),则以该货物开始运转时终止。

(3) 若被保险货物在运至保险单所载明的目的港(地)以前的某一仓库发生分配、分派的情况,则该仓库就作为被保险人的最后仓库,保险责任也从货物运抵该仓库时终止。

(六) 保险价值与保险金额

1. 保险价值

保险价值是衡量保险金额足额或不足额以及确立损失赔偿的计算基础。国际货物运输中,货物的保险价值是订立保险合同时货物在起运地的发票价格(若不是贸易商品,则以起运地的实际价值)与运输费用和保险费的总和。

2. 保险金额

保险金额是计算保险费的依据,是保险合同的最高赔偿限额。它不一定是保险人认定的保险标的实际的市场价值,也不一定是保险标的发生损失时保险人应予赔偿的金额。被保险人在可保利益的范围内,可以把保险标的的保险价值作为保险金额,也可以另行估价作为保险金额,但一般均以保险标的的国际市场价值为保险的保险金额。经保险双方约定,并在保险合同内订明,以标的的保险价值为保险金额和保险赔偿损失的标准者,称为定值保险;保险双方未约定标的的保险价值者,称为不定值保险。当保险标的受损时,保险人按受损的实际价值进行赔偿。保险金额超过实际价值,称为超值保险,超值部分是无效的;保险金额低于实际价值,称为低值保险或不足额保险,发生赔款时按比例扣减;保险金额等于实际价值,按损失足额赔偿。

三、海上货物运输保险的承保范围

海上货物运输保险承保的范围包括海上风险、外来风险与损失、海上损失与费用。

(一) 海上风险

1. 自然灾害

自然灾害是指不以人们的意志为转移的自然力量所引起的灾害。但在海上保险业务中,它并不是泛指一切自然力量所引起的灾害,而是仅指恶劣天气、雷电、海啸、地震或火山爆发等人力不可抗拒的灾害。其含义分别解释如下:

(1) 恶劣天气。一般是指海上发生的飓风、大浪引起船只颠簸和倾斜,造成船舶的船体、机器设备损坏,或者因此引起船上所载货物相互挤压、碰触而导致破碎、渗漏、凹瘪等。

(2) 雷电。是指被保险货物在海上或陆上运输的过程中,由雷电所直接造成的或者由雷电引起火灾所造成的损害。

(3) 海啸。主要是指因海底地壳发生变异,有的地方下陷,有的地方升高,引起剧烈震荡而产生巨大波浪,致使被保险货物遭受损害或灭失。

(4) 地震或火山爆发。是指直接或归因于地震或火山爆发导致被保险货物损失。

2. 意外事故

意外事故一般是指偶然的非意料中的原因所造成的事故。但在海上保险业务中,所谓意外事故,并不是泛指的海上意外事故,而是仅指运输工具遭受搁浅、触礁、沉没、与流冰或其他物体碰撞以及失踪、火灾、爆炸等。

(1) 搁浅。是指船底同海底或浅滩保持一定时间的固定状态。这一状态必须是在事先预料不到的意外情况下发生的。至于规律性的潮汛涨落造成船底触及浅滩或滩床,退潮时搁浅、涨潮时船舶重新浮起继续航行,则属于必然现象,不能作为保险上的"搁浅"事故。

(2) 触礁。是指船体触及海中的险礁和岩石等造成的意外事件。船舶同沉船的"残骸"相接触,也可以视为触礁。

(3) 沉没。是指船体的全部或大部分已经没入水面以下,并已失去继续航行的能力。船体的一部分浸入水中或者不继续下沉,海水仍不断渗入舱内,但船只还具有航行能力的,则不能视为沉没。

(4) 碰撞。是指船舶与其他船舶或其他固定的、流动的固体物猛力接触,例如同码头、桥梁、浮筒、灯标等相撞。船舶同海水的接触以及船舶停泊在港口内与其他船舶并排停靠码头旁边,因波动而相互挤擦,均不能视为碰撞。

(5) 失踪。船舶于航运中失去联络,音讯全无,达到一定时间仍无消息,可以按"失踪"论处。这里所说的"一定"时间,并无统一的规定,有些国家规定为6个月,也有规定为4个月的。船舶的失踪,大部分是海上灾害引起的,但也有人为因素造成的,如敌方的扣押、海盗的掳掠等。

(6) 火灾。它既包括船只本身、船上设备和机器的着火,又包括货物自身的燃烧等。引起火灾的原因有很多:有的是自然灾害因素,如闪电、雷击等;有的是货物本身的特性受到外界气候、温度等影响而自燃,如黄麻、煤块等在一定高温下自己燃烧起来;有的是人为因素,如船上人员吸烟引起的火灾。

(7) 爆炸。一般是指船舶锅炉爆炸或船上货物因气候影响产生化学反应而引起爆炸事故。

(二) 外来风险

外来风险一般是指海上风险以外的其他外来原因造成的风险。外来风险可分为一般外来风险和特殊外来风险。

1. 一般外来风险

一般外来风险是指被保险货物在运输途中由偷窃、沾污、渗漏、破碎、受热受潮、串味、生锈、钩损、淡水雨淋、缺少和提货不着、短量、碰损等外来原因造成的风险。其含义分述如下:

(1) 偷窃。一般是指暗中的窃取,不包括公开的劫夺。

(2) 沾污。是指货物在运输途中受到其他物质的污染造成损失。

(3) 渗漏。是指流质或者半流质的物质因容器的破漏而造成的损失。

(4) 破碎。是指易碎物品因遭受碰压而造成破裂、碎块。

(5) 受热受潮。是指由于气温的骤然变化或者船上的通风设备失灵,使船舱内的水汽凝结,引起发潮发热导致货物损失。

(6) 串味。是指货物因受到其他异味物品的影响而引起串味。

(7) 生锈。是指货物在运输过程中发生锈损现象。

(8) 钩损。是指货物在装卸搬运的过程中,因挂钩或者用手钩不当而导致的损失。

(9) 淡水雨淋。是指因淡水、雨水或融雪而导致货物水残的损失。

(10) 短少和提货不着。是指货物在运输途中被遗失而未能运到目的地,或运抵目的地后发现整件短少,未能交给收货人。

(11) 短量。是指货物在运输过程中发生重量短少。

(12) 碰损。主要是指金属及其制品在运输途中因受震动、挤压而造成变形等。

2. 特殊外来风险

特殊外来风险是指由军事、政治、国家政策法令以及行政措施等特殊外来原因造成的风险与损失。例如,因战争、罢工、船舶中途被扣导致交货不到,以及货物被有关当局拒绝进口或没收而导致的损失等。

任务三:共同海损的确认和赔偿实务分析

工作任务

2014年5月23日,中国籍船舶"海达"轮满载木材,从欧洲驶往我国天津新港,于6月11日到达印度洋洋面。上午10时左右,装在甲板上的部分木材突然起火。船长下令灭火,但火势凶猛,一时难以扑灭,并危及甲板上的其他木材。为了防止火势进一步蔓延,船长又下令将甲板上未燃的木材全部抛入海中,这样使险情得以缓解,10时30分,大火被扑灭,装运于甲板上的木材全部损失,装运于船舱内的木材也有一部分因水湿变形而受损。船舶到达天津新港后,船长宣布共同海损。

请问:

(1) 什么是共同海损?

(2) 本案中哪些损失为共同海损?

(3) 在海上货物运输中,如果发生了共同海损,该如何处理?

(4) 投保了海上货物运输保险,共同海损可否获得赔偿?

操作过程

(1) 大约公元前900年至公元前700年，地中海东部航海发达的罗得岛就有共同海损的惯例。所谓共同海损，是指在同一海上航程中，船舶、货物和其他财产遭遇共同危险，为了共同安全，有意地、合理地采取措施所直接造成的特殊牺牲或支付的特殊费用。共同海损成立的要件为：第一，确有危及船舶、货物和其他财产的迫切的共同危险；第二，采取的措施必须是有意、合理且有效的；第三，做出的牺牲和支付的费用必须是非常的。

(2) 本案中共同海损无疑是成立的。首先，甲板上的木材起火，直接危及船舶和其他木材的安全；其次，为了防止火势蔓延，船长将甲板上的木材抛入海中以及采取其他救火措施，是合理且有效的；最后，抛入海中的木材和因救火而造成的其他木材的损失，是为了解除船舶和其他货物的共同危险而产生的损失。所以，本案中抛入海中的木材和因救火而造成的其他木材的损失，为共同海损。

(3) 对共同海损的牺牲和费用，由各个受益人根据获救的船舶、货物和运费按其获救后的价值的比例进行分摊，即"共同海损分摊"。

(4) 在保险业务中，按照保险单的条款，保险人对于共同海损的损失，包括共同海损的牺牲和费用以及承担的共同海损分摊都应予以赔偿。所以，如果货方投保了海上货物运输保险，则共同海损的分摊费用就可以由保险公司支付。

知识链接与归纳

(三) 海上损失与费用

1. 承保的损失

承保的损失，即海上损失，是指被保险货物在海上运输中，因遭受海上风险而引起的损失。习惯上还包括与海上运输相连接的陆上或内河运输中所发生的损失。

海上损失按照货物损失程度可分为全部损失和部分损失。

(1) 全部损失。全部损失简称全损，是指保险标的遭受全部损失。全损可分为实际全损和推定全损。

第一，实际全损，凡保险标的发生保险事故后灭失，或者受到严重损坏完全失去原有形体、效用，或者不能再归还被保险人拥有的，称为实际全损。实际全损常见以下情形：其一，保险标的完全灭失，如货物被烧为灰烬；其二，保险标的的丧失并无法挽回，如货物被敌国没收；其三，保险标的已经丧失商业价值或失去原有用途，如大米在运输过程中串味变质不能食用；其四，船舶失踪达到一定时期。

第二，推定全损，货物发生保险事故后，认为实际全损已经不可避免，或者为了避免发生实际全损所需支付的费用与继续将货物运抵目的地的费用之和将超过保险价值的，即为推定全损。推定全损常见以下情形：其一，保险标的的受损后，修理费用估计将超过货物修复后的价值；其二，保险标的的受损后，整理和续运到目的地的费用将超过货物到达目的地的价值；其三，保险标的实际全损已经无法避免，或者为了避免发生实际全损需要施救等所花费用将超过获救后的标的的价值。

被保险货物发生全损，保险人应予赔偿。但如果是推定全损，则被保险人可以选择就全部损失或部分损失向保险人索赔。如果做全损索赔,则被保险人应及时向保险人发出把受损货物委付给保险人的通知,使保险人在赔付全部货物损失时,同时接受受损货物并及时处理。

原告是一艘载重6 100吨的杂货船,由被告承保,保险金额60万英镑。2013年10月14日,该船从上海驶往新加坡。10月16日,由于驾驶员的过失,船舶搁浅在礁石上。10月18日,12级强台风使该船在礁石上向南移动了近30米,船体和机器遭受进一步的损坏。台风过后,船东派出的现场勘查组检查发现,船体和货物均已遭受严重损坏。船东随即宣布全损弃船,向被告宣布推定全损,并将该船委付给被告。被告对原告宣布推定全损有异议,双方发生了争执。请问:本案原告要求按推定全损处理能否得到法院的支持?

(2) 部分损失。部分损失是指没有达到全部损失程度,货物的经济价值没有完全丧失,不属于实际全损和推定全损的损失。部分损失按性质可分为共同海损和单独海损。

第一,共同海损,是指在同一海上航程中,船舶、货物和其他财产遭遇共同危险,为了共同安全,有意地、合理地采取措施所直接造成的特殊牺牲或支付的特殊费用。共同海损成立的要件为:

其一,确有危及船舶、货物和其他财产的迫切的共同危险。"共同危险"包含着双重含义:一是存在真实的危险,即存在危及船舶、货物的客观事实。主观臆测的危险不是真正的危险,因错误判断而采取的措施不属于共同海损行为。二是危险是同一海上航程中的船舶、货物共同面临的,即当危险情况发生时危及了船舶、货物的共同安全,若不及时采取措施,则船舶和货物都有灭失或损坏的危险。从这种意义上说,空载航行的船舶所做出的牺牲、单纯为了某一方的利益而做出的牺牲及为了救助他船而做出的牺牲均不属于共同海损。

某船装载着棉花,当该船将抵达目的港的前一天,货舱温度升高。船长认为是棉花自燃,因此电告卸货港该船代理安排救火工作。几十辆消防车和水上消防艇在停靠码头上等候救火。当船靠岸开舱时,发现棉花并非失火。经查舱内温度升高,是蒸气管道破裂,蒸气溢入舱内所致。请问:这种费用能不能列入共同海损?

议一议

某船装载着钢铁和一些牛,由于航行途中遭遇恶劣天气,船程延长,牛的饲料用尽,不得不绕航到附近的港口添加饲料和水。因此而产生的避难费用法院认为不能作为共同海损,为什么?

其二,采取的措施必须是有意、合理且有效的。所谓有意,是指共同海损的发生是人为的结果,而不是意外损失。例如,船舶在航行中遇到狂风巨浪的冲击,船长为了船舶、货物的共同安全下令把部分货物抛入海中,这种牺牲可做共同海损处理。由风浪直接把甲板上的货物卷入海中,就不能算共同海损。所谓合理,是指本着以最小的牺牲换取船舶安全的原则而采取的措施。当共同海损措施中含有不合理成分时,并不完全排除共同海损的分摊,只是在分摊过程中把不合理的部分扣除。所谓有效,是指船长等所采取的措施达到使船舶、货物等脱离危险的目的;劳而无功,未能避免损失的措施,就失去了采取共同海损措施的意义。

其三,做出的牺牲和支付的费用必须是非常的。所谓非常,是指为了共同安全,船长等人员采取措施所造成的牺牲、费用超出了正常范围,属于特殊的或额外的费用。

对共同海损的牺牲和费用,各个受益人按各自的分摊价值比例分别摊付,即"共同海损分摊"。在保险业务中,按照保险单的条款,保险人对于共同海损的损失,包括共同海损的牺牲和费用以及承担的共同海损分摊都应予以赔偿。

为了计算共同海损的牺牲和费用的金额,估算获救财产的价值,确定各利害关系方所应承担的分摊数额,需要进行复杂的计算工作,这项工作被称为共同海损理算。

共同海损理算

第二,单独海损,是指保险标的因承保的风险而引起的、不属于共同海损的部分损失。单独海损只涉及航海中船舶或货物单独一方的利益遭受损失,因此单独海损不能要求航海中的各利害关系方共同分摊,而只能由遭受损失的一方单独负担。单独海损一般是意外发生的,不是人的有意行为引起的。在保险业务中,对单独海损是否予以赔偿,须视投保的险别和保险单的条款规定而定。

想一想

某船运载着集装箱中的货物,从纽约到多米尼加共和国里约海纳港。当该船驶入该港口时,遇到了反常的天气和海浪。巨大的风浪使得货船在码头搁浅,领航员发出求救信号后不久,拖船就到达现场。经过十分钟的拖曳,在货船差不多起浮脱浅时,拖船的绳索断裂,货船在风浪的袭击下再次倾倒,船底又一次受到重创。最终该船脱险,在第二天早上到达目的港,船上货物和船员都安全无恙。法院认为拖船费用为共同海损,而船底的毁损则为单独海损,为什么?

2. 承保的费用

被保险货物遭遇保险事故,除了货物本身会遭受损失,还会产生费用方面的损失。这些费用主要有:

(1) 施救费用。是指被保险货物遭遇保险事故时,被保险人一方为防止损失扩大而采取的抢救措施所支付的费用。施救费用必须是由承保风险引起的,是必要的和合理的,并且是被保险人一方在自救中产生的。施救费用不包括保险人自行采取措施避免或减少保险标的的损失而发生的任何费用。保险人应在保险标的损失赔偿之外另行支付施救费用。即使保险单中没有施救条款,保险人也应对施救费用负责。

(2) 救助费用。是指第三人在保险标的遭遇灾害时采取救助行动所支付的费用。依国际惯例,船舶或货物遭遇灾害,其他船舶有义务采取救助措施,被救助方应支付相应的报酬。保险人亦负责赔偿救助费用。

(3) 特别费用。是指货物的运输工具遭遇海上灾害或意外事故不能继续航行,必须把货物卸下存仓,或再由原船装载续运,或由他船受载代运等所支付的费用。

(4) 额外费用。是指为索赔举证等而支付的必要费用。此项费用只有在保险标的确有损失,赔案确实成立的情况下,保险人才予以负责。

四、海上货物运输保险的险别及除外责任

关于海上货物运输保险的险别,各国规定的险别有很多,国际上没有专门的公约规定和统一的规则,本节着重讲述我国的相关规定和伦敦保险协会海上货物运输保险险别的规则。

(一) 我国海上货物运输保险的险别及除外责任

1. 险别

海上货物运输保险的险别有很多,按照我国的保险习惯,将各种险别分为主险、附加险、特别附加险和特殊附加险几种。

(1) 主险。主险险别可以独立承保,不是附加在某一险别项下,是货物运输保险的基本险别。海上货物运输保险的主险分为平安险、水渍险和一切险。

第一,平安险。原意是"对单独海损不负赔偿之责"。该险别原来的责任范围只限于全部损失,经过国际保险界对平安险条款的不断修订,目前该险别的责任范围已经不限于全部损失,对某些原因造成的部分损失,也负赔偿责任。

是否所有单独海损都不赔?

概括地说,这一险别的责任范围包括:

A. 被保险货物在运输途中由于恶劣天气、雷电、海啸、地震、洪水等自然灾害造成整批货物的全部损失或推定全损。

B. 由于运输工具遭受搁浅、触礁、沉没、互撞、与流冰或其他物体碰撞以及失火、爆

炸等意外事故造成货物的全部或部分损失。

C. 在运输工具已经发生搁浅、触礁、沉没、焚毁等意外事故的情况下,货物在此前后又在海上遭受恶劣天气、雷电、海啸等自然灾害造成的部分损失。

D. 在装卸或转运时由于一件或数件整件货物落海造成的全部或部分损失。

E. 被保险人对遭受承保责任内危险的货物采取抢救、防止或减少货损的措施而支付的合理费用,但以不超过该批被救货物的保险金额为限。

F. 运输工具遭遇海难后,在避难港由于卸货所引起的损失以及在中途港、避难港由于卸货、存仓以及运送货物所产生的特别费用。

G. 共同的海损牺牲、分摊和救助费用。

H. 运输契约订有"船舶互撞责任"条款,根据该条款规定应由货方偿还船方的损失。

第二,水渍险。原意是"负责单独海损的赔偿"。它承保的责任范围,除包括平安险的各项责任外,还负责保险标的由于恶劣天气、雷电、海啸、地震、洪水等自然灾害造成的部分损失。

我国水渍险条款与国际保险市场的水渍险条款基本相同,但有些国家则有免赔额(率)的规定。欧洲大陆国家习惯采用绝对免赔率,英、美国家习惯采用相对免赔率,我国则没有免赔率的规定。目前,国际保险市场也逐渐效仿我国水渍险"不计免赔率"的优惠办法。

第三,一切险。它承保的责任范围,除包括平安险和水渍险的所有责任外,还包括被保险货物在运输过程中由各种外来原因造成的货物损失,即11种一般附加险。

(2)附加险。所谓"附加险",是指这种险别不能独立承保,必须附属于主险项下。一般附加险的种类有很多,几乎包括所有外来原因引起的损失,例如破碎、渗漏、油污、雨淋、发热、生锈、酸蚀等。如前所述,目前中国人民保险公司承保的一般附加险有11种,具体为:① 偷窃提货不着险;② 淡水雨淋险;③ 短量险;④ 混杂、沾污险;⑤ 渗漏险;⑥ 碰损、破碎险;⑦ 串味险;⑧ 受潮受热险;⑨ 钩损险;⑩ 包装破裂险;⑪ 锈险。需要说明的是,上述11种一般附加险不能独立投保,只能在投平安险或水渍险的基础上加保。但投保"一切险"时,因上述险别均包括在内,故无须加保。

(3)特别和特殊附加险。特别和特殊附加险同一般附加险不同,不属于一般险范围之内,主要承保由政治、国家政策法令和行政措施以及战争等特殊原因造成的损失。国际上没有统一划分特别和特殊附加险的标准,我国则主要将其划分为如下几种:

第一,交货不到险。这是指承保被保险货物从装上船舶起算,满6个月仍未运抵原定目的地交货所造成的损失,不论何种原因,保险人均按全损赔付。由于交货不到很可能是被保险货物并未实际遭受全损,如禁运或在中途港被另一个国家强迫卸货等,因此条款特别强调在按全损赔付后,应该由被保险人将货物的全部权益转给保险人。

第二,进口关税险。这是指承保被保险货物到达目的港后,虽遭受保险责任范围内的损失,但仍须按完好货物缴纳进口关税所造成的损失。

第三,舱面险。该保险承保有些由于体积大、有毒性、有污染性,或易燃易爆而习惯于装在舱面上的货物。该保险除对原保险单所保险别的条款负责外,还对货物被抛弃或风浪冲击落水的损失负责。由于装载在舱面上的货物极易受损,通常保险人只接受在平安险基础上加保舱面险，一般不接受在一切险基础上加保舱面险，以免责任过大。

第四，拒收险。这是指承保被保险货物由于在进口港被进口国的政府或有关当局拒绝进口或没收所造成的损失。保险人按该货物的价值予以赔偿。被保险人在加保拒收险时，须备有一切必需的有效的进口特许证或许可证。

第五，黄曲霉素险。这是指承保被保险货物在进口港或进口地经当地卫生当局检验证明，因含有黄曲霉素，并且超过进口国对该毒素的限制标准，必须拒绝进口、没收或强制改变用途时所造成的损失。

第六，出口货物到我国香港（包括九龙在内）或澳门存仓火险责任扩展条款。该保险的目的是保障过户银行的利益。我国内地出口到我国港澳地区的货物，当直接卸到保险单载明的过户银行所指定的仓库时，加贴这一条款，则延长存仓期间的火险责任。保险期限从货物进入过户银行指定的仓库时开始，直到过户银行解除货物权益或者运输责任终止时起计算满 30 天。

第七，战争险。这是指承保战争或类似战争行为等引起被保险货物的直接损失。

第八，战争险的附加费用。这是指承保战争险责任内的风险引起的航程中断或挫折，以及由于承运人行使运输合同中有关战争险条款规定所赋予的权利，把货物卸在保险单规定以外的港口，而产生的应由被保险人负责的那部分附加的合理费用。如卸货、存仓、转送、关税以及保险费等，由保险人予以赔偿。

第九，罢工险。这是指承保因参加工潮、暴动和民众斗争的罢工者、被迫停工的工人采取行动而造成的被保险货物的损失及其他任何人的恶意行为造成的损失。但其负责的损失仅仅是直接损失，对于间接损失是不负责任的。

在投保战争险之后，再加保罢工险，是否需要另行付费？

2. 除外责任

除外责任是保险人明确规定不予承保的损失或费用。主要有：被保险人的故意行为或过失；发货人的责任，保险责任开始前被保险货物早已存在的品质不良和数量短差；被保险货物的自然损耗、本质缺陷、特性；被保险货物的市价跌落；运输延迟等造成的损失和引起的费用。对于战争险、罢工险等承保的责任往往在一般货物运输险中也作为除外责任。

（二）伦敦保险协会海上货物运输保险的险别及除外责任

英国伦敦保险协会制定的"协会货物条款"历史悠久，是目前影响最大并为大多数国家所采用的保险条款。该条款最早制定于 1912 年，后经过多次修订，从 1982 年起使用新修订的条款。在 1963 年的条款中，货物的险别为平安险、水渍险和一切险。1982 年条款修改后的险别主要包括货物条款（A）险、货物条款（B）险、货物条款（C）险、战争险、罢工险和恶意损害险六种，其中前五种可作为独立险别单独予以承保。最新一次的修订完成于 2009 年。新修订的条款只是在 1982 年条款之上对条款内容进行了细化，扩大了保

险人承担风险的范围,条款的六种险别没有变化。伦敦保险协会货物条款的内容具体如下:

1. 货物条款（A）险

货物条款(A)险采取"一切风险减去除外责任"的办法来确定保险人的责任,即除对"除外责任"项下所列举的风险保险人不负责外,对其他风险保险人都负责承保。

货物条款(A)险的除外责任包括:

第一,一般除外责任,包括归因于被保险人故意的不法行为造成的损失或费用;自然渗漏、自然损耗、自然磨损、包装不足或不当造成的损失或费用;保险标的内在缺陷或特性造成的损失或费用;直接因延迟而引起的损失或费用;因船舶所有人、租船人经营破产或不履行债务而造成的损失或费用;因任何原子或核武器而造成的损失或费用。

第二,不适航、不适货除外责任,是指保险标的在装船时,如果被保险人或其受雇人已经知道船舶不适航,以及船舶、装运工具、集装箱等不适货,则保险人不负赔偿责任。

第三,战争除外责任。

第四,罢工除外责任。

2. 货物条款（B）险

货物条款(B)险和货物条款(C)险的承保风险采取了与货物条款(A)险不同的规定方法——"列举承保风险"的方法,即在条款的第一条明确地把保险人所承保的风险——列出,凡列出的风险,保险人均予以承保。货物条款(B)险承保的风险包括:① 火灾、爆炸;② 船舶或驳船触礁、搁浅、沉没或倾覆;③ 陆上运输工具倾覆或出轨;④ 船舶、驳船或运输工具同水上的外界物体碰撞;⑤ 在避难港卸货;⑥ 地震、火山爆发、雷电;⑦ 共同海损牺牲;⑧ 抛货;⑨ 浪击落海;⑩ 海水、湖水或河水进入船舶、驳船、运输工具、集装箱、大型海运箱或贮存处所;⑪ 货物在装卸时落海或摔落造成整件的全损。可见,货物条款(B)险的承保风险与我国的水渍险类似。

货物条款(B)险的除外责任与货物条款(A)险基本相同,但有以下两点区别:

第一,货物条款(A)险对于被保险人之外的任何个人或数人故意损害和破坏标的物或其他任何部分的损害要负赔偿责任;而在货物条款(B)险中,保险人对此不负赔偿责任。

第二,货物条款(A)险将海盗行为列入保险范围,而货物条款(B)险对海盗行为不负赔偿责任。

3. 货物条款（C）险

货物条款(C)险所承保的风险比货物条款(A)险和货物条款(B)险都少得多,它只承保重大意外事故,而不承保自然灾害和非重大意外事故,具体包括:① 火灾、爆炸;② 船舶或驳船触礁、搁浅或倾覆;③ 陆上运输工具倾覆或出轨;④ 在避难港卸货;⑤ 共同海损牺牲;⑥ 抛货。可见,货物条款(C)险的承保风险与我国的平安险有些不同,其承保范围比平安险的承保范围要小一些。

货物条款(C)险的除外责任与货物条款(B)险完全相同。

英国伦敦保险协会新、旧条款的区别

4. 其他三种险别

战争险、罢工险可以作为独立险别投保。恶意损害险是新增加的附加险别,它所承保的是被保险人以外的其他人(如船长、船员等)的故意破坏行为所致被保险货物的灭失和损害。它属于货物条款(A)险的责任范围,但在货物条款(B)险、货物条款(C)险中,则被列为除外责任。

五、保险损失的赔偿

(一) 保险赔偿的原则和索赔的程序

1. 保险赔偿的原则

当保险标的因意外事故遭受损失时,被保险人能否向保险人取得赔偿,完全取决于该项导致损失的意外事故是否在保险单的承保范围之内。由于保险标的的损失可能是由一个意外事故引起的,也可能是由一个以上的意外事故引起的,其中有的可能属于承保范围,有的则可能不属于承保范围,因此保险人在处理这类索赔时,通常都要确定意外事故与损失之间是否存在因果关系,如果二者存在因果关系,而且该项意外事故又在承保范围之内,则保险人才负责予以赔偿。

按照英国《海上保险法》第 55 条的规定,除保险单另有约定外,保险人对于由承保风险为近因所导致的损失,应负赔偿责任,但对于非由承保风险为近因所导致的任何损失,概不负责。同时,在海上保险单内通常都载有一项特殊的条款,称为特别声明,其内容主要是规定索赔的一些原则和程序上的要求。按照该条款的规定,被保险人及其代理人在一切情况下,都应采取合理措施,以避免或减少损失,并应保证正确地维护和行使对承运人、受托人或其他第三人追偿损失的一切权利。

2. 索赔的程序

被保险人在提货时,若发现货物受损,则应及时向保险单指定的检验、理赔代理人或当地的检验机构申请检验,确定损失的性质与程度,取得检验报告。同时,应立即向承运人或有关当局索取货损货差证明,并在提取货物 3 天内以书面形式向承运人及有关方面索赔。

被保险人向保险人提出索赔时,应提交有关单证,主要有:检验报告或其他证明损害的文件;货物发票、提单、保险单正本;货损货差证明;索赔清单。

(二) 代位权与委付

1. 代位权

代位权,又称代位求偿权,是指保险标的发生保险事故遭受损失,根据有关法律或约定应由第三人负责赔偿时,被保险人在从保险人处取得保险赔款时,应当把对该第三人的损害赔偿请求权转让给保险人,由保险人行使被保险人的一切权利和追偿要求。代位求偿权的目的是防止被保险人取得保险人与责任第三人双倍的补偿。

我国《海商法》就代位求偿过程中可能出现的情况做了如下规定:① 被保险人未经保险人同意愿意放弃向第三人要求赔偿的权利,或者由于过失致使保险人不能行使追偿权利的,保险人可以相应扣减保险赔偿。② 保险人支付保险赔偿时,可以从应支付的赔偿额中相应扣减被保险人已经从第三人取得的赔偿。③ 保险人从第三人取得的赔偿,超过其支付的保险赔偿的,超过部分应当退还给被保险人。

2. 委付

委付是指在保险标的发生推定全损时,由被保险人把保险标的一切权利连同义务转让给保险人,而向保险人请示按实际全损赔付。委付一经保险人接受,便不能撤回。若保险人不愿接受,委付便不成立。

3. 代位权与委付的区别

代位权与委付具有以下区别:

(1) 代位权既适用于全部损失,又适用于部分损失;委付仅适用于推定全损的场合。

(2) 代位权是保险人的权利,保险人在取得这种权利的同时,无须承担其他义务;而保险人在接受委付时,不仅取得了对保险标的的所有权,而且要承担因该标的而产生的其他义务。

(三) 索赔与诉讼时效

保险条款一般都规定有索赔时效,即索赔期限。一般保险条款中规定,索赔从被保险货物在最后卸载港全部卸离海轮后起算 1 年内有效。我国的保险条款规定索赔时效为 2 年。索赔时效同时也是诉讼时效,只有在索赔时效内提起诉讼或仲裁,被保险人的权利才能得到保护,否则,即丧失追诉权。

索赔期限与诉讼时效有什么区别?两者之间有什么关系?

能力实训

一、实训案例

1. K 轮从加拿大和美国港口装运杂货去日本的东京港,被告是其中一宗货物的托运人。在该轮抵达横滨时,主机发生严重损坏,原告被告知修理时间估计需要 1.5 个月。原告提出,为了减少延滞,被告可以用其他工具把货物从横滨转运至东京,但要求被告提供共同海损分摊保证书和不可分割协议做担保。被告提供了共同海损保证书,但拒绝提供不可分割协议,并要求在横滨提货。原告拒绝交货,并声称要行使留置权。被告向日本法院申请强制执行令,法院指令原告在被告提交了共同海损分摊保证书后,在横滨交货。被告在共同海损费用发生之前,在横滨将货物取走。原告提起诉讼,要求被告分摊货物卸船之后船舶抵达目的港前发生的共同海损费用。

1. 评析

请问:被告是否应承担共同海损分摊费用?

2. 评析

2. 有一批货物投保了平安险，载运该批货物的甲海轮，在运送途中遇到暴风雨的袭击，由于船舶颠簸，货物相互碰撞而发生部分损失。

请问：

（1）保险公司是否应承担赔偿责任？为什么？

（2）如果该轮在航程中发生了碰撞事故，使货物受到部分损失，则保险公司是否应承担赔偿责任？为什么？

二、思考题

1. 简述海上货物运输保险合同的性质、特点。
2. 简述国际海上货物运输保险合同中的诚实信用原则。
3. 如何理解、利用可保利益原则？
4. 简述共同海损与单独海损。
5. 简述我国海上货物运输保险条款承保风险的险别。
6. 简述英国伦敦保险协会保险条款。
7. 简述代位权与委付的区别。

三、在线测试题

为检测本项目学习效果，请学生扫描左侧二维码完成在线测试，习题答案将于提交后自动显示。

项目九　票据使用中的法律问题

学习目标

1. 知识目标

(1) 熟悉票据的经济作用及法律特征；
(2) 了解票据立法及票据法系；
(3) 掌握票据的种类及各种票据的主要区别；
(4) 熟悉票据关系与票据基础关系之间的分离原理；
(5) 掌握汇票的基本内容；
(6) 掌握票据权利的种类以及行使、保全票据权利的方法；
(7) 了解票据丧失的补救措施；
(8) 理解伪造票据的法律后果；
(9) 了解涉外票据的法律适用原则。

2. 能力目标

(1) 能够认识票据在商务活动中的作用；
(2) 能够依法正确选择票据类型；
(3) 能够依法签发票据，并正确完成背书、承兑、提示、付款等票据行为；
(4) 能够正确行使票据丧失的救济方法。

任务一：票据关系法律实务分析

工作任务

甲企业与乙企业签订了货物买卖合同，合同中约定，甲企业签发一张以乙企业为收款人、甲企业的开户银行为付款人的汇票，金额为20万元，作为预付款。汇票不得转让，如果合同解除，则汇票作废。但是甲企业未在汇票上记载"不得转让"字样。乙企业取得汇票后，将汇票背书转让给丙企业，抵作工程款。丙企业向承兑行提示付款时，承兑行称甲企业与乙企业之间的买卖合同已经解除，甲企业告知承兑行不得付款，并且汇票不得转让，所以不能向丙企业付款。

请问：

(1) 甲企业签发的汇票是什么汇票？
(2) 甲、乙企业之间关于签发汇票的约定属于何种法律关系？
(3) 汇票上可以记载"不得转让"字样吗？记载之后有何法律效果？
(4) 承兑行不付款的行为合法吗？

操作过程

(1) 甲企业签发的汇票是银行承兑汇票。汇票按出票人的不同,可分为商业汇票和银行汇票。商业汇票由实施商业行为的企业或公司所签发,付款人可能是其他法人或企业或有信誉的自然人。商业汇票又可按承兑人的不同,分为银行承兑汇票和商业承兑汇票。银行承兑汇票是指由银行承兑并付款的汇票,商业承兑汇票则是指由银行之外的其他人承兑并付款的汇票。本案汇票是甲企业作为出票人,其开户银行作为付款人的汇票,因此是银行承兑汇票。

(2) 甲、乙企业之间关于签发汇票的约定在票据法上称为票据预约关系,属于票据基础关系,是当事人就签发票据及票据具体内容进行的约定。

(3) 汇票上可以记载"不得转让"字样。根据票据法,票据记载事项分为绝对必要记载事项、相对必要记载事项、任意记载事项和不得记载事项。在各国票据法中,一般认为,"不得转让"的记载属于任意记载事项,是指不强制当事人必须记载而允许当事人自行选择,不记载时不影响票据效力,记载时则产生票据效力的事项。因此,如果当事人在票据上记载"不得转让"字样,则此票据不得转让。

(4) 承兑行不付款的行为不合法。因为根据票据法的原理,票据一旦依法开具且交付收款人后,即为有效票据,票据关系以票据上记载的文义为准,而与票据基础关系相分离。甲企业签发的汇票是有效的汇票,且没有在票据上按约定注明"不得转让"字样,则乙企业背书转让票据的行为合法,丙企业作为持票人享有票据权利,有权获得付款。至于甲、乙企业之间的合同关系是开立票据的原因关系,属于票据基础关系,基础关系的解除、变更或无效不影响票据关系。所以,承兑行作为付款人必须付款,不得以基础关系解除对抗票据权利人。

知识链接与归纳

一、票据概述

(一) 票据的概念

"票据"一词,有广义、狭义之分。广义的票据,泛指所有商业上的凭证,如股票、债券、发票、保单、提单等;而票据法所称的票据是狭义的票据。狭义的票据是指由出票人签发的委托他人或由自己于指定日期或于见票时无条件支付一定金额给持票人的有价证券。

狭义的票据包括三层含义:① 票据是一种有价证券。广义的证券是指各类记载并代表一定权利的法律凭证的统称,用以证明持券人有权依其所持证券记载的内容而取得应有的权益,如股票、公司债券、各种票据、提单、仓库营业者出具的存货栈单等。② 票据是无条件支付的有价证券。票据是代表一定数量货币请求权的有价证券,并且可以在法定的范围和条件下流通。③ 票据可以由出票人自己付款,也可以委托第三人付款。由自己付款即为本票,委托他人付款即为汇票和支票,其中支票只能委托金融机构付款。

(二) 票据的法律特征

票据作为典型的有价证券,与其他有价证券相比,具有独特的法律特征。

(1) 票据是设权证券。"设权"是相对于"证权"而言的。证权证券的作用是证明权利存在,设权证券则是创设一项全新的权利。具体而言,票据权利的发生必须做成票据,即无票据就无票据上的权利。票据的作用就在于通过票据行为创设一定的权利,这是票据与股票、提单等证权证券的区别之一。

(2) 票据是金钱债权证券。有价证券依其所代表的财产权利的性质不同,可分为物权证券、债权证券和股权证券。一方面,票据所表示的权利是以一定金额的给付为标的的债权,故称为债权证券;另一方面,票据所代表的权利仅限于对一定数量的金钱的请求权,不能是劳务或者实物请求权,所以,票据只能是金钱债权证券。

(3) 票据是无因证券。无因证券是指证券权利的行使只以持有证券为必要,持券人无须证明其取得证券的原因。票据系无因证券,即意味着占有票据者就是票据债权人,就可对票据债务人行使票据上的权利,至于票据权利人取得票据的原因是否成立、是否有效、是否被撤销,均不影响票据权利的存在。

如果持票人向付款人要求付款,但是付款人拒绝付款,理由是他与出票人的合同关系不存在,与持票人也没有任何关系。请问:付款人有权拒付吗?

(4) 票据是完全有价证券。有价证券依证券权利与证券本身的关系不同可分为完全有价证券和不完全有价证券。证券权利的发生、转移和行使都以证券的存在为必要的证券为完全有价证券;证券权利的转移或行使以证券的存在为必要,而证券权利的发生不以证券的存在为必要的证券为不完全有价证券,如股票、公司债券、仓单等。票据作为完全有价证券,其权利的发生必须做成票据,其权利的转移必须交付票据,其权利的行使必须出示票据。

(5) 票据是文义证券。文义证券是指票据权利与义务的内容完全依票据上的记载而定,即使票据上的记载与实际情况不符,也应依票据所载文义为准,不得对其进行任意解释或者根据票据以外的任何证据确定。这与民法探求当事人的真实意思,在意思表示有错误时,可撤销其行为显然不同。

(6) 票据是要式证券。票据的格式和记载事项都由法律严格加以规定,当事人必须遵守,否则会影响票据的效力以致票据无效。此外,票据的签发、转让、承兑、付款、追索等行为,也必须严格按照票据法规定的程序和方式进行方为有效,因此,票据为要式证券。

(三) 票据的经济作用

票据之所以能够获得广泛的应用,是因为它在经济上有独特的作用,能为当事人提供一定的方便或好处。票据的经济作用主要表现在以下几个方面:

1. 支付工具作用

票据的支付工具作用也是票据最原始、最简单的作用。在交易中特别是大额交易中,大量使用现金既不方便又不安全,而以票据代替现金支付可以有效地避免这些不利因素。因此,在经济生活中,人们都普遍将票据特别是支票作为支付工具。正是由于票据的支付功能代替了现金,才使得现代商品交易,尤其是国际上的大宗交易,能够做到迅速、准确、安全。

2. 汇兑作用

在现代商品交易中,交易双方往往分处两地或远居异国,一旦成交,就要向外地或外国输送款项供清偿之用。在这种情况下,如果输送大量现金,则不仅十分麻烦,而且途中风险很大。但是,如果使用汇票或其他票据来代替现金的输送,则上述麻烦或风险就可以大大减少。票据的这种作用,在国际贸易中显得更为突出。因为国际贸易的双方当事人往往分处两国,交易金额也较大,假如不使用票据,每笔交易都是输送大量现金进行结算,那么其困难是可想而知的。

3. 信用工具作用

票据的信用工具作用是票据的核心作用。在现代商品交易活动中,信用交易不仅大量存在,而且起着举足轻重的作用,现金交易则退居次要地位。票据作为信用工具,在现代社会中的作用日益重要,它既可以作为商业信贷的重要手段,又可以用作延期付款的凭证,还可以作为债务的担保。总之,票据当事人可以凭借某人的信用,将未来可取得的金钱作为现在的金钱来使用。同时,票据的背书制度客观上也加强了票据的信用工具作用。汇票和本票都具有信用工具的作用,支票限于见票即付,一般用作支付工具,没有信用工具作用。

4. 流通作用

票据与法定货币的区别

票据的融资作用

最初的票据仅限于一次付款,不存在流通问题。背书制度产生之后,票据就具有流通作用,可以通过背书的方式进行转让。依照背书制度,背书人对票据付款负有担保责任,即在持票人的付款请求权不能实现或者无法实现时,持票人可以向背书人追索,背书人应当付款。因此,票据背书转让的次数越多,票据的债务人就越多,票据债权实现的可能性也就越大。在当今西方国家,票据的流通日益频繁,仅次于货币的流通。

(四)票据的种类

关于票据的种类,各国法律规定并不一致。如德、法等国认为票据只包括汇票与本票,不包括支票,而英、美等国则认为汇票包括支票。现在国际上一般都认为票据应包括汇票、本票与支票。

1. 汇票

汇票是指由出票人签发的,委托付款人见票时或在指定的日期无条件地支付确定金额给收款人或持票人的票据。

根据不同的分类标准,汇票又可分为以下类型:

(1)按出票人的不同,汇票可以分为商业汇票和银行汇票。商业汇票的出票人是实施商业行为的企业或公司;银行汇票的出票人是银行。商业汇票又可按承兑人的不同,分为银行承兑汇票和商业承兑汇票。银行承兑汇票是指由银行承兑并付款的汇票,商业承兑汇票则是由银行之外的其他人承兑并付款的汇票。

（2）按付款时间的不同，汇票可以分为即期汇票和远期汇票。即期汇票也称见票即付的汇票，是指收款人或持票人在法定期限内提示付款时，付款人在见票后即付款的汇票。因此，此种汇票以提示日为到期日。远期汇票是指付款人不是在见票时而是在汇票所规定的到期日付款的汇票。

（3）按记载收款人方式的不同，汇票可以分为记名式汇票、指示式汇票和无记名式汇票。记名式汇票是指出票人在汇票上载明收款人的姓名或商号的汇票。这种汇票可由收款人以背书并交付的方式转让。指示式汇票是指出票人在汇票上不仅记载收款人的姓名或商号，同时还附加记载"或其指定人"字样的汇票。这种汇票也可由收款人以背书并交付的方式转让。不记名式汇票是指出票人在汇票上不记载收款人的姓名或商号，无论谁为持票人，都可直接向付款人请求付款的汇票。这种汇票在流通时无须背书，只要让与人将汇票交付受让人，即可达到转让的目的。英美法系的票据法承认此种汇票，而我国《票据法》和日内瓦统一票据法则规定：若汇票上不记载收款人的名称者，则该汇票无效。

票据的其他分类

2. 本票

本票也称期票，是指由出票人签发的，允诺于指定的到期日，由自己无条件地支付确定金额给收款人或持票人的票据。

本票与汇票有许多共同之处，汇票法中有关出票、背书、付款、拒绝证书以及追索权等规定，基本上都可适用于本票。二者的区别主要有两点：① 汇票有三个当事人，即出票人、付款人与收款人；而本票只有两个当事人，即出票人（同时也是付款人）与收款人。② 汇票必须经过承兑之后，才能使承兑人（付款人）处于主债务人的地位，而出票人则居于从债务人的地位；本票的出票人则始终居于主债务人的地位，只负到期偿付的义务，不必办理承兑手续。

本票的分类

我国《票据法》规定的本票仅限于见票即付的银行本票。

3. 支票

支票是指由出票人签发的，委托金融业者（例如，银行、信用合作社等）于见票时无条件地支付确定金额给收款人或持票人的票据。

支票和汇票一样有三个当事人，即出票人、付款人与收款人，因此，英美法系国家把支票规定为汇票的一种。支票与汇票的区别主要有：① 支票的付款人限于银行，而汇票的付款人则不以银行为限；② 支票均为见票即付，而汇票则不限于见票即付。

支票的分类

我国的支票分为转账支票和现金支票。

二、票据立法及票据法系

（一）票据立法

1. 票据法的概念

所谓票据法，就是规定票据的发生、转让及其行使关系的法律规范的总称。它有广义和狭义之分。广义的票据法,是指一切关于票据适用的法律规范之总称,其中包括票据公法和票据私法。所谓票据公法,是指关于票据在公法上的规定。例如,刑法中关于伪造有价证券罪的规定;民事诉讼法中关于票据诉讼程序的规定;破产法中关于票据出票人或背书人被宣告破产的规定等。所谓票据私法,是指关于票据在私法上的规定。例如,在民法或商法中有关票据的各项规定。狭义的票据法,是指以票据的发生、转让及其行使关系为对象而规定的特别的法律规范。本节论述的票据法是狭义的票据法,它包括对汇票、本票和支票这三种特种有价证券在发生、转让和行使过程中的有关法律规范。

西方主要国家的票据立法

票据法系

我国的票据立法发展历程

2. 我国的票据立法

为了适应市场经济的发展和金融体制改革的需要,1995 年 5 月 10 日,在参照日内瓦统一票据法的有关公约和《联合国国际汇票和国际本票公约》的基础上,结合我国的国情,第八届全国人民代表大会常务委员会第十三次会议通过了《中华人民共和国票据法》(以下简称《票据法》)。该法包括总则、汇票、支票、本票、涉外票据的法律适用、法律责任和附则,共 7 章 111 条,于 1996 年 1 月 1 日起施行。《票据法》的核心内容是保护票据当事人的合法权益。它强调出票人必须与付款人具有真实的委托付款关系,并且具有支付票据金额的可靠资金来源,以此保护善意持票人的权利;它规定了债务人到期无条件支付票款的义务,并且增设了有关法律责任,以此保障票据的使用和流通更安全、更方便;它增设了涉外票据的法律适用一章,从而使我国涉外票据有法可依。总之,它的目的是规范票据行为,保障票据活动中当事人的合法权益,维护社会经济秩序,促进社会主义市场经济的发展。

(二)关于票据的国际公约

1. 日内瓦统一票据法

由于各国票据法存在重大的分歧和差异,这就给票据在商业上的使用,特别是在国际贸易中的流通使用带来了许多的不便。因此,从 19 世纪末开始就有一些国际组织主张把各国的票据法加以统一,制定一些有关票据的统一公约。经过长期的酝酿准备,终于在 20 世纪 30 年代初通过了四项关于票据的日内瓦公约,即① 1930 年《统一汇票本票法公约》;② 1930 年《解决汇票及本票若干法律冲突公约》;③ 1931 年《统一支票法公约》;④ 1931 年《解决支票若干法律的冲突公约》。

现在大多数欧洲国家以及日本和某些拉丁美洲国家已经采用以上各项日内瓦公约,但是英、美等国则从一开始就拒绝参加日内瓦公约,因为日内瓦公约是调和德国法系和法国法系分歧的产物,而这两个法系又同属于大陆法系,所以日内瓦公约主要是按照大陆法系的传统,特别是德国法的传统制定的,英、美等国认为,如果参加日内瓦公约,则会影响英美法系各国之间已经实现的统一,并且认为日内瓦公约的某些规定与英美法系的传统和实践有矛盾,因此一直拒绝参加。所以,就国际范围来说,目前在票据法方面还存在两大法系:一个是英美票据法系,另一个是日内瓦统一票据法系,后者是指参加日内瓦公约的国家,其中包括原来属于法国法系和德国法系的国家。

为什么英美法系国家拒绝参加日内瓦公约?主要原因是什么?

我国没有参加上述日内瓦公约,但在对外贸易结算中,有时也适当参照上述日内瓦公约的有关规定来处理与汇票有关的一些法律问题。

2. 联合国统一票据法

由于日内瓦统一票据法并没有达到统一各国票据法的目的,英美法系各国的票据法同日内瓦公约在许多问题上一直存在重大的分歧。这种状况的存在,对汇票在国际上的流通使用是十分不利的。为了解决这个问题,促进各国票据法的协调和统一,联合国国际贸易法委员会从20世纪70年代起决定着手起草一项适用于国际汇票的统一法公约,并于1973年提出了一项《统一国际汇票法(草案)》。这个草案是日内瓦统一票据法系与英美票据法系相互调和、折中的产物。但由于各国在许多问题上的分歧一时难以解决,该草案迟迟未能获得通过。1979年又将其改名为《国际汇票和国际本票公约(草案)》,以后又进行了多次修改,直到1988年12月9日才正式通过。

《国际汇票和本票公约》的适用范围仅限于国际票据,即出票地、付款地和收款人所在地中至少有两地不在一个国家的票据,不适用于缔约国国内的票据使用。因此,该公约还不能认为是完全的国际统一票据法。从这个意义上讲,日内瓦统一票据法则可称为完全的国际统一票据法,因为它既是适用于国际的票据法规范,又是适用于国内的票据法规范。该公约虽尽可能地融合了两大票据法系的不同规定,却难以从根本上消除两大票据法系的对立,无论是英美票据法系国家,还是日内瓦统一票据法系国家对此都有意见,该公约至今仍未生效的事实就是很好的证明。同时,这也使我们意识到,制定一部由世界上大多数国家,特别是包括所有现存各法系国家参加的、具有普遍意义的国际统一票据法,还有待国际社会继续做出共同的努力。

三、票据关系和票据行为

(一) 票据关系

因票据的发行而产生的当事人之间的法律关系称为票据法上的关系,包括票据关系和非票据关系。

1. 票据关系和非票据关系

(1) 票据关系。票据关系是基于票据行为而产生的票据当事人之间的权利义务关系。根据票据的种类区分,有三种票据关系,即汇票关系、本票关系和支票关系。按照发生票据关系的票据行为的不同,票据关系可以分为因出票发生的票据发行关系、因背书发生的背书转让关系、因承兑发生的承兑关系,以及保证关系、付款关系等。票据当事人是指在票据关系中享有票据权利、承担票据责任的人,如出票人、收款人、付款人、背书人、承兑人、保证人、持票人等都是票据当事人。在票据当事人中,在票据上签名在前的称前手,签名在后的称后手,签名相邻的两个当事人称直接前后手。在票据当事人中,享有票据权利的人是票据权利人,或称票据债权人;承担票据责任的人是票据义务人,或称票据债务人。

(2) 非票据关系。票据法上的非票据关系是指由票据法直接规定的,与票据行为相牵连的,但不是由于票据行为本身产生的法律关系。例如,票据在被盗、遗失等情况下,正当权利人有权请求返还票据;因票据时效已过或票据手续欠缺,致使持票人丧失票据权利的,持票人对于出票人或承兑人享有利益返还请求权等。

2. 票据基础关系

一般情况下,票据关系的产生总是要以某种原因为基础,如卖方以买方为付款人、自己或他人为收款人而出具票据,银行因出票人在银行有存款而向出票人指定的人无条件付款等,其中买卖关系、存款关系就是票据关系的基础关系。

票据基础关系包括三种类型:① 原因关系,是指当事人之间使用票据的原因,如买卖、借贷、赠与等合同关系;② 票据资金关系,是指汇票和支票的出票人与付款人之间存在的金钱、实物、信用关系及其他财产性债权债务关系,如出票人在付款人处存有资金,付款人欠出票人债务等;③ 票据预约关系,是指当事人之间预先约定使用票据的合同关系,如当事人对是否使用票据,使用何种票据,以及票据金额、到期日、付款地等问题,一般应约定清楚,然后才能出票。

3. 票据关系与票据基础关系的关系

票据关系与票据基础关系的牵连

票据基础关系与票据关系密切相关,但在法律上不产生票据的权利义务关系,属于民法上的债权债务关系。为了鼓励人们多用票据,最大限度地保障票据的安全性、可信度,票据法把票据关系与其基础关系分离开来,使票据关系独立于基础关系而存在,而且,只要票据关系无瑕疵,即使基础关系不存在或无效,也不影响票据权利的效力。

议一议

甲公司出售一批货物给乙公司。交货后甲公司签发了以乙公司为付款人的汇票。汇票被承兑后在付款日到来之前,甲公司将汇票转让给了丙公司,丙公司又转让给了丁公司。后发现甲公司的货物有严重的质量问题。请问:乙公司是否可以拒绝付款?

(二) 票据行为

1. 票据行为概述

所谓票据行为,是指以发生票据权利义务关系为目的而依照票据法所实施的法律行为,如出票、背书、承兑、保证、付款等。需要指出的是,并不是所有票据的流通或使用过程都需要完成全部票据行为,如出票、背书等是各种票据共有的行为,但承兑、参加承兑则是汇票的特有行为,再如保证是汇票、本票的共有行为,而不适用于支票。在三种票据中,汇票可以完整地体现票据行为的过程,有鉴于此,各国票据法也大都以汇票为中心。

另外,无论是本票还是支票,实际上均是汇票的变式,除汇票的某些特殊规则,以及本票和支票因自身的特点而适用的一些规则外,这三种票据在许多地方存在相通之处。因此,各国票据法也好,日内瓦统一票据法也好,《国际汇票和国际本票公约》也好,均规定支票或本票的出票、背书、保证、付款等行为,以及追索权的行使,除另有特殊规定外,均适用有关汇票的规定,即所谓的"汇票规则的准用"制度。

议一议

老沈得了重病,估计自己将不久于人世,于是他将自己的子女找来,立了一份遗嘱。其中,他将自己的一张还未到期但已承兑的 15 万元的银行承兑汇票留给了自己的小女儿沈娜。

过了不到一个星期,老沈就病逝了。沈娜依遗嘱获得那张汇票。请问:老沈立遗嘱将汇票交给沈娜的行为是票据行为吗?为什么?

票据行为具有独立性,即在同一票据上所做的若干票据行为分别依各行为人在票据上所做记载独立地发生效力,在先票据行为无效不影响后续票据行为的效力,某一票据行为无效不影响其他票据行为的效力。

2. 票据行为的种类

从法理上讲,票据行为有广义和狭义之分。狭义的票据行为是指能产生票据关系的法律行为,有出票、背书、承兑、保证、参加承兑五种。广义的票据行为是指以发生、变更、消灭票据关系为目的的法律行为,除狭义的五种行为外,还包括付款、参加付款、(支票的)画线、(本票的)见票、(支票的)保付等。

基本票据行为和附属票据行为

我国《票据法》对票据的出票、背书、承兑、保证行为进行了规定。

3. 票据行为的形式

票据行为是一种要式行为,必须具备法律规定的形式方为有效。对于票据的形式要求,各国法律主要有四个方面的规定,即记载事项、记载格式、签名和交付。其中,记载格式一般需要参见各种票据样本,在此不再赘述。

我国《票据法》中规定的票据行为

(1)票据记载事项。票据记载事项是指依法在票据上记载票据相关内容。票据记载事项一般分为绝对必要记载事项、相对必要记载事项、任意记载事项、禁止记载事项等:

第一,绝对必要记载事项,是指票据法明文规定必须记载,如不记载,票据即为无效的事项。例如,出票日期、票据的收款人、一定的金额、票据行为人签名等。

第二,相对必要记载事项,是指除绝对必要记载事项外,票据法规定的其他应记载的事项。相对必要记载事项可以记载,也可以不记载。记载的,按照记载的具体事项履行权利和义务;未记载的,适用法律的统一认定。例如,根据我国《票据法》的规定,背书由背书人签章并记载背书日期;背书未记载日期的,视为在票据到期日前背书。这里的"背书日期"就属于相对必要记载事项。

第三,任意记载事项,是指不强制当事人必须记载而允许当事人自行选择,不记载时不影响票据效力,记载时则产生票据效力的事项。例如,出票人在汇票上记载"不得转让"字样的,汇票则不得转让,其中的"不得转让"事项即为任意记载事项。任意记载事项还可以包括支付的币种、"委托收款"字样等。

第四,禁止记载事项,是指票据法禁止记载于票据上,如果记载了也不发生票据效力或者使票据无效的事项。包括两种情况:一是不发生票据效力的记载事项。例如,在支票上记载付款日期、保证附有条件等。票据法上对这类记载事项一般使用"不发生票据上的效力""记载无效""视为未记载"等否定性语言进行规范。这类记载事项本身不发生票据上的效力,但也不影响票据的效力。二是使票据无效的记载事项。例如,根据我国《票据法》的规定,票据金额以中文大写和数码同时记载,二者必须一致,二者不一致的,票据无效。

相对必要记载事项与任意记载事项有什么区别?

(2) 票据签名。票据行为必须由行为人签名。行为人的签名是其承担票据责任的必备条件,也是票据的绝对必要记载事项,与票据金额具有同等重要的意义。对于签名,我国《票据法》使用"签章"一词,即票据上的签章为签名、盖章或签名加盖章。签名行为可以分为自然人签名、法人签名和二人以上共同签名。在国际上,自然人签名并不要求必须是本名,只要足以表明是本人的文字即可,如艺名、绰号等均可,但是我国《票据法》规定签名应当是本名且应当完整。法人签名是指法人的授权代表人在票据上签自己的姓名和法人的名称或印章,并显示出代表法人签名的意旨等记载。我国《票据法》规定,法人和其他使用票据的单位在票据上的签章,为该法人或该单位的盖章加法定代表人或者其授权的代理人的签章。在票据上共同签名的,共同签名人就票据文义负连带责任。

伪造他人签名的人是否负票据责任?被伪造者是否负票据责任?

(3) 票据交付。票据行为的成立和生效,除制作合法的票据外,还必须将票据交付对方,如出票应将票据交付收款人,背书应将票据交付被背书人等。在票据交付前,票据因遗失、被盗等被他人占有,不属于票据交付。不法取得票据的直接当事人不得取得票据权利,但是善意取得的第三人,有权取得票据权利,票据债务人仍应负票据责任。

甲公司从乙公司购入一批设备,给乙公司开出期限为两个月的商业承兑汇票一张,面额为30万元。后乙公司依法将该汇票背书转让给丙。丙将汇票遗失,被A捡到。A便将汇票背书转让给丁。请问:该汇票到期,付款人是否应该付款给丁？为什么？

（4）票据行为的代理。票据行为的代理是指由他人按照本人的授权,代本人实施票据行为。代理人应当在票据上载明自己是代理人,委托授权人为被代理人,并表明被代理人的姓名或名称；否则,应由签名的人负票据责任。无权代理人以代理人名义在票据上签名的,应负票据责任；越权代理人对越权部分应自负票据责任。

四、汇票、本票和支票

（一）汇票

1. 汇票的出票

汇票的出票是指出票人委托付款人无条件支付一定的金额给收款人或持票人的票据行为。汇票是一种要式证券,必须载明法定事项,并交付收款人,才具有票据的效力。但各国法律对汇票的形式要求并不完全相同,下面以日内瓦统一票据法系的规定为主,参照各国的法例,对汇票所应记载的事项做一简要阐述。

按照日内瓦统一票据法系的规定,汇票必须载明以下事项：

（1）"汇票"字样。日内瓦统一票据法系要求在汇票上标明"汇票"字样,以明确票据的性质,但英美票据法系不要求必须标明"汇票"字样。

（2）无条件支付一定金额的命令。所谓无条件,是指付款人对于付款不得添加任何条件；所谓命令,是指付款人必须照此办理,按汇票的规定付款,没有选择的余地；所谓一定的金额,是指汇票上所载明的金额必须是确定的。根据日内瓦统一票据法系,汇票（包括本票、支票）不得分期付款,因此记载分期付款的汇票无效；而英美票据法系则认为汇票可以做分期付款的记载。至于汇票上能否载入利息条款的问题,英美票据法系认为,若汇票上载有利息条款、分期付款条款或汇率条款,则都不影响汇票金额的确定性,都是有效的。日内瓦统一票据法系也规定,对于见票即付及见票后定期付款的汇票,可以允许载入利息条款。

根据我国《票据法》,如果阿拉伯数字记载的金额与中文记载的金额不一致,则会出现什么结果？

（3）付款人的姓名。汇票的付款人一般是一个人,但有些国家的法律也允许记载一个以上的付款人,在这种情况下,任何一个付款人均须承担支付全部汇票金额的责任,不能分别就金额的一部分负责,在其中一个人付款后,其余付款人即可解除责任。

（4）收款人的姓名。收款人是汇票的第一债权人,其姓名当然应记载于票据之上,故日内瓦统一票据法系不承认无记名式汇票,认为汇票上若不载明收款人的姓名或商号者,则该汇票不得认为有效。我国《票据法》也规定,汇票上必记记载收款人。但英美票据法系则承认无记名式汇票,认为在汇票上没有记载收款人的姓名或商号的,以持票人为收款人。

(5) 汇票的到期日。汇票的到期日也称汇票的付款日期,即指汇票金额支付的日期。按照日内瓦统一票据法系的规定,汇票应载明付款日期,若汇票上未载明付款日期者,则视为见票即付的汇票。也就是说,汇票上应载明到期日,但它不是法定的要件,即使未载明,也可以将其视为即期汇票,并不影响该汇票的有效性。英美票据法系也有类似上述的规定。汇票的到期日有以下四种规定方法:定日付款,即在汇票上载明付款的具体日期,习惯上称为板期付款;见票即付,即于持票人提示时付款;出票日后定期付款,即从出票日后起算,于一定期间内(如出票后3个月内)付款;见票后定期付款,即从持票人提示付款时起算,于一定期间内(如见票后6个月内)付款。

(6) 汇票的付款地。汇票的付款地是持票人请求付款及做成拒绝证书的处所。按照日内瓦统一票据法系的规定:汇票上应载明付款地,未载明的,则以付款人姓名旁所记载的地点为付款地,也即视为付款人的所在地。如果付款人姓名旁也未记载地点的话,则该汇票不得认为有效。英美票据法系国家的法律关于汇票付款地问题的规定与上述规定不同。英美票据法系原则上认为,付款地在汇票上载明与否,不影响汇票的有效性,即使在汇票上未载明付款地,也不知付款人的地点,只要持票人能找到付款人,就可以按汇票上所记载的文义向付款人出示汇票要求付款。根据我国《票据法》的规定,付款地为相对必要记载事项,汇票上未记载付款地的,付款人的营业场所、住所或者经常居住地为付款地。

(7) 汇票的出票日期及地点。根据日内瓦统一票据法系的规定:出票日期是法定要件,若汇票上未载明出票日期者,则该汇票无效;若未载明出票地者,则出票人姓名旁所记载的地点视为出票地,只有当出票人姓名旁也未记载地点时,该汇票才视为无效。英美票据法系认为,出票日期及地点并不是汇票的法定要件,如果汇票上没有填写出票日期,则任何合法的持票人都可以将其自认为准确的日期补填在汇票上;如果汇票上没有载明出票的地点,则可以以出票人的营业场所、住所、经常居住地为出票地。根据我国《票据法》的规定,出票日期必须记载,否则汇票无效,但出票地属于相对必要记载事项,出票人记载出票地的,以记载为准;未记载的,以出票人的营业场所、住所或者经常居住地为出票地。

(8) 出票人签名。按照各国票据法的规定,汇票必须有出票人的签字方能生效,汇票的出票人在其汇票被付款人承兑以前,是汇票的主债务人。如果付款人拒绝承兑或付款,则持票人有权向出票人追偿。因此,出票人必须在汇票上签字,以明确其责任。如果汇票的出票人是公司法人,则必须由其授权的代表签字。

以上是日内瓦统一票据法系对汇票的形式要求,这些要求缺一不可,但如上所述,英美票据法系同日内瓦统一票据法系存在不少的分歧和差异,总的来说,日内瓦统一票据法系对汇票的形式要求比较严格,而英美票据法系则比较灵活。我国《票据法》则介于两大票据法系之间,主要参照日内瓦统一票据法系,同时有些规定较之更加灵活。

根据我国《票据法》,如果汇票上没有记载付款地点,则汇票有效吗?如果没有记载付款日期,则汇票有效吗?

2. 汇票的背书

背书有广义和狭义之分,广义的背书包括转让背书、设质背书、委托取款背书。狭义的背书仅指转让背书,票据的流通转让主要以这种背书的形式进行。通常,如不特别说明为其他背书的,就是指转让背书。我国《票据法》关于背书的规定采用的是广义的概念。

根据各国票据法的规定,背书必须转让全部票据金额且不得附加条件,转让部分票据金额及附加条件的背书均为无效背书。但是禁止转让的背书在各国票据法中都是允许的。所谓禁止转让的背书,是指背书人在背书时加注某些限制转让字句的背书。例如,加注"不得转让""只许付给某某"等。日内瓦统一票据法系及英美票据法系各国票据法都承认该种背书的有效性,但在一些具体规定上则又有所不同。日内瓦统一票据法系规定,背书人可以在背书时注明"禁止再背书"字样,禁止后,该背书人对于再以背书取得汇票的人,不负保证承兑及付款之责。而英美票据法系则把禁止转让背书称为限制背书,认为限制背书只具有委托取款的效力,被背书人无权转让其权利。

背书可以附加条件吗?

(1) 背书的方式。根据背书是否记载被背书人的姓名或名称,背书分为记名背书与不记名背书。记名背书又称全衔背书或特别背书。在做记名背书时,持票人必须在汇票背面写上被背书人的姓名或商号,并签上自己的名字,然后将汇票交付被背书人,被背书人可以通过背书方式再度转让汇票。不记名背书又称空白背书或略式背书,即持票人仅在汇票背面签上自己的名字,而不填写被背书人的姓名或商号,经背书后的汇票可以仅凭交付而再度转让。外国票据法大都承认两种背书的效力,但我国《票据法》规定,不记名背书无效。

(2) 背书的法律效力。背书具有以下法律效力:

第一,通过背书的连续性证明持票人获得票据的合法性。票据的背书应当是连续的,前后衔接,以此来显示票据的流通过程。持票人以背书的连续证明其票据权利。

第二,背书人对包括被背书人在内的一切后手保证该汇票能得到承兑或付款。

第三,背书人保证在他以前曾在该汇票上签名的一切前手的签名的真实性和背书的连续性。

第四,如果日后付款人对汇票拒绝承兑或拒绝付款,持票人有权向任何背书人进行追索,请求偿还票据金额。

3. 汇票的承兑

汇票的承兑是汇票的付款人为了表示接受出票人的付款指示,同意承担付款义务,并以书面记载于汇票之上的行为。承兑是远期汇票特有的行为,支票、本票及即期汇票均无此行为。

承兑的方式通常是由付款人在汇票正面横写"承兑"字样,注明承兑日期并签上自己的名字。承兑的作用在于确定付款人对汇票的付款义务。按照各国的法律,汇票承兑前,出票人及背书人是主债务人,付款人一旦承兑,即成为汇票的主债务人。如果承兑人到期拒绝付款,则持票人就可以直接起诉他。但是,付款人承兑汇票并不能解除出票人和背书人对汇票的责任,如果承兑人在汇票到期时不付款,则持票人除有权对承兑人起诉外,仍可向任何前手或出票人进行追索。

包括我国在内的各国法律均规定,承兑应当是无条件的,附加条件的承兑原则上都认为是付款人拒绝承兑的行为,如果持票人在未征得出票人和前手背书人的同意之前擅自接受了这些附有条件的承兑,则出票人和前手背书人可以免除在该票据上的全部或部分义务。但日内瓦统一票据法系允许付款人做部分承兑,持票人面对此种承兑时应先接受付款人的部分承兑,然后对于付款人未予承兑的部分,在法定期限内做成拒绝承兑证书,向前手背书人和出票人行使追索权。

持票人应在一定的期限内提示承兑,否则即丧失对前手的追索权。所谓提示承兑,是指持票人向付款人出示票据并要求付款人做出付款承诺的行为。对于提示承兑的期限,各国有一定的差异,如根据日内瓦统一票据法系,见票后定期付款的汇票,应自出票日起1年内做承兑提示;而根据英国法,见票后定期付款的汇票,除出票人或背书人有特别规定者外,持票人应于出票后合理的时间内做承兑提示。

根据我国《票据法》,见票后定期付款的汇票,持票人应自出票日起1个月内向付款人提示承兑。定日付款、出票后定期付款的汇票,持票人应在汇票到期日前提示承兑。

如果汇票承兑人拒绝承兑,则该汇票的主债务人是谁?

4. 汇票的保证

汇票的保证是指对已经存在的票据上的债务进行担保的票据行为。关于保证人,各国制度不同,我国《票据法》规定保证人必须是票据债务人以外的第三人;日内瓦统一票据法系则允许已在票据上签名的票据债务人作为保证人;英美票据法系则规定,除出票人和承兑人之外的任何人均可作为保证人。汇票保证的被保证人则只能是票据的债务人,如出票人、承兑人、背书人等。

(1) 保证的形式。汇票的保证必须标明"保证"字样。保证文句一般并不事先印制在票据用纸上,需要保证人特别加以记载。除此之外,保证人的名称以及保证人的签章也是绝对必要记载事项,欠缺其一,保证无效。另外,还应记载被保证人以及保证日期。未记载被保证人的,已承兑的汇票,承兑人为被保证人;未承兑的汇票及本票,出票人为被保证人。未记载保证日期的,出票日期为保证日期。此外,根据我国《票据法》的规定,保证不得附有条件;附有条件的,不影响对汇票的保证责任;且只能对全部票据金额担保,部分保证无效。日内瓦统一票据法系则允许部分保证。

(2) 保证的效力。保证人就票据债务来说,与被保证人承担完全相同的责任,且具有连带性;在保证人为两人以上时,保证人之间也须承担连带责任。对票据权利人来说,不分第一保证人或第二保证人,其可以向任何一个保证人或全体保证人请求履行保证义务。保证人清偿汇票债务后,可以行使持票人对被保证人及其前手的追索权。

议一议

A公司与B公司签订了一份价款为20万元的买卖合同。A公司收到B公司签发的商业承兑汇票一张,期限为3个月。1个月后,A将该汇票转让给了C公司,A公司在票据上记载了保证事项,后C公司将汇票转让给了D公司。D公司于到期日向付款人提示付款,但付款人下落不明。D公司于是向A公司行使追索权,A公司以D公司应先向C公司追索为由拒绝。请问:A公司的主张是否合法?为什么?

5. 汇票的付款

付款是指汇票的持票人于汇票到期日,向汇票的付款人出示汇票,要求支付汇票金额的行为。付款人照票付款后,由持票人在汇票上签名注明"收讫"字样,并把汇票交回付款人,于是由该汇票所产生的债权债务关系即告消灭。

(1) 提示付款的时间。根据各国票据法,持票人必须在法定的时间内向付款人做付款提示,但付款提示的期限有很大差异。按照英国票据法的规定,如果是见票即付的汇票,则持票人必须在"合理时间"内向付款人做付款提示,其他汇票如出票后定期付款的汇票或见票后定期付款的汇票,则必须于到期日向付款人做付款提示;否则,持票人即丧失对出票人及前手背书人的追索权。而按照日内瓦统一票据法系的规定,对于见票即付的汇票,持票人必须在1年内向付款人提示付款,对于已承兑的远期汇票,则必须于到期日及其后2日内向付款人提示付款;否则,持票人亦丧失其对出票人及前手背书人的追索权。我国《票据法》则规定,见票即付的汇票,自出票日起1个月内向付款人提示付款;定日付款、出票后定期付款或者见票后定期付款的汇票,自到期日起10日内向承兑人提示付款。

议一议

张某于2019年4月1日签发一张出票后3个月付款的银行承兑汇票给王某,汇票金额为20万元,承兑人为甲银行。王某其后背书转让给李某。该汇票于7月1日到期后,持票人李某于7月15日向甲银行提示付款。请问:甲银行是否要对持票人李某承担票据责任?

(2) 付款人付款的时间。当持票人按期向付款人提示付款时,付款人是否必须于当天付款,有无一定的宽限期,各国法律有不同的规定。按照英国票据法的规定,对远期付款的汇票,可以有3天的优惠日。日内瓦统一票据法系则没有优惠日的规定。但是,按照各国的法律或习惯,如果汇票的到期日是星期日或其他公休日,则付款的日期可顺延至下一个营业日。

(3) 付款人的权利。根据各国票据法,付款人在付款时可以要求持票人出示票据,并合理地验明持票人的身份;在付款提示者为持票人的代表或代理人的场合,有权要求其提供充分的授权证明。在付清票款时,付款人有权要求持票人当场交出票据并在票据上签名并注明所收讫的款项。

(二) 本票

1. 本票的记载事项

日内瓦统一票据法系规定的本票记载事项包括表明"本票"的字样、无条件支付的承诺或委托、确定的金额、出票人签名、出票日期、出票地、付款地、收款人、付款时间九项内容。英美票据法系的要求比较宽松,只需要记载出票人签名、确定的金额、无条件支付的承诺或委托、见票即付或确定的付款日期、持票人或收款人姓名五项内容。

2. 本票的见票及付款

见票是本票的出票人因持票人的提示,为确定见票后到期付款的到期日,而在本票上记载"见票"字样及日期,并签名的行为。一般来说,见票是见票后定期付款的本票特有的程序,以此来确定本票的到期日。根据日内瓦统一票据法系,持票人须在出票日起1年内提示见票,未按期提示的,丧失对其前手的追索权。

我国《票据法》不承认见票后定期付款的本票,因此没有见票制度。根据我国《票据法》,本票持票人自出票日起2个月内,随时可以向出票人提示见票,请求付款,而出票人则于见票时予以付款。

(三) 支票

1. 支票的记载事项

支票上应记载表明"支票"的字样、无条件支付的委托、确定的金额、付款人名称、出票人签名、出票日期、出票地、付款地、收款人等事项。根据我国《票据法》,上述事项中,收款人名称、出票地、付款地为相对必要记载事项;收款人未记载的,推定持票人为收款人。另外,我国《票据法》还规定,支票限于见票即付,不得另行记载付款日期。另行规定付款日期的,该记载无效。

2. 支票的付款

支票须经持票人出示票据,请求付款人付款。根据各国法律,支票持票人应在法定的提示付款期限内提示付款;否则,付款人有权拒绝付款。根据我国《票据法》,支票的提示付款期为自出票日起 10 日内。出票人必须按照签发的支票金额承担保证向持票人付款的责任,出票人在付款人处的存款足以支付支票金额时,付款人应当在当日足额付款。

另外,各国票据法均规定,不得签发空头支票。所谓空头支票,是指支票的出票人与付款人既无资金关系又无信用关系,任意发行的不能获得付款的支票。根据各国法律,签发空头支票者,依不同情况,应承担民事责任、行政责任直至刑事责任。

涉外票据的法律适用

议一议

空头支票和空白支票有什么区别?法律后果如何?

任务二:票据权利的取得与行使

工作任务

2018年8月,甲、乙、丙三家公司经协商,决定用汇票结清他们之间的债权债务。于是,乙做出票人,甲做付款人,丙做收款人,票据金额20万元,出票日后4个月付款。此后,丙从某家具厂进货时,将汇票背书转让给了家具厂。家具厂接收到汇票时距到期日还有近3个月,遂又决定用该汇票采购木材。后采购员刘某在外出时不慎将汇票丢失。刘某将汇票丢失的情况告知了家具厂,家具厂立即向甲办理了挂失止付的手续,但没有采取其他措施。该丢失的汇票被李某捡到,李某发现票据背面的最后一次背书未填写背书人,便加盖了伪造的家具厂的公章并签了名,然后持汇票到某家电商场购置了一套价值20万元的家电,并将汇票背书后交给了家电商场。家电商场又将该汇票转让给了某电器厂。现汇票到期,电器厂持汇票请求甲付款,甲以汇票已挂失止付为由拒绝付款,电器厂只好追索,并向所有前手发出了通知。家具厂接到通知后提出自己是真正的票据权利人,电器厂的票据权利有缺陷,请求返还票据。双方发生争执,诉至法院。

请问:

(1)电器厂是否享有票据权利?为什么?

(2)电器厂是否有权向其所有前手发出追索通知?

(3)甲以票据挂失为由拒绝付款的做法是否合法?为什么?

(4)家具厂有权要求返还票据吗?

(5)如果家电商场对电器厂进行了支付,则其是否可以向票据上的其他前手行使再追索权?

操作过程

(1)电器厂享有票据权利。根据日内瓦统一票据法系以及我国《票据法》(以下各任务的操作主要以我国《票据法》为主)的规定,电器厂享有票据权利。我国《票据法》规定,票据上有伪造的背书签名时,如果持票人是善意的且支付了相应的对价,则享有票据权利。电器厂取得的票据是伪造背书的票据,但其并不知情,且不存在重大的过失或故意,并支付了相应的对价,属于善意取得。善意取得票据的持票人享有票据权利。需要指出的是,在英美票据法系中,对于此问题有不同的规定。根据英美票据法系,票据上有伪造的背书签名时,伪造签名之后一切受让人或持票人都不能真正取得票据权利,付款人负有对签名(包括背书签名)是否真实的查验之责,如果付款人对有伪造签名的票据给予了付款,则付款人应自负其责,票据的真正权利人仍可以向付款人行使付款请求权,付款人必须支付。因此,电器厂作为伪造背书票据的后手持票人,在票据真正权利人获得支付后,则无法享有票据权利。即使已经获得付款,付款人也会要求其返还票据金额。

(2) 电器厂有权向其所有前手发出追索通知。因为电器厂是善意持票人,享有票据权利,且这种权利具有优于其前手的效力。票据权利包括付款请求权与追索权,根据我国《票据法》的规定,汇票的出票人、背书人、承兑人和保证人对持票人承担连带责任,持票人可以不按照汇票债务人的先后顺序,对其中任何一人、数人或全体行使追索权。因此,在付款请求得不到满足时,持票人有权向所有前手行使追索权。

(3) 甲有权以票据挂失为由拒绝支付。根据我国《票据法》的规定,收到挂失止付通知的付款人,应当暂停支付。付款人及其代理付款人恶意或者有重大过失付款的,应当自行承担责任。因此,甲作为付款人在收到挂失止付通知后有权对持票人家电商场拒绝付款。

(4) 家具厂无权要求返还票据。根据我国《票据法》的原理,虽然家具厂从丙手中取得票据时,票据本身没有缺陷,背书也合法,从而取得了票据权利,但是其后由于自己的过错丧失了对票据的占有,尽管已向付款人甲挂失止付,但由于没有采取其他补救措施,票据因完全有价证券的性质,决定了其在不占有票据而又不能提供具有法律效力的判决或裁定时,不能行使票据权利。因此,家具厂请求家电商场返还票据的做法是没有法律依据的。

(5) 如果家电商场对电器厂进行了支付,则其不可以向票据上的其他前手行使再追索权。根据我国《票据法》,后手应当对其直接前手背书的真实性负责。家电商场作为伪造背书票据的直接后手,应对背书人的身份尽审查之责,否则,接受了伪造背书的票据,即使不是恶意的,其票据权利在法律上也不受保护。因此,如果持票人是直接从伪造者手中取得此伪造票据,则只能对伪造者依民法上的有关规定请求赔偿,而不能享有追索权。

知识链接与归纳

五、票据权利

(一) 票据权利的概念

票据权利是持票人向票据债务人请求支付票据金额的权利,包括付款请求权与追索权。付款请求权又称第一次请求权,是指持票人对票据主债务人(如汇票的承兑人、本票的出票人等)行使请求其支付票据金额的权利。追索权是指因持票人在第一次请求权没有或者无法实现的情况下,对票据的其他付款义务人(如汇票、支票的出票人,汇票、本票的保证人,票据的背书人等)行使请求偿还票款的权利。也就是说,作为持票人,它首先应当要求票据的主债务人(付款人、承兑人)向其偿付,只有在主债务人没有或者无法偿付的情况下,持票人才有权要求其他付款义务人(出票人、保证人、背书人)向其偿付票款。

(二) 票据权利的取得

获得票据权利以合法持有票据为前提条件。根据各国票据法的通例,合法取得票据权利主要有以下四种方式:

(1) 因发行票据而取得票据权利。

(2) 因背书而取得票据权利。

议一议

因票据发行和背书而取得票据权利需要具备哪些条件？

（3）因交付或其他合法方式而取得票据权利。在无记名票据中，交付票据可以使持票人获得票据权利。另外，票据权利还可以因赠与、继承、公司合并等多种方式而取得。

（4）善意取得。善意取得是指持票人从无票据处分权人手中无过失地获得票据，从而取得票据权利。

善意取得是票据权利取得制度中的特殊规则。一般情况下，对于无处分权而转让票据的，票据法认为是不法转让，不会取得应有的票据转让的效果。但是受让人无从知晓转让人无处分权且支付了相应的对价而取得票据的，如果坚持适用一般原则，则势必造成票据使用和流通的不安全性，造成人们不愿意接受票据。因此，票据法特别规定了善意取得制度，以此来保护善意的第三人的合法利益，维护票据的使用和流通的安全性。

与善意取得相对应的是恶意取得，如因欺诈、胁迫、偷盗或重大过失而取得票据的，均不得享有票据权利。

善意取得的条件

想一想

伪造背书的直接后手如果能够证明自己是善意的，则是否可以取得票据权利？

（三）票据权利的行使与保全

1. **票据权利的行使**

票据权利的行使是指票据权利人向票据债务人出示票据，请求履行票据债务的行为。一般认为，票据权利的行使包括请求付款、进行追索。

2. **票据权利的保全**

票据权利的保全是指票据权利人在遭到拒付时，为防止票据权利消灭而实施的行为。

拒付包括拒绝承兑和拒绝付款两种情况。当持票人把远期汇票向付款人提示承兑时，如果付款人拒绝承兑，持票人即可行使追索权，而无须等到远期汇票到期再向付款人做付款提示并遭到拒付时，才行使追索权。因为付款人拒绝承兑，就表示他拒绝承担汇票的付款义务。拒付不仅指付款人明白地表示拒绝承兑或拒绝付款，还包括付款人逃避、死亡或宣告破产等情形。

持票人为了行使其追索权，在票据遭到拒付时，除票据上已载明不必制作拒绝证书者外，都必须在法定时间内做成拒绝证书，否则就会丧失对出票人和背书人的追索权。如德国的票据法规定，持票人只有在汇票到期日或拒付之日起两日内做成拒绝证书，才能向前手背书人及出票人行使追索权,如不按时做成拒绝证书即丧失其追索权。但按照英国的法律,国内汇票在遭到拒付时,不一定做成拒绝证书,只有国外汇票才必须在拒付的当天或第二个营业日做成拒绝证书。

所谓拒绝证书,是一种由付款地的公证人或法院、银行公会等做成的证明付款人拒付的书面文件,拒绝证书是持票人据以行使追索权的重要法律文件。

票据遭到拒付后,持票人没有做成拒绝证书的法律后果如何?

此外,持票人还必须在法定时间内将汇票遭到拒付的事实通知其前手,并且应按法定期限行使其追索权。对于持票人行使追索权的期限各国法律有不同的规定,英国法律规定为 6 年,日内瓦统一票据法系则规定为 1 年,从做成拒绝证书之日起算。一旦时效期届满,持票人即丧失其追索权。

(四)票据权利的消灭

票据权利的消灭是指票据上的付款请求权或追索权因法定事由的出现而消灭。根据各国的票据法,可以导致票据权利消灭的原因主要有以下几种:

1. 付款

票据债务人付款之时,持票人将票据交予付款人,票据关系终止,票据权利自然消灭。外国票据法大多允许付款人部分付款,当发生部分付款时,付款部分的票据权利消灭,未付款部分的票据权利依然存在。我国《票据法》不允许部分付款,所以不存在票据权利部分消灭的情况。

2. 被追索人清偿票据债务及追索费用

持票人遭到拒付时,有权行使追索权,请求偿还票面金额、利息及追索费用,被追索人清偿一应债务后取得票据,原有的票据权利消灭。

3. 票据时效期届满

持票人不行使票据权利的事实持续到票据时效期届满,其付款请求权及追索权消灭。对于票据时效的期间,各国票据法的规定有很大的差异。如日内瓦统一票据法系规定,汇票的持票人对承兑人主张权利的一切诉讼,自到期日起 3 年内丧失时效;支票的持票人对票据债务人的追索权,自提示日起 6 个月后丧失时效。而英美票据法系则一般不规定票据时效,而是适用民法的时效制度,如根据英国的法律,一般规定为 6 年。

根据我国《票据法》,付款请求权的时效为:① 远期汇票,从票据到期日开始,2 年内持票人持续没有向汇票的出票人或承兑人提示付款的,则该票据权利丧失。② 见票即付的汇票、本票,从出票日起计算,持票人 2 年内不行使权利,票据权利消灭。③ 支票,从出票日起计算,6 个月内持票人不行使权利,票据权利消灭。追索权的时效为:① 持票人对前手的追索权,从被拒绝承兑或拒绝付款之日起 6 个月内不行使,则丧失该追索权。② 被追索人清偿票据债务后,从清偿日起或发生清偿纠纷被提起诉讼之日起 3 个月内不向其前手行使再追索权,则该再追索权因此而丧失。

超过票据时效期和超过票据提示期限的法律后果有什么不同?

乙欠甲一笔钱,乙开了一张支票给甲。甲由于事务繁杂,且票据金额较小,而未能按时行使票据权利。7个月后的一天,甲偶然翻出这张票据,才发现票据权利行使期限已过(支票的票据权利行使期限为出票日起6个月)。请问:此时甲能否取得支票款项?甲应如何实现自己的债权?

(五)票据抗辩

票据抗辩是指票据债务人根据票据法的规定对票据债权人拒绝履行义务的行为。

1. 对物的抗辩

所谓对物的抗辩,是指基于票据本身的内容有瑕疵而进行的抗辩。例如,债务人认为票据本身欠缺某些基本内容,如汇票上未载明金额、出票人没有签名、载有附带条件的支付委托等,该票据应该无效或消灭,从而拒绝付款,这种抗辩就属于对物的抗辩。

对物的抗辩

2. 对人的抗辩

所谓对人的抗辩,是指特定的债务人对特定的债权人的抗辩。这种抗辩是基于当事人之间的特定关系而产生的,一旦持票人发生变更,就不得再进行抗辩。

对人的抗辩

甲欠丙一笔钱,债务到期后丙向甲要钱。甲声称自己的朋友乙愿意为自己还钱,实际上乙并不知道此事。此后,甲即假冒乙的名义,以乙为出票人签发了一张本票给丙。到期时丙持票要求乙付款。请问:乙需不需要付款?为什么?丙应如何实现自己的债权?

(六)票据权利的瑕疵

1. 票据伪造

票据伪造是指以行使票据权利为目的,假冒他人名义而伪造票据的违法行为。它有广义和狭义之分,广义上是指签名的伪造,具体包括出票伪造、背书伪造、保证伪造以及承兑伪造;狭义上仅指假冒出票人的名义签发票据的行为,即出票伪造。伪造的方法包括伪造签名,模仿手迹,以及伪造、盗用印章等。伪造票据是严重的违法行为,各国法律都对伪造票据行为规定了相应的民事、行政以及刑事责任。

票据伪造属于票据的第一大瑕疵,它严重损害了票据的流通性及商事交易的安全性,因此各国票据法都将它作为一个重要的规制对象。

伪造票据签名的法律后果

根据日内瓦统一票据法系的规定,当票据上有伪造的签名(forged signature)时,伪造的签名无效,但真实的签名的效力并不因此而受到影响。

英美票据法系国家关于票据伪造的效力原理,在出票的伪造上与日内瓦统一票据法系相似,即都认为该票据无效,而在该票据上已做真实签名者则应承担相应的票据责任,但在伪造背书的效力原理上,二者存在严重的分歧。根据英美票据法系的规定,当票据上有伪造的背书签名时,伪造签名之后一切受让人或持票人都不能真正取得票据权利,付款人负有对签名(包括背书签名)是否真实的查验之责,如果付款人对有伪造签名的票据给予了付款,则付款人应自负其责,票据的真正权利人仍可以向付款人行使付款请求权。

我国《票据法》关于票据伪造的规定主要与日内瓦统一票据法系相同,不同的是,并未明文规定付款人不负背书真伪的认定之责,同时加重了付款人的责任,即要求审查提示付款人的合法身份证明或有效证件。

议一议

甲公司为支付货款向乙公司签发了一份商业承兑汇票,但在到期前该汇票被盗。盗窃人伪造了乙公司的印章,以乙公司的名义与丙公司进行交易,把汇票背书转让给了丙公司,后丙公司又将汇票转让给了丁公司。请问:该汇票被伪造后是否有效?丁公司是否享有票据权利?如果丙公司没有把汇票转让给丁公司,其是否享有票据权利?

2. 票据变造

票据变造是指无变更权的人不法对票据上除签名以外的有关记载事项予以变更,从而使票据权利、义务的内容发生改变的行为,如持票人擅自更改票据上已有的金额、到期日等。票据变造是违反票据法的行为,各国票据法都不允许变造票据。各国法律规定,变造人要承担民事或刑事责任,如变造有价证券罪。

票据变造与票据伪造的区别在于,票据变造的对象是除签名以外的记载事项,与签名无涉,而伪造直指签名。其效力范围也不相同。票据上有伪造签名的,不影响票据上其他真实签名的效力;而票据上有变造其他记载事项的,签名人依签名时间的不同而承担相应的票据责任。

根据日内瓦统一票据法系的规定,票据文义经变造时,签名在变造后者,依变造文义负责,签名在变造前者,依原有文义负责。

英美票据法系没有"变造"的概念,只有关于票据"重要更改"的规定。从性质上分析,所谓的"重要更改"实质等同于变造。根据美国法,正当持票人在所有情况下都按票据的原定意旨行使追索权,其权利主张并没有变造前和变造后的区分。所谓正当持票人,是指在票据完整、正常、未过期的情况下,出于诚信,不知悉票据曾遭拒付,不知悉出让人的权利有任何瑕疵,并且支付了代价而取得票据的持票人。另外,英美票据法系还规定,持票人自己对票据变造的,则解除其他当事人的责任,除非其他当事人同意此项更改;凡自己做出或者同意或授权做出变造的人要按变造后的条件承担责任,而不管其签名是在变造前还是在变造后。

我国《票据法》第十四条规定:"票据上的记载事项应当真实,不得伪造、变造。伪造、变造票据上签章和其他记载事项的,应当承担法律责任。票据上有伪造、变造的签章的,不影响票据上其他真实签章的效力。票据上其他记载事项被变造的,在变造之前签章的人,对原记载事项负责;在变造之后签章的人,对变造之后的记载事项负责;不能辨别是在票据被变造之前或之后签章的,视同在变造之前签章。"

任务三:票据丧失的补救实务分析

工作任务

某市某电子公司供销员在遗失了一张已盖好单位及有关人员印章的银行承兑可背书转让的汇票后,立即报告了电子公司,电子公司当即通知了其付款银行,挂失止付,并通过新闻媒体发出了遗失声明。时隔4天,该市某服装公司持银行拒绝支付的汇票到该电子公司要求支付8 500元货款。电子公司以该汇票已声明作废为由拒绝承担任何责任。服装公司遂诉至法院,请求电子公司支付票据金额。

请问:
(1) 电子公司的"遗失声明"具有法律效力吗?
(2) 挂失支付的法律效力如何?
(3) 票据丢失应如何处理?

操作过程

(1) 遗失声明没有法律效力。遗失声明是票据实务中,当事人失票后经常采用的补救措施,在客观上能够起到提醒相关人员注意的效果,但其在法律上没有效力。因此,如果只做出遗失声明而不采取其他措施止付,则无法达到止付的效果。

(2) 挂失止付是一种暂时的止付措施。根据我国《票据管理实施办法》,付款人或者代理付款人自收到挂失止付通知书之日起12日内未收到人民法院的止付通知书的,从第13日起,挂失止付通知书失效,持票人提示付款并依法向持票人付款的,不再承担责任。因此,只有法院的止付通知或判决、裁定才具有真正的止付效力。

(3) 根据我国《票据法》,票据丧失后,当事人应在失票后及时挂失止付,以防票据金额在挂失前被他人冒领。失票人应当在通知挂失止付后3日内,也可以在票据丧失后,依法向人民法院申请公示催告。公示催告可以起到两方面的作用:一是正式取得法院的止付令,二是督促持票人在法定的公告期内尽快申报权利。公示催告期满,无人申报权利,法院宣告票据失效。失票人可以申请法院做出除权判决,依除权判决获得支付。公告期间,持票人申报权利的,公示催告终止,由法院对票据纠纷进行审理。在被告人明确的情况下,也可以直接向人民法院提起诉讼,由法院依法确认票据权利的归属。

知识链接与归纳

六、票据的丧失及其补救

票据丧失是指票据因灭失、遗失、被盗等使票据权利人失去了对票据的占有,简称失票。票据丧失有绝对丧失与相对丧失之分,前者又称票据的灭失,是指票据在物质形态上的丧失,如被火烧毁、被洗化或被撕成碎片等;后者又称票据的遗失,是指票据在物质形态上没有发生变化,只是脱离了原持票人的占有,如持票人不慎丢失或者票据被人盗窃或抢夺。

票据的丧失在票据实务中经常发生,由于票据具有流通性和无因性等特点,使得票据在丧失后如果不及时采取有效的救济措施,则很可能导致失票人丧失票据利益。为了维护失票人的合法利益,各国票据法都规定了补救措施,但方法各有不同,日内瓦统一票据法系国家大多采用公示催告、除权判决和判令支付等方法,英美票据法系国家则主要采用诉讼手段。

我国《票据法》对失票的补救规定了较为详尽的措施,主要包括以下三个方面:

(一) 挂失止付

挂失止付是指失票人将丧失票据的情况通知付款人,并由接收通知的付款人暂停支付的一种方式。付款人或代理付款人收到挂失止付通知书后,查明挂失票据未付款,应立即暂停支付,否则,应承担民事责任。需要注意的是,挂失止付并不是票据丧失后采取的必经措施,而仅仅是一种暂时的止付措施。付款人或者代理付款人自收到挂失止付通知书之日起12日内未收到人民法院的止付通知书的,从第13日起,持票人提示付款并依法向持票人付款的,不再承担责任。

如果在挂失止付之前,付款人已经付款,则是否需要承担责任?

(二) 公示催告

公示催告是指票据丧失以后,法院根据失票人的申请,以公告的方法催促不确定的利害关系人在一定期限内申报权利,如果逾期不予申报,则将丧失票据权利的一种方式。

人民法院决定受理失票人申请的,应当同时通知付款人停止支付,至公示催告程序终结。受理法院应在3日内发出公告,公告期间不少于60日,催促利害关系人申报权利。利害关系人申报权利应向法院出示票据,所出示的票据与申请人的票据不一致的,法院即裁定驳回利害关系人的申报。所出示的票据如果是申请人寻找的票据,则法院应当裁定终结公示催告程序,由法院按普通程序以票据纠纷案件审理。在申报权利期间没有人申报的,或者申报被驳回的,申请人应自申报权利期间届满的次日起1个月内向法院申请除权判决。逾期不申请判决的,终结公示催告程序。除权判决做出后,法院予以公告,并通知付款人,自判决公告之日起,申请人有权向付款人请示付款,即申请人有权依据判决向付款人请示付款,而不需要出示票据。

某人持一张到期的银行承兑汇票到银行请示付款,遭到银行拒付,理由是该汇票已被公示催告。请问:他该如何保护自己的权利?

(三)诉讼

根据我国《票据法》,失票人应当在通知挂失止付后3日内,也可以在票据丧失后,依法向人民法院申请公示催告,或者向人民法院提起诉讼,由法院依法确认票据权利的归属。但是,提起诉讼须有明确的被告,采取这种措施应确指票据在谁手里,否则法院无法受理。

实践中,失票人经常会在失票后做出"声明作废"的遗失声明,即失票人在丧失票据后通过报纸、广播、电视等传播媒介声明遗失的票据作废。声明作废有助于防止票据金额被冒领,也能使善意第三人在受让一张票据时明确该票据是否为遗失票据、转让人票据权利是否有瑕疵。但是,应当注意的是,这种做法并没有被我国法律认可,因而声明作废的做法是不发生法律效力的。

票据丧失是否导致票据权利消灭?

能力实训

一、实训案例

1. A公司为支付所欠B公司货款,于2019年5月5日开出一张50万元的商业承兑汇票。B公司将此汇票背书转让给C公司,以购买一批原材料。但事后不久,B公司发现C公司根本无货可供,完全是一场骗局,于是马上通知付款人停止向C公司支付票款。C公司获此汇票后,又将该汇票背书转让给D公司,以支付所欠工程款。D公司用此汇票向E公司购买一批钢丝,背书时注明"货到后此汇票方生效"。E公司于2019年7月5日向付款人请示付款。付款人在对该汇票审查后拒绝付款,理由是:(1)C公司以欺诈手段从B公司获得票据的行为是无效票据行为,B公司已通知付款人停止付款;(2)该汇票未记载付款日期,且背书附有条件,为无效票据。随即付款人便做成退票理由书,交付E公司。

请问：

(1) 付款人能否以C公司的欺诈行为为由拒绝向E公司支付票款，为什么？

(2) A公司开出的汇票未记载付款日期，是否为无效票据，为什么？

(3) D公司的背书是否有效？该条件是否影响汇票效力？

(4) E公司的付款请求权得不到实现时，可以向哪些当事人行使追索权？

1. 评析

2. 甲公司从乙公司处拿到一张由丙公司签发的未记载金额但注明了限额10万元的空白转账支票，甲公司将金额补记为24万元后到银行转账遭银行拒绝，理由是丙公司存款不足。甲公司要求丙公司承担票据责任，丙公司称票据被恶意补记金额，拒绝付款。

请问：

(1) 银行拒绝的理由是否成立，为什么？

(2) 丙公司所签发的空白支票是否有效？其后果是什么？

(3) 丙公司的抗辩是否成立，为什么？

2. 评析

3. 我国甲纺织品进出口公司向日本乙株式会社出口了一批总价款为26万美元的纺织品，收到日本乙株式会社于东京签发的一张委托中国银行丙分行付款的汇票，汇票金额以数字记载为26万美元。甲纺织品公司的会计在入账时发现，该汇票的金额依日文事实上为24万美元。根据我国《票据法》第八条的规定，该汇票为无效票据，故甲纺织品公司将乙株式会社告上法院。经查明，《日本票据法》第六条规定，汇票金额以文字及数字记载者，其金额有不符时，以文字记载的金额为票面金额。汇票金额以文字或数字为重复记载者，其金额有不符时，以低金额为票面金额。法院判决：该汇票有效，汇票金额为24万美元。

3. 评析

请问：法院的判决有道理吗？为什么？

4. A接受了B的委托，在7月份以2 000美元的报酬为B粉刷房子。7月22日，A完成了一半的粉刷工作。B临时需出差，临行前向A签发了一张付款期为8月15日的本票。第二天，B即以1 900美元的价格向当地的C银行贴现了该本票。8月17日，C银行的代理人持该本票要求B付款时被拒绝。B的理由是：A未完成粉刷工作。

4. 评析

请问：

(1) B的理由是否符合票据法的规定？为什么？

(2) 如果该本票上加注"不可流通"字样，情况又会怎样？

二、思考题

1. 简述票据的概念以及经济作用和法律特征。
2. 为什么票据关系与其基础关系相分离？
3. 简述票据的种类及主要区别。
4. 试论述票据行为及主要内容。

5. 简述票据权利及取得方式。
6. 什么是拒绝证书？其法律效力如何？
7. 简述票据抗辩的主要内容。
8. 伪造和变造票据的法律后果是什么？
9. 试论述关于汇票应记载的事项，日内瓦统一票据法系、英美票据法系和我国《票据法》的规定有何不同。

三、在线测试题

为检测本项目学习效果，请学生扫描右侧二维码完成在线测试，习题答案将于提交后自动显示。

项目十 国际电子商务中的法律问题

学习目标

1. 知识目标

(1) 掌握电子商务法的概念和特征；
(2) 熟悉电子商务立法；
(3) 掌握电子商务合同的订立、效力及形式；
(4) 熟悉电子签名的法律效力；
(5) 了解电子商务合同的履行规则。

2. 能力目标

(1) 能够理解电子商务法与传统商法的关系；
(2) 能够完成电子商务合同的订立；
(3) 能够判断电子商务合同的效力。

任务一：电子商务法律制度认知

工作任务

2015年4月9日，某光电科技有限公司（以下简称"光电科技公司"）向倪先生的微信号（微信头像显示为某实业公司字样）发送了水滴标（挂在红酒瓶上的一种酒标）照片2份和报价单1份，协商水滴标采购事宜。4月17日，双方通过微信约定，实业公司向光电科技公司采购水滴标6000只。随后，实业公司转账支付3.1万元给光电科技公司（其中包含定金3万元，其余1000元系支付之前业务的打样费），并向光电科技公司明确了收货人，即实业公司。5月12日，光电科技公司按约定将货物发往收货人地址。然而，实业公司一直没有支付剩余货款7.5万元，理由是该合同是倪先生以个人名义签订的，因此实业公司不是合同当事人，所以不应支付货款。光电科技公司因此向上海市浦东新区人民法院提起诉讼。

光电科技公司提交的微信截图、网上银行电子回单、物流单和网上查询单等证据，以及微信截图中的报价单上显示的采购数量对应的采购单价等电子证据，都被法院采纳。法院认为，倪先生在实业公司成立前后，即2015年4月9日和4月17日，均以头像为其公司名称的微信号与光电科技公司协商涉案业务。显然，倪先生以实业公司名义与光电科技公司约定了具体采购事宜，而且倪先生确实是被告实业公司的股东兼法定代表人，审理中倪先生也承认，该批货物系转售山东客户而不是自己使用，因此，法院对实业公司主张涉案业务的采购方为倪先生个人的意见不予采信。法院审理后,对这起买卖合同纠纷案做出判决,实业公司应该支付欠款。

请问:

(1) 本案中的合同是光电科技公司与实业公司之间的合同还是光电科技公司与倪先生之间的合同?

(2) 本案中的交易属于电子商务吗?

(3) 光电科技公司提供的证据被法院认可,其主要的法律依据是什么?

操作过程

(1) 本案中的合同是光电科技公司与实业公司之间的合同。首先,虽然倪先生所用的微信号是个人的微信号,但其头像显示为实业公司名称,且倪先生是实业公司的股东兼法定代表人。倪先生的身份及表现足以使人相信他是代表公司签订合同。并且,在审理过程中,倪先生也承认该批货物系转售山东客户而不是自己使用。其次,光电科技公司与倪先生通过微信传送交易信息并约定了交易条件,其后实业公司又明确了收货人,并向光电科技公司支付了定金及打样费,是签订合同及部分履行合同的行为。所以,该合同是光电科技公司与实业公司之间的合同,而不是光电科技公司与倪先生个人之间的合同。

(2) 本案中的交易属于电子商务。电子商务是以互联网为媒介,通过电子手段进行交易的商事行为。本案当事人通过微信这种互联网上的即时通信工具传递交易信息,协商交易条件,并通过网络完成支付、物流配送等交易行为,是典型的电子商务。

(3) 光电科技公司提供的微信截图、网上银行电子回单、物流单和网上查询单等证据,都被法院采纳,其主要法律依据是我国的《电子签名法》。

知识链接与归纳

一、电子商务法的概念

(一) 什么是电子商务

"电子商务"这个词是1996年由IBM公司首先提出来的,但时至今日,仍不是一个很清晰的概念。国际商会在1997年11月6日举行的"世界电子商务会议"上,将电子商务定义为:对整个贸易活动实现电子化,即电子商务是指买卖双方依托电脑网络进行的各种商业活动。联合国欧洲经济委员会在"全球信息社会标准大会"上对电子商务的定义为:电子商务是各参与方之间以电子方式而不是以实际交换或直接实际接触方式完成任何形式的业务交易。美国政府在《全球电子商务纲要》中对电子商务的定义为:通过互联网进行的各项商业活动,包括广告、交易和支付服务等活动。随着信息技术特别是互联网技术的产生和发展,电子商务的概念也在不断变化,通常情况下,现在所说的电子商务是以互联网为媒介,通过电子手段进行交易的商事行为,是一种新型市场交易模式,是商业活动各环节的电子化、网络化、信息化。

(二) 电子商务法的定义和特点

电子商务在给社会带来无限商机、促进经济效益快速增长的同时，也使调整现代市场交易关系的民商法律规范受到极大的挑战。在电子商务时代，人们不再是面对面地，看着实实在在的货物、靠纸质媒介(包括现金)进行商品或服务的交易，而是通过网络进行远程谈判，远程选定商品或服务内容、确定价款，再通过完善的物流配送网络以及安全的支付系统来实现交易过程。电子商务在行为方式上与传统面对面交易方式存在巨大的差别，而且给相关法律的制定提出了很多全新的课题，传统民商法律规范受到极大的挑战。例如，虚拟主体的身份认定、电子签名的有效性认定、电子数据的真实有效性认定等问题，都是电子商务法律规范需要解决的问题。

广义上讲，电子商务法是调整电子商务过程中产生的各类社会关系的法律规范的总和。这些社会关系既包含平等主体之间形成的社会关系，又包含管理者与被管理者之间形成的各种社会关系。从商法角度来讲，商法的调整对象是平等主体之间的经营性关系，即商事关系，因此，本项目所探讨的内容主要是电子商务法中的商事关系。

与传统商法相比，电子商务法具有国际性、开放性和技术性等特点。

1. 国际性

电子商务法在空间上打破了传统商法的常规，显现双边、多边，乃至全球化的特点。在电子商务的立法实践中，任何一个国家都不能以自己国家的特定情况为由而搞特殊，必须以全球性的商务统一为解决方案，充分体现国际性。联合国国际贸易法委员会制定的《联合国国际贸易法委员会电子商务示范法》(以下简称《电子商务示范法》)和《联合国国际贸易法委员会电子签名示范法》(以下简称《电子签名示范法》)，是各国制定电子商务法和电子签名法的基础。

2. 开放性

电子商务法是关于电子商务的法律，而电子商务是以数据电文和计算机技术、计算机网络为基础的。电子商务活动、数据电文、计算机技术和计算机网络在形式上是多样化的，同时又是发展变化的，因此，电子商务法必须是开放的。国际组织和各国电子商务立法中，大量使用开放性条款和功能等价性条款，就是开放性的体现。

3. 技术性

电子商务法的规范中，涉及很多技术内容，并且许多规范都是直接或间接地由技术规范演变而来的，如加密技术、数字签名技术、网络协议技术、网络安全技术、数据电文生成技术和传输技术等都转化成了法律规范，对当事人之间的交易形式和权利、义务的行使具有极其重要的影响。

二、国际电子商务立法概况

20世纪90年代中期，互联网商业化和社会化的发展，从根本上改变了传统的商业结构和市场运作方式。在商界积极地探索这种新经济模式的同时，国际组织和一些国家也在积极地探索规范这种经济运行方式的法律体制，为新经济运行提供安全、有序的法律环境。

（一）各国立法

美国是电子商务立法的主导国家。1993 年，美国宣布"国家信息基础设施"计划，并于 1997 年 7 月 1 日颁布《全球电子商务政策框架》，正式形成美国政府系统化电子商务发展政策和立法规划。1999 年 7 月，美国统一州法全国委员会通过了《统一电子交易法》，现在已经为大多数州所批准生效。2000 年 9 月 29 日，美国统一州法全国委员会发布了《统一计算机信息交易法》，并向各州推荐采纳。另外，2000 年美国还制定颁布了《国际与国内商务电子签名法》。

1999 年 12 月 14 日，美国公布了世界上第一个 Internet（互联网）商务标准。整个标准分为 7 项 47 款，每一款都注明是最低要求还是最佳选择。如果一个销售商宣称自己的网上商店符合这一标准，那么他必须达到所有的最低要求。虽然这并不是一个法律文本，但在相当程度上规范了利用互联网从事零售业的网上商店需要遵从的标准。

自美国犹他州 1995 年制定了世界上第一部《数字签名法》之后，英国、意大利、泰国、德国、新加坡等国也相继制定了电子签名法。此后，各国针对电子商务的有关问题，如公司注册、交易安全、电子支付等都制定了单行法规。另外，各国还通过对原有法律进行修订的方式对电子商务产生的法律问题加以规范。

（二）国际规范

1996 年 12 月 16 日，联合国国际贸易法委员会第 85 次全体大会通过了《电子商务示范法》，为各国政府的执行部门和议会提供了电子商务立法的原则与框架，尤其是对以数据电文为基础的电子合同的订立和效力做出了开创性规范，成为各国制定本国电子商务法规的"示范文本"。

1999 年 9 月 17 日，联合国国际贸易法委员会电子商务工作组颁布了《电子签名统一规则（草案）》，提出了电子签名与强化电子签名的概念，并对电子签名、认证证书、认证机构等做出了规范，旨在解决电子签名的安全性、可靠性、真实性问题。之后，联合国国际贸易法委员会电子商务工作组广泛吸取了各国立法文件的经验，于 2001 年 7 月 5 日正式公布了《电子签名示范法》。

国际商会、经济合作与发展组织、世界贸易组织、欧盟等国际组织也积极参与电子商务立法和国家之间电子商务共同原则的探索与制定。国际商会于 1997 年 11 月 6 日通过《国际数字保证商务通则》，试图平衡不同法律体系，为电子商务提供指导性政策，统一有关术语。

1998 年 10 月，经济合作与发展组织公布了《全球电子商务行动计划》《有关国际组织和地区组织的报告：电子商务的活动和计划》和《工商界全球电子商务行动计划》3 个重要文件，作为经济合作与发展组织发展电子商务的指导性文件。

世界贸易组织于 1997 年达成了《全球基础电信协议》《信息技术协议》和《开放全球金融服务市场协议》3 个协议，为电子商务和信息技术稳步、有序地发展奠定了基础。

欧盟于 1997 年提出《关于电子商务的欧洲建议》，为规范欧洲电子商务活动制定了框架；1998 年又通过了《关于信息社会服务的透明机制的指令》；1999 年通过了《关于建立有关电子签名共同法律框架的指令》,简称《电子签名指令》;2000年颁布了《电子商务指令》,构建了欧盟电子商务的框架,成为各成员国电子商务的立法基础。

(三) 中国电子商务立法

近年来,我国的电子商务无论是发展规模、模式丰富程度还是覆盖的领域,都已经领先其他国家,尤其在网络零售交易额方面表现更为突出,已经连续多年稳居世界第一;此外,直接影响电子商务发展的网上支付和物流这两个环节,更是遥遥领先。电子商务的迅猛发展对推进供给侧结构性改革、激发社会创新创业活力、满足人民日益增长的美好生活需要发挥了重要作用。我国已成为世界领先的电子商务市场,积累了丰富的创新发展经验。同时,在立法方面,我国也在积极尝试,并取得了可喜的成果。

1. 《电子签名法》

2004年8月28日,《中华人民共和国电子签名法》(以下简称《电子签名法》)通过,自2005年4月1日起正式实施,并于2015年4月24日、2019年4月23日两次修正。

《电子签名法》的主要内容

我国《电子签名法》对电子签名的概念、使用要求及效力、认证规则等问题进行了规定。

电子认证服务

《电子签名法》是我国电子商务和信息化领域第一部专门的法律,是我国电子商务发展的里程碑。它通过确立电子签名法律效力、规范电子签名行为,扫除了电子签名在电子商务、电子政务和其他领域中应用的法律障碍,维护了有关各方的合法权益,从而从法律制度上保障了电子交易的安全,促进了电子商务和电子政务的发展,同时为电子认证服务业的发展创造了良好的法律环境,为我国电子商务安全认证体系和网络信任体系的建立奠定了重要基础。

2. 《电子商务法》

《中华人民共和国电子商务法》(以下简称《电子商务法》)于2018年8月31日正式通过,并自2019年1月1日起施行。《电子商务法》共分7章89条,主要针对如下几方面的问题做了规定:

(1) 电子商务的概念和适用范围。《电子商务法》第二条第二款规定:"本法所称电子商务,是指通过互联网等信息网络销售商品或者提供服务的经营活动。"单看这一表述,《电子商务法》对电子商务采用的是广义的理解。然而,该法第二条在规定"中华人民共和国境内的电子商务活动,适用本法"的基础上,又规定:"法律、行政法规对销售商品或者提供服务有规定的,适用其规定。金融类产品和服务,利用信息网络提供新闻信息、音视频节目、出版以及文化产品等内容方面的服务,不适用本法。"与欧盟立法及其他国际立法相比,我国《电子商务法》的适用范围明显要窄,反映出我国立法者对待电子商务的谨慎态度。

(2) 电子商务经营者的权利和义务。根据《电子商务法》,电子商务经营者"是指通过互联网等信息网络从事销售商品或者提供服务的经营活动的自然人、法人和非法人组织,包括电子商务平台经营者、平台内经营者以及通过自建网站、其他网络服务销售商品或者提供服务的电子商务经营者"。其中,又以电子商务平台经营者和平台内经营者为主。在此基础上,《电子商务法》一方面对电子商务经营者的经营规则和法律义务做了一般性的规定,另一方面又专门针对电子商务平台经营者做了一些特殊的规定,涉及商品和服务质量保障、消费者权益保护、个人信息保护、知识产权保护以及反垄断和反不正当竞争等方面的问题。

(3)电子商务合同的订立和履行。《电子商务法》第四十九条规定:"电子商务经营者发布的商品或者服务信息符合要约条件的,用户选择该商品或者服务并提交订单成功,合同成立。当事人另有约定的,从其约定。"为保障用户的正当权益,该法第五十条还规定:"电子商务经营者应当清晰、全面、明确地告知用户订立合同的步骤、注意事项、下载方法等事项,并保证用户能够便利、完整地阅览和下载。电子商务经营者应当保证用户在提交订单前可以更正输入错误。"此外,《电子商务法》还对合同标的的交付、价款的支付以及在采用电子支付的情况下用户和电子支付服务提供者彼此的权利与义务做了较为详尽的规定。

此外,《电子商务法》还对电子商务争议的解决及跨境电子商务进行了规定。

你在网络购物时与商家发生过争议吗?电子商务平台解决争议的程序是怎样的?

整体而言,《电子商务法》遵循保障权益、规范行为、维护秩序、促进发展的立法宗旨,坚持"鼓励创新、包容审慎"的原则,主要制度充分考虑了电子商务发展的实际和面临的突出问题,也为将来的发展留有充足的空间,具有较强的针对性、可行性和包容性。

除上述两部法律以外,我国的《民法典》《刑法》等法律中也有一些与电子商务有关的规范,如《民法典》第四百六十九条中规定合同的书面形式包括数据电文;还有一些行政法规(如《国务院办公厅关于加快电子商务发展的若干意见》)、地方性法规(如《广东省电子交易条例》)和行政规章(如《电子商务模式规范》)等,也是电子商务重要的法律依据。

任务二:电子商务合同签订与履行过程中的法律问题

工作任务

何女士在某网上商城中看见一件某品牌的羽绒服,标价480元,比市场价便宜了100多元,于是立即按照网站指示的购物程序下了订单,购买了三件羽绒服,准备自己留一件,另外两件送给两个好朋友。当时系统显示为交易成功。谁知第二天商城给她发来了一条短信:"非常抱歉,您购买的商品已经调价为675元,如有需要请重新购买或补足差价。"何女士十分不满,认为商城卖东西,就应当明码标价,怎么能顾客已经说要买了再涨价？太不合理了，于是回短信表示不同意。商家又发来短信，说其实商品早就涨价了，只是这两天网站在维护系统，所以页面没进行更新。但是何女士认为，自己按照商城指示的购物程序下了订单，就与对方签订了买卖合同，对方应当履行交货义务，否则就是违约。商城认为，他们之前480元的标价应当属于广告，是要约邀请，所以何女士的订单必须经过确认合同才能成立。何况他们确实已经涨价了，所以要求加价也是合理合法的。

请问：

(1) 网上商城标价出售商品的行为是要约还是要约邀请？
(2) 何女士和商城之间的合同成立吗？
(3) 网上商城的标价属于电子错误吗？其有权主张撤销或变更合同吗？

操作过程

(1) 网上商城标价出售商品的行为属于要约还是要约邀请，应视情况而定。如果信息只是广告性质的，缺乏具体内容或订立合同还需要双方再次确认，则该标价属于要约邀请；反之，如果该信息内容具体、确定，且买方可以直接下单购买，则说明该标价符合要约的条件，属于要约。

(2) 何女士与商城之间的合同成立。本案中，该商城在网站上标价出售某品牌的羽绒服，何女士按照网站指示的购物程序下了订单且系统显示为交易成功，说明何女士下订单的行为属于承诺，商城标价出售商品的行为就是要约而不是要约邀请，因此合同成立，商城应当按照网上的标价交货。

(3) 网上商城因维护系统未进行网页更新，导致商品价格标注错误，应当属于电子错误。但是，是不是所有的电子错误都可以导致撤销或变更合同，需要根据法律的规定。目前，我国在这方面还没有明确的法律规定。在实践中，有一些立法尝试，例如《北京电子商务监督管理暂行办法》第十二条规定："经营者应当以网上承诺的价格出售商品，不得以操作失误或系统故障为由拒绝以该价格出售商品，但法律另有规定的除外。"根据这一规定，网上商城无权主张撤销或变更合同，但是如果这样的电子错误给商城造成了巨大损失或根本无法交货，且法律上又没有救济方法，那么也是不公平的。因此，这个问题是电子商务法亟待解决的问题之一。

知识链接与归纳

和传统的商务活动一样，通过网络进行的电子商务也需要明确界定当事人的权利和义务，也需要签订合同，这种合同我们就称其为电子商务合同。电子商务合同与传统合同相比，最显著的特点是"虚拟性"和"无纸化"。它不再是当事人"面对面"地谈判和签约，也不必把合同条款写在纸面上以确保合同内容的确定性。也就是说，无论是签订合同的过程还是确认合同成立的形式，电子商务合同都是通过互联网，以电子方式完成的。电子商务合同的要约和承诺是通过电子数据的传递完成的，确认合同成立也不需要经过传统的签字盖章,而是用电子签名。因此,电子商务合同可以定义为平等主体之间以数据电文的形式达成的,设立、变更、终止商事权利义务关系的协议。从本质上讲,电子商务合同并没有脱离传统合同的一般准则,但其特殊形式和技术性特点导致在一些细节问题上需要适用特殊规则,这些特殊规则是电子商务立法的难点和核心。

三、电子商务合同的种类

电子商务合同作为合同的一种,也可以按照传统合同的分类方式进行划分,但基于其特殊性,还可以以不同的标准将其分为不同的类型。

(1) 从电子商务合同当事人的性质的角度,电子商务合同可以分为电子代理人订立的合同和合同当事人亲自订立的合同。"电子代理人"又被称为"网上自动交易系统",是指在没有人参与的情况下,独立采取某种措施对某个电子信息做出反应的某个计算机程序、电子的或其他的自动手段。各国法律和国际公约均规定,通过电子代理人订立的合同是合法有效的。合同当事人亲自订立的合同是指由合同当事人通过电子邮件、即时聊天工具等方式协商而订立的合同。

(2) 从电子商务合同当事人之间的关系的角度,电子商务合同可以分为 B2C 合同,即企业与个人之间进行电子商务活动形成的合同;B2B 合同,即企业与企业之间进行电子商务活动形成的合同;B2G 合同,即企业与政府之间进行电子商务活动形成的合同;C2C 合同,即消费者个人与消费者个人之间通过网络进行商务活动形成的合同。

(3) 从电子商务合同订立的具体方式的角度,电子商务合同可以分为电子数据交换合同、电子邮件合同和点击合同。① 电子数据交换合同是利用专用的电子数据交换系统(EDI)订立的合同,也称 EDI 合同,是早期的电子商务合同的主要形式。EDI 交易突破了传统纸上交易的束缚,大大节约了交易时间和费用,并有比较可靠的安全保障,是商业发展史上的里程碑。但是 EDI 合同要通过专用的电信网络,且必须使用标准的行文格式才能完成,对软件和硬件的要求较高,成本也比较高昂,因此限制了这种合同形式的普及,尤其是广大的中小企业无法方便地使用这一形式开展电子

EDI 合同的
基本流程

商务活动。而现在流行的互联网贸易则不需要专用网络,也没有规定格式,所以随着互联网的发展,现在很少有企业使用 EDI 合同了。② 电子邮件合同是以网络协议为基础,通过发送电子邮件的方式签订的合同。它一般表现为当事人双方通过发送和接收电子邮件进行要约和承诺,对合同条款进行反复协商,最后达成一致的协议。电子邮件合同具有快捷、方便、低成本的优势,在许多方面都超过了传统的邮件投递业务,而且相较于 EDI 合同,以电子邮件方式订立的合同更能清楚地反映订约双方的意思表示。但电子邮件在传输过程中易被截取、修改,故安全性较差,因而常常需要附加电子签名以保障其真实性和安全性。③ 点击合同是指由商品或服务的提供人通过计算机程序预先设定合同条款,以规定其与相对人之间的法律关系,并适用于不特定的多数人,用户不得加以改变,必须点击"同意"后才能订立的合同。点击合同是格式合同的电子形式。在网络上消费和交易,使用格式条款、格式合同的情况经常发生,用户不需要在购买商品时与商家就责任承担及具体的交易条件进行协商,往往根据标准化的合同条款进行交易。一般用户

填写个人基本资料、明确内容后只需按键同意即可看到合同全文。此种合同形式方便、快捷、高效,几秒钟的时间就可以完成合同订立的整个过程,因而受到网络零售商和广大网民的喜爱,成为时下网络购物合同的主流模式。然而,由于用户无权参与合同条款的制定和修改,因而常常会存在用户的合法权益受到侵害的问题。作为用户,在决定接受该合同前,应当仔细审阅合同的全部条款,以免发生在不知情的情况下利益受到侵害的情况。

通常情况下,消费者在网上购物的网购合同属于哪一类合同?

四、电子商务合同的订立

和传统的签约过程一样,电子商务合同也需要经过要约和承诺的基本程序才能达成协议,签订合法有效的合同。《电子商务示范法》第 11 条规定,除非当事人双方另有协议,合同要约及承诺均可通过数据电文的方式表示,并不得仅仅以使用数据电文为由否认该合同的有效性和可执行性。但《电子商务示范法》并未对合同订立的时间、地点、要约和承诺等问题做进一步的具体规定。我国《电子商务法》第四十九条规定,电子商务经营者发布的商品或者服务信息符合要约条件的,用户选择该商品或者服务并提交订单成功,合同成立。

要约和承诺的有效条件是什么呢?

(一)要约

要约是要约人发出的订立合同的肯定和明确的建议。在电子商务中,电子要约是通过网络传递的,与传统要约相比,主要有以下几个问题需要探讨。

1. 网络广告是要约还是要约邀请?

要约和要约邀请必须区别开来。那么,作为卖方的商家通过互联网发布商业广告的行为究竟是要约还是要约邀请呢?对此,应该区分情况对待。第一种情况,如果广告发布者在网上刊载的是仅供客户浏览的商业信息,则其性质就是要约邀请,因为该广告的内容缺乏具体性,而且发布者并没有受其意思约束的表示。第二种情况,如果网上刊载的广告明确规定了价格、数量和其他具体的信息,且客户被明确告知或指示可以将选中的产品放入广告发布者指示的购物菜单中,点击购买即可成交,这说明发布者已经具有明确的订约意图,则该广告应当被定性为要约。但是,如果广告发布者明确规定在客户用鼠标单击购买后,必须有网页所有人的确认,则此广告只能视为要约邀请。第三种情况,如果网上广告发布者在广告中嵌入了电子邮件,允许客户用鼠标单击该邮件附件,按照广告发布者的要求填写相关内容,并作为拟订立合同的主要条款,客户将该信息通过电子邮件反馈给广告发布者,无须经过发布者进一步确认就可使合同成立,则广告发布者的这种嵌入附带邮件形式的广告也构成要约。

2. 电子要约的生效时间

根据各国法律的规定,要约采用"到达生效"原则。在电子商务环境下,由于网络传输的速度很快,要约一经发出即刻便可到达受要约人。按照我国《民法典》第一百三十七条、第四百七十四条的规定,以非对话方式做出的采用数据电文形式的意思表示,相对人指定特定系统接收数据电文的,该数据电文进入该特定系统时生效;未指定特定系统的,相对人知道或者应当知道该数据电文进入其系统时生效。当事人对采用数据电文形式的意思表示的生效时间另有约定的,按照其约定。

3. 电子要约的撤回和撤销

根据各国法律的规定,要约在生效以前可以撤回。要约人撤回要约,应当向对方发出通知。撤回要约的通知应先于或与要约同时到达受要约人。在电子商务环境下,一般情况下数据电文在信息系统之间的传递几乎没有迟延,要约的撤回几乎是没有可能的。但是,在网络拥挤或服务器故障的情况下,数据电文也可能延迟到达,使得撤回要约的通知可能更早地到达受要约人。因此,在电子商务法的规范体系内,仍有必要保留要约的撤回制度,以维护法律的一致性和平衡双方当事人的利益。

要约生效后是否能够撤销的问题,各国法律存在很大的差异,所以联合国国际贸易法委员会认为当事人在建立电子商务关系之前一定要有一项解决这一问题的通信协议作为标准。

> **议一议**
>
> 根据我国《民法典》的有关规定,在电子商务活动中,当事人能够撤销要约吗? 温馨提示:我们可以从不同的电子订约方式入手,区别不同情况加以分析,如当事人通过电子邮件、即时通信工具、电子自动交易系统签订合同,要约的撤销规则有什么不同?

(二) 承诺

承诺是指受要约人向要约人做出的,对要约的内容表示同意并愿意与之订立合同的意思表示。根据各国法律,承诺一经做出并生效,则意味着合同的成立。承诺生效的时间、地点就是合同成立的时间、地点。关于承诺生效的时间,大陆法系采用"到达生效"原则,英美法系则采用"投邮生效"原则。我国亦采用"到达生效"原则的判断标准,即承诺到达要约人时才发生法律效力。若采用"到达生效"原则,则会发生承诺撤回的问题。在理论上,电子商务合同中关于要约撤回的规则当然适用于承诺的撤回,即以数据电文形式发出的承诺亦可以撤回。在电子商务活动中,数据电文的传输可能遇到网络故障、信箱拥挤、停电断电、信息系统感染病毒等情况,因此受要约人撤回以数据电文发出的承诺的情况是存在的。按照我国《民法典》第一百四十一条、第四百八十五条的规定,撤回承诺的通知应当在承诺通知到达要约人之前或与承诺通知同时到达要约人。承诺一旦到达要约人处,即发生法律效力,意味着合同已经成立。所以,承诺不能撤销。

五、电子商务合同的生效

按照各国合同法的规定,合同的一般生效要件包括:① 订立合同的当事人具有相应的民事行为能力;② 意思表示真实;③ 合同不违反法律或者社会公共利益。电子商务合同亦须满足这些要求方为有效。同时,关于电子商务合同的有效性问题,也有一些特殊的地方值得探讨。

(一) 当事人订约能力的认定

当事人具有相应的民事行为能力,是合同发生法律效力的基本要件。在传统的面对面的交易模式中,当事人可以借由外貌、语言、行为举止等来判断交易相对人的民事行为能力状况。而在电子商务活动中,判断对方当事人的订约能力变得非常困难。对此,我国《电子商务法》第四十八条第二款规定:"在电子商务中推定当事人具有相应的行为能力。但是,有相反证据足以推翻的除外。"

> **议一议**
>
> 一个15岁的女孩,在某直播网站上打赏男主播,前后共花掉50多万元。由于她是未成年人,所以她是用母亲的身份证办理的账号,并通过母亲的支付宝和微信私自完成支付。为了不被母亲发现,她还删除了支付记录,所以其母并不知情。请问:她的母亲能以女儿是未成年人为由要求网站退款吗?

当事人从事电子商务经营活动是否需要领取营业执照?根据我国《电子商务法》第十条的规定:"电子商务经营者应当依法办理市场主体登记。但是,个人销售自产农副产品、家庭手工业产品,个人利用自己的技能从事依法无须取得许可的便民劳务活动和零星小额交易活动,以及依照法律、行政法规不需要进行登记的除外。"也就是说,从事电子商务经营活动原则上应当办理工商登记,领取营业执照,但是在符合法定的情形时当事人也无须领取营业执照。比如,个人在依托某商务网站进行网上拍卖时就不需要营业执照。

(二) 意思表示真实

各国法律均认为意思表示真实是合同生效的要件之一,如果当事人的意思表示有错误或者有重大误解,则该合同可能被认为无效或应予以撤销。在电子商务合同订立过程中,当事人的意思表示是否真实?又应当由谁来承担交易的法律后果呢?

1. 电子自动交易责任问题

在传统的纸质合同订立过程中,意思表示基本上是依赖人工方式进行的。然而,通过电子方式订立的合同的重要特征之一便是合同的订立无须双方当事人直接参与,而是由电子计算机按预定的程序自动运作,亦即通过所谓的"电子代理人"来完成。电子代理人的出现使合同的缔结过程可以在无人控制的情况下自动完成。例如,我方企业的计算机可以按预定的程序,在库存下降到一定数量时,便自动向有关供货方发出订单(要约),供货方的计算机在收到该订单之后,如审查合格,则按既定程序进行判断、选择,然后进行承诺,整个过程可以完全自动实现,不必任何人工的具体操作。那么,在这种情况下,计算机的自动化处理是否体现了合同当事人的意思呢？答案是肯定的。所以，电子自动交易的后果应由设立该程序的人来承担。前欧洲共同体委员会在《关于通过电子商务订立合同》的研究报告中指出，可以把对计算机的运作拥有最后支配权的人确认为可发出要约或承诺的人，并由他对该系统所做的一切决定承担责任。我国《电子商务法》第四十八条也规定，电子商务当事人使用自动信息系统订立或者履行合同的行为对使用该系统的当事人具有法律效力。

原告Z先生是被告某网络拍卖网站的注册用户。被告某日发出拍卖公告，展示了主拍师情况、所拍物品的型号和数量、拍卖周期和竞买客户须知。原告通过参加网上竞拍报价，以3 000元的价格购得豪客牌计算机一台。拍卖网站显示原告的竞拍应价是最高应价并确认成交。其后原告将购买计算机的3 000元价款通过网站上的支付程序支付给被告。但后来发现被告仍然继续拍卖上述计算机。经多次交涉无果后，原告起诉至法院，要求法院判决被告交付拍卖所得的计算机。被告辩称，原告拍卖的结果属于拍卖使用的软件程序发生故障，在公示的拍卖日期未到之际自行从启动阶段进入点击程序，因而Z先生的竞拍结果是误认，拍卖无效；且Z先生的应价未达到委托方的保留价，根据《拍卖法》，该应价不发生效力。经查，被告所说的均是事实。法院认为该拍卖无效，但被告应对原告负损害赔偿责任。请问：法院的判决有道理吗？为什么？

2. 电子错误

电子错误是指在电子合同订立过程中，双方当事人在使用电子信息处理系统传输电子信息时产生的错误。一般而言，电子错误应该满足以下三个要件：第一，当事人的意思表示产生了错误；第二，该错误与使用电子信息处理系统存在直接的关系；第三，电子信息处理系统的程序设置正当，并非当事人刻意更改了系统的程序产生的人为错误。由于电子错误并非当事人真实的意思表示，因此根据传统合同法的原理，原则上应当允许当事人撤销该交易结果。

电子错误主要包括两类：一类是指人为原因造成的错误。这种错误在表意人做出意思表示时就已经产生，主要是输入、点击等操作错误。如消费者在网上定购商品时将商品的型号、数量或其他相关信息误输，并且将错误信息发送给卖方。另一类是指系统原因造成的错误。这种错误源于技术原因而非当事人的意思表示，也就是当事人做出的意思表示是没有错误的，而是在信息传输过程中该意思表示被改变，以至于到达相对人时与表意人的真实意思不符，或者是应当发送的信息没有发送或发送迟延等情况。如当事人本欲订购10件商品，在信息传输过程中由于系统处理错误，相对人收到的信息中商品数量变为100件，与表意人的真实意思不符，照此履行合同必将产生纠纷。

防范电子错误
的立法例

消费者电子错误
免责立法例

针对第一种情况,国外的立法大体有两种思路:一种是着眼于防范,即事先规定经营者的相关义务,如果经营者没有履行义务,则应就此承担相应的责任。另一种是着眼于消费者免责,即规定必要的事后补救措施和步骤,只要消费者采取了这些措施或步骤,便可以免除责任。

为什么人为的电子错误中,立法者更倾向于保护消费者的利益?这样的立法选择是否体现公平原则?

在现实的网络交易中,经营者为了避免纠纷产生,通常在交易程序中设计了一些确认窗口,以供消费者点击确认。这样的确认程序虽然增加了交易的烦琐性和复杂性,但可以避免消费者因一时疏忽所导致的人为错误,对双方当事人都是比较有利的。

2019年11月3日,某电商平台的一家水果店因操作失误,卖脐橙时误把"26元4500克"填写为"26元4500斤",被一个粉丝众多的公众号运营者发现后,带领大批粉丝疯狂下单,总金额高达700万元。随后众人又以卖家无法发货,是虚假宣传为由投诉卖家,导致卖家10万元保证金被扣并关店。而事实上如果真发货,则商家将损失几十亿元,这家由两个农民开设的水果店无论如何都承担不起这个代价。请问:本案中,商家是电子错误还是虚假宣传?本案应当如何处理?

以技术手段纠正
电子错误立法例

针对第二种情况,国际电子商务立法也建立了一系列规则,鼓励电子信息处理系统的提供者采用适当的技术手段,以及时地发现和纠正错误。

六、电子签名及其法律效力

(一)电子签名的概念

关于电子签名的概念,各国法律规定主要有两种形式。第一种是使用功能等同法。如根据联合国《电子签名示范法》第六条的规定,(1)如法律要求要有一个人签字,则对于一项数据电文而言,倘若情况如下,就满足了该项要求:① 用一种方法鉴定该人的身份,并且表明该人认可了数据电文内所含的信息;② 从各种情况来看,包括根据任何相关协议,所用方法是可靠的,对生成或传递数据电文的目的来说也是适当的。(2)无论本条第(1)款所述要求是否采取一项义务的形式,也无论法律是不是仅仅规定了没有签字的后果,该项规定均将适用。简而言之,电子签名是指在数据电文中,以电子形式所含、所附或在逻辑上与数据电文有联系的数据,它可用于鉴别与数据电文有关的签名人身份和表明此人认可数据电文所含信息。第二种是侧重技术特征。如在新加坡的《电子交易法》中这样定义电子签名:"任何字母、符号、数字或其他非数字符号以电子形式相关联或逻辑地相关联于一项电子记录,用以鉴别或同意该电子记录。"1999年欧盟关于电子签名的指令在对电子签名的定义中则更充分地体现了电子签名的技术特征:"一种数字形式的完整签名,逻辑地和一定资料相联,用以表明签名人对该资料的接受,它还必须满足以下条件:只能和唯一的签名人相联;使人能够识别签名人;以一种能使签名人排他的控制该签名的方式创造出来;和资料紧密相联,以至于任何外来的改动都能被发现。"

签字的基本功能是什么?电子签名与传统签名的区别有哪些?

我国《电子签名法》第二条将电子签名界定为:数据电文中以电子形式所含、所附用于识别签名人身份并表明签名人认可其中内容的数据。数据电文是指以电子、光学、磁或者类似手段生成、发送、接收或者储存的信息。该定义基本借鉴了联合国《电子签名示范法》的做法,将电子签名限定为"数据"。

综上所述,所谓电子签名,主要是指通过一种特定的技术方案来鉴别电子商务合同当事人的身份及确保交易资料内容不被篡改的安全保障措施。

(二)电子签名的法律效力

关于电子签名和数据电文的法律效力问题,我国《电子签名法》第三条规定:"民事活动中的合同或者其他文件、单证等文书,当事人可以约定使用或者不使用电子签名、数据电文。当事人约定使用电子签名、数据电文的文书,不得仅因为其采用电子签名、数据电文的形式而否定其法律效力。"

我国《电子签名法》第十四条明确规定:"可靠的电子签名与手写签名或者盖章具有同等的法律效力。"那么,什么样的电子签名才算是可靠的呢?法律规定要同时满足这样四个条件:① 电子签名制作数据用于电子签名时,属于电子签名人专有;② 签署时电子签名制作数据仅由电子签名人控制;③ 签署后对电子签名的任何改动能够被发现;④ 签署后对数据电文内容和形式的任何改动能够被发现。但是,由于普通用户满足上述条件过程烦琐且成本高,与电子化签署提高效率、降低成本的初衷相悖,因此普通用户通过选择可靠的第三方电子合同订立系统即可签署有效的电子合同。

国内有哪些比较可靠的第三方电子合同订立系统?

另外,并不是所有的民事活动当事人都可以约定采用电子签名和数据电文的,有几种情形当事人是不能约定采用电子签名和数据电文的,这些情形包括:① 涉及婚姻、收养、继承等人身关系的;② 涉及停止供水、供热、供气等公用事业服务的;③ 法律、行政法规规定的不适用电子文书的其他情形。

某小区物业管理中心为方便小区业主交流和反馈日常问题,建立了一个QQ群。该群由小区物业管理人员小赵建立,成员由物业管理人员和小区部分业主构成。某日正值小区业主张先生80岁寿辰,全家人大摆寿宴,其乐融融,寿宴正进行到一半之时,忽然停电了。全家人都非常气愤。张先生向小区物业管理人员询问为何突然停电,物业管理人员回应说,接上级部门通知要求他们停电进行电路检修,且停电通知已于两日前在业主QQ群中发布了。请问:小区停电的通知是否仅在小区业主QQ群中发布就可以了?

七、电子合同的形式问题

合同的形式主要分为口头和书面两种。

电子数据能否视为书面文件,并取得与书面文件同等的效力?根据《电子商务示范法》第六条对"书面"的规定:"如果法律要求信息必须采用书面形式,则假如一项数据电文所含信息可以调取以备日后采用,即满足了该项要求;无论前款所述要求是否采取一项义务的形式,也无论法律是不是仅仅规定了信息不采用书面形式的后果,该项规定均将适用。"同时它还考虑到了《电子商务示范法》颁布国的特殊情况。例如,根据颁布国的国际条约义务要求的形式以及颁布国无权以法规手段加以改变的其他各种情况和法律领域,颁布国可自行规定某些特殊情况来排除第六条的适用。

我国《民法典》第四百六十九条规定了合同的书面形式可以是合同书、信件或数据电文,数据电文包括电报、电传、传真、电子数据交换、电子邮件等形式。也就是说,不管合同采用什么载体,只要可以有形地表现所载内容,即视为符合法律对"书面"的要求。我国《电子签名法》第四条明确规定:"能够有形地表现所载内容,并可以随时调取查用的数据电文,视为符合法律、法规要求的书面形式。"第七条规定:"数据电文不得仅因为其是以电子、光学、磁或者类似手段生成、发送、接收或者储存的而被拒绝作为证据使用。"第五条规定:"符合下列条件的数据电文,视为满足法律、法规规定的原件形式要求:(一)能够有效地表现所载内容并可供随时调取查用;(二)能够可靠地保证自最终形成时起,内容保持完整、未被更改。但是,在数据电文上增加背书以及数据交换、储存和显示过程中发生的形式变化不影响数据电文的完整性。"这些规定,符合联合国国际贸易法委员会建议采用的"功能等同"原则。

八、电子商务合同的履行

电子商务合同成立后,双方当事人必须全面适当地履行合同规定的义务。从当前的发展状态来看,电子商务合同和传统的合同履行差异最大的是支付方式。

在电子商务开展过程中,在线支付是必然趋势,发展和创新也非常迅猛,但是在线支付的立法相对滞后。从国际范围来看,美国对电子资金的立法较早,对其他国家的相关立法起到了一定的借鉴作用。1978年,美国国会制定了《电子资金划拨法》来调控小额电子支付,这主要是为了保护自然人客户在电子支付中的权益而制定的。它要求提供电子支付的银行公开其与客户之间的权利与义务、正常操作程序和错误更正程序,要求银行根据客户的支付指令正确、及时地执行资金划拨,银行如不履行义务,则必须赔偿客户由此遭受的损失。该法还规定了银行和客户在发生未经授权划拨的情况下的风险分担问题,规定客户如遵守了一定的守则,则金融机构便分担一部分损失;反之,全部损失由客户承担。例如,若客户在信用卡、智能卡等被盗或遗失2天内通知银行,则银行对发生的未经授权的划拨承担最高500美元的损失;但若客户在银行发出交易报表后60天内仍未通知银行,则客户自行承担全部损失。1989年8月,美国统一州法全国委员会又针对商业性电子资金与美国法学会共同制定了《统一商法典》第4A编,来调控大额的商业性电子支付,但又不仅限于电子支付这一种方式。目前,美国《统一商法典》第4A编已成为美国管辖大额电子支付最重要的法律。《统一商法典》第4A编对进行电子支付的银行的责任进行了限制。在接受了支付指令的银行没有执行划拨、错误执行划拨或延迟执行划拨的情况下,银行不对间接损失承担责任,其责任仅限于资金划拨的费用及被指令划拨的资金的利息。对于未经授权的资金划拨,客户应对其支付指令的金额负责,除非客户证明了以下三项事实:① 他遵循了客户与接收银行间检测错误的支付命令的安全程序;② 接收银行没有遵循安全程序;③ 如果接收银行遵循了安全程序,则错误本来是能够检测出来的。如果不能证明三项事实中的任何一项,则将导致客户承担损失,银行有权要求客户支付所划拨的资金。如果银行和客户之间没有建立合理的身份认证程序,则由代理法等其他法律原则进行调整。随着跨国电子支付的日益普遍,联合国国际贸易法委员会也根据美国《统一商法典》第4A编,制定了有助于减少各国相关电子支付法令的差异,并为各国立法提供依据的《国际贷记划拨示范法》。事实上,不论是美国的《电子资金划拨法》、《统一商法典》第4A编,还是联合国国际贸易法委员会制定的《国际贷记划拨示范法》,都不是很完善,远没有达到其他法律的标准,但它们毕竟对当事人的权利义务关系、未经授权划拨等做出了规定,一旦出了问题就能够依据法律来判定当事人的风险责任。这些使电子支付成为电子商务推广普及的"瓶颈"之一。

我国在电子支付方面的立法比较薄弱,立法级别普遍偏低。除《电子商务法》对电子支付做出了比较原则性的规定外,在实际操作中,通常依据银行的内部规章进行,如规范电子支付行为的《电子支付指引(第一号)》、规范非银行支付机构网络支付业务的《非银行支付机构网络支付业务管理办法》等。

根据我国《电子商务法》的规定,电子支付服务提供者为电子商务提供电子支付服务,应当遵守国家规定,告知用户电子支付服务的功能、使用方法、注意事项、相关风险和收费标准等事项,不得附加不合理交易条件。电子支付服务提供者应当确保电子支付指令的完整性、一致性、可跟踪稽核和不可篡改;完成电子支付后,应当及时准确地向用户提供符合约定方式的确认支付的信息。电子支付服务提供者还有义务向用户免费提供对账服务以及最近三年的交易记录。用户应当妥善保管交易密码、电子签名数据等安全工具;发现安全工具遗失、被盗用或者未经授权的支付的,应当及时通知电子支付服务提供者。用户在发出支付指令前,应当核对支付指令所包含的金额、收款人等完整信息。另外,该法还对电子支付的双方的责任加以规定,如电子支付服务提供者提供电子支付服务不符合国家有关支付安全管理要求,造成用户损失的,应当承担赔偿责任;未经用户授权的支付造成的损失,由电子支付服务提供者承担;电子支付服务提供者发现支付指令未经授权,或者收到用户支付指令未经授权的通知时,应当立即采取措施防止损失扩大;电子支付服务提供者未及时采取措施导致损失扩大的,对损失扩大部分承担责任。

另外,我国《电子商务法》还对电子商务合同的履行时间、地点和方式进行了规定。根据我国《电子商务法》,合同标的为交付商品并采用快递物流方式交付的,收货人签收时间为交付时间。合同标的为提供服务的,生成的电子凭证或者实物凭证中载明的时间为交付时间;前述凭证没有载明时间或者载明时间与实际提供服务时间不一致的,实际提供服务的时间为交付时间。合同标的为采用在线传输方式交付的,合同标的进入对方当事人指定的特定系统并且能够检索识别的时间为交付时间。合同当事人对交付方式、交付时间另有约定的,从其约定。快递物流服务提供者在交付商品时,应当提示收货人当面查验;交由他人代收的,应当经收货人同意。

能力实训

一、实训案例

1. 7岁男童壮壮在某购物网站以其父李某的身份证号码注册了客户信息,并且订购了一台价值1000元的小型打印机。但是当该网站将货物送到李某家中时,曾经学过一些法律知识的李某却以"其子未满8周岁,是无民事行为能力人"为由,拒绝接收打印机并拒付货款。由此交易双方产生了纠纷。李某主张:电子商务合同订立在虚拟的世界,却在现实社会中得以履行,应该也受现行法律的调控。而依我国《民法典》的规定,一个不满8周岁的未成年人是无民事行为能力人,不能独立进行民事活动,应该由他的法定代理人代理民事活动。其子壮壮未满8周岁,不能独立订立货物买卖合同,所以该打印机的网络购销合同无效;其父母作为其法定代理人有权拒付货款。对此,网站主张:由于该男童是使用其父李某的身份证登录注册客户信息的,从网站所掌握的信息来看,与其达成打印机网络购销合同的当事人是一个有完全民事行为能力的正常人,而并不是此男童。由于网站是不可能审查身份证来源的,也就是说网站已经尽到了自己的注意义务,不应当就合同的无效承担民事责任。

1. 评析

请问:谁说得有道理?

2. 甲、乙两家公司都是从事服装贸易的有限责任公司,且之前成功地进行过多次交易。2020年2月,乙公司向甲公司订购3.4万美元的服饰,并要求货到付款。甲公司认为乙公司信誉较好,其网站做得也很好,就同意了货到付款的条件。乙公司又要求甲公司把货物直接发给其客户,甲公司也答应了。到了付款时间,乙公司并不支付货款,推诿说货物还未卖出,后又以资金紧张为借口,拖延付款时间。甲公司认为3.4万美元数目不大,就等了一段时间,还经常进入乙公司的网站并通过电子邮件与其联系,包括催收货款。结果乙公司不久之后就关闭了自己的网站和信箱,甲公司无法与其沟通,电话也无人接听。通过查找,甲公司发现乙公司又建立了新的网站,继续通过网络从我国多个厂家进口货物,而且经营的货物品种很多,还在不断地欺诈其他出口企业。鉴于乙公司的上述行为,甲公司决定通过法律手段追讨货款。

请问:

(1) 本案中,甲、乙两公司之间的合同是否成立和有效?

(2) 甲公司可以以电子邮件为证据起诉乙公司吗?

二、思考题

1. 简述电子商务法的概念和特点。

2. 什么是数据电文?如何理解"功能等同"原则?

3. 什么是电子代理人?电子代理人签订的合同效力如何?

4. 简述可靠的电子签名的法定条件。

5. 符合什么条件的数据电文,可以视为满足法律、法规规定的原件形式要求?

2. 评析

三、在线测试题

为检测本项目学习效果,请学生扫描右侧二维码完成在线测试,习题答案将于提交后自动显示。

项目十一　知识产权法律问题

学习目标

1. **知识目标**
   (1) 掌握知识产权的概念和特征；
   (2) 熟悉专利权、商标权、著作权的申请及取得条件；
   (3) 掌握专利权、商标权、著作权的内容及保护范围；
   (4) 了解知识产权国际保护的相关规定。

2. **能力目标**
   (1) 能够正确判断商标权、专利权、著作权的保护对象；
   (2) 能够正确识别商标权、专利权、著作权的侵权行为；
   (3) 能够正确运用所学法律知识保护知识产权。

任务一：认识知识产权

工作任务

A 酒厂研制了一种白酒，经鉴定各项指标都符合标准，用户评价也很高。为了批量生产，该酒厂对该酒设计了一种名为"茅苔"的商标，向商标局申请注册。商标局依法进行了初步审定，并发出了公告。23 天后，茅台酒厂对该酒的商标提出异议，认为该商品商标的名字从字形、字义和发音上都与"茅台"相似，而且其商标设计图案均与"茅台"相似，要求商标局不予注册。

请问：
(1) 茅台酒厂的意见是否合法？
(2) 商标局应如何处理 A 酒厂的商标注册申请？

操作过程

(1) 茅台酒厂的意见是合法的，应予支持。根据我国《商标法》的有关规定，商标使用的文字、图形及其组合，应当具有显著特征，便于识别。A 酒厂生产的"茅苔"酒，名称、发音与"茅台"相似，其商标设计图案也与"茅台"相似，没有显著特征，让人难以识别，极易造成误认或混淆，不利于对注册商标的保护。因此，茅台酒厂提出异议是正确、合法的。

(2) 商标局应根据前述分析，依法驳回 A 酒厂的商标注册申请。

知识链接与归纳

一、知识产权的概念和法律特征

（一）知识产权的概念

知识产权是指公民或法人等主体依据法律规定，对从事智力创作或创新活动产生的知识产品所享有的专有权利，又称"智力成果权""无形财产权"，主要包括发明专利、商标以及工业品外观设计等方面组成的工业产权和自然科学、社会科学以及文学、音乐、戏剧、绘画、雕塑、摄影、电影摄影等方面的作品组成的著作权（版权）两部分。

（二）知识产权的法律特征

知识产权作为人们的智力成果，本质上是一种无形财产权，同一般财产权相比具有以下独特的法律特征：

1. 无形性

一般财产权保护的客体是有形物，而知识产权保护的客体则是无形的智力成果或知识产品。虽然智力成果或知识产品必须依赖于一定的物质载体而存在，但其本身不具有实体性。知识产权的无形性使其可以不受地域、国别以及特定物质材料的限制，在同一时间，利用不同的载体，不受数量限制地复制且互不影响。比如同一本书，可以印刷在纸上，也可以写在竹简上，更可以以电子书的形式存在，但无论其物质载体是什么，其所记载的内容都是相同的，载体的转让并不会导致知识产权的转让。

2. 专有性

知识产权的专有性包括以下两方面的内涵：一是独占性，即知识产权为权利人所独占，权利人垄断这种专有权利并受到严格保护，没有法律规定或未经权利人许可，其他任何人不得享有该项权利或者使用权利人的知识产品，比如未经专利权人和商标权人的许可，第三人擅自使用该发明创造或注册商标的，即构成侵权，要承担相应的法律责任。二是排他性，即对同一项知识产品，不允许有两个或两个以上同一属性的知识产权并存，比如一项智力成果只能被授予一次专利权，其他成果不能再被授予该项专利权。

3. 地域性

一般财产权不存在地域和国别的限制，凡是合法持有的财产，其所有权都受到各国法律的保护。而知识产权在空间上的效力并不是无限的，要受到严格的地域限制，即只在授予权利的国家或地区境内有效，除有国际条约约束外，对其他国家不发生法律效力。比如，我国的注册商标，如果需在外国受到保护，就必须在外国提出注册申请。

4. 时间性

知识产权的保护是有一定期限的，超过法律规定的时间，其权利自行终止，相关知识产权即变成全人类的共同财富，任何人都可以无偿地加以利用。比如，发明专利所记载的技术在专利有效期届满后就可以为任何人所使用。

"新百伦"商标侵权案

二、知识产权的法律保护

> 想一想
>
> 中国铁建在阿尔及利亚东西高速公路施工中，因采用"中空六菱块"作为景

观挡土墙,侵犯了法国工程师的一项专利,由此支付200万元经济赔偿。相关负责人称:"如果我们在进入阿尔及利亚市场前,对工程所用的产品、技术、规范和标准中所涉及的专利进行分析,则完全可以规避侵权风险。"通过中国铁建这笔200万元的"学费"你能得到哪些启示?

（一）知识产权的国际保护

知识产权的国际保护是指国际上为了解决按照一个国家的国内法取得的专利、商标和著作权等知识产权,只在该国领域内受到保护,在其他国家不能发生法律效力的问题,而签订双边或多边条约,实现对知识产权的国际保护,以促进技术、知识的国际交流。不同国家、政府、地区和国际组织间缔结的以保护知识产权为目的的双边或多边具有约束力的法律文件构成了保护知识产权的国际条约。目前已通过的世界性的知识产权国际公约,大部分由世界知识产权组织管理。

（二）我国的知识产权保护

我国加入的有关知识产权保护的国际公约

《中华人民共和国专利法》(以下简称《专利法》)于1984年3月12日经第六届全国人民代表大会常务委员会第四次会议通过,自1985年4月1日起施行,并于1992年、2000年和2008年做了三次修正。《中华人民共和国商标法》(以下简称《商标法》)于1982年8月23日经第五届全国人民代表大会常务委员会第二十四次会议通过,自1983年3月1日起施行,并于1993年、2001年、2013年及2019年做了四次修正。《中华人民共和国著作权法》(以下简称《著作权法》)于1990年9月7日经第七届全国人民代表大会常务委员会第十五次会议通过,自1991年6月1日起施行,并分别于2001年和2010年做了两次修正。

任务二:专利权的取得和保护

工作任务

某光机研究所成功研制"高效率激光器",并于1992年2月申请专利。专利申请于1992年11月公布。中国科学院某光学研究所看到公布的专利文件后,向中国专利局提出异议请求。请求书中的理由是某光机研究所申请专利的"高效率激光器"发明已刊登在其学刊1991年第3期上(并提供了该期学刊刊登该发明的复印件),其中已详细介绍了该发明应用的原理和技术措施,并且附有设计图纸。专利局通知某光机研究所限期答复后,认为该发明已公开发表,丧失了新颖性,其专利申请不能批准。

请问:

(1) 新颖性的含义是什么?

(2) 本案中的发明创造在申请日前已在刊物上发表,其还能否获得专利权?

操作过程

(1) 根据我国《专利法》的规定:申请专利的发明和实用新型,应当具备新颖性、创造性和实用性。其中,"新颖性"是指该发明或者实用新型不属于现有技术,也没有任何单位或者个人就同样的发明或者实用新型在申请日以前向国务院专利部门提出过申请,并记载在申请日以后公布的专利申请文件或者公告的专利文件中,即不能曾有出版物公开,不能曾有使用公开,没有以其他方式为公众所知,不能有抵触申请等情形。

(2) 本案中,某光机研究所已先期将其发明创造在出版物上公开发表,因此丧失了新颖性,故不能获得专利权。

知识链接与归纳

三、专利权的取得

(一) 专利权的概念

"专利"一词,来自拉丁文,一般有三种含义:第一,是专利权的简称;第二,是指专利管理部门发给专利权人的权利凭证;第三,是指取得了专利权的发明创造。我国《专利法》规定的专利包括发明、实用新型和外观设计三种类型。

专利权(patent right)是指按照专利法的规定,由国家专利管理部门根据发明人的申请,授予其在一定期间内对某项发明或设计享有的专有权。

专利制度是鼓励和保护发明创造的制度,是以法律手段促进科技进步和经济社会发展的管理制度。一方面,它要求发明人必须公开其发明,以便社会公众了解并可通过合法的途径加以利用;另一方面,它在一定期间内保护发明人的专有权,禁止任何第三人侵犯其权利,使发明人不致因公开其发明而遭受损失。

(二) 专利权的归属

专利权归属于能够申请并取得专利权以及履行相应义务的发明人或其合法受让人,包括自然人、法人和其他组织。享有专利权的单位和个人是专利权的主体,二者统称为专利权人。专利权的主体与专利申请权的主体可以有所不同。在美国,只有发明人本人才可以是专利申请人,而在其他大多数国家里,发明人或发明人的单位、发明人的申请权受让人、发明人单位的申请权受让人都享有专利申请权。

我国《专利法》对专利权的归属有如下规定:

(1) 职务发明创造与非职务发明创造。执行本单位的任务或者主要是利用本单位的物质技术条件所完成的发明创造为职务发明创造。职务发明创造申请专利的权利属于该单位;申请被批准后,该单位为专利权人。非职务发明创造,申请专利的权利属于发明人或者设计人;申请被批准后,该发明人或者设计人为专利权人。利用本单位的物质技术条件所完成的发明创造,单位与发明人或者设计人订有合同,对申请专利的权利和专利权的归属做出约定的,从其约定。非职务发明创造的专利权归属于发明人。

(2) 合作完成的发明创造与受托完成的发明创造。两个以上单位或者个人合作完成的发明创造、一个单位或者个人接受其他单位或者个人委托所完成的发明创造,除另有协议的以外,申请专利的权利属于完成或者共同完成的单位或者个人;申请被批准后,申请的单位或者个人为专利权人。

甲公司委托A研究所为其研发一项产品。后A研究所就该产品申请了专利。请问:A有权利以自己的名义申请专利吗?

(3) 两个以上的申请人分别就同样的发明创造申请专利的,专利权授予最先申请的人。

(三) 专利权的类型

可以申请为专利并为专利法所保护的发明创造是专利权的客体。各国对发明创造的保护范围有所区别,大多数发达国家,如日本、德国、法国等国家,其专利权保护仅限于发明专利;德国、日本、韩国等国家对于实用新型、外观设计则采用专门立法来保护;美国专利法保护发明专利、植物专利和外观设计等专利形式。

我国《专利法》保护的发明创造包括发明、实用新型和外观设计三种类型。

(1) 发明,是指对产品、方法或者其改进所提出的新的技术方案。

(2) 实用新型,是指对产品的形状、构造或者其结合所提出的适于实用的新的技术方案。

(3) 外观设计,是指对产品的形状、图案或者其结合以及色彩与形状、图案的结合所做出的富有美感并适于工业应用的新设计。

(四) 专利权的取得程序

根据各国专利法的规定,发明人要取得专利权一般必须经过申请、审查和批准三个阶段。

1. 专利申请

一项发明创造要取得专利权,必须由申请人向国家专利管理部门提出申请,经国家专利管理部门依照法定程序审查批准后才能取得专利权。

申请人需要提交的专利申请文件,主要包括申请书、说明书、专利请求、附图、说明书摘要等。

对于外国人申请专利问题,大多数国家都会给予国民待遇,即给予外国人以本国国民同等待遇。但也有一些国家,如日本、法国、奥地利、瑞士、斯里兰卡、俄罗斯、印度和巴基斯坦等国则要求以互惠为条件。此外,外国人在申请专利时,一般都要在申请国设有营业场所或住所,否则应委托在该国设有营业场所或住所的代理人代为办理。

在专利申请方面,世界各国专利法的规定基本一致,一般包括:

(1) 书面原则。是指申请人为获得专利权所需要履行的各种法定手续都应当采用书面形式。随着电子技术的飞速发展,许多国家也开始利用网络手段办理专利申请手续。

(2) 先申请原则。目前包括我国在内的国际上大多数国家都采用先申请原则,只有美国、加拿大等少数国家采用先发明原则。

(3) 单一性原则,也叫一项发明一项专利原则。是指一件专利申请的内容只能包含一项发明创造,不能将两项或两项以上的发明创造作为一件专利申请提出。

(4) 优先权原则。包括国际优先权和国内优先权。我国《专利法》第二十九条对国内优先权做了规定:"申请人自发明或者实用新型在中国第一次提出专利申请之日起12个月内,又向国务院专利行政部门就相同主题提出专利申请的,可以享有优先权。"

议一议

2013年8月15日,法国的一家公司完成了一种新式的空调外观设计。同年9月30日,该公司向法国专利局提交了外观设计专利申请。2014年2月13日,该法国公司又向我国专利局递交了同样的申请。而我国的一家公司于2013年11月4日完成了相同的空调外观设计,并且于2014年2月5日向我国专利局递交了专利申请。请问:如果该发明创造符合我国《专利法》规定的授予专利的条件,则专利权应授予哪家公司?

2. 专利审查

国家专利管理部门受理申请案后,专利申请就进入审查阶段。世界各国所实行的对专利申请的审批制度,归纳起来有形式审查,实质审查,以及早期公开、迟延审查三种制度形式。

(1) 形式审查制度。又称不审查制度,是指只审查专利申请书的形式是否符合法律要求,而不审查该项发明是否符合新颖性等实质性条件,只要申请的手续完备,申请书的内容符合法律要求,就授予专利权。不审查制度效率高,但不能保证专利质量,多数国家已不采用,但法国至今仍坚持这项制度。

(2) 实质审查制度。是指专利管理部门不仅审查申请书的形式,而且对发明创造的新颖性、创造性和实用性进行实质性的审查,依法对发明创造是否具备取得专利权的条件做出决定。实质审查基本能保证专利质量,但易造成申请积压。

(3) 早期公开、迟延审查制度。早期公开是指在实质审查开始前,将整个申请案在专利公报上公布。这样做一方面使公众能尽早获得有关最新技术的知识;另一方面也便于公众公开审查,使不具备实质性条件的发明创造在未经过专利管理部门审查前就被否定,从而大大减少了专利管理部门的工作量。

专利管理部门对那些公开的专利申请是否进行审查,视专利申请人是否提出实质审查请求而定。申请人在规定的时间内(一般是从申请之日起3年之内,也有的国家规定的时间较长),如不提出实质审查请求,其申请按自动撤回处理。荷兰、日本、德国、澳大利亚等多数国家都采用早期公开、延迟审查制度。我国对发明也采用早期公开、延迟审查制度,对实用新型和外观设计则采用形式审查制度。

3. 专利批准

发明专利申请经实质审查,没有发现驳回理由的,专利管理部门应做出授予发明专利权的决定,发给发明专利证书,并予以登记和公告。发明专利权自公告之日起生效。

(五) 专利权的取得条件

按照我国和大多数国家专利法的规定,一项发明创造要取得专利权,应具备以下三个条件：

1. 新颖性

新颖性是指一项发明创造在申请人提出专利申请时，必须是从未公开发表、公开使用或以其他形式为公众所知的。换言之，该项发明创造必须是人们先前不知道的新事物。凡是在提出专利申请之前已为公众所知，或已被公开使用，或已有公开刊物发表的，就丧失了新颖性，不能取得专利权。新颖性是专利权取得条件中最重要的一条，是各国专利管理部门审查专利申请的重点内容，但各国对新颖性的确定标准不尽相同，大体有以下几种情况：

（1）时间标准。判断发明创造新颖性的时间标准有三个：一是以申请专利的时间为准，目前我国和大多数国家的专利法都采用此标准；二是以发明的时间为准，美国就以发明之日为时间标准；三是以发明公开的时间为准。

（2）地域标准。判断发明创造新颖性的地域标准有三个：一是世界新颖性，即要求申请专利的发明创造提出申请时在世界范围内未公知公用才给予专利权，德国、法国、英国、荷兰等国都采用此标准；二是国内新颖性，即该项发明提出专利申请时，只要在申请国本国范围内未公知公用，就可以在该国取得专利权，只有希腊、巴拿马、尼加拉瓜等少数国家采用此标准；三是世界新颖性和国内新颖性相结合，即在世界范围内未公开发表、在本国范围内未公开使用，美国、加拿大、日本、瑞士、瑞典、中国、比利时、罗马尼亚等国都采用此标准。我国《专利法》规定，一项发明只要未在国内外出版物上公开发表过，在国内未公开使用过，就具备了新颖性。

尽管各国专利法对新颖性都做了较为严格的规定，但也有一些例外，主要是：对于在科学讨论会上发表的有可能取得专利权的学术报告，以及在官方主办或官方认可的展览会上展出的有可能取得专利权的产品，在其发表或展出后的一定时间内（一般为3～6个月）不影响该项发明的新颖性。只要发明人在规定的期限内提出专利申请，仍可依法取得专利权。

我国《专利法》规定，申请专利的发明创造在申请日以前6个月内，有下列情形之一的，不丧失其新颖性：一是在中国政府主办或者承认的国际展览会上首次展出的；二是在规定的学术会议上或者技术会议上首次发表的；三是他人未经申请人同意而泄露其内容的。

2. 创造性

创造性在一些国家被称为"先进性""进步性"，德国使用"本质性"相区别，而美国称之为"非显而易见性"。不管称谓如何，其基本含义都是指提出专利申请的发明创造，必须与现有技术相比，具有突出的、实质性特点和显著的进步。

（1）所谓"突出的、实质性特点"，是指同现有技术相比，申请专利的发明创造具有与其明显不同的技术性，有本质性的突破，是创造性构思的结果，并且该项技术不是本专业普通技术人员能够显而易见的。

（2）所谓"显著的进步"，是指判断一项发明创造的进步是否显而易见，一般以相同技术领域的中等专业水平为衡量标准。

在创造性方面，对实用新型的要求要低于对发明的要求，一般只需要与现有技术相比,具有实质性特点和进步即可。

3. 实用性

实用性又称工业实用性,是指申请专利的发明创造必须能够在产业部门制造或者使用,并能够产生积极的效果。判断一项发明创造是否是有实用性,可以从三个方面考察:

(1) 实施的可能性。一项技术方案、一个构思,虽具有新颖性、创造性,但没有具体的解决方案,不能在生产中应用,就不具备实用性,因而不能取得专利权。

(2) 能够在产业中重复运用和重复生产,具有多次再现的可能性。

(3) 有益性。专利法一般都要求发明创造成果能够满足社会需要。

需要说明的是,各国对于外观设计专利的要求主要集中于新颖性方面,对其创造性和实用性的要求要低于发明和实用新型专利。

(六) 不能取得专利权的情况

大多数国家都规定某些发明创造不能取得专利权。一般来说主要包括纯科学原理或理论、违反法律和社会道德的发明、动植物新品种、化学物质、食物和药物、原子能技术等。

我国《专利法》规定下列各项不授予专利权:违反法律、社会公德或者妨害社会公共利益的发明创造;科学发现;智力活动的规则和方法;疾病的诊断和治疗方法;动物和植物品种;用原子核变换方法获得的物质;对平面印刷品的图案、色彩或者二者的结合做出的主要起标识作用的设计等。

想一想

朱某是某机械厂的一名车工,经过潜心思索和多次实验,终于研制出很容易打开各种锁的一套工具。这套类似"万能钥匙"的工具设计方案独特,结构精巧,便于携带,能够快速而又没有声响地打开各种明锁及暗锁。朱某于是向专利局申请专利。专利局经审查,认为朱某的发明虽然具备新颖性、创造性、实用性,但不能授予其专利权。请问:你认为专利局的处理结果符合法律规定吗?

(七) 专利权的无效

专利管理部门按照法律规定的程序授予的专利权被推定为有效,但仍然避免不了对不该授予专利权的发明创造授予专利权,因此,许多国家设立了专利权无效宣告制度。我国也做了相关规定,自国务院专利行政部门公告授予专利权之日起,任何单位或者个人认为该专利权的授予不符合法律规定的,可以请求专利复审委员会宣告该专利权无效。被宣告无效的专利权视为自始不存在。

在我国,可以宣告专利权无效的情形有以下几种:

(1) 申请专利的主题不符合专利授予条件,包括:申请专利的发明或者实用新型不具有新颖性、创造性和实用性,申请专利的外观设计缺乏新颖性或者与他人在先取得的合法权利相冲突。

(2) 专利申请中的不合法情形,比如:申请的文件不符合规定,专利申请文件的修改超出了规定的范围,专利权的主题不符合发明、实用新型或外观设计的定义等。

(3) 违反法律强制性规定不予授予专利权的情形。

(4) 重复授权的情形。

四、专利权的保护

(一) 专利权的保护范围及保护期限

1. 专利权的保护范围

根据我国《专利法》的规定,发明、实用新型专利权的保护范围,以其权利要求的内容为准;外观设计专利权的保护范围,以表示在图片或者照片中的该产品的外观设计为准。

2. 专利权的保护期限

各国对专利权都规定有一定的保护期限。多数国家是从提出专利申请之日起计算,少数国家是从授予专利权之日起计算,如法国、英国、比利时、卢森堡等国规定,专利权的保护期限为从提出专利申请之日起 20 年;美国规定为 17 年,从授予专利权之日起算。此外,有些国家是从专利申请被公告之日起算,如日本《专利法》规定,从公告之日起 15 年,但不能超过从提出专利申请之日起 20 年,以较长者为准。

我国《专利法》规定,发明专利权的期限为 20 年,实用新型和外观设计专利权的期限为 10 年,均自申请日起计算。

专利权在有效期限届满后将自行消灭,进入公共领域,任何人都可以随意使用。如果出现没有按规定缴纳年费、专利权人以书面声明放弃其专利权等法定情形,那么也可以导致专利权提前终止。

(二) 专利权人的权利和义务

1. 专利权人的权利

(1) 独占实施权。专利权的核心就是专利权人的独占实施权。专利权人享有自己制造、使用和销售专利产品,或使用专利方法的权利,即实施专利的权利。他人未经专利权人许可,不得实施其专利,即不得以生产经营为目的制造、使用、许诺销售、销售、进口其专利产品;不得使用其专利方法;不得使用、许诺销售、销售、进口依照该专利方法直接获得的产品。

(2) 实施许可权。是指专利权人享有准许他人以生产经营为目的制造、使用、销售其专利产品或者使用其专利方法并收取使用费的权利。专利权人许可他人实施其专利时,专利权人与被许可人应订立书面实施许可合同,被许可人无权允许合同规定以外的任何单位或个人实施该专利。

(3) 转让权。是指专利权人享有将自己的专利申请权或专利权通过买卖、赠与、出让等方式有偿或无偿地转让给其他人的权利。专利权只能整体转让,而不能分割转让。专利权人通过行使转让权,将依法丧失专利申请权或专利所有权,受让人将依法成为该专利新的专利权人。

(4) 专利标记权。专利权人享有在其专利产品或者该产品的包装、容器、说明书、产品广告上标明专利标记和专利号的权利。

(5) 请求保护权。当专利权人的权利受到不法侵害时,专利权人有权向专利管理部门请求保护,也可以向法院起诉,请求司法保护。

2. 专利权人的义务

(1) 在法定的期限和范围内实施专利的义务。这是专利权人最基本的义务,也是其发明创造得以受到国家法律保护的前提条件。各国专利法规定实施专利的期限不完全相同。我国《专利法》第四十八条规定,自专利权人获得专利权之日起3年内予以实施。许多国家在专利法中都规定,取得专利权的发明创造必须在当地实施。只有少数几个国家对专利的实施没有做出任何限制,其中包括美国、俄罗斯、乌干达、智利、加纳和坦桑尼亚。美国主要是通过反托拉斯法对滥用专利权的行为给予制裁。

(2) 依法缴纳专利年费的义务。专利权人为了保护其专利的有效性,每年应当向专利管理部门缴纳规定的费用。

我国某汽车轮胎厂发明了一种"新型汽车轮胎",并依法获得发明专利权。东北某汽车公司以合理的条件请求专利权人汽车轮胎厂许可其在东北地区实施专利,遭到专利权人的拒绝。该汽车公司后经申请获得强制许可权。该汽车公司在获得实施该专利的强制许可后,许可其多家子公司同时实施该专利,并拒绝给付专利权人使用费。请问:该汽车公司是否有权许可其子公司实施该专利?是否应给付专利权人使用费?

(三) 专利侵权行为

根据我国《专利法》的规定,在专利权有效期内,以营利为目的未经专利权人许可而实施其专利,即构成专利侵权。专利侵权行为分为直接侵权行为和间接侵权行为。

(1) 直接侵权行为,是指直接由行为人实施的侵犯他人专利权的行为。具体形态包括:制造专利产品的行为;故意使用发明或实用新型专利产品的行为;故意销售他人专利产品的行为;进口他人专利产品的行为;使用他人专利方法以及使用、许诺销售、销售、进口依照专利方法直接获得的产品的行为;假冒他人专利的行为。

(2) 间接侵权行为,是指行为人本身的行为并不直接构成对专利权的侵害,但实施了诱导、怂恿、教唆、帮助他人侵害专利权的行为。包括三种形态:一是销售专利产品的零部件、专门用于生产专利产品的模具或者用于实施专利方法的机械设备;二是未经专利权人授权或者委托,擅自转让其专利技术给他人使用;三是其他诱导、怂恿、教唆、帮助他人侵权,与侵权人构成共同侵权,承担连带责任。

(四) 对专利权的限制

专利权人虽然有利用其发明创造的独占权,但为了维护国家和社会整体利益,法律对这种权利的行使也做了一定的限制,允许第三人在某些特殊情况下可以不经专利权人许可而实施其专利,其行为并不构成专利侵权,具体包括:

1. 对专利产品的合理使用

专利权人制造、进口或经专利权人许可而制造、进口的专利产品或者依照专利方法直接获得的产品售出后,使用、许诺销售或销售该产品的行为不被视为侵犯专利权。为生产经营目的使用或销售不知是未经专利权人许可而制造并售出的专利产品或者依照专利方法直接获得的产品,能证明其产品合法来源的,也不承担赔偿责任。

2. 对专利发明创造的先用

如果某项发明创造在申请人提出专利申请前,申请人以外的人已开始制造相同的产品,或已先使用相同的方法,或已为制造或使用相同的发明创造做好准备,则在此种情况下,先使用人仍可在原来的范围内继续制造或使用该发明创造,此利用发明创造行为不被视为侵权。

3. 为科学研究、实验和教学活动而创造利用专利发明

这是不以营利为目的而使用专利发明,因此不被视为侵犯专利权。

4. 在运输工具上临时使用专利发明

外国的陆、海、空运输工具临时通过一国的领土、领空、领水,为了自身需要而在其装置和设备中使用了该国的有效专利,不属于侵权行为。我国《专利法》与《巴黎公约》都对此做了规定。

5. 专利实施的强制许可

根据我国《专利法》的规定,在下列情况下,国务院专利行政部门可以给予实施发明或实用新型专利的强制许可:

(1) 具备实施条件的单位或者个人以合理条件请求发明或者实用新型专利权人许可其实施专利,但未能在合理时间内获得许可而向国务院专利行政部门提出申请的。

(2) 国家出现紧急状态或者非常情况时,或者为了公共利益的目的。

(3) 一项取得专利权的发明或者实用新型比以前已经取得专利权的发明或者实用新型具有显著经济意义的重大技术进步,其实施又有赖于前一发明或者实用新型的实施的,经后一专利权人申请时。

(五) 我国参加的专利保护国际条约

1. 《保护工业产权巴黎公约》

《保护工业产权巴黎公约》(Paris Convention for the Protection of Industrial Property)简称《巴黎公约》,其基本目的是保证成员国的工业产权在所有其他成员国都得到保护。在专利保护方面,《巴黎公约》确立了以下原则:

(1) 国民待遇原则。国民待遇原则是指在保护工业产权方面,每一个成员国必须把给予本国国民的保护同等地给予其他成员国国民。非成员国国民如果在成员国国内有住所或者有真实、有效的工商营业所,也可以享有同成员国国民同样的待遇,得到同样的保护。可见,根据这一原则,外国的专利申请人或专利权人具有同样的权利与义务。

(2) 优先权原则。优先权原则是指已经在一个成员国正式提出了发明专利、实用新型专利、外观设计专利的申请人,在其他成员国国内提出同样的申请时,在一定期限内享有优先权。取得优先权的具体申请期限规定为:发明和实用新型专利,从第一次提出申

请之日起（不包括当日）12个月内向其他成员国提出，外观设计专利从第一次提出申请之日起6个月内向其他成员国提出，都以第一次申请的日期起算，该日期称为优先权日期。优先权的作用在于，在优先权日期以后，其他专利申请人所做的披露不再影响享有优先权申请人的发明的新颖性，也不因其第一次申请时已公开了内容而丧失发明的新颖性。同时，在优先权期限内，其他人不能就同一发明提出申请而对抗享有优先权的申请人。

（3）专利独立原则。按照《巴黎公约》的规定，一个成员国的国民就一项发明在数个成员国或非成员国取得的专利权，虽是同一发明，但是相互独立，依照各自国家的法律规定进行保护并加以管理。它包括三方面的含义：一是一个成员国批准了一项专利，并不能决定其他成员国是否对同一发明的申请案也批准专利；二是一个成员国驳回了一项专利申请，并不妨碍其他成员国批准同一发明的专利申请；三是一个成员国撤销了一项专利或宣布无效，并不影响其他成员国就同一发明已经批准的专利继续有效。

（4）强制许可原则。《巴黎公约》规定，自专利申请之日起满4年，或专利批准之日起满3年，取得专利的发明无正当理由而没有实施或没有充分实施时，各成员国国家专利局均可根据第三人的请求，给予其实施该发明的强制许可，取得强制许可者应给予专利权人合理的报酬。如在第一次核准强制许可特许满2年后，仍不能防止赋予专利权而产生的弊端，则可以提出撤销专利的程序。这是《巴黎公约》对于防止滥用专利权的问题所做的强制许可规定。《巴黎公约》还规定，强制许可不得专有，不得转让；但如果连同使用这种许可的那部分企业或牌号一起转让，则是允许的。

2019年6月8日，日本甲株式会社向我国专利局提交了一份"新型可折叠自行车"实用新型专利申请，并口头提出要求给予其优先权。我国乙自行车厂也于2019年3月10日向我国专利局提出具有相同可折叠自行车实用新型专利申请。请问：甲株式会社就相同主题在日本申请何时才有优先权？为什么？

2.《专利合作条约》

根据《巴黎公约》，成员国的国民有权在其他成员国获得该国国民待遇申请专利，但必须遵守各国对其国民规定的条件和程序。因而申请人必须重复申请，即根据其他国家的法律要求，重新提出申请；受理国也要重复进行审查、核准。这种烦琐的程序不利于国际技术交流与合作。为了解决专利权的国际申请问题，1970年6月19日，78个国家和22个国际组织的代表在华盛顿签订了《专利合作条约》（Patent Cooperation Treaty，PCT）。该条约的中心内容是统一缔约国的专利申请手续和审批程序，以及在专利文献检索工作和批准专利权的初步审查工作等方面进行合作，以便一项发明通过一次国际申请便可同时在申请人选定的几个或全部成员国获得批准。

《专利合作条约》是继《巴黎公约》之后缔结的又一个重要的国际性专利条约。随着全球技术的发展，《专利合作条约》在专利制度国际化方面所起的积极作用越来越明显。

《专利合作条约》也存在一些不足,比如提交国际专利申请,分为国际阶段和国家阶段,在国际阶段主要是解决国际专利申请的受理、公布、检索和初步审查的问题,而且这些检索和初步审查的效力仅是为国家阶段的审查以及申请人提供参考,不具有当然的效力;在国家阶段主要是解决授予国家和地区专利的问题。因此,办理国际申请的手续比较复杂,两个阶段分别收费,这对申请人来讲也会增加经济负担,而且国际申请不能选择外观设计专利的保护形式。

3. 《与贸易有关的知识产权协议》

《与贸易有关的知识产权协议》(Agreement on Trade-related Aspects of Intellectual Property Rights,TRIPS)(以下简称《知识产权协议》)是世界贸易组织管辖的一项多边贸易协议,作为现今世界贸易组织多边贸易体制的重要组成部分,发挥着至关重要的作用。

制定《知识产权协议》的目的是采用共同的国际规范,使世界各国对知识产权的保护标准基本达成一致。其作用是把世界知识产权组织(WIPO)管理下的知识产权公约的适用范围扩大到世界贸易组织的成员。

与过去的知识产权国际条约相比,《知识产权协议》具有三个突出特点:第一,它是第一个涵盖了绝大多数知识产权类型的多边条约,既包括实体性规定,又包括程序性规定,这些规定构成了世界贸易组织成员必须达到的最低标准,除在个别问题上允许最不发达国家延缓施行之外,所有成员均不得有任何保留。这样,该协议就全方位地提高了全世界知识产权保护的水准。第二,它是第一个对知识产权执法标准及执法程序做出规范的条约,对侵犯知识产权行为的民事责任、刑事责任以及保护知识产权的边境措施、临时措施等都做了明确规定。第三,它引入了世界贸易组织的争端解决机制,用于解决各成员之间产生的知识产权纠纷。过去的知识产权国际条约对参加国在立法或执法上违反条约并无相应的制裁条款,《知识产权协议》则将违反协议规定直接与单边及多边经济制裁挂钩。

任务三:商标权的取得和保护

工作任务

甲厂自 2013 年起在其生产的衬衫上使用"飞天"商标。2014 年,乙厂也开始使用"飞天"商标。2015 年 6 月,乙厂的"飞天"商标经国家商标局核准注册,其核定使用的商品为服装等。2016 年 1 月,乙厂发现甲厂在衬衫上也使用"飞天"商标,很容易引起消费者的误认,因此甲、乙双方发生纠纷。

请回:
(1)甲、乙两厂谁构成侵权?为什么?
(2)侵权行为始于何时?请说明理由。
(3)侵权方能否继续使用"飞天"商标?请提出可行性建议。

操作过程

（1）根据本案事实，甲厂侵犯了乙厂的商标专用权。因为只有注册商标才享有专用权，乙厂的"飞天"商标经核准注册后，乙厂即对该商标享有排除他人未经许可使用的专用权。

（2）甲厂的侵权行为始于乙厂的"飞天"商标被国家商标局核准注册之日，即2015年6月。因为在此之前，乙厂对"飞天"商标并未进行注册。

（3）甲厂若要在衬衫上继续使用"飞天"商标，则有三种可行性举措：第一，购买乙厂的"飞天"商标；第二，通过与乙厂签订商标使用许可协议获得对"飞天"商标的许可使用权；第三，请求商标评审委员会撤销乙厂的注册商标。

知识链接与归纳

五、商标权的取得

（一）商标的概念和分类

商标俗称"牌子"（英文为 trademark 或 trade mark），是商品或服务的标志，是生产者或经营者为将自己的商品或服务区别于他人而使用的具有显著特征的标志。这种标志可以由一个或多个具有特色的文字、图形、字母、数字、三维标志、颜色等要素或其组合构成。

商标有广义和狭义之分。广义商标包括商品商标、服务商标、商店名称、产地标记或原产地名称，狭义商标仅指商品商标。根据不同的标准，可以对商标进行以下种类划分：

1. 按照商标的组成结构或状态划分

按照商标的组成结构或状态划分，商标可以分为形象商标和非形象商标。

（1）形象商标也可称为视觉商标，是指可以通过视觉感知的商标，包括文字商标，图形商标，或由文字、图形等要素结合而成的组合商标。

（2）非形象商标，是指音响、气味等可以通过听觉、嗅觉感知的商标，这种商标目前只在美国等少数国家得到承认，在我国尚不能注册为商标。

2. 按照商标的使用者划分

按照商标的使用者划分，商标可以分为商品商标、服务商标、集体商标。

（1）商品商标，顾名思义就是使用在商品上的商标，它是商标最基本的表现形式，通常所称的商标主要是指商品商标。

（2）服务商标，是指服务的提供者用来区别于他人的同类服务而使用的商标。由于服务商标往往与商店或企业的名称很接近，有时甚至完全相同或是其简写，因此有些国家如英国、德国、比利时、荷兰、卢森堡等国的商标法明确规定，对服务商标一般不予办理注册。

（3）集体商标，是指以团体、协会或者其他集体组织名义注册，供该组织成员在商事活动中使用，以表明使用者在该组织中的成员资格的标志，如地理标志等。

3. 按照商标使用的动机划分

按照商标使用的动机划分，商标可以分为联合商标、防御商标和证明商标。

（1）联合商标，是指商标所有人在同一种或者类似商品上注册的与正商标相近似的一系列商标。这些近似商标中首先注册的或者主要使用的商标为正商标，其余的为联合商标。例如，某企业的正商标为"娃哈哈"，又以"哈哈娃""娃娃哈""哈娃哈"等注册为联合商标。注册联合商标不是为了每一个商标的使用，而在于保护其正商标不受影射。

（2）防御商标，是指商标所有人在不同类别的商品或者服务上注册的若干相同商标。原商标为正商标，注册在另外不同类别的商品或者服务上的商标为防御商标。例如，可口可乐公司在所有商品上注册了"可口可乐"商标。一般情况下，只有著名商标才能注册防御商标。注册防御商标既有保护著名商标信誉的作用，又可以防止其商标被淡化。

（3）证明商标，是指用来证明某种商品或者服务的原产地、原料、制造方法、质量或其他特征的商标，也称保证商标。这种商标由商会、机关或其他团体申请注册，凡商品质量或服务质量达到保证标准的经营者，经证明商标所有人许可，可以使用证明商标。绿色食品标志、国际羊毛组织的"纯羊毛"标志，即属于证明商标。

除上面的分类外，商标还可以按照是否注册分为注册商标和非注册商标，按照是否为公众所熟知分为普通商标、知名商标、著名商标、驰名商标等。

（二）商标注册

1. 商标注册的概念

商标注册是指商标申请人为了取得商标专用权，将其使用或准备使用的商标，依照法律规定的条件、原则和程序，向商标主管部门提出注册申请，经商标主管部门审核予以注册的法律制度。商标注册是获得商标专用权的前提。

对于商标是否必须注册，大多数国家采用自愿注册原则，即是否注册取决于商标所有人的意愿，不注册也可以使用，但商标所有人不享有商标权。也有极少数国家（如蒙古）采用强制注册原则，即要求凡是使用的商标必须注册，否则不得使用。还有相当一部分国家以自愿注册为基础，仅对个别商品的商标要求强制注册。例如，我国对大多数商品采用自愿注册原则，但对人用药品和烟草制品要求强制注册。

2. 商标注册的程序

商标注册须经过申请、初审、公告、异议、复审、核准等一系列程序。

（1）申请。一般都要求申请人提交书面的申请，具体说明申请人的名称、国籍、居住地址和使用该商标的商品名称及商品类别等。在提出申请时，申请人还要提交一定尺寸的商标图样和印版一式数份，并须按规定交纳申请费用。

（2）初审。商标主管部门接到商标注册申请后，要对申请进行审查。有些国家只对申请进行形式审查；大多数国家除进行形式审查外，还进行实质审查。实质审查包括审查商标的显著性，是否存在违反商标法所规定的禁用条款，是否与他人已经注册商标相同或相似。我国商标注册实行实质审查制度。

（3）公告。如经审查认为申请人有资格取得商标注册，即将该项申请在商标公报上予以公布，让公众进行审查，时间一般为 3 个月。

（4）异议。在公告期内，任何人如认为该商标不符合法律的要求或者与已注册的商标相同或相类似，则可向商标主管部门或有管辖权的法院提出异议。经查证异议属实的,将不予核准注册。

(5) 复审。如果商标注册申请遭到主管部门的拒绝,则申请人可以向有关部门或有管辖权的法院提起上诉。但上诉必须在规定期限内提出,否则有关部门或法院可不予受理。关于提出上诉的期限,各国规定不一,一般是1~3个月,从申请被驳回之日起算。

(6) 核准。对初审的商标,自公告起一定期限内如无人提出异议,或虽有人提出异议但裁定异议不能成立,则商标主管部门即核准注册,发给申请人商标注册证,并再次公告。经核准注册的商标,应在商品上或包装上及说明书、附着物上标明注册标记。在我国还可标"注册商标"或注"®"。

大多数国家对申请注册的商标都按统一的标准,在统一的登记簿上进行注册登记,并对注册商标给予统一的法律保护。但英国和某些英联邦国家的商标法有一个重要的特点,即把商标注册分为A部注册与B部注册两种,有些商标只能在B部注册而不能在A部注册,它们所要求的条件以及法律给予的保护也有所不同。二者的区别在于对商标的"识别性"的要求不一样。凡在A部注册的商标,必须具有明显的识别性,而在B部注册的商标则不要求在其注册时就具有识别性,只要求它能在使用过程中因公众逐渐把该商标与其使用人的产品结合起来而取得这种识别性。相应的,在B部注册的商标受到的法律保护要明显弱于在A部注册的商标。

我国甲皮革制品有限公司以山羊皮和绵羊皮为原料开发出一种新式皮衣,经过一段时间的试销后,市场销售额增长很快,并且顾客一致反映皮衣质地柔软、耐穿、防水功能良好。该公司为了进一步扩大成果,拟将此皮衣申请注册商标。公司经过研究决定商标采用"保暖"牌、"绵羊"牌、"山羊"牌。请问:该公司的商标能获准注册吗?为什么?

3. 商标注册的内容限制

各国根据本国政治经济环境和文化条件,结合本国的社会观念和公序良俗等因素,在商标法中禁止使用某些特定的标志或名称作为商标注册,如果申请注册的商标事项与其相抵触,就不能获准注册。此外,有些国家出于政治、宗教上的原因,对注册商标的内容还有一些特殊的规定。

我国对商标注册的限制性规定主要包括:

(1) 商标不得使用下列标志:① 同中华人民共和国的国家名称、国旗、国徽、国歌、军旗、军徽、军歌、勋章等相同或者近似的,以及同中央国家机关的名称、标志、所在地特定地点的名称或者标志性建筑物的名称、图形相同的;② 同外国的国家名称、国旗、国徽、军旗等相同或者近似的,但经该国政府同意的除外;③ 同政府间国际组织的名称、旗帜、徽记等相同或者近似的,但经该组织同意或者不易误导公众的除外;④ 与表明实施控制、予以保证的官方标志、校验印记相同或者近似的,但经授权的除外;⑤ 同"红十字""红新月"的名称、标志相同或者近似的;⑥ 带有民族歧视性的;⑦ 带有欺骗性,容易使公众对商品的质量等特点或者产地产生误认的;⑧有害于社会主义道德风尚或者有其他不良影响的;⑨县级以上行政区划的地名或者公众知晓的外国地名,但地名具有其他含义或者作为集体商标、证明商标组成部分的除外。

(2) 下列标志不得作为商标注册:① 仅有本商品的通用名称、图形、型号的;② 仅直接表示商品的质量、主要原料、功能、用途、重量、数量和其他特点的;③ 其他缺乏显著特征的。

(3) 以三维标志申请注册商标的,仅由商品自身的性质产生的形状、为获得技术效果而需有的商品形状或者使商品具有实质性价值的形状,不得注册;对容易与驰名商标相混淆的,也不予注册。

4. 商标注册的撤销

商标获准注册后,如出现下列情况,则商标主管部门可以依法将其撤销:

(1) 因第三者的异议成立而被撤销。

(2) 因有效期届满,未按时办理续展而被撤销。

(3) 因不使用而被撤销。按照大多数国家商标法的规定,商标获准注册之后,必须付诸使用。如果在规定的期限内不予使用又无正当的理由,则经第三者提出要求,有关部门可撤销其注册。此项期限一般为3年或5年。

按照我国《商标法》的规定,凡有下列情况之一者,商标局可责令限期改正或者撤销其注册商标:一是自行改变注册商标、注册人名义、地址或者其他注册事项的;二是注册商标或为其核定使用的商品的通用名称或者没有正当理由连续3年不使用的。

5. 对外国人申请商标注册的待遇

各国对于外国人申请商标注册,一般都给以国民待遇,即给外国人以与本人同等的待遇。但在实行国民待遇原则时,也有一些具体的要求,例如有些国家采用互惠原则,有些国家要求外国人必须在本国设有营业场所或住所才能申请商标注册,否则必须委托在该国设有营业场所或住所的人代为办理。我国《商标法》中也有类似规定。

(三) 商标权的取得原则

1. 申请在先原则

申请在先原则是指如果商标最先使用人未及时申请办理商标注册手续,而被别人抢先申请办理,则商标专用权属于申请在先的人。遇有两个以上的申请人就同一商标或类似商标同时提出注册申请时,有些国家允许两个以上的申请人作为该商标的共同所有人,有些国家则要求由各申请人自行协商,推选其中的一个人提出申请。申请在先原则被大多数国家采用。我国也实行申请在先的制度。

2. 使用在先原则

按照这一原则,商标注册在法律上只起到"声明"的作用,而不能确定商标权的归属,商标所有人可以随时以使用在先为由要求对已注册的商标予以撤销。这种制度对商标的首先使用人有利,但对商标的注册人不利。由于该制度弊端较多,目前只有菲律宾、美国等极少数国家适用该原则。

3. 以使用在先为补充的申请在先原则

根据我国《商标法》的规定:"两个或者两个以上的商标注册申请人,在同一种商品或者类似商品上,以相同或者近似的商标申请注册的,初步审定并公告申请在先的商标;同一天申请的,初步审定并公告使用在先的商标,驳回其他人的申请,不予公告。"应用的就是以使用在先为补充的申请在先原则。

此外,有些国家为了保护商标首先使用人的利益,在授予先申请人商标权的同时,允许首先使用人继续使用该商标,但其权利仅限于自己使用,或只能在将其业务转让给他人的同时连同商标一起转让,而不能像商标的注册所有人那样可以任意转让商标的使用权并从中收取报酬,英国、斯里兰卡、沙特阿拉伯、冰岛等国都有类似的规定。

六、商标权的保护

(一) 商标权的内容

商标权是法律赋予商标权人对其注册商标所享有的权利,具体包括以下几个方面:

1. 商标专用权

商标经商标主管部门核准注册后,即成为注册商标,注册申请人即成为商标权人,享有对注册商标的专用权。商标专用权是商标权的主要内容和商标所有人的主要权利。

2. 商标禁止权

商标权人在享有专用权的同时,还享有禁止他人使用其注册商标的权利,他人未经许可不能在相同或类似的商品上使用与该注册商标相同或近似的商标。

3. 商标许可权

商标权人在自己使用注册商标的同时,还有权通过签订合同许可他人使用其注册商标。与有形财产的许可使用不同的是,商标许可并不转移商标的所有权,也不转移商标的使用权,除非有特殊规定,否则商标权人仍然可以继续使用其注册商标。同时,商标权人对被许可人有约束的权利和义务,享有许可收益并承担许可带来的风险。

根据被许可人所享有的使用权的不同程度,商标许可分为以下三种情形:

(1) 独占许可(exclusive licence),是指商标权人只允许一个被许可人在一定的时间和地域范围内对有关注册商标享有独占的使用权,商标权人和任何第三人都不得在该时间和地域范围内以同样的方式使用该注册商标。

(2) 排他许可(sole licence),是指商标权人允许一个被许可人在一定的时间和地域范围内对有关注册商标享有排他的使用权,除商标权人以外,任何第三人都不得在该时间和地域范围内以同样的方式使用该注册商标。

独占许可与排他许可有什么不同?

(3) 一般许可(general licence),是指商标权人允许被许可人在一定的时间和地域范围内使用合同项下的注册商标。但同时,商标权人保留自己使用注册商标的权利,而且可以通过另外的使用许可合同许可他人使用有关注册商标。

4. 商标转让权

商标权人将其所有的注册商标依法转让给他人,是行使商标权的一种重要方式。而对于商标权人可以在什么样的条件下转让其注册商标,各国立法不尽相同。有的国家,如德国、瑞典、美国等规定,注册商标必须和生产或经营商标商品的企业一同转让;有的国家,如英国、法国、日本、挪威、巴西等则规定可以自由转让注册商标,即商标和有关企业可以连同转让,也可以不连同转让。不过,在允许自由转让注册商标的国家,一般都明确规定受让人应当保证使用该注册商标的商品质量。

5. 商标续展权

商标权人在其注册商标有效期届满前,依法享有申请续展注册,从而延长其注册商标保护期的权利。各国对商标续展的次数都不加以限制,因此,只要商标所有人按期办理续展手续并交纳规定的费用,其商标就可以长期受到法律保护。商标有效期届满而未办理续展手续的即失去效力,商标权随之归于消灭。

2012年2月23日,迈克尔·乔丹在一个视频中称向我国一家法院提起诉讼,指控乔丹体育股份有限公司(以下简称"乔丹公司")侵犯其姓名权及商标权。乔丹公司由成立于1984年的福建省晋江县陈埭溪边日用品二厂发展而来。乔丹公司主要使用的"乔丹"商标在2003年前注册完成。截至2011年6月30日,乔丹公司已建立了覆盖我国31个省、自治区和直辖市的市场营销网络,2010年公司销售收入更是高达29.12亿元。由此引发了一系列与商标权相关的民事案件和行政案件。请问:你认为乔丹公司是否构成商标侵权?

(二) 商标权的保护范围和期限

1. 商标权的保护范围

我国《商标法》明确规定了注册商标的权利范围:"注册商标的专用权,以核准注册的商标和核定使用的商品为限。"

天坛牌午餐肉与天坛牌家具都是天坛牌,为什么不存在侵权问题?

2. 商标权的保护期限

各国商标法都对注册商标规定了一定的有效期,有些国家规定得较长,有些则较短。美国、瑞士、意大利、西班牙、俄罗斯等国家为20年;加拿大、伊拉克、叙利亚等国家为15年;法国、日本、德国、奥地利、瑞典、丹麦、挪威、比利时、荷兰、卢森堡、希腊、泰国,以及大多数中东和拉丁美洲国家均为10年;英国、印度为7年。

各国计算有效期开始的时间也有所不同,法国、德国等国自提出申请之日起计算;美国则自核准注册之日起计算。商标有效期届满后,可以不断续展。续展的期限一般与注册的有效期相等,但也有一些国家的法律规定经续展后的保护期长于注册的有效期,如英国商标法规定,商标注册的有效期为7年,而续展后的保护期为14年。

我国《商标法》规定,注册商标的有效期为10年,自核准注册之日起计算。注册商标有效期满,需要继续使用的,商标注册人应当在期满前12个月内按照规定办理续展手续;在此期间未能办理的,可以给予6个月的宽展期。期满未办理续展手续的,注销其注册商标。每次续展注册的有效期为10年,续展的次数不限。

(三)商标侵权行为

商标权作为一项重要的财产权已得到国际社会的普遍承认,世界各国都为保护商标权人而对商标权的占有和行使规定了极为严密的法律制度,任何人未经商标权人的许可而盗用或冒用其注册商标,即构成商标侵权行为,要承担相应的法律责任。

依据我国《商标法》第五十七条、第五十八条的规定,下列行为均属侵犯注册商标专用权的行为。

(1)未经商标注册人的许可,在同一种商品上使用与其注册商标相同的商标的;

(2)未经商标注册人的许可,在同一种商品上使用与其注册商标近似的商标,或者在类似商品上使用与其注册商标相同或者近似的商标,容易导致混淆的;

(3)销售侵犯注册商标专用权的商品的;

(4)伪造、擅自制造他人注册商标标识或者销售伪造、擅自制造的注册商标标识的;

(5)未经商标注册人同意,更换其注册商标并将该更换商标的商品又投入市场的;

(6)故意为侵犯他人商标专用权行为提供便利条件,帮助他人实施侵犯商标专用权行为的;

(7)给他人的注册商标专用权造成其他损害的。

此外,将他人注册商标、未注册的驰名商标作为企业名称中的字号使用,误导公众,构成不正当竞争行为的,依照《中华人民共和国反不正当竞争法》处理。

发生商标侵权行为时,商标权人可以依法通过行政程序或司法诉讼程序寻求法律救济,主管部门可以根据情节轻重对侵权人分别给予民事处罚、行政处罚和刑事处罚。

(四)商标权的限制

商标专用权不得限制公共利益和他人在先的权利。对此,我国《商标法》第五十九条规定:

(1)注册商标中含有的本商品的通用名称、图形、型号,或者直接表示商品的质量、主要原料、功能、用途、重量、数量及其他特点,或者含有的地名,注册商标专用权人无权禁止他人正当使用。

(2)三维标志注册商标中含有的商品自身的性质产生的形状、为获得技术效果而需有的商品形状或者使商品具有实质性价值的形状,注册商标专用权人无权禁止他人正当使用。

(3)商标注册人申请商标注册前,他人已经在同一种商品或者类似商品上先于商标注册人使用与注册商标相同或者近似并有一定影响的商标的,注册商标专用权人无权禁止该使用人在原使用范围内继续使用该商标,但可以要求其附加适当区别标识。

（五）我国参加的商标保护国际条约

我国为加强商标权的国际保护,签署了一系列国际条约。

1. 《保护工业产权巴黎公约》

和专利权一样,《巴黎公约》对商标权的保护也适用国民待遇原则、优先权原则、独立性原则。

《巴黎公约》对商标使用做出了规定。如果某个成员国的国内法规定凡已注册的商标都必须付诸使用,则这一规则必须经过一段合理期限之后,才能以不使用为由撤销其商标注册。至于合理期限应多长,可由各国国内法予以规定。

此外,《巴黎公约》还对驰名商标的国际保护以及对欺骗性申请注册的处理、商标权的转让、临时性的保护措施等做了规定。

2. 《商标国际注册马德里协定》

《商标国际注册马德里协定》（以下简称《马德里协定》）于1891年4月14日在西班牙马德里签订,先后经6次修改,参加这一协定的主要是大陆法系国家以及苏联和东欧的一些国家。英国、美国和英联邦的一些国家以及日本均未加入。我国于1989年加入该协定。

根据《马德里协定》的规定,任何一成员国的国民——自然人或法人,或与一成员国国民享有同等待遇的自然人或法人,都可以通过一次国际注册,在统一的注册有效期内,在其他所有成员国得到保护。国际注册的程序包括：

(1) 有权申请国际注册的申请人,在其所属国办理了某一商标注册后,对该商标可以向世界知识产权组织国际局申请国际注册。该申请使用的文字限于法语。国际局收到申请即予以公告,并通知申请人要求获得保护的各成员国。

(2) 收到通知的成员国,有权在1年内做出是否确认予以保护的决定。如果在4年内不做出驳回的声明,就视为该商标已获准在该国注册,申请人的商标从国际局注册生效之日起即在有关成员国发生法律效力,享有商标专用权。

(3) 获得国际注册和指定国注册的商标仍然受本国注册的影响。如果获得国际注册5年内商标在本国被撤销注册,则它在指定国的注册也随之撤销。只有在5年后,指定国的商标注册才独立于本国商标。

《马德里协定》规定的优先权期限为6个月,并规定了为期20年的统一保护期限,期满可以无限次续展,每次续展的有效期为20年。

《马德里协定》起到了补充《巴黎公约》和简化国际商标注册手续的作用。根据规定,必须先参加《巴黎公约》,才能参加《马德里协定》。

3. 《商标注册条约》

《商标注册条约》于1973年由美国、芬兰、奥地利等14国在维也纳签订,此条约的签署是因为美、英、日等国不愿意参加《马德里协定》。

《商标注册条约》规定：申请人可以直接向世界知识产权组织的国际局申请商标国际

注册,而不需要像《马德里协定》所规定的那样必须先在本国注册;被选定的国家的批驳期为15个月,也不是《马德里协定》所规定的1年;原始注册国注册的撤销,并不导致国际注册的撤销。

根据规定,参加《商标注册条约》的国家必须是《巴黎公约》的成员国。

任务四:著作权的取得和保护

工作任务

著名作曲家李某在2008年临终前将其回忆录手稿赠送给好友刘某。2014年,刘某将手稿借给学者丙,供其研究李某的生平。2015年,丙将手稿向某杂志投稿发表。李某的继承人在看到该杂志后,认为杂志社侵犯了自己的著作财产权。

请问:

(1)谁享有手稿的著作财产权?为什么?

(2)谁是侵权人?为什么?

操作过程

(1)李某的继承人享有手稿的著作财产权。李某将手稿赠送给刘某,只是手稿的所有权发生了转移,而著作权并不随同载体的转移而转移,所以,在李某去世后,李某的继承人依法定继承取得手稿的著作财产权。

(2)丙和杂志社是侵权人,丙仅仅是手稿载体的所有权人,无权向杂志社投稿发表;杂志社未经手稿的著作财产权人(李某的继承人)许可,刊登该手稿亦构成侵权。

知识链接与归纳

七、著作权的取得

(一)著作权的概念及法律特征

著作权又称版权(copy right),是指基于文学、艺术和科学作品依法产生的权利。著作权具有以下法律特征:

(1)著作权的主体范围具有广泛性。自然人、法人、非法人单位以及国家都可以成为著作权的主体。

(2)著作权的客体具有广泛性和多样性。包括文字作品、口头作品、音乐作品、戏曲作品、曲艺作品、舞蹈作品、美术作品、计算机软件、民间文学艺术作品等都可以成为著作权保护的对象。相比专利权、商标权,著作权保护的种类更多、范围更广。

"大黄鸭"著作权案

(3)著作权的内容具有丰富性和复杂性。著作权包含人身权和财产权两方面的内容,人身权方面,包括署名权、发表权、修改权、保护作品完整权等;财产权方面,包括复制权、发行权、获得报酬权、演绎权等。同时,由于不同作品著作权的内容不尽相同,其具有复杂性。

(4) 著作权的产生和保护具有自动性。作品一经创作产生,不论是否发表,即自动产生著作权,并开始受著作权法的保护,这一点与必须经过法定程序审批才能得到法律保护的专利权、商标权都不同。

(5) 著作权具有期限性。

(二) 著作权的取得原则

著作权的取得有以下原则:

(1) 自动保护原则。也称无手续原则,即以作品的产生为条件自动取得著作权。大多数国家都实行自动保护原则。

(2) 注册登记原则。也就是说,除作品已创作出来外,还须履行必要的注册登记手续才能获得著作权。在《保护文学和艺术作品伯尔尼公约》《世界版权公约》这两个最具影响力的国际公约中并没有做相关的规定,对于已经实施注册登记制度的国家,其法律效力仅适用于本国作者,对于公约其他成员国作者的著作权保护,不得要求以登记为前提条件。

(3) 附条件自动保护原则。也就是说,作品需要以加注著作权标记为取得著作权的条件,不得要求以登记为前提条件。《世界版权公约》认可这种办法。标记通常包括:第一,"不许复制"或"有著作权"等一类的声明,或者在这种声明的英文缩略字母 C 外面加上一个正圆,如果是音像制品,则为字母 P 并在外面加上一个正圆;第二,著作权人的姓名或名称及其缩写;第三,作品的出版发行日期。因为加注标记的方法简便易行,所以被广泛采用。

我国《著作权法》采用自动保护原则。

(三) 著作权的归属

根据我国《著作权法》,除法律另有规定外,著作权属于作者及其他依法享有著作权的公民、法人或者其他组织。

(1) 创作作品的公民是作者。由法人或者其他组织主持,代表法人或者其他组织意志创作,并由法人或者其他组织承担责任的作品,法人或者其他组织视为作者。如无相反证明,在作品上署名的公民、法人或者其他组织为作者。

(2) 改编、翻译、注释、整理已有作品而产生的作品,其著作权由改编、翻译、注释、整理人享有,但行使著作权时不得侵犯原作品的著作权。

(3) 两人以上合作创作的作品,著作权由合作作者共同享有。没有参加创作的人,不能成为合作作者。合作作品可以分割使用的,作者对各自创作的部分可以单独享有著作权,但行使著作权时不得侵犯合作作品整体的著作权。

(4) 汇编若干作品、作品的片段或者不构成作品的数据或者其他材料,对其内容的选择或者编排体现独创性的作品,为汇编作品,其著作权由汇编人享有,但行使著作权时,不得侵犯原作品的著作权。

(5) 电影作品和以类似摄制电影的方法创作的作品的著作权由制片者享有,但编剧、导演、摄影、作词、作曲等作者享有署名权,并有权按照与制片者签订的合同获得报酬。

电影作品和以类似摄制电影的方法创作的作品中的剧本、音乐等可以单独使用的作品的作者有权单独行使其著作权。

(6) 公民为完成法人或者其他组织工作任务所创作的作品是职务作品,除法律另有规定外,著作权由作者享有,但法人或者其他组织有权在其业务范围内优先使用。作品完成两年内,未经单位同意,作者不得许可第三人以与单位使用的相同方式使用该作品。

有下列情形之一的职务作品,作者享有署名权,著作权的其他权利由法人或者其他组织享有,法人或者其他组织可以给予作者奖励:① 主要是利用法人或者其他组织的物质技术条件创作,并由法人或者其他组织承担责任的工程设计图、产品设计图、地图、计算机软件等职务作品;② 法律、行政法规规定或者合同约定著作权由法人或者其他组织享有的职务作品。

(7) 受委托创作的作品,著作权的归属由委托人和受托人通过合同约定。合同未作明确约定或者没有订立合同的,著作权属于受托人。

(8) 美术等作品原件所有权的转移,不视为作品著作权的转移,但美术作品原件的展览权由原件所有人享有。

(9) 著作权属于公民的,公民死亡后,其著作财产权在法律规定的保护期内,依照继承法的规定转移。著作权属于法人或者其他组织的,法人或者其他组织变更、终止后,其著作财产权在法律规定的保护期内,由承受其权利、义务的法人或者其他组织享有;没有承受其权利、义务的法人或者其他组织的,由国家享有。

八、著作权的保护

(一) 著作权法保护的作品及其范围

1. 作品

著作权法所称的作品,一般是指文学、艺术和科学领域内,具有独创性并能以某种有形形式复制的智力成果。作品是著作权产生和存在的基础。

纳入著作权法保护的作品应当具备以下三个条件:

(1) 作品是思想或情感的表达,而不是思想或情感本身。作品反映了作者的思想、情感,他人可以透过作品的表达感知作者的思想或情感。著作权法只保护作品的表现形式,并不保护作品所表达的思想或情感本身。

(2) 作品具有独创性。独创性是指作者独立的创作活动赋予其作品不同于他人作品的独特的表达。独创性是著作权最实质的条件。世界知识产权组织规定,独创性是指作品属于作者自己的创作,完全不是或基本不是从另一作品抄袭来的,即一件作品的完成是作者自己的选择、取舍、安排、设计、综合的结果。需要注意的是,这里的独创性也是指表现形式上的独创,而不是指思想或观点上的创新。

(3) 作品的表现形式应当符合法律的规定。作品应当具有一定的表现形式为他人所感知,以满足人们审美或获取信息的需求。作品的表现形式必须属于文学、艺术和科学等著作权法所认可的范畴,比如口述作品在我国受保护,在有些国家则不受保护。

A. 甲是一个3岁的孩子，平时喜欢用水彩笔画画，某日其邻居认为甲的一幅画非常有意思，便略做修改拿去作为自己公司的宣传画。甲对此有无著作权？

B. 一名政治家进行了演讲，在场的近百名记者中只有一名记者用他独有的速记方法准确地记录下了演讲者所说的每一个字。该记者的记录稿是不是他的作品？

2. 著作权法保护的作品范围

以下作品受著作权法的保护：

(1) 文字作品，是指小说、诗词、散文、论文等以文字形式表现的作品。

(2) 口述作品，是指用即兴的口头语言创作而未以任何物质载体固定的作品。如演说、授课、法庭辩论等。

(3) 音乐作品，是指交响乐、歌曲等能够演唱或者演奏的带词或者不带词的作品。

(4) 戏剧作品，是指话剧、歌剧、地方戏等供舞台演出的作品。

(5) 曲艺作品，是指相声、快板书、大鼓、评书等以说唱为主要形式表演的作品。

(6) 舞蹈作品，是指通过连续的动作、姿势、表情等表现思想情感的作品。

(7) 杂技艺术作品，是指杂技、魔术、马戏等通过形体动作和技巧表现的作品。

(8) 美术作品，是指绘画、书法、雕塑等以线条、色彩或者其他方式构成的有审美意义的平面或者立体的造型艺术作品。

(9) 建筑作品，是指以建筑物或者构筑物形式表现的有审美意义的作品。

(10) 摄影作品，是指借助器械在感光材料或者其他介质上记录客观物体形象的艺术作品。

(11) 电影作品和以类似摄制电影的方法创作的作品，是指摄制在一定介质上，由一系列有伴音或者无伴音的画面组成，并且借助适当装置放映或者以其他方式传播的作品。

(12) 图形作品，是指为施工和生产绘制的工程设计图、产品设计图及对图样的文字说明，以及反映地理现象、说明事物原理或者结构的地图、示意图等作品。

(13) 模型作品，是指为展示、试验、观测等用途，依照物体的形状和结构按比例制成的立体作品。

(14) 计算机软件，是指计算机程序及其文档。

(15) 法律、行政法规规定的其他作品。

3. 不受著作权法保护的作品

著作权法只保护具有独创性的特定的智力成果，思想、客观事实、竞技体育活动和公有领域的作品则不属于受保护的对象，主要包括以下几类：

(1) 法律、法规，国家机关的决议、决定、命令和其他具有立法、行政、司法性质的文件及其官方正式译文。这些文件作品涉及社会公众和国家整体利益，属于国家和相关社会成员公有的信息资源,不应为任何人专有而限制它们的传播和被人们利用,故不享有著作权。

(2) 时事新闻。是指通过报纸、期刊、电台、电视台等传播媒介报道的单纯事实消息。

(3) 历法、通用数表、通用表格和公式。这些对象具备作品的形式条件,但因其形式往往具有唯一表达的特点,欠缺作品实质要件,不具备独创性而不受著作权法的保护。

(二) 著作权的内容

著作权由人身权和财产权两部分组成。

1. 著作人身权

著作人身权是指作者基于作品依法享有的以人身利益为内容的权利,与著作财产权相对应。著作人身权专属于著作权人,通常不能转让。著作人身权依附于作品而存在,作品存在的时间在理论上可能是无限的,因此原则上著作人身权的保护期限不受限制。《保护文学和艺术作品伯尔尼公约》中称该项权利为精神权利,专属于作者并具有永久性、不可分割性和不可剥夺性。

著作人身权又包含发表权、署名权、修改权、保护作品完整权等四个方面的权利:

(1) 发表权,即决定作品是否公之于众的权利。作品公之于众并不要求它实际被公众看到或者听到,只要存在公众获得作品的可能性即可。传统的公开作品的方式有出版发行、公开陈列、现场表演等,现代的方式有广播电视播送、信息网络传输等。发表权不仅包括决定是否公开的权利,还包括决定何时、何地、由何人以何种方式公开的权利。

(2) 署名权,即表明作者身份,在作品上署名的权利。署名权是著作人身权的核心权利,是在宣示作者与作品之间一种自然的、不可转让的密切联系。署名权的内容包括:作者有权决定是否在作品上署名,是真名、笔名还是别名及署名的顺序,或不署名(即匿名);在作者为多人的情况下,署名的方式应包含对署名顺序的安排;禁止未参加创作的人在其作品上署名;禁止在并非自己的作品上署自己的名字,即禁止"冒名"。署名权的法律意义在于,确认和尊重作者是某作品的创作者这一事实,以防止他人假冒。署名权不得转让和继承。

(3) 修改权,即修改或授权他人修改作品的权利。修改权与保护作品完整权通常被认为是一种权利的正反两面。修改权不是绝对的权利,会受到作品使用要求等的限制,如报社、杂志社可以对作品做文字性修改、删节,不需要经作者许可,但对内容的修改仍应经作者许可。

(4) 保护作品完整权,即保护作品不受歪曲、篡改的权利。作品的完整性,包括作品主题内容、表现形式、作品标题、作品中塑造的形象等的完整性。保护作品完整权实际上是一种禁止权,即禁止他人对其作品进行有损于作品完整性、同一性行为的权利。

2. 著作财产权

著作财产权是指著作权人自己使用或授权他人以特定的方式使用作品并因此获得报酬的权利。不同于著作人身权,著作权人既可以将著作财产权许可他人行使并获得报酬,又可以通过全部或者部分转让获得报酬。

各国在著作财产权的划分上有所不同。我国《著作权法》规定著作权人享有13项著

作财产权:

(1) 复制权,是指著作权人以印刷、复印、拓印、录音、录像、翻录、翻拍等方式将作品制成一份或者多份的权利。复制权是作者最原始、最基本的财产权利,是著作财产权中最为核心的权利。

(2) 发行权,是指以出售或者赠与方式向公众提供作品的原件或者复制件的权利。发行权是著作权人的一项重要传播权。发行的概念始于图书,至今已发展成为电影拷贝、电视磁带、录音录像制品包括磁带、唱片、CD(光盘)、VCD(音影光碟)、DVD(视频光盘)等,美术、摄影作品以及计算机程序等都可以使用的概念。目前,发达国家建议将信息传输,即将作品从计算机某一终端通过网络以数字信号形式发往另一终端的行为也视为发行,相应的权利由著作权人享有。

(3) 出租权,是指著作权人有偿许可他人临时使用电影作品和以类似摄制电影的方法创作的作品、计算机软件的权利,计算机软件不是出租的主要标的的除外。

(4) 展览权,也称公开展示权或展出权,是指公开陈列美术作品、摄影作品的原件或者复制件的权利。

(5) 表演权,是指公开表演作品,以及用各种手段公开播送作品的表演的权利。表演权的内容有两项:一是作者自己表演或授权他人表演;二是禁止他人未经许可而表演其作品。

(6) 放映权,是指通过放映机、幻灯机等技术设备公开再现美术、摄影、电影和以类似摄制电影的方法创作的作品等的权利。在我国,以往放映作品,无论是放映者通过购置作品的原件或复制件进行放映,还是放映者通过租赁作品的原件或复制件再行放映,著作权人因放映而获得的利益,都是和放映者以约定的方式确定的。现在,这项基于约定而带来的利益,转变为法定的权利。

(7) 广播权,是指以无线方式公开广播或者传播作品,以有线传播或者转播的方式向公众传播广播的作品,以及通过扩音器或者其他传送符号、声音、图像的类似工具向公众传播广播的作品的权利。

(8) 信息网络传播权,是指以有线或者无线方式向公众提供作品,使公众可以在其个人选定的时间和地点获得作品的权利。

(9) 摄制权,是指以摄制电影或者类似摄制电影的方法将作品固定在一定的载体上的权利。摄制电影、电视、录像是作品传播的一种重要方式,也是著作权人实现其作品的社会价值的重要手段,必须由著作权人来控制。他人未经著作权人许可将其作品摄制成电影、电视、录像作品,则构成侵权。

(10) 改编权,是指改变作品,创作出具有独创性的新作品的权利。

(11) 翻译权,是指将作品从一种语言文字转换成另一种语言文字的权利。翻译权一般只涉及口述作品、文学作品、电影作品等作品,美术作品、乐曲等一般不涉及翻译权。

(12) 汇编权,是指将作品或者作品的片段进行选择或者编排,汇集成新作品的权利。

(13) 应当由著作权人享有的其他权利。

3. 邻接权

所谓邻接权,是指与著作权有关的权利,即作品传播者在传播作品的过程中对其创造性劳动成果依法享有的专有权利。这种权利是以他人的创作为基础而衍生的一种传播权,虽不等同于著作权,但与之相关,故称为邻接权。自20世纪60年代起,对邻接权的保护已成为世界各国立法的趋势。我国《著作权法》规定的邻接权包括:出版者权、表演者权、录音录像制作者权、广播电视组织权。

(1)出版者权,包括出版者的专有出版权和版式设计专有权。专有出版权是指出版者独家享有的排除他人出版某一作品的专有权;版式设计专有权是指出版者对其出版的图书、期刊的版面和外观装饰所做的设计所享有的权利。

(2)表演者权,是指表演者依法对其表演所享有的权利。表演者对其表演享有以下权利:表明表演者身份;保护表演形象不受歪曲;许可他人从现场直播和公开传送其现场表演,并获得报酬;许可他人录音录像,并获得报酬;许可他人复制、发行录有其表演的录音录像制品,并获得报酬;许可他人通过信息网络向公众传播其表演,并获得报酬。在此要注意区别表演者权与表演权,表演者权由表演者享有,表演权属于著作权人。

(3)录音录像制作者权,是指录音录像制作者对其录音录像制品依法享有的权利。录音录像制作者对其制作的录音录像制品,享有并许可他人复制、发行、出租、网络传播、电视台播放并获得报酬的权利。

(4)广播电视组织权,是指广播电视组织对其自己播放的节目信号享有的专有权利。包括播放节目的权利、许可他人播放并获得报酬的权利、许可他人复制并获得报酬的权利。

议一议

2019年11月,李某创作了一篇散文在A杂志上发表,好评如潮。一个月后,该篇散文被B报全文转载,B报社随后以其转载稿费标准通过邮局向李某寄出了稿费。2020年3月,刘某将李某在A杂志上发表的散文收入自己主编的散文集《散文佳作欣赏》在C出版社出版。D网站于2020年4月将上述散文集全文上传。李某得知后向法院起诉,控告刘某、C出版社和D网站侵犯了其著作权。请问:

(1)B报社是否侵犯了李某的著作权?为什么?
(2)刘某和C出版社是否侵犯了李某的著作权?为什么?
(3)D网站是否侵犯了李某的著作权?为什么?

(三)著作权的保护期限

因著作权内含的人身权和财产权所保护的利益与性质不同,二者的保护期限也有所区别。

1. 著作人身权不受时间限制

由于作者与作品之间的天然联系并不会随着时间的改变而改变,因此著作人身权的保护没有时间限制。

2. 著作财产权受时间限制

著作财产权反映了权利人通过对作品以不同方式的利用所能带来经济收入的可能性，但对任何作品的支配权都不应当被独占，在实现了对作者创作成果的合理回报和对创造活动的有效财产激励之后，对作品的支配和利用应当转化为全社会共享的公共财富，因此各国著作权法对著作财产权都规定了一定的期限。

我国《著作权法》的规定包括：

（1）一般作品。作者为公民的作品，保护期为作者终生及其死亡后50年，合作作品则截止于最后死亡的作者死亡后的50年；法人、其他组织的作品及其享有的职务作品，保护期为自作品首次发表后50年，但作品自创作完成后50年内未发表的，著作权法不再保护。

（2）特殊作品。电影作品和以类似摄制电影的方法创作的作品，保护期为作品首次发表后50年，但作品自创作完成后50年内未发表的不再保护；摄影作品，保护期为作品首次发表后50年，但作品自创作完成后50年内未发表的不再保护；作者身份不明的作品，为首次发表后50年，但作者身份一经确定，则适用著作权法的一般规定；计算机软件保护期为50年；出版者的专有出版权不得超过10年（合同期满可以续签）；表演者权保护期为自该表演发生后50年，但表演者享有的表明身份、保护表演形象不受歪曲等保护期不受限制；录制者权保护期为自首次制作完成后50年；广播电视组织权保护期为首次播放后50年。

著作权与商标权、专利权有哪些不同？产生这些不同的原因是什么？

（四）著作权的限制

各国著作权法普遍规定，在保护著作权人对作品享有充分权利的同时，也对其权利及权利的行使进行一定的限制，以缓和权利独占和共享之间的矛盾。如美国著作权法规定了合理使用、强制许可等限制性措施，大陆法系各国以"例外与限制"加以规定，英国、加拿大等其他英美法系国家的规定与此近似，只是将"例外与限制"称为"公平交易"。

对著作权的限制，主要表现在对著作财产权的限制上。根据我国《著作权法》的规定，限制措施主要有合理使用、法定许可、强制许可三种情况。

1. 合理使用

合理使用是指在特定条件下，法律允许他人自由使用享有著作权的作品，而不必征得著作权人的许可，也不必向著作权人支付报酬的合法行为。我国《著作权法》第二十二条详细规定了合理使用的范围和具体方式。

2. 法定许可使用

法定许可使用是指依著作权法的规定，行为人使用他人已发表的作品，可不经著作权人的许可，但应向其支付报酬并尊重著作权人的其他各项权利的制度。我国《著作权法》第二十三条、三十三条、四十条、四十四条等条款规定了法定许可使用的范围和具体方式。

3. 强制许可使用

强制许可使用是指在一定条件下,作品的使用者基于某种正当理由需要使用他人已发表的作品时,经申请由著作权行政管理部门授权,即可使用该作品,无须征得著作权人的同意,但应当向其支付报酬的制度。我国《著作权法》没有规定强制许可制度,但我国已经加入《保护文学和艺术作品伯尔尼公约》和《世界版权公约》,故公约中有关强制许可的规定也可引用。

1992年,经中国人民银行批准,中国金币总公司于1993年向国内外发行了鸡年纪念金币。其正面是西安鼓楼,反面是白铭创作的国画《天地皆春》(从《中国拍卖》杂志上收集的)。白铭得知后,于1994年1月向法院提起诉讼。中国金币总公司辩称:公司发行各种金银币是经过国家批准的法定纪念币,是执行公务,不构成侵权。请问:中国金币总公司发行鸡年纪念金币是否构成侵权?

(五)我国参加的著作权保护国际条约

在世界范围内保护著作权的公约、条约中,以《保护文学和艺术作品伯尔尼公约》与《世界版权公约》的影响力最为广泛和深远。

1.《保护文学和艺术作品伯尔尼公约》

《保护文学和艺术作品伯尔尼公约》(以下简称《伯尔尼公约》)是最早和影响最大的国际版权公约,其主要内容有以下几点:

(1)适用范围。《伯尔尼公约》适用于成员国间对文学和艺术作品的保护。文学和艺术作品,包括文学、科学和艺术领域内的一切成果,不论其表现形式或方式如何;成员国有权通过国内立法规定,如果作品没有以某种物质形式固定下来就不受保护。但《伯尔尼公约》的保护不适用于日常新闻或纯属报刊消息性质的社会新闻。

(2)国民待遇原则。指公约中任一成员国公民作者,或者在任何一成员国首次发表其作品的作者,其作品在其他成员国应受到保护,此种保护应与各国给予本国国民作品的保护相同。

(3)自动保护原则。指作者在成员国中享受和行使《伯尔尼公约》规定的权利不需要履行任何手续。

(4)独立保护原则。指各国依据本国法律对外国作品予以保护,不受作品来源国版权保护的影响。

(5)最低保护限度原则。虽然《伯尔尼公约》中并没有设定"本公约的规定为最低保护",但是最低保护限度作为该公约的基本原则在一些条款中有具体的体现。根据这一原则,各成员国对著作权的保护必须达到该公约规定的最低标准,即公约规定的作者所享有的各项权利。

2. 《世界版权公约》

《世界版权公约》与《伯尔尼公约》在许多方面是近似或相同的,但也有一些显著的差异:

(1) 国民待遇原则。《世界版权公约》关于国民待遇的规定比《伯尔尼公约》要简单,但也兼顾了作者国籍与作品国籍两方面,相关规定可归纳为:一是成员国国民已出版的作品,不论在何地出版,在各成员国中均享有该国国民已出版的作品同样的保护;二是凡在成员国中首次出版的作品,不论作者是否系成员国国民,均享有各成员国给予该国国民已出版的作品同样的保护;三是成员国国民未出版的作品,在各成员国中均享有该国给予该国国民未出版的作品同样的保护。这里指的"国民",也可以包括居住在成员国的外籍居民。

(2) 非自动保护原则。依据这一原则,如果任何成员国依其国内法要求履行手续作为版权保护的条件,那么对于根据《世界版权公约》加以保护并在该国领土以外首次出版,而其作者又非该国国民的一切作品,只要经作者或版权所有者授权出版的作品的所有复制本上,自首次出版之日起,标有 C 的符号,并注明版权所有者的姓名、首次出版年份等,而且其标注的方式和位置应使人注意到版权的要求,就应认为符合该国内法履行手续的要求,根据《世界版权公约》给予保护,因此,此原则也称为"附条件的自动保护原则"。

(3) 受保护作品范围。《世界版权公约》规定,著作权主体为"作者及其他版权所有人",这与《伯尔尼公约》将主体限定为作者不同。同时,该公约并未像《伯尔尼公约》那样详细列出受保护作品的种类,其客体范围也较为笼统,并且其所明确列举的文学、科学、艺术作品的表现方式较少,其目的是有利于一些保护范围较窄且刚刚建立国内版权保护制度的国家加入公约。

(4) 经济权利。《世界版权公约》未明确规定作者的人身权利,是否保护由各国立法决定,对财产权利也未详细列举,仅强调翻译权、复制权、表演权、改编权等。为了与美国等一些国家不保护精神权利的国内法规定相适应,《世界版权公约》也没有要求成员国保护作者的精神权利。

(5) 保护期。《世界版权公约》规定的保护期较短,一般作品为作者有生之年加去世后 25 年,实用作品和摄影作品的保护期不得少于 10 年。

(6) 无追溯力规定。《世界版权公约》规定,该公约不适用于当公约对某成员国生效时,已永久进入该国公有领域的那些作品或作品中的权利。这一条与《伯尔尼公约》的规定相反。

能力实训

一、实训案例

1. "渝新欧"商标无效宣告案

"渝新欧"商标(以下称"争议商标")由重庆市永川区隆科服装经营部(即本案被申请人)于 2012 年 2 月 28 日提出注册申请,于 2015 年 5 月 28 日获准注册,核定使用在市场营销等服务上。2015 年 8 月 14 日,该商标被重庆交通运输控股(集团)有限公司(即本案申请人)提出无效宣告请求。申请人称:"渝新欧"国际铁路联运大通道作为重庆积极融入国家"一带一路"和长江经济带重大部署的重要基础与支撑,其意义已不再是一条铁路的名称,已经上升为承载着新时代亚欧人互联互通梦想的国家战略代名词。被申请人将"渝新欧"作为争议商标注册使用,扰乱了正常的市场秩序,更有甚者影响了中欧贸易之良性运转,伤及沿线多国国家利益,有辱于我国国际形象。故依据《商标法》的规定,应对争议商标予以无效宣告。

商标评审委员会经审理认为,从申请人提交的"渝新欧"铁路途经国家地图、国家领导人及相关政府机关、新闻媒体、社会各界、外国友邦友人对"渝新欧"给予高度关注等相关资料可知,"渝新欧"铁路系中国、哈萨克斯坦、俄罗斯、白俄罗斯、波兰、德国为推动国际贸易而联手打造的国际铁路项目。2010年10月,早于争议商标申请注册前,"渝新欧"铁路试运行后即投入实际运营中,受到国内外各界关注。本案中被申请人地处"渝新欧"铁路的起点重庆市,其对"渝新欧"铁路建设及运营情况理应知晓,且其并非"渝新欧"铁路相关运营保护单位。据此,将争议商标指定使用在市场营销等服务上,易使消费者将其与"渝新欧"铁路相联系,不利于该国际铁路线的宣传、运营及保护,对公共秩序、公共利益造成了损害,易在社会上产生不良影响。故争议商标的注册已构成《商标法》第十条第一款第八项所指情形。综上,商标评审委员会裁定争议商标予以无效宣告。

1. 评析

2."晨光"诉"得力"专利侵权案

原告上海晨光文具股份有限公司(以下简称"晨光公司")是一家主营文具的综合性公司,于2009年11月向中国国家知识产权局申请了ZL200930231150.3号外观设计专利,目前处于有效状态。2015年11月,晨光公司发现得力集团有限公司(以下简称"得力公司")制造并销售的某型号中性笔与晨光公司的外观设计专利产品具有近似的外观设计。另外,济南坤森商贸有限公司(以下简称"坤森公司")亦在天猫商城许诺销售、销售该产品。晨光公司认为,得力公司、坤森公司的行为构成对晨光公司专利权的侵犯,故向上海知识产权法院提起诉讼,请求法院判令两被告立即停止侵犯其外观设计专利权的行为,销毁所有库存侵权产品以及制造侵权产品的专用设备、模具,被告得力公司赔偿原告经济损失180万元及合理费用20万元。

法院经审理查明,原、被告产品的外观设计在基本构成、笔帽和笔杆的整体形状、连接方式及长度等方面基本相同,只在笔尖处有微小的差别。法院认为,原告享有的专利权合法有效,应当受到保护。被诉侵权设计与授权外观设计在整体上构成近似,其区别点不足以对整体视觉效果产生实质性影响,即不构成实质性差异,因此,被诉侵权设计落入原告外观设计专利权的保护范围。被告得力公司未经原告许可销售、制造侵权产品的行为,以及被告坤森公司未经原告许可许诺销售、销售侵权产品的行为,均构成对原告外观设计专利权的侵犯,应当承担停止侵害的民事责任。

庭审中被告得力公司辩称,被诉侵权设计采用了与原告外观设计专利不同的色彩和图案,而这种色彩和图案对整体视觉效果会产生重要的影响,故其产品不构成对原告专利权的侵犯。法院经审理后认为,被诉侵权设计在采用与授权外观设计近似的形状之余所附加的色彩、图案等要素属于额外增加的设计要素,对侵权判断不具有实质性影响。

否则,他人即可通过在外观设计专利上简单增加图案、色彩等方式,轻易规避专利侵权,这无疑有悖于专利法鼓励发明创造,促进科技进步和创新的立法本意。因此,法院对被告得力公司的意见不予采纳。

最后,上海知识产权法院就原告晨光公司与被告得力公司、坤森公司侵害外观设计专利权纠纷案做出一审判决,判令两被告立即停止侵犯原告外观设计专利权的行为,且得力公司赔偿晨光公司经济损失及合理费用10万元。

2. 评析

3. 梁漱溟先生口述作品著作权案

中国现代思想家梁漱溟先生于1988年逝世,其著作权由其子梁培宽、梁培恕继承。1992年,山西高校联合出版社出版了编者为鲁薇娜的《梁漱溟随想录》,该书大部分内容取自《朝话》一书。《朝话》是梁漱溟先生早年在山东乡村建设研究院工作期间在每天朝会上的讲话,由其学生黄孝方记录整理而成。梁培宽认为,山西高校联合出版社和鲁薇娜编辑出版《梁漱溟随想录》一书,事先未经其许可,且该书严重破坏了《朝话》一书的完整性和思想性,侵犯了其著作权,诉请法院判令被告赔礼道歉、赔偿损失。被告辩称,《梁漱溟随想录》大部分篇章选自《朝话》,而《朝话》是由黄孝方编辑的编辑作品,其著作权由黄孝方享有。黄孝方已于1939年6月去世,依照我国《著作权法》,《朝话》的著作权保护期限已过,故《梁漱溟随想录》一书并未侵犯原告著作权。

3. 评析

二、思考题

1. 简述知识产权的法律特征。
2. 简述专利权的授予条件。
3. 简述商标的保护对象及保护范围。
4. 简述著作权法不给予保护的对象及原因。
5. 《保护工业产权巴黎公约》有哪几项原则?

三、在线测试题

为检测本项目学习效果,请学生扫描左侧二维码完成在线测试,习题答案将于提交后自动显示。

项目十二　国际商事仲裁与诉讼的法律问题

学习目标

1. 知识目标

(1) 了解国际商事仲裁、国际商事诉讼的特点；
(2) 掌握有关国际商事仲裁协议的内容及法律效力和仲裁机构的法律规则；
(3) 掌握国际商事仲裁程序的基本内容；
(4) 掌握国际商事仲裁裁决的承认和执行的相关规定；
(5) 了解有关外国人的民事诉讼地位的原则和规定；
(6) 掌握国际商事诉讼管辖权的规定。

2. 能力目标

(1) 能够依法申请仲裁并积极应对他方申请；
(2) 能够依法提起诉讼并积极应对他方诉讼；
(3) 能够依法参与仲裁程序和诉讼程序，有效保护自身合法利益。

任务一：运用仲裁程序解决国际商务纠纷

工作任务

2018年2月，美国A公司与日本B公司订立了一份医用手套的买卖合同。该合同中有一项仲裁条款：与本合同有关或执行本合同中的一切争议应通过友好协商解决；如无法达成协议，则争议问题应提交美国仲裁协会仲裁；仲裁裁决是终局的，对双方均具有约束力。2018年3月25日，双方又签订了一份修改上述买卖合同的更改书。该更改书包含了货物的价格和交货条件。后来，因合同履行中发生了一些争议，A公司向美国仲裁协会提交了仲裁申请。但是B公司认为，2018年2月的合同已经被后来的"更改书"取代，更改书中无仲裁条款，因此不能仲裁。但仲裁机构驳回了B公司的申请。于是，双方当事人各自选择了一名仲裁员，并共同选择了一名仲裁员为首席仲裁员，组成仲裁庭审理此案。在审理过程中，A公司的代理人发现，B公司的代理人与首席仲裁员曾经是同事，于是向仲裁机构提出回避申请。仲裁机构批准了A公司的申请，指定甲为首席仲裁员，继续案件的审理。经过仲裁庭的审理，最后于2019年3月5日做出裁决，由B公司于2019年4月5日前履行交货义务，A公司于4月15日支付全部货款。4月5日，B公司未交货，A公司欲向日本法院申请强制执行，但发现 B 公司在日本已经没有可供执行的财产了。后来 A 公司调查到 B 公司在我国上海市某仓库中存有一批货物，于是，A 公司于 10 月 20 日向上海市第二中级人民法院提出执行仲裁裁决的申请。

请问：
(1) A 公司与 B 公司之间的仲裁协议有效吗？它们之间的争议应由哪个机构审理？
(2) B 公司认为合同已经变更，新合同中没有仲裁条款，因此不能仲裁，有道理吗？
(3) 仲裁机构同意 A 公司申请回避有道理吗？
(4) 美国仲裁协会的裁决能够在我国获得执行吗？
(5) A 公司向我国法院提出的强制执行申请能否获得法院的支持？为什么？

操作过程

(1) A 公司与 B 公司之间的仲裁协议有效。根据大多数国家的仲裁法，当事人之间有将争议提交仲裁的意思表示，仲裁事项属于法律或仲裁机构的仲裁范围，且对仲裁机构、仲裁地点、仲裁裁决的效力等达成一致意见的，属于有效的仲裁协议。有效的仲裁协议可以排除法院的管辖。本案当事人在合同中订立仲裁条款，且对仲裁机构和仲裁裁决的效力都进行了约定，符合法律规定。它们之间的争议应由当事人选定的美国仲裁协会审理。

(2) B 公司的说法于法无据。根据仲裁法律制度，仲裁协议的效力具有独立性，主合同无效、变更或解除不影响仲裁裁决的效力。本案中，A 公司与 B 公司之间的买卖合同曾发生变更，虽然在新的合同中没有提到仲裁条款，但它们之间已经达成仲裁协议，主合同虽然变更了，但仲裁条款依然有效。

(3) 仲裁机构同意 A 公司申请回避是正确的。在仲裁过程中，仲裁员的中立性对案件的公正审理起到至关重要的作用，因此各国法律均要求仲裁员不得与案件当事人有利害关系，如当事人及代理人的近亲属或与当事人有其他关系，可能影响案件公正审理的，都不能担任仲裁员。本案仲裁员曾经与当事人是同事，关系比较密切，有可能影响案件的公正审理，因此，仲裁机构的做法是正确的。

(4) 美国仲裁机构做出的仲裁裁决能够在我国获得执行。因为我国与美国都参加了《纽约公约》，根据该公约，缔约国之间的仲裁裁决都应彼此承认并执行，除非存在法定的不予执行的理由。

(5) A 公司向我国法院提出的强制执行申请能获得法院的支持。根据我国《民事诉讼法》的规定，在我国申请执行外国仲裁裁决，应当直接向被执行人住所地或者其财产所在地的中级人民法院申请。被执行人在我国无住所、居所或者主要办事机构，但有财产的，为其财产所在地的中级人民法院。申请执行的期间为 2 年，自法律文书规定履行期间的最后 1 日起算。本案被执行人 B 公司是日本公司，在我国无住所，但查明其在上海市某仓库存有货物，属于在我国有财产，因此，申请人 A 公司有权在法定期限内向上海市中级人民法院提交申请。我国法律规定的申请执行的期间为 2 年，A 在此期间内提出执行仲裁裁决的申请,能够得到法院的支持。

知识链接与归纳

一、国际商事仲裁

（一）认识国际商事仲裁

1. 国际商事仲裁的概念

在国际商事活动中,如果当事人就有关合同事项发生争议或纠纷,则主要通过协商、调解、仲裁和诉讼四种方式解决。不同的解决方式,由于其程序和结果强制执行不同,对双方的影响也不同。协商、调解虽然能在双方互谅的基础上达成协议,但该协议不能申请强制执行;以诉讼的方式解决国际经济纠纷,涉及诉讼管辖、法律的适用及判决的执行,都会增加诉讼结果的不确定性。因此,在通常情况下,当事人在订立合同时,往往都在合同中订立仲裁条款,以便在发生纠纷时,按照合同的规定将争议提交合同指定的仲裁机构解决。国际商事仲裁已成为各国解决国际商事争议的一种重要方式。

仲裁,也称公断,是解决争议的一种方式,是由双方当事人将他们之间发生的争议交付第三者居中评断是非,并做出裁决,该裁决对双方当事人均具有约束力。

国际商事仲裁是仲裁的一种类型,是指在国际商事交易中的当事人在争议发生前或争议发生后,达成书面协议,按照协议的方式自愿将双方之间商事方面权利义务的争议提交双方所同意的仲裁机构审理,并由该仲裁机构依法予以裁决的解决争议的方式。

做出仲裁裁决的仲裁机构的性质属于民间机构,而不是国家法院,这种民间机构一般是国际性的仲裁机构、区域性的仲裁机构、国家性的仲裁机构或专业性机构。尽管仲裁机构具有民间性,但仲裁裁决对争议各方均具有法律约束力和终局性。

2. 国际商事仲裁的特点

国际商事仲裁吸取了协商与调节的自愿性,又吸取了诉讼判决的强制性,是一种自愿性与强制性相结合的争议解决方式。与诉讼相比,仲裁有如下特点:

（1）自愿性。当事人是否选择仲裁方式是自愿的,只有在当事人于商事争议发生之前或之后自愿达成仲裁协议,有关仲裁机构才有权对该争议进行审理和裁决,仲裁协议是通过仲裁方式解决争议的基本前提。

（2）强制性。一方面,国际商事仲裁的强制性体现在,仲裁程序一经开始,当事人均无权单方面终止,任何一方不参加或拒绝参加仲裁程序,仲裁庭均有权做出缺席审理和裁决;另一方面,仲裁裁决一经做出,便具有与法院判决相同的法律强制力,由法院来强制执行。与法院判决相比,仲裁裁决如须在外国执行,则外国法院一般根据有关国际条约或互惠原则予以执行,因此具有更大的优势。

（3）保密性。除非双方当事人另有约定,仲裁一般均采用不公开审理的方法,同时在仲裁程序中,任何一方当事人或仲裁员或仲裁机构案件管理人员都负有保密责任,这样,当事人的商业信誉和商业秘密就有可能得到较好的保护。而在司法诉讼中,除非法律特别规定,诉讼一般是公开的。

　　某跻身世界500强的大型外贸公司与外商发生了纠纷,进入仲裁程序。一家报纸的记者小黄听说这个消息后,准备追踪报道此事。在仲裁庭开庭审理的当天,小黄跑到仲裁庭的开庭处想旁听这次仲裁审理活动,但现场保安及有关人员不允许其入场。小黄很不服气,他认为自己是记者,国家的宪法和法律赋予了记者采访报道的权利,对方竟然不让自己入场,于是与相关人员争吵起来。请问:仲裁庭外的相关人员不让记者小黄入场的行为对不对?为什么?

　　(4) 快捷性。世界上大多数国家都承认国际商事仲裁的一裁终裁制,即仲裁裁决一经做出便具有法律效力,当事人不得上诉,而国际商事诉讼在很多国家至少是两审终审。因此,国际商事仲裁不仅降低了当事人的时间成本,而且降低了当事人的经济成本。

　　日本 A 公司与北京 B 公司于 2018 年 8 月签订了一份购销合同,合同约定,双方对于该合同的内容、履行等发生争议时,由北京市仲裁委员会仲裁。后在合同履行过程中,双方就合同履行地产生了分歧,2018 年 11 月 8 日,A 公司就争议事项向北京市仲裁委员会提出了仲裁申请,仲裁委员会做出了支持申请人 A 公司的仲裁裁决,B 公司不服,于是向人民法院提起了诉讼。请问:人民法院应否受理?为什么?

　　(5) 灵活性。仲裁的灵活性很大,它不像法院那样要严格遵守程序法,特别是在临时仲裁中更是如此。例如,仲裁可以和调解结合起来,仲裁的审理气氛也较法院宽松,有利于双方当事人达成和解意见。

3. 国际商事仲裁立法概况

　　(1) 国际公约。目前,关于国际商事仲裁的国际公约有很多。有些是区域性的,如《关于国际商事仲裁的欧洲公约》《美洲国家间关于国际商事仲裁的公约》《美洲国家间关于外国判决和仲裁裁决域外效力的公约》等。影响比较大的世界范围内的国际公约,主要有《承认及执行外国仲裁裁决公约》《关于解决国家和他国国民之间投资争端公约》等。我国均是这两个公约的成员国,其中前者是我国处理一般国际商事仲裁的承认和执行问题的主要法律依据之一。《承认及执行外国仲裁裁决公约》又称《纽约公约》,签订于 1958 年 6 月 10 日。《纽约公约》1987 年 4 月 22 日对我国生效,目前,包括我国在内的一百多个国家和地区参加了此公约。《纽约公约》的适用范围比较广泛,包括在一国领土内做成而在另一国领土内请求承认和执行的关于自然人与法人之间争议的仲裁裁决,以及在一国做成并在该国承认和执行,而该国又不认为是其国内裁决的仲裁裁决。不过,该公约也允许缔约方于加入该公约时声明保留,将公约对其适用范围以互惠为条件,或者限于依其本国法为商事关系的裁决。我国参加该公约时就做出了这两项保留。在其他方面,该公约也比以前的有关公约有所进步,主要是放宽了仲裁裁决承认和执行的限制条件,并简化了执行裁决的程序。实践证明,《纽约公约》对国际商事仲裁的生存和发展做出了重大的贡献。

(2)各国仲裁法。由于仲裁是解决国际商事争议的常用手段,国际商事仲裁本身也是一项可创汇的重要服务,因此很多国家都非常重视国际商事仲裁立法,并注重顺应时势地加以修改,希望本国因具有良好的法律环境而成为国际商事仲裁的中心。很多大陆法系国家都把仲裁法收编到民事诉讼法典中,如法国、德国、意大利等。英、美等国则是制定单行的仲裁法,如英国的《1950年仲裁法》和《1996年仲裁法》,美国的《联邦仲裁法》等。

我国目前的国际商事仲裁法律制度主要由下列法律中的有关规定构成:我国缔结或参加的国际条约或公约以及《中华人民共和国民事诉讼法》《中华人民共和国仲裁法》。总的来说,我国关于国际商事仲裁方面的法律规定与世界上很多国际商事仲裁大国的通行制度是一致的。因此,我国也是重要的国际商事仲裁中心之一。

(3)联合国《国际商事仲裁示范法》。尽管世界上已经出现某些区域性或全球性的仲裁公约,但它们往往只涉及国际商事仲裁某方面的问题,而且其中一些公约的缔约国也为数不多。因此,联合国国际贸易法委员会于1985年主持制定了《国际商事仲裁示范法》,供各成员国制定国内法时参考使用。很多国家和地区都根据此示范法制定了其国内的仲裁法,如俄罗斯、澳大利亚、加拿大等。我国1994年制定的《中华人民共和国仲裁法》也深受其影响。

(4)国际商会国际仲裁院《国际商会国际仲裁院仲裁规则》。作为世界上最重要的国际仲裁机构之一,总部位于巴黎的国际商会国际仲裁院(ICC Internation Court of Arbitration)在历时两年多的反复讨论与修改之后,终于在2011年9月12日正式公布了国际仲裁界期待已久的新版《国际商会国际仲裁院仲裁规则》。该规则于2012年1月1日正式生效,以替代之前使用的1998年仲裁旧规则。2017年,国际商会国际仲裁院又对该规则进行了修订,这次修订自2017年3月1日起生效。2017年新规则对2012年规则有两项重要的保留:一是保留了2012年规则包括多方或多份合同的仲裁管理程序方面新增的内容;二是保留了2012年规则加入的紧急仲裁员制度,并通过紧急仲裁员制度对相关程序进行了具体规定。

国际商事
仲裁的分类

仲裁机构

(二)国际商事仲裁协议

1. 国际商事仲裁协议的概念及作用

国际商事仲裁协议是指国际商事关系的当事人表示愿意将其已经发生的或将来可能发生的争议提交仲裁解决的共同意思表示。它是仲裁机构或仲裁员进行仲裁的主要依据。

根据各国立法、司法与仲裁实践,以及有关的国际公约,有效的仲裁协议的作用主要表现在以下几个方面：

(1) 对各方当事人具有约束力。仲裁协议是当事人自愿约定的解决争议的方式，除非协议无效，否则对各方当事人均产生约束力。发生纠纷后，当事人只能依据仲裁协议以仲裁方式解决纠纷。

(2) 使仲裁员和仲裁机构取得对有关争议案件的管辖权。只有经有效仲裁协议的指定，仲裁机构才有权对仲裁协议中规定的纠纷事项进行仲裁；仲裁机构进行的仲裁不得与仲裁协议规定的内容相冲突。仲裁管辖的唯一依据是当事人之间存在将其之间已经发生的争议通过仲裁解决的有效的仲裁协议，根据无效的仲裁协议，仲裁机构是不能取得管辖权的。

通过仲裁协议排除
法院的管辖权

(3) 有效的仲裁协议排除法院的管辖权。这一作用已得到包括我国在内的很多国家的广泛承认。这就是说，只要双方订立了仲裁协议，法院就无权受理该争议案件，如果任何一方违反仲裁协议向法院提起诉讼，则对方可根据仲裁协议要求法院停止司法诉讼程序，并将该案交予双方约定的仲裁机构进行仲裁审理。

(4) 保证仲裁裁决具有强制执行力的基本前提。对于仲裁机构做出的仲裁裁决，如果一方当事人未能自动执行，则另一方当事人可以请求法院强制执行。但法院在执行此项裁决时，如果认定此项裁决系根据无效的仲裁协议做出，则按照《纽约公约》第5条第1款的规定，被请求执行此项裁决的法院也会拒绝承认和执行此项裁决。

2. 国际商事仲裁协议的形式

国际商事仲裁协议有两种表现形式：仲裁条款和专门的仲裁协议书。合同中的仲裁条款是合同双方当事人在争议发生之前订立的将合同执行过程中可能发生的争议提交仲裁解决的协议。它通常是当事人之间在争议发生之前所达成的将争议提交仲裁解决的约定；另外，它不是一个独立的文件，而是主合同中的一个条款，所以一般被称为仲裁条款。

仲裁协议书是指当事人之间订立的将已经发生的争议提交仲裁解决的协议。它有两个特点：第一，它是当事人之间在争议发生之后所达成的将争议提交仲裁解决的约定；第二，它是一个独立的文件，其内容是将特定的争议提交仲裁解决的单独的一项协议。对于仲裁条款和仲裁协议书的效力是否有所区别，尤其是在合同中已包含仲裁条款的情形下，在双方当事人同意采用仲裁方式解决双方纠纷时，是否还需要另行提交仲裁协议书的问题，目前各国的法律尚存在不同的规定。

根据《中国国际经济贸易仲裁委员会仲裁规则》的规定，仲裁协议既包括合同中的仲裁条款，又包括可以证明双方当事人同意将争议提交仲裁的书面文件，如往来函件、电报、电传等仲裁协议书。

3. 仲裁协议的主要内容

无论是合同中的仲裁条款，还是当事人之间就已经发生的争议订立的单独的仲裁协议书，都必须包括如下内容：

(1) 仲裁的意思表示。仲裁的意思表示即双方当事人同意选择仲裁方式解决争议的约定。这是仲裁协议最为重要的内容。如无该项约定,便不可能有仲裁的发生。

(2) 仲裁事项。仲裁事项即要求仲裁机构解决争议的具体内容。这是对仲裁机构行使管辖权的范围所做的限定。如果仲裁机构裁决的事项超出了仲裁协议的范围,则对于超出仲裁协议约定的事项所做的裁决就不能得到法院的承认与执行。根据各国仲裁法,当事人选择的仲裁事项不得违反法律规定,否则,仲裁协议无效,据以做出的裁决也是无效的。例如,很多国家都规定,以下民事、商事纠纷不得提交仲裁:当事人权利能力和行为能力的民事地位关系纠纷;配偶关系、收养关系和监护关系等亲属关系有效性纠纷;工业产权和版权有效性纠纷,涉及公共利益的破产案件、证券交易案件和反垄断案件;仲裁过程中涉及的财产保全程序和裁决后的执行程序等。我国《仲裁法》第三条规定,下列纠纷不能仲裁:婚姻、收养、监护、扶养、继承纠纷;依法应当由行政机关处理的行政争议。除了依据有关法律,当事人还应根据自身利益和具体案情来选定仲裁事项,因为有些事项交付仲裁对当事人而言,可能要比诉讼更为不利。例如,将产品责任的赔偿额交给承认友好仲裁国家的仲裁人做出友好仲裁时,缺陷产品的受害者就可能面临比诉讼更不利的后果。因为即使在承认友好仲裁的国家,其法律也大多赋予受害者获得最低赔偿额的权利,但友好仲裁可以不依据法律,所以,受产品缺陷轻微伤害的受害人依据裁决可能就得不到法定的最低赔偿额。

议一议

我国A公司曾与美国某商人签订了一项买卖机械设备零件的合同,合同背面载有仲裁条款。在履约过程中,双方发生争议,美国商人遂向美国法院起诉A公司。该法院受理此案后,即向A公司发出传票。A公司以合同背面载明的仲裁条款为证,提出抗辩,要求美国法院不予受理。请问:A公司的抗辩是否合理?

(3) 仲裁地点。仲裁地点是仲裁条款的主要内容。交易双方一般都力争在本国进行仲裁,这一方面是由于当事人对自己所在国家的法律与仲裁做法比较了解和信任,而对外国的仲裁制度则往往不大了解,难免有所疑虑;而实际上,本国法在不影响对外交往的情况下也总是较多地考虑本国人的利益。另一方面是由于仲裁地点涉及法律适用问题。在国际商事仲裁中,在何地仲裁就要遵守该地的仲裁法已成为普遍的做法,另外,仲裁员和仲裁庭在当事人未选定准据法时,往往会根据仲裁地的冲突规则来确定准据法,而准据法的适用对争议的裁决具有决定性作用。但是,如果各方都要求在本国仲裁将难以达成协议,为了避免这种情况,当事人可以选择被索赔人的所在地仲裁,如涉及货物品质不良、迟延交货或不交货、不开信用证等问题时,就常常采用这种选择。当事人做出这种选择时往往还考虑到便于财产保全程序或仲裁裁决的执行等因素。另外,有时为了获得权威性的公正,当事人也可以选择所在国以外的第三国作为仲裁地点。

(4) 仲裁机构和仲裁程序规则。国际商事仲裁有两种做法:一种是在常设的仲裁机构进行仲裁;另一种是临时仲裁,即不要常设仲裁机构的主持,直接由双方当事人指定的仲裁员自行组成仲裁庭进行仲裁,案件处理完毕即自动解散。因此,当事人在仲裁协议中只约定仲裁地点,不约定仲裁机构,有关争议仍无法提交仲裁。当事人应在仲裁协议中明确约定仲裁机构,否则视为没有约定仲裁。仲裁机构的正确认定,是各仲裁机构在案件受理和解决仲裁机构与法院管辖冲突中的关键环节。我国《仲裁法》第十六条规定,仲裁协议应当具有下列内容:① 请求仲裁的意思表示;② 仲裁事项;③ 选定的仲裁委员会。第十八条规定,仲裁协议对仲裁事项或者仲裁委员会没有约定或者约定不明确的,当事人可以补充协议;达不成补充协议的,仲裁协议无效。根据上述规定,对仲裁机构的明确约定成为认定仲裁协议效力的一个重要条件。仲裁程序规则是当事人提交仲裁和仲裁员进行仲裁时必须履行的手续与准则。各常设的国际商事仲裁机构一般都订有仲裁程序规则,并大多规定,若选择该机构仲裁,则必须适用其仲裁程序规则。但是也有些仲裁机构允许当事人选择其他组织制定的仲裁规则,如瑞典斯德哥尔摩商会仲裁院、美国仲裁协会等都允许当事人选择《联合国国际贸易法委员会仲裁规则》。中国国际经济贸易仲裁委员会也允许当事人在与强行法不抵触的情况下选择其他仲裁程序规则。另外,需要指出的是,各国仲裁法对仲裁协议的具体内容的规定是有差异的。如我国《仲裁法》就规定,影响仲裁协议的效力的内容是请求仲裁的意思表示、仲裁事项及选定的仲裁委员会,而其他事项原则上不影响仲裁协议的效力。

4. 仲裁协议的效力

(1) 仲裁协议的有效条件。各国法律对仲裁协议应具备的具体条件的规定不尽相同,但是从多数国家的仲裁实践来看,有效的仲裁协议必须具备下列基本条件:

第一,双方当事人必须具备合法的资格和能力。这是当事人从事包括订立仲裁协议在内的民商事活动的前提。很多国家的法律都规定,未成年人、禁治产人、破产者都不具备订立仲裁协议的资格;尚未成立而处于创建阶段的公司也不能订立仲裁协议。比利时、阿根廷等国还规定,国家、国有企业等订立仲裁协议属于无效协议。

第二,仲裁协议的形式必须合法。大多数国际公约和国内法都规定,仲裁协议必须采用书面形式。1958年《纽约公约》第2条、《国际商事仲裁示范法》第7条第2款都有类似的规定。《中国国际经济贸易仲裁委员会仲裁规则》第五条规定:仲裁协议指当事人在合同中订明的仲裁条款或以其他方式达成的提交仲裁的书面协议。但是对于"书面"的解释,各国立法和国际公约并不完全一致。《纽约公约》规定书面的仲裁协议包括:当事人签订的仲裁条款或仲裁协议书;当事人虽未直接签署,但在往来函电中书面载明的仲裁条款或仲裁协议书。目前,各国对书面含义的解释越来越灵活和宽泛。

第三,仲裁协议的内容必须合法。这是构成仲裁协议有效性的一个实质性要件。首先,提交仲裁的事项必须是依仲裁地或裁决执行地所在国法律能够提交仲裁的事项;其次,协议的内容不得与仲裁地所在国法律中的强制性规定以及该国的公共秩序相抵触。由于各国法律规定的差异,同样内容的仲裁协议,在一些国家是有效合法的,而在另外一些国家很可能就被视为非法。例如,我国《仲裁法》中将仲裁机构的约定以及约定的明确性作为仲裁协议是否有效的一项认定因素。还有一些国家的仲裁法规定,协议中必须载明仲裁员的姓名和地址,或者指定仲裁员的方法,否则协议无效。然而国际上通行的做法只是将仲裁意思表示和仲裁事项确定作为仲裁协议的内容。但无论如何,仲裁协议的内容至少不得违背仲裁地所在国法律中的强制性规定。

第四,仲裁协议必须是双方当事人的真实意思表示。意思表示真实是指当事人同意提交仲裁及所接受的仲裁协议的内容不是欺诈、胁迫或误解的结果。很多国家的法律规定,以欺诈、胁迫的手段诱使对方当事人订立的仲裁协议无效。我国的司法实践也是如此。

哪些仲裁协议是无效的?

(2)仲裁条款的独立性。仲裁条款是合同的一个组成部分,是当事人为解决主合同中可能出现的争议而达成的协议,它因主合同而生,对主合同具有附属性。合同有效,仲裁条款因主合同有效而有效,但如果主合同不存在、无效、解除、终止,则该合同中的仲裁条款是否也随之无效?按照传统的合同法理论,因为仲裁条款是合同的一部分,对主合同具有附属性,且仲裁条款又是针对合同的法律关系而起作用的,主合同不存在,附属于合同的仲裁条款也因此而丧失了存在的基础,主合同无效,仲裁协议尤其是合同中的仲裁条款当然应该归于无效,所以主合同不存在、无效、解除、终止等,仲裁条款也应该因此而具有这些效果。现代商事仲裁立法和司法实践中,已经充分肯定了仲裁协议的自治权理论。如瑞士1987年《联邦国际私法法典》第178条第3款规定,不得基于主合同无效对仲裁协议的有效性提出异议;比利时1998年《司法法典》第1697条第2款规定,合同无效的裁决不应当在法律上导致其中的仲裁协议无效;德国1998年《民事诉讼法典》第1040条第1款规定,仲裁庭可以决定自己的管辖权,并同时对仲裁协议的存在或效力做出决定,为此,构成合同一部分的仲裁条款应被视为独立于合同其他条款的协议;瑞典1999年《仲裁法》第3条规定,构成其他协议一部分的仲裁协议,其效力如必须和仲裁庭的管辖权同时确定,则仲裁协议视为独立的协议。我国1995年9月1日开始实施的《仲裁法》也明确承认了商事仲裁协议自治权原则,并同时适用于国内和国际商事仲裁协议。如《仲裁法》第十九条第一款规定:"仲裁协议独立存在,合同的变更、解除、终止或者无效,不影响仲裁协议的效力。"

A公司、B公司签订了一份工程建筑合同,合同中订有仲裁条款。合同签订后双方发生纠纷,A公司于是申请仲裁。在审理过程中,B公司并入C公司而被注销。C公司以其与A公司间并无仲裁协议为由,向该仲裁委员会所在地人民法院提出管辖权异议,认为仲裁委员会对本案已无管辖权。请问:仲裁委员会是否有权继续审理此案?

（三）仲裁庭和仲裁员

1. 仲裁庭的组成

根据组成仲裁庭的仲裁员人数的不同，仲裁庭可以分为由一位仲裁员组成的独任仲裁庭、有两位仲裁员组成的仲裁庭和由三人或三人以上的仲裁员组成的仲裁庭。

在国际商事仲裁实践中，由两名仲裁员组成仲裁庭的情况并不多见。英国1996年《仲裁法》第22条第1款就两名仲裁员组成仲裁庭的情况做了规定："在当事人同意设两名或两名以上仲裁员但无首席仲裁员或公断人的情况下，当事人可自由约定仲裁庭如何做出决定、命令和裁决。"

仲裁庭的组成，常见的是独任仲裁庭和由三位仲裁员组成的仲裁庭。我国《仲裁法》第三十一条第一款规定："当事人约定由三名仲裁员组成仲裁庭的，应当各自选定或者各自委托仲裁委员会主任指定一名仲裁员，第三名仲裁员由当事人共同选定或者共同委托仲裁委员会主任指定。第三名仲裁员是首席仲裁员。"被诉人未按规定指定或者委托仲裁委员会主任指定仲裁员的，由仲裁委员会主任为被诉人指定一名仲裁员。

根据《中国国际经济贸易仲裁委员会仲裁规则》的规定，双方当事人可以在仲裁委员会仲裁员名册中共同指定或者共同委托仲裁委员会主任指定一名仲裁员作为独任仲裁员，成立仲裁庭单独审理案件。如果双方当事人约定由一名独任仲裁员审理案件，但在被诉人收到仲裁通知后15天内未能就独任仲裁员的人选达成一致意见，则由仲裁委员会主任指定。仲裁案件有两个或两个以上申请人或被申请人时，申请人或被申请人之间应当经过协商，在仲裁委员会名册中各自共同指定一名仲裁员。如果申请人之间未能在提交仲裁申请书时共同指定一名仲裁员或被申请人之间未能在最后一个被申请人收到仲裁通知之日起20天内共同指定一名仲裁员，则由仲裁委员会主任指定。

2. 仲裁员的资格

在解决国际商事争议的实践中，作为解决争议的仲裁员一般都是为当事人所信任并能够对争议的解决做出独立公正判断的人。因此，各国法律和常设仲裁机构的仲裁规则一般对仲裁员的任职资格有一定的要求，其目的是保证仲裁的公正性。但也有一些国家的法律本身对此没有严格的限制，例如荷兰《民事诉讼法典》第1023条规定："任何有法律行为能力的自然人均可被指定为仲裁员。除非当事人另有约定，任何人不应出于其国籍的原因而妨碍指定。"有些国家还对没有资格担任仲裁员的人做了规定，如意大利《民事诉讼法典》第812条规定："未成年人、无法律行为能力人、破产者及被开除公职的人，不能担任仲裁员。"

我国《仲裁法》对仲裁员的资格做了比较严格的限制。按照该法第十三条第一款、第二款的规定：仲裁委员会应当从公道正派的人员中聘任仲裁员。仲裁员应当符合下列条件之一：通过国家统一法律职业资格考试取得法律职业资格，从事仲裁工作满8年的；从事律师工作满8年的；曾任法官满8年的；从事法律研究、教学工作并具有高级职称的；具有法律知识，从事经济贸易等专业工作并具有高级职称或者具有同等专业水平的。

仲裁员除应具有丰富的专门知识和经验外，还应具有良好的道德品质，否则有关人员也不能取得仲裁员资格，这也是仲裁的独立性和公正性所要求的。根据《联合国国际贸易法委员会仲裁规则》第 10 条第 1 款的规定,对于具有不良品质而取得仲裁员资格的人,任何人都可以提出异议。美国仲裁协会与美国律师协会还曾于 1977 年制定了一个《在商事争议中仲裁员的道德法典》,它在有关下列事项上为仲裁员提供了指导原则:披露影响公正和产生偏向印象的利害关系;独立、公正、勤勉地受理案件;在仲裁中保守秘密。

(四)仲裁程序

1. 仲裁的申请、答辩和反诉

(1)仲裁的申请。仲裁的申请是指达成仲裁协议的一方或双方根据仲裁协议的内容,将已经发生的争议事项提交仲裁机构进行裁决的意思表示。这是启动仲裁程序的第一个环节。各国仲裁机构均要求提请仲裁的当事人必须做成仲裁申请书,同时对申请书的内容也均有一定的要求。《中国国际经济贸易仲裁委员会仲裁规则》规定,仲裁申请书应写明:① 申请人、被申请人的名称和住所,包括邮政编码、电话、传真、电子邮件或其他电子通信方式;② 申请仲裁所依据的仲裁协议;③ 案情和争议要点;④ 申请人的仲裁请求;⑤ 仲裁请求所依据的事实和理由。仲裁申请书应由申请人及/或申请人授权的代理人签名及/或盖章。在提交仲裁申请书时,申请人还需附具请求所依据的事实的证明文件,包括仲裁协议、合同、文件、往来信函以及其他作为证据的单证。在申请仲裁时,申请人还必须按照仲裁委员会制定的仲裁费用表的规定预缴仲裁费。在仲裁程序结束后,申请人如最后获得了有利的裁决,则可要求败诉方承担该项费用。

(2)仲裁的答辩和反诉。仲裁的答辩是指被申请人针对申请人的申请事项所做的书面辩解文件。该文件与申请书相对应,一般称为答辩书。

各仲裁机构的仲裁规则对被申请人提交答辩的时间大多进行了具体规定。如根据《中国国际经济贸易委员会仲裁规则》的规定,被申请人应自收到仲裁通知后 45 天内向仲裁委员会秘书局提交答辩书和有关证明文件。

与诉讼一样,在仲裁过程中被申请人也可以提出反诉的请求。仲裁的反诉是指被申请人针对申请人的请求,以申请人为被申请人,就同一合同关系或侵权关系所提出的与申请人相对抗的反请求。

根据《中国国际经济贸易仲裁委员会仲裁规则》的规定,被申请人对仲裁委员会已经受理的案件,如有反请求,则应自收到仲裁通知后 45 天内以书面形式提交仲裁委员会。仲裁庭认为有正当理由的,可以适当延长此期限。被申请人提出反请求时,应在反请求申请书中写明具体的反请求事项及其所依据的事实和理由,并附具有关的证据材料及其他证明文件。但被申请人不提交答辩,或申请人对被申请人的反请求未提出书面答辩的,均不影响仲裁程序的进行。被申请人提出反请求,应按照仲裁委员会仲裁费用表的规定预缴仲裁费。

2. 仲裁员的回避和披露制度

为了保证仲裁机构能够公正审理其所受理的仲裁案件,各国仲裁法及仲裁规则规定了仲裁员的回避制度。按照《中国国际经济贸易仲裁委员会仲裁规则》第三十二条的规定,被指定的仲裁员,如果与案件有利害关系,则应当自行向仲裁委员会披露并请求回避,当事人如有正当理由怀疑被指定的仲裁员的公正性和独立性时,也有权向仲裁委员会提出书面申请,要求该仲裁员回避。我国《仲裁法》第三十四条规定,仲裁员有下列情形之一的,必须回避,当事人也有权提出回避申请:① 是本案当事人或者当事人、代理人的近亲属;② 与本案有利害关系;③ 与本案当事人、代理人有其他关系,可能影响公正仲裁的;④ 私自会见当事人、代理人,或者接受当事人、代理人的请客送礼的。当事人提出回避申请,应当说明理由,在首次开庭审理前提出。回避事由在首次开庭后知道的,可以在最后一次开庭终结前提出。仲裁员是否回避,由仲裁委员会主任规定。这些规定的目的是确保仲裁的公正性,避免因有利害关系的仲裁员参与仲裁而可能发生的偏差。

A与B订立了买卖合同,后发生了纠纷,A按照合同中约定的仲裁条款向某仲裁委员提交了仲裁申请。在第一次开庭结束后,A得知该案的独任仲裁员C是B的债权人,于是向该仲裁委员会提交了回避申请。请问:该案中A有权申请C回避吗?

3. 仲裁审理

仲裁审理是指仲裁庭对当事人所提交争议的案件进行的审查活动。仲裁审理可分为口头和书面两种方式。口头审理又称听证。在此种方式下,应由仲裁员做口头查问,当事人做口头陈述。目前,世界上只有瑞典斯德哥尔摩商会仲裁院等常设仲裁机构的仲裁规则硬性规定仲裁庭应安排口头听证。在书面审理的方式下,当事人不需要共同出庭陈述,仲裁员只根据当事人提交的书面材料进行审理。按照《中国国际经济贸易仲裁委员会仲裁规则》第三十五条的规定,仲裁庭应当开庭审理案件。但是,如果双方当事人同意或提出申请,则仲裁庭也可以不开庭审理,只依据书面文件进行审理,并做出裁决。仲裁庭第一次开庭审理的日期,由仲裁委员会秘书局决定,并应不晚于开庭前20天通知双方当事人。当事人有正当理由的,可以请求延期开庭,但应于收到开庭通知后5天内以书面形式向秘书局提出;是否延期,由仲裁庭决定。再次开庭审理日期的通知,不受20天期限的限制。

开庭审理的地点可以依照当事人的协议确定,如无协议,则各常设机构的仲裁规则一般规定,仲裁员有权决定仲裁审理地点。《中国国际经济贸易仲裁委员会仲裁规则》规定,由仲裁委员会秘书局或其分会/中心秘书处管理的案件应分别在北京或分会/中心所在地开庭审理;如仲裁庭认为必要,经仲裁委员会秘书长同意,也可以在其他地点开庭审理。仲裁庭在开庭审理案件时,不公开进行,如果双方当事人要求公开审理,则由仲裁庭做出是否公开审理的决定。仲裁开庭时,如果一方当事人不出席,则仲裁庭可以进行缺席审理和做出缺席裁决。

在仲裁审理中,调解是一种常用的手段,包括我国在内的很多国家的常设仲裁机构的仲裁规则都赋予仲裁庭以调解权,有些仲裁机构的规则直接将调解规则与仲裁规则合并规定。《中国国际经济贸易仲裁委员会仲裁规则》规定,双方当事人有调解愿望的,或一方当事人有调解愿望并经仲裁庭征得另一方当事人同意的,仲裁庭可以在仲裁程序中对案件进行调解。双方当事人经仲裁庭调解达成和解或自行和解的,应签订和解协议;当事人可以约定不将和解协议由仲裁庭做出裁决书,如果当事人无此约定,则仲裁庭应根据和解协议做出裁决书。调解过程中,任何一方当事人提出终止调解或仲裁庭认为已无调解成功的可能时,应停止调解,继续进行仲裁。

4. 仲裁裁决

仲裁裁决是指仲裁庭对当事人提出仲裁的争议问题,经审理后所做出的书面处理结论。

仲裁裁决可分为全票裁决和多数票裁决。采用全票裁决的国家很少。多数票裁决又可分为绝对多数票裁决与相对多数票裁决两种。包括我国在内的大多数国家为便于裁决的快速做成而规定,裁决可根据过半数的仲裁员的共同意见做出,除非当事人约定了更高的比例要求。《中国国际经济贸易仲裁委员会仲裁规则》规定,由三名仲裁员组成的仲裁庭审理的案件,裁决依全体仲裁员或多数仲裁员的意见做出。少数仲裁员的书面意见应附卷,并可以附在裁决书后,该书面意见不构成裁决书的组成部分。仲裁庭不能形成多数意见的,裁决依首席仲裁员的意见做出。仲裁庭对其做出的仲裁裁决,应当说明裁决所依据的理由,并由仲裁庭全体或多数仲裁员署名。做出裁决书的日期,即为裁决发生法律效力的日期。裁决是终局的,对双方当事人均有约束力。任何一方当事人均不得向法院起诉,也不得向其他机构提出变更仲裁裁决的请求。当事人应依照裁决书写明的期限履行仲裁裁决;裁决书未写明履行期限的,应立即履行。一方当事人不履行裁决的,另一方当事人可以依法向有管辖权的法院申请执行。

我国某外贸公司与某德国公司的合同纠纷到中国国际经济贸易仲裁委员会仲裁。该仲裁委员会受理案件并组建了仲裁合议庭,由甲、乙、丙三人担任仲裁员,其中甲是外贸公司选任的,乙是德国公司选任的,丙是双方共同选任的。经过审理,在裁决时,参加合议庭的三位成员的意见都不一致,一人一种意见。最终由于甲是资深仲裁员,于是仲裁庭以其意见进行裁决。收到裁决书后,德国公司不服,认为裁决有问题。请问:裁决是否有问题?为什么?

5. 简易程序

按照《中国国际经济贸易仲裁委员会仲裁规则》的规定,除非当事人另有约定,凡争议金额不超过人民币500万元,或争议金额超过人民币500万元但经一方当事人书面申请并征得另一方当事人同意的,或双方当事人约定适用简易程序的,适用简易程序。简易程序的特点是:① 由一名独任仲裁员组成仲裁庭;② 提交答辩及反请求的时间缩短为自收到仲裁通知后20天内;③ 仲裁庭可以仅依据当事人提交的书面材料及证据进行书面审理,不一定要开庭审理,如需开庭审理,也只需不晚于开庭前15天将开庭时间通知双方当事人;④ 做出裁决的时间也大大缩短,凡需开庭审理的案件,应在组庭后3个月内做出裁决。

（五）国际商事仲裁裁决的承认和执行

1. 仲裁裁决的效力

仲裁裁决一经做出,对双方当事人均具有法律上的约束力,当事人应自觉履行裁决书的内容,否则,另一方当事人可以请求法院强制执行。从理论上讲,各国法律和仲裁规则大多承认仲裁裁决的终局性,并对仲裁裁决的上诉程序都有一定的限制。有些国家原则上不允许对仲裁裁决上诉,有些国家虽然允许当事人上诉,但法院一般只审查程序,不审查实体。而按照各有关国家的仲裁立法和实践,如果裁决存在法律规定的可以撤销的理由,则当事人可以在法律规定的期限内,向有管辖权的法院申请撤销该仲裁裁决。有些国家的仲裁法规定,法院发现有下列情况之一的,有权撤销仲裁裁决：① 仲裁裁决所依据的仲裁协议无效；② 仲裁员行为不当或越权做出裁决；③ 仲裁裁决的事项超出了当事人在仲裁协议中规定的事项；④ 仲裁程序不当或仲裁裁决不符合法定的要求；⑤ 仲裁裁决违反该国的公共秩序。

关于仲裁裁决的撤销问题,我国《仲裁法》第五十八条规定："当事人提出证据证明裁决有下列情形之一的,可以向仲裁委员会所在地的中级人民法院申请撤销裁决：① 没有仲裁协议的；② 裁决的事项不属于仲裁协议的范围或者仲裁委员会无权仲裁的；③ 仲裁庭的组成或者仲裁的程序违反法定程序的；④ 裁决所根据的证据是伪造的；⑤ 对方当事人隐瞒了足以影响公正裁决的证据的；⑥ 仲裁员在仲裁该案时有索贿受贿,徇私舞弊,枉法裁决行为的。人民法院经组成合议庭审查核实裁决有前款规定情形之一的,应当裁定撤销。人民法院认定该裁决违背社会公共利益的,应当裁定撤销。"

根据联合国《国际商事仲裁示范法》第 34 条的规定,当事人申请撤销仲裁裁决应当自收到裁决书之日起 3 个月内提出。我国《仲裁法》第五十九条规定："当事人申请撤销裁决的,应当自收到裁决书之日起 6 个月内提出。"

如果当事人认为仲裁裁决不公平,则该如何维权呢?

2. 国际商事仲裁裁决的承认和执行

国际商事仲裁裁决的承认和执行,是法院或其他法定的有权机关承认国际商事仲裁裁决的终局约束力,并予以强制执行的制度。

（1）对本国的国际商事仲裁裁决的承认和执行。我国《民事诉讼法》第二百七十四条规定,对中华人民共和国涉外仲裁机构做出的裁决,被申请人提出证据证明仲裁裁决有下列情形之一的,经人民法院组成合议庭审查核实,裁定不予执行：① 当事人在合同中没有订有仲裁条款或者事后没有达成书面仲裁协议的；② 被申请人没有得到指定仲裁员或者进行仲裁程序的通知,或者由于其他不属于被申请人负责的原因未能陈述意见的；③ 仲裁庭的组成或者仲裁的程序与仲裁规则不符的；④ 裁决的事项不属于仲裁协议的范围或者仲裁机构无权仲裁的。另外,人民法院认定执行该裁决违背社会公共利益的,裁定不予执行。

（2）对外国的国际商事仲裁裁决的承认和执行。对外国的国际商事仲裁裁决的承认和执行，涉及本国的国家主权、国家利益和当事人的利益，情况比较复杂，因此，许多国家在法律中对于执行外国的国际商事仲裁裁决，都规定了一些限制，如要求以互惠为条件，或以外国的国际商事仲裁裁决不违反执行国的"公共秩序"为前提条件等。为了解决各国在承认和执行外国的国际商事仲裁裁决问题上存在的分歧，协调各国对外国的国际商事仲裁裁决的承认和执行，以维护本国国家利益和当事人的切身利益，国际上缔结过三个有关承认和执行外国的国际商事仲裁裁决的国际公约，即《仲裁条款议定书》《关于执行外国仲裁裁决的公约》和《纽约公约》。《纽约公约》首先要求公约各缔约国承认和执行对方国家做出的仲裁裁决，表现在：① 公约明确规定，各缔约国应当相互承认仲裁裁决具有约束力，并应依执行地的程序和规则及公约所载的条件予以执行，同时规定在承认和执行对方国家的仲裁裁决时，不应该在实质上比承认和执行本国的仲裁裁决提出更为麻烦的条件或征收更高的费用；② 公约第4条规定，申请承认和执行裁决的一方当事人，应提供经过适当证明的仲裁裁决的正本和副本，以及据以裁决的仲裁协议的正本和副本，必要时还应附具译本，该译本应经外交、领事或有关译员的认证。

我国A公司与日本B公司签订了买卖合同，合同履行过程中发生争议，A公司遂向合同中约定的中国国际经济贸易仲裁委员会提出仲裁申请。经过审理，仲裁庭做出A公司胜诉的裁决。后A公司向日本法院申请执行该裁决。B公司于是向法院提出抗辩，认为法院应拒绝执行该项裁决，理由是：A公司是隶属于中国商务部的一家经营性机构，而商务部则是中国国际贸易促进委员会的上级主管机关，中国国际经济贸易仲裁委员会又是中国国际贸易促进委员会的工作机构之一，因此不可能做出公正的裁决。请问：B公司的理由成立吗？根据《纽约公约》，日本法院有权拒绝执行该裁决吗？

此外，《纽约公约》允许各缔约国在公约规定的情形内，可以拒绝承认和执行其他缔约国的仲裁裁决。根据公约第5条的规定，缔约国只有在下列情况下，法院方可拒绝承认和执行该外国的仲裁裁决，即：① 被申请人证明仲裁协议的当事人无行为能力，或者根据仲裁协议选定的准据法，或者根据做出裁决国家的法律，该项仲裁协议是无效的；② 被申请人未接到关于指定仲裁员或仲裁程序的适当通知，或者出于其他原因而不能对案件进行申辩；③ 裁决的事项超出仲裁协议所规定的范围；④ 仲裁庭的组成或仲裁程序与双方当事人的协议不相符合，或者在双方当事人无协议时，与仲裁地国家的法律不相符合；⑤ 裁决对当事人各方尚无约束力，或者已经裁决地国家或据其法律做出裁决的国家的主管机关撤销或停止执行。公约还规定，如果执行地的法院认定，被请求承认和执行的仲裁裁决按照执行地的法律为不可通过仲裁解决的事项，或者承认和执行此项裁决与法院地国的公共政策相抵触，则也可以拒绝承认和执行该仲裁裁决。

(3) 我国法院对外国的国际商事仲裁裁决的承认和执行。我国承认和执行外国的国际商事仲裁裁决的依据是我国《民事诉讼法》中的有关规定及我国缔结和参加的双边、多边国际公约。我国在加入《纽约公约》时做出了两点公约允许的保留声明：第一，互惠保留声明，即我国仅对在另一缔约国领土内做出的仲裁裁决承认和执行上适用公约；第二，商事保留声明，即我国仅对按照我国法律属于契约性和契约性商事关系引起的争议适用公约。因此，只有外国仲裁机构在我国或其他缔约国做出的国际商事仲裁裁决才适用公约的规定，而其他外国的国际商事仲裁裁决将依我国法律予以承认和执行。我们称前者为公约裁决，后者为非公约裁决：

第一，公约裁决在我国的承认和执行。公约裁决在我国的承认和执行将严格按照《纽约公约》的规定办理。

首先，承认和执行公约裁决的申请程序。在我国申请执行外国仲裁裁决，申请人可以按照我国《民事诉讼法》的规定，直接向被执行人住所地或者其财产所在地的中级人民法院申请。被执行人是自然人的，为其户籍所在地的中级人民法院；被执行人是法人的，为其主要办事机构所在地的中级人民法院；被执行人在我国无住所、居所或者主要办事机构，但有财产的，为其财产所在地的中级人民法院。在我国申请执行仲裁裁决的期限，无论是本国仲裁裁决，还是外国仲裁裁决，按照我国《民事诉讼法》第二百三十九条的规定，申请执行的期间为 2 年，从法律文书规定履行期间的最后 1 日起计算。凡是向法院申请执行的仲裁裁决经法院审查后准许执行的，由法院做出予以执行的裁定，并向被执行人发出执行通知，责令其在指定的期限内履行，逾期不履行的，由法院强制执行。申请当事人如委托律师提出如上申请，则必须委托中华人民共和国律师。

其次，人民法院对承认和执行公约裁决申请的审查。我国有管辖权的人民法院接到一方当事人的申请后，如果认定不存在《纽约公约》第 5 条第 1、2 款所列的情形，则应当裁定承认其效力，并且按照《民事诉讼法》规定的程序执行；如果认定存在第 5 条第 1、2 款所列情形之一，或者根据被执行人提供的证据证明存在第 5 条第 1、2 款所列情形之一者，则应当裁定驳回申请，拒绝承认和执行。

最后，公约裁决的承认和执行程序。人民法院对公约裁决进行审查后，可以做出如下三种裁定之一：其一，经审查符合公约规定的条件和我国的法律，裁定予以执行。其二，经审查被申请人抗辩成立；或者认定裁决的执行有违我国的社会公共利益，裁定驳回申请，拒绝承认和执行。其三，被申请人已在有关国家提起了撤销裁决或停止裁决执行之请，且提供了担保，裁定延缓执行。对于裁定予以执行的决定，被申请人如仍不如期履行，则申请人可以交由人民法院强制执行，强制执行的方式与判决的执行方式相同。对于裁定拒绝执行的决定，申请人可以就有关争论重新订立仲裁协议，申请仲裁，也可以直接向有管辖权的人民法院起诉但不得上诉。对于裁定延缓执行的决定，人民法院可以根据有关情况，最终裁定予以执行或拒绝执行。

第二，非公约裁决在我国的承认和执行。非公约裁决是指外国仲裁机构在《纽约公约》非缔约国领土内做成的仲裁裁决或外国仲裁机构在缔约国领土内做成的非商事仲裁裁决。根据我国《民事诉讼法》第二百八十三条的规定，对于非公约裁决也可以得到承认和执行，不过其审查程序及条件均与公约裁决的承认和执行不同：

首先,对于承认和执行非公约裁决的申请程序,申请人可以直接向被执行人所在地的中级人民法院提出承认和执行裁决的申请。

其次,在审查程序方面,法院应申请进行互惠审查,被申请人应提供裁决国与我国在承认和执行仲裁裁决方面存在互惠的证据。这种互惠一般是双边条款或协议中的条款规定。同时,我国法院还应就争议的可仲裁性及裁决的执行是否有违公共政策方面对裁决予以审查。

最后,对于非公约裁决的执行程序,法院在做出执行程序后,可将非公约裁决视同外国判决予以执行。当事人对驳回申请的裁定不得上诉,但可以重新订立仲裁协议仲裁,也可以向人民法院起诉。

如果你所在的公司有一份来自外国的仲裁裁决想在我国申请执行,那么你该如何处理?

(六)我国的仲裁机构、仲裁规则

1. 中国国际经济贸易仲裁委员会

中国国际经济贸易仲裁委员会成立于1956年,是中国国际贸易促进委员会(简称"贸促会",从1988年起对外改称"中国国际商会")下属的一个民间性常设仲裁机构,总部设在北京,该仲裁委员会先后于1989年1月、1990年4月在深圳经济特区和上海市分别设立了深圳分会和上海分会,以方便当事人提请仲裁,总会和分会是同一仲裁机构,即中国国际经济贸易仲裁委员会,其区别只是受理和审理案件的地点与开庭地点不同。总会和分会适用同一仲裁规则和同一仲裁员名册。

2. 香港国际仲裁中心

香港国际仲裁中心(Hong Kong International Arbitration Center)成立于1985年9月,是一个民间非营利性中立机构。该仲裁中心由理事会领导,理事会由来自不同国家的商人和其他具备不同专长与经验的专业人士组成。该仲裁中心的业务活动由理事会管理委员会通过秘书长进行管理,而秘书长则是仲裁中心的行政首长和登记官。

1990年修正后的《香港国际仲裁中心仲裁条例》规定了本地仲裁和国际仲裁两种不同的仲裁制度。本地仲裁是指双方当事人都是香港人的案件,适用香港仲裁规则。国际仲裁是指一方或双方当事人为非香港人的案件,适用《联合国国际贸易法委员会仲裁规则》。国际仲裁的仲裁庭,除非当事人另有约定,仲裁员人数为3人,当事人双方各指定1名,再由被指定的2名仲裁员共同推选1名首席仲裁员,也可由该仲裁中心作为指派机构指定仲裁员。

3.《关于内地与香港特别行政区相互执行仲裁裁决的安排》

1999年1月27日,中国最高人民法院公布了《关于内地与香港特别行政区相互执行仲裁裁决的安排》,该安排在贯彻"一国两制""协商一致"和"有效原则"的前提下,双方同意仍"参照国际公约和国际惯例的原则",以保持相互承认和执行对方裁决的连续性。内地执行香港的裁决时,对于我国在加入《纽约公约》时所做出的商事保留继续适用;而香港执行内地的仲裁裁决时,也应包括截至1999年5月内地依据《仲裁法》成立的148家仲裁委员会的有关裁决。该安排也规定,申请人向有关法院申请执行在内地或香港做出的仲裁裁决的,被申请人接到通知后,提出证明有五种情形①之一的,经审查核实,有关法院可以裁定不予执行。

2000年1月13日,香港特别行政区正式公布了2000年《仲裁条例》,废除了1990年《香港国际仲裁中心仲裁条例》中与《中华人民共和国香港特别行政区基本法》相抵触的规定,并增加了"内地"和"内地裁决"等相关内容,以保证香港回归后内地与香港仲裁裁决的相互承认和执行问题。

4. 《关于内地与澳门特别行政区相互认可和执行仲裁裁决的安排》

1998年11月13日,《澳门特别行政区公报》发布了第55/98/M号法令,即《涉外商事仲裁专门制度》。该法几乎完全参照联合国国际贸易法委员会1985年的《国际商事仲裁示范法》而制定。第55/98/M号法令的发布,标志着澳门仲裁制度的最终确立。

随着1999年12月20日澳门的回归,以及2003年10月17日《内地与澳门关于建立更紧密经贸关系的安排》及其附件文本的正式签署,两地的经贸往来更加频繁,两地互涉仲裁案件随之增多。但是,葡萄牙1995年加入《纽约公约》时,并未将《纽约公约》扩展适用于澳门。因此,在法理上,澳门仲裁裁决无法依据《纽约公约》在内地申请承认和执行,反之亦然。此外,根据澳门特别行政区法规,澳门实行临时仲裁制度,在澳门特别行政区做出的临时仲裁裁决多于机构仲裁裁决,而内地现有的法律没有关于临时仲裁的规定。

为了解决两地之间存在的这些问题,根据《中华人民共和国澳门特别行政区基本法》第九十三条的规定,最高人民法院与澳门特别行政区经协商达成了《关于内地与澳门特别行政区相互认可和执行仲裁裁决的安排》,于2007年10月30日签署,自2008年1月1日起实施。

该安排的第一条规定,内地人民法院认可和执行澳门特别行政区仲裁机构及仲裁员按照澳门特别行政区仲裁法规在澳门做出的民商事仲裁裁决,澳门特别行政区法院认可和执行内地仲裁机构依据《中华人民共和国仲裁法》在内地做出的民商事仲裁裁决,适用本安排。本安排没有规定的,适用认可和执行地的程序法律规定。

---

① 五种情形具体包括:
(1) 仲裁协议当事人依对其适用的法律属于某种无行为能力的情形,或者该项仲裁协议依约定的准据法无效,或者未指明以何种法律为准时,依仲裁裁决地的法律是无效的;
(2) 被申请人未接到指派仲裁员的适当通知,或者因他故未能陈述意见的;
(3) 裁决所处理的争议不是交付仲裁的标的或不在仲裁协议条款之内,或者裁决载有关于交付仲裁范围以外事项的决定的;但交付仲裁事项的决定可与未交付仲裁的事项划分时,裁决中关于交付仲裁事项的决定部分应当予以执行;
(4) 仲裁庭的组成或仲裁庭程序与当事人之间的协议不符,或者在有关当事人没有这种协议时与仲裁地的法律不符的;
(5) 裁决对当事人尚无约束力,或者业经仲裁地的法院或按仲裁地的法律撤销或停止执行的。
有关法院认定依执行地法律,争议事项不能以仲裁解决的,则可不予执行该裁决。内地法院认定在内地执行该仲裁裁决违反内地社会公共利益,或者香港特别行政区法院决定在香港特别行政区执行该仲裁裁决违反香港特别行政区法的公共政策,则可不予执行该裁决。

任务二：运用诉讼程序解决国际商务纠纷

工作任务

北德意志州银行（Norddeutsche Landesbank Girozentrale，以下简称"北德银行"）是德国第四大州立银行，其与江苏东方造船有限公司（以下简称"东方公司"）达成的船舶建造合同第十三章规定："(a) 船级社的决定。如果各方就本合同或说明书发生任何技术上的争议或任何分歧，则各方可在协商一致后将争议提交船级社或类似的其他专门机构，其决定将是最终的、决定性的，并对各方均有约束力；(b) 如果各方不同意按上述(a)节解决争议，则可将争议按下述内容提交仲裁……"合同中对仲裁地点、仲裁程序、仲裁组织的构成、仲裁裁决的效力做出了明确的约定。合同第十八章约定："本合同一式三份，双方同意，本合同各章节及各部分的效力和解释接受英国法律管辖。"后因船舶建造合同解除发生了返还造船款及利息需缴纳的税款纠纷。

请问：

（1）北德银行与东方公司之间的仲裁协议有效吗？提出解除船舶建造合同的请求应该由哪个机构审理？

（2）返还造船款及利息需缴纳的税款纠纷应由哪个机构审理？

操作过程

（1）北德银行与东方公司之间的仲裁协议有效。北德银行如提出解除船舶建造合同的请求，则应该向仲裁机构提出申请。按照多数国家仲裁法的规定，只要当事人之间有将争议提交仲裁的意思表示，仲裁事项属于法律或仲裁机构的仲裁范围，且对仲裁机构、仲裁地点、仲裁裁决的效力等达成一致意见的，属于有效的仲裁协议。本案当事人在合同中订立仲裁条款，且对仲裁机构和仲裁裁决的效力都进行了约定，符合法律规定。北德银行如提出解除船舶建造合同的请求，则应该向选定的仲裁机构依据英国法律审理。

（2）返还造船款及利息需缴纳的税款纠纷应由我国法院审理。本案中，虽然双方在船舶建造合同中约定了仲裁条款、仲裁机构、仲裁裁决的效力等内容，但涉及合同解除后代缴税款的返还问题不属于双方当事人合同约定的内容范围，也不属于仲裁条款约定的事项，应按照属地管辖原则确定受诉法院。

知识链接与归纳

二、国际商事诉讼

（一）认识国际商事诉讼

国际商事争议发生后，如果不存在有效的仲裁协议，则任何一方当事人都可以向有管辖权的法院起诉，要求通过诉讼途径解决争议。

1. 国际商事诉讼的概念

国际商事诉讼,也称涉外商事诉讼、国际民事诉讼,是指含有国际因素,或者从某个主权国家的角度来说,含有涉外因素的商事诉讼。

2. 国际商事诉讼的特点

(1) 国际商事诉讼是具有国际因素的诉讼。国际因素是指国际商事诉讼的主体、客体或诉讼的内容中,至少有一个或一个以上具有涉及两个或两个以上国家的因素。

议一议

西门子公司与甲公司都是注册于上海自贸区内的外商独资企业。双方订立的货物供应合同约定相关纠纷应提交新加坡国际仲裁机构解决,并适用中国法。西门子公司作为供货方,为了履行合同而从国外进口相应的机械设备,货物到上海自贸区后,西门子公司办理了报关备案手续。之后,西门子公司又向上海自贸区海关办理了二次报关完税手续,货物遂从区内流转到区外,最终由西门子公司在黄金置地大厦工地履行了交货义务,双方因履约问题发生纠纷。请问:本案是否具有涉外因素?

(2) 受理法院的内国性。虽然国际商事诉讼具有涉外性,但是世界上没有专门审理涉外商事案件的国际法院,也没有统一的国际商事诉讼法,因此国际商事诉讼只能依据某一个国家处理国际商事诉讼的特别规定在国内法院进行。

想一想

在北京市第一中级人民法院审理涉外商事案件时可以依据外国的法律做出判决吗?

(3) 涉及法律的复杂性。国际商事诉讼一般会涉及不同国家的实体法和程序法,既可能是国内法,又可能是外国法或者国际条约、国际惯例。

(4) 涉及内容的复杂性。国际商事诉讼的完成,一般都需要国际司法协助、外国法院判决的承认和执行等,所涉及的内容比国内民商事诉讼要复杂得多。

议一议

美国的仲裁裁决能否向我国的法院申请执行?

3. 国际商事诉讼法的渊源

(1) 国内立法。国内立法是国际商事诉讼法的主要渊源,各国立法主要采用以下几种方式对国际商事诉讼予以规定:① 在民事诉讼法或民法典中设专编或专章规定国际商事诉讼的内容。例如,1991年《中华人民共和国民事诉讼法》第四编"涉外民事诉讼程序的特别规定",1984年《秘鲁民法典》第十编第二章"司法管辖权"和第四章"外国判决与仲裁裁决的承认和执行"的规定。② 在国际私法法典中对国际商事诉讼加以规定。例如,1987年《瑞士联邦国际私法》中对管辖与外国法院判决承认和执行的规定,美国1986年修订的《第二次冲突法重述》第三章到第六章对司法管辖权、判决、程序的规定。③ 将国际民事诉讼法与国际私法规定在同一部法典中并称为国际私法与国际民事诉讼程序法。例如,1964年《捷克斯洛伐克国际私法及国际民事诉讼法》,1982年《土耳其国际私法和国际诉讼程序法》。④ 制定单行法规对国际商事诉讼程序加以规定。例如,日本1938年《外国法院司法协助法》,美国1976年《外国主权豁免法》,英国1933年《外国判决(相互执行)条例》和1982年《民事管辖权和判决法》都是关于国际商事诉讼程序的单行法规。我国关于国际商事诉讼程序的立法及司法解释主要有:1986年《中华人民共和国外交特权与豁免条例》、1990年《中华人民共和国领事特权与豁免条例》,对外交人员和领事人员在我国法院进行民事诉讼时所享有的地位做出了规定。1986年《最高人民法院关于涉外海事诉讼管辖的具体规定》、1999年《中华人民共和国海事诉讼特别程序法》,对海事诉讼程序做出了规定。2001年《最高人民法院关于涉外民商事案件诉讼管辖若干问题的规定》,明确了涉外民商事案件的诉讼管辖权限和范围。

(2) 国际条约。国家间缔结的专门性的或含有国际商事诉讼程序规则的国际条约同样是国际商事诉讼法的主要渊源。有关国际商事诉讼的国际条约包括全球性多边条约、区域性多边条约及双边条约:

第一,全球性多边条约多是在海牙国际私法会议的主持下签订的。海牙国际私法会议自1893年成立以来,一直致力于统一国际私法,其中在国际民事诉讼领域的统一化是其主要议题并取得了显著的成效。海牙国际私法会议主持签订的国际民事诉讼法条约主要有:1954年海牙《民事诉讼程序公约》,1958年海牙《国际有体动产买卖协议管辖权公约》,1958年海牙《抚养儿童义务判决的承认和执行公约》,1965年海牙《协议选择法院公约》,1965年海牙《关于向国外送达民事或商事司法文书和司法外文书公约》,1970年海牙《民商事案件国外调取证据公约》,1971年海牙《承认和执行外国民商事判决公约》(以下简称《执行公约》),1973年海牙《扶养义务判决的承认和执行公约》,1980年海牙《国际司法救助公约》。

第二,区域性多边条约中具有代表性的是欧洲国家之间及美洲国家之间签订的有关国际民事诉讼方面的条约。它们是:1968年《关于民商事案件管辖权及判决执行的公约》,1972年《关于国家豁免的欧洲公约》,1988年《关于民商事案件管辖权及判决执行的卢加诺公约》,1975年《美洲国家间关于国外调取证据的公约》,1979年《美洲国家间关于外国判决与仲裁裁决的域外效力的公约》。

第三,除上述多边条约外,国家之间签订的双边条约,特别是两国间的司法协助条约,在国际商事诉讼法中同样占有重要地位。

2012年,海牙国际私法会议决定重启《执行公约》项目,经过四年左右的准备,于2016年形成了一份新的草案。此后,海牙国际私法会议于2016—2018年间召开了四次特别委员会会议,根据各方意见推进了《执行公约》的修订,直至2019年7月2日在外交大会上完成最终谈判。我国目前尚未加入任何关于外国民商事判决承认和执行的条约。

对于外国判决,我国法院目前承认和执行的依据仅有两种:通过我国与其他国家签订的双边司法协助条约或依据互惠原则。就前者而言,虽然我国已与三十多个国家签署了包含承认和执行法院判决的双边条约,但其中并不包括与我国经济往来最密切的国家(如美国、新加坡、韩国等)。就后者而言,由于实践中我国法院对于互惠原则标准的认定较为严苛(我国法院通常持"事实互惠"标准,即只有在请求国法院曾经承认和执行过我国法院判决的情况下,才会考虑同意相关判决在我国的承认和执行请求),所以仅有少数外国判决能够通过该原则获得承认和执行。

(二)外国人的民事诉讼地位

外国人的民事诉讼地位是指外国自然人或法人在某一国家境内享有哪些诉讼权利,承担哪些诉讼义务,以及具有什么样的诉讼行为能力。外国人在某一国家境内具有一定的诉讼地位是国际商事诉讼开始进行的前提,各国的诉讼法及有关国际条约都对此做了明确规定。

1. 有关外国人民事诉讼地位的一般原则

外国人的民事诉讼地位经历了从排外到合理待遇等几个发展时期。目前,国际社会的普遍实践是给予外国人同本国国民同等的民事诉讼地位,即在民事诉讼方面赋予外国人国民待遇。因此,国民待遇原则(也称平等待遇原则)是有关外国人民事诉讼地位的一般原则。但为了保证本国国民在国外也能得到所在国的国民待遇,各国一般都规定在赋予在本国的外国人国民待遇时,以互惠或对等为条件,即该外国人所在国对本国国民也应在民事诉讼地位上给予国民待遇,也就是说,外国人享有与本国国民同等的民事诉讼权利,承担同样的民事诉讼义务。

是不是所有的外国人都适用国民待遇?

2. 外国人在我国的民事诉讼地位

(1)以对等为条件的国民待遇原则。根据我国《民事诉讼法》第五条第一款的规定,外国人、无国籍人、外国企业和组织在人民法院起诉、应诉,同中华人民共和国公民、法人和其他组织有同等的诉讼权利与义务。这表明,依照我国法律,外国当事人在我国进行民事诉讼活动同我国当事人有同等的起诉和应诉的权利能力及行为能力,并享有进行民事诉讼活动的各项权利;同时,他们也必须像我国当事人一样承担诉讼义务。我国《民事诉讼法》第五条第二款进一步明确规定,外国法院对中华人民共和国公民、法人和其他组织的民事诉讼权利加以限制的,中华人民共和国人民法院对该国公民、企业和组织的民事诉讼权利,实行对等原则。因此,我国采取的是以对等为条件的国民待遇原则。

(2)原则上依属人法决定外国自然人的诉讼行为能力。当今世界各国和相关的国际条约都保证外国人可自由地向内国法院起诉的权利,而且即使没有国际条约的规定,根据国际习惯,也应该给予外国人在内国法院起诉的权利。我国对此无明文规定,我国学者一般认为,当事人的民事诉讼权利能力应依法院地法,即当事人是否有民事诉讼权利能力的问题应由法院地所在国的法律决定。至于当事人是否具有民事诉讼行为能力的问题,则应由当事人的属人法决定,但即使根据其属人法无民事诉讼行为能力,依法院地所在国的法律有民事诉讼行为能力的,应当认定为有民事诉讼行为能力,即此时应依法院地法。

日本公民在我国提起诉讼,对其诉讼行为能力的判断应依据哪国法律?

(3) 诉讼费用担保。诉讼费用担保是指审理国际民商事案件的法院依据本国诉讼法的规定,为防止原告滥用其诉讼权利或防止其败诉后不支付诉讼费用,要求作为原告的外国人或者在内国无住所的人,在起诉时提供以后可能由其负担的诉讼费用的担保。需要指出的是,此处的诉讼费用不包括案件的受理费,而是指当事人、证人、鉴定人、翻译人员的差旅费、出庭费及其他诉讼费用。

作为原告的外国人或者在内国无住所的原告该如何提供诉讼费用的担保?

(4) 诉讼代理。在国际民商事诉讼程序中,各国立法都允许外国当事人委托诉讼代理人代为诉讼行为。但一般都规定,外国当事人如果想要委托律师代为诉讼行为,则只能委托在法院地国执业的律师。

此外,在国际社会的司法实践中还存在一种领事代理制度,即一个国家的驻外领事,可以依据驻在国的立法和有关国际条约的规定,在其管辖范围内的驻在国法院依职权代表其本国国民参与有关的诉讼程序,以保护有关自然人或法人在驻在国的合法权益。1963年《维也纳领事关系公约》中肯定了领事代理制度,该制度已得到国际社会的普遍承认。

根据我国《民事诉讼法》及其有关司法解释,外国人在我国法院参与诉讼时,可以亲自进行,也有权通过一定程序委托我国的律师或其他公民代为进行。但需要委托律师代为诉讼的,必须委托我国的律师代为诉讼。涉外民商事诉讼中的当事人,还可以委托其本国人为诉讼代理人,也可以委托本国律师以非律师身份担任诉讼代理人。另外,外国当事人还可以委托其本国驻华使领馆官员以个人名义担任诉讼代理人。最后,我国立法对领事代理制度也采取肯定态度。至于授权委托书,如果在我国领域内无住所的外国当事人委托我国律师或其他人代理诉讼,委托书是从我国境外寄交或者托交的,则应当经过所在国公证机关证明,并经我国驻该国使领馆认证,或者履行我国与该所在国订立的有关条约中规定的证明手续后,才具有效力。

涉外民商事诉讼中,我国公民可以委托哪些人担任代理人?

(5) 司法豁免。根据我国《民事诉讼法》第二百六十一条的规定,对享有外交特权与豁免的外国人、外国组织或者国际组织提起的民事诉讼,应当依照中华人民共和国有关法律和中华人民共和国缔结或者参加的国际条约的规定办理。这一规定涉及国家豁免、外交特权与豁免和国际组织豁免。《中华人民共和国外交特权与豁免条例》明确规定了外交代表享有民商事管辖豁免,我国1975年加入的1961年《维也纳外交关系公约》对外交代表进行民商事诉讼的司法豁免和例外做了规定。为了保障正确受理涉及特权与豁免的民商事案件,最高人民法院于2007年5月22日下发《关于人民法院受理涉及特权与豁免的民事案件有关问题的通知》,决定对人民法院受理的涉及特权与豁免的案件建立报告制度,凡以下列在中国享有特权与豁免的主体为被告、第三人向人民法院起诉的民商事案件,人民法院应在决定受理之前,报请本辖区高级人民法院审查;高级人民法院同意受理的,应当将其审查意见报最高人民法院;在最高人民法院答复前,一律暂不受理:① 外国国家;② 外国驻中国使馆和使馆人员;③ 外国驻中国领馆和领馆成员;④ 途经中国的外国驻第三国的外交代表和与其共同生活的配偶及未成年子女;⑤ 途经中国的外国驻第三国的领事官员和与其共同生活的配偶及未成年子女;⑥ 持有中国外交签证或者持有外交护照(仅限互免签证的国家)来中国的外国官员;⑦ 持有中国外交签证或者持有与中国互免签证国家外交护照的领事官员;⑧ 来中国访问的外国国家元首、政府首脑、外交部部长及其他具有同等身份的官员;⑨ 来中国参加联合国及其专门机构召开的国际会议的外国代表;⑩ 临时来中国的联合国及其专门机构的官员和专家;⑪ 联合国系统组织驻中国的代表机构和人员;⑫ 其他在中国享有特权与豁免的主体。

涉外民商事诉讼中的司法豁免是无限的吗?

(三) 国际商事诉讼管辖权

国际商事诉讼管辖权是指一国法院或具有审判权的其他司法机关受理具有国际因素或涉外因素的商事案件的权限,它所涉及和解决的是某一特定的国际商事案件究竟哪个国家的法院具有管辖权的问题。

原告为一家法国公司,被告为数家荷兰公司。双方在交易合同中规定:发生纠纷时,荷兰公司有权选择在荷兰仲裁或诉讼。原告认为,以上条款不平等且表明当事人没有提交仲裁的意图。请问:本案纠纷到底该向哪里提交申请呢?

关于国际商事案件的管辖权,各国法律规定不一,大都针对不同类型的案件适用不同标准和原则加以确定,具体有以下原则:

1. 属地管辖原则

属地管辖原则又称领土管辖原则,是指一国对该领土范围内的一切人、物、法律行为都具有管辖权,但享有司法豁免权者除外。属地管辖原则实际上以当事人居住地、被告财产所在地、合同成立地或旅行地等法律事实发生地为案件与法院的联系因素来确定案件的管辖权。具体地说,在国际商事诉讼中,诉讼当事人(主要是被告)的住所,其财产、诉讼标的物,产生争执的法律关系或法律事实,如果其中有一个因素存在于该国境内或发生于该国境内,则该国就可以因此主张对该案件的管辖权。

议一议

英国凯英公司与我国贝华公司签订合同在我国共同投资建立中外合资经营企业。合同约定如果凯英公司与贝华公司之间就此合同发生争议,则双方选择英国法院管辖。在合同履行过程中,凯英公司与贝华公司因为出资问题发生争议。试依据我国法律分析贝华公司欲起诉凯英公司应向哪国法院提起诉讼。

2. 属人管辖原则

属人管辖原则是以当事人的国籍为案件与法院的联系因素来确定案件的管辖权。只要诉讼当事人一方为某国国籍,该国法院就可以主张对该案件的管辖权。以《法国民法典》为代表的国家(如意大利、卢森堡、荷兰等国)都采用这一原则。实行属地管辖原则的国家与实行属人管辖原则的国家在管辖权原则上日益接近。大部分实行属地管辖原则的国家也开始以属人管辖原则为补充;而在实行属人管辖原则的国家,在一般承认和实行"原告就被告"原则的同时,对于诉讼标的物在本国境内的案件,也开始行使管辖权。

议一议

中方与日方签订了一份买卖合同,合同中的仲裁条款约定:"凡因执行本合同所发生的一切争议,双方同意提交仲裁。仲裁在被诉人所在国家进行。"在合同履行过程中,日方提出中方所交的货物品质与合同规定不相符,于是双方将争议提交中方的仲裁机构仲裁,最终日方败诉。请问:日方可否向本国法院提请上诉?

3. 协议管辖原则

协议管辖原则又称合意原则,是指双方当事人依据"意思自治"的原则,将他们之间的纠纷交由其所选择的法院审理。协议管辖原则是对属地管辖原则与属人管辖原则的变更和补充,已为各国所普遍接受,但各国对协议管辖的范围都有不同程度的限制,一般表现为:协议管辖只适用一定合同法律关系所发生的争议;当事人只能协议选择一审法院,对上诉案件不适用;协议必须用书面形式。

4. 专属管辖原则

专属管辖原则是指一国主张它的法院对某些国际商事案件有独占的和排他性的管辖权,任何组织或其他国家不能任意剥夺该国对这类案件所享有的管辖权。各国一般都把不动产、婚姻、继承等案件列入专属管辖的范围。

5. 实际控制管辖原则

这是为英美普通法所确认的管辖原则,也称"有效原则"。其具体表现为,在英国,法院行使管辖权,对人是以被告接到传票或本人在英国为依据,对物是以争议的诉讼标的物在英国为依据。也就是说,英国法院从此原则出发,不论当事人的国籍如何,只要这个人在英国,即使他只是一个途经英国的人,诉因也同英国无事实上的联结,英国法院也可对他行使管辖权。同样,一般作为诉讼标的物的外国船舶即使只是暂时停泊或经过英国水域,英国法院也可对其行使管辖权。依此原则而形成的管辖权被一些国家批评为"过分的管辖权",但该原则所体现的对实际控制因素的考虑,是值得借鉴的。

我国《民事诉讼法》有关涉外民商事案件管辖权的规定主要有以下几个方面:

(1) 普通地域管辖。我国《民事诉讼法》与大多数国家一样,也是以被告住所地为普通管辖的依据,即采用"原告就被告"的原则,只要涉外民商事案件中的被告住所地在我国,我国法院就有管辖权。

(2) 特别地域管辖。对于在我国领域内没有住所的被告提起的有关合同或财产权益纠纷的诉讼,如果合同在我国领域内签订或履行,或诉讼标的物在我国领域内,或被告在我国有可供扣押的财产,或被告在我国领域内设有代表机构,则合同签订地、合同履行地、诉讼标的物所在地、可供扣押的财产所在地、侵权行为地或代表机构所在地法院均可以行使管辖权。

(3) 专属管辖。我国《民事诉讼法》对专属管辖的规定有:① 因不动产纠纷提起的诉讼,由不动产所在地人民法院管辖;② 因港口作业中发生纠纷提起的诉讼,由港口所在地人民法院管辖;③ 因继承遗产纠纷提起的诉讼,由被继承人死亡时住所地或者主要遗产所在地人民法院管辖;④ 因在我国履行中外合资经营企业合同、中外合作经营企业合同、中外合作勘探开发自然资源合同发生纠纷提起的诉讼,我国法院有专属管辖权。

英国凯英公司与我国贝华公司签订合同,在我国共同投资建立中外合资经营企业。如果凯英公司与贝华公司之间就此合同发生争议,则可以在哪一个国家提起诉讼?

根据最高人民法院《关于适用〈中华人民共和国民事诉讼法〉若干问题的意见》的相关规定,属于中华人民共和国人民法院专属管辖的案件,当事人不得用书面协议选择其他国家法院管辖,但协议选择仲裁裁决的除外。因此,在我国,如果当事人选择以诉讼方式解决争议,则当事人不得以书面协议排除我国法院的专属管辖权,但如果当事人选择以仲裁方式解决争议,则其仲裁协议具有排除我国法院专属管辖权的法律效力。

美国在华的投资公司 A 与我国乙市的 B 公司签订协议,合资在我国丙市兴建一座商住楼。大楼如期建成,B 公司却背着 A 公司单独以自己的名义办理大楼产权登记手续。A 公司得知此事后,向乙市人民法院起诉 B 公司,要求确认自己对大楼的部分产权。试分析乙市人民法院对本案有无管辖权。

(4) 协议管辖。我国《民事诉讼法》明确承认协议管辖,即合同或其他财产权益纠纷的当事人可以书面协议选择被告住所地、合同履行地、合同签订地、原告住所地、标的物所在地等与争议有实际联系的地点的法院管辖,但不得违反我国《民事诉讼法》对级别管辖和专属管辖的规定。

A 国甲公司与 B 国乙公司在 B 国 C 地签订了一份书面购销合同,甲公司向乙公司购买冰箱 200 台,每台价格 1500 元。双方约定由乙公司代办托运,甲公司在收到货物后的 10 日内付款,并且约定了因合同发生纠纷由 B 国 C 地的法院管辖。但是,在合同签订后,乙公司因为资金不足,发生生产困难,没有能够按照合同约定的时间交付货物。甲公司要求乙公司支付违约金,乙公司拒绝,双方发生争议,甲公司提起诉讼。如果双方当事人约定 C 地为合同的履行地,并且约定合同履行地的法院为合同纠纷的管辖法院。请问:此时就本案而言,C 地的法院是否因此而取得管辖权?

(5) 遵守国际条约的规定。目前我国参加的涉及管辖权的条约主要有《统一国际航空运输某些规则的公约》和《国际油污损害民事责任公约》等。我国法律规定与条约规定有不同的,除我国声明保留的条款外,应优先适用条约的规定。

(6) 关于涉外民商事案件的集中管辖。为了提高涉外审判质量,最高人民法院于 2001 年 12 月 25 日发布了《关于涉外民商事案件诉讼管辖若干问题的规定》,采取了"集中管辖"或者"优化案件管辖""优化司法资源的配置"的方法,将以往分散由各基层人民法院、中级人民法院管辖的涉外民商事案件,集中由少数收案较多、审判力量较强的中级人民法院和基层人民法院管辖。

哪些涉外民商事案件实行集中管辖?

2018 年 6 月 25 日,为服务和保障"一带一路"建设,依据《中华人民共和国人民法院组织法》《中华人民共和国民事诉讼法》等法律,最高人民法院审判委员会通过了《最高人民法院关于设立国际商事法庭若干问题的规定》(以下简称《若干规定》)。2018 年 6

29日,最高人民法院第一国际商事法庭、第二国际商事法庭分别在深圳市和西安市正式揭牌,为国际商事法庭的设立和运行提供了法律依据。2018年11月21日,根据先前的《若干规定》,最高人民法院又发布了《最高人民法院办公厅关于确定首批纳入"一站式"国际商事纠纷多元化解决机制的国际商事仲裁及调解机构的通知》《最高人民法院国际商事法庭程序规则(试行)》和《最高人民法院国际商事专家委员会工作规则(试行)》三项配套规范性文件。国际商事法庭的成立,总体来说,是给高标的额国际商事案件当事人提供了新的争议解决途径,有利于更高效地保障国际商事案件当事人的权利。但作为司法领域的新生事物,国际商事法庭的运作及相关配套规定必然需要进一步检验和完善。

2013年8月,中国杭泽经贸公司与日本某公司签署了一份货物买卖合同,双方约定了货物的价格及运输的条件,后双方发生纠纷,在适用何种法律来解决纠纷方面产生了分歧:日方公司认为双方价格条件的约定基本是依据《国际贸易术语解释通则》的FOB贸易术语签订的,而通则在2010年进行了修订,因此,应适用2010年通则;而中方公司则主张应适用合同签订地及合同履行地法律,即中国的合同法律制度。请问:双方应如何解决这一纠纷?

(四)国际司法协助

国际司法协助是指一国法院接受另一国法院的请求,代为履行某些诉讼行为,如送达诉讼文书、询问证人、提取证据、诉讼保全以及承认和执行外国法院判决与外国仲裁裁决等。

1. 实施国际司法协助的途径和方式

实施国际司法协助,请求法院和被请求法院之间须通过外交途径,并在各国司法部参与的情况下进行联系。一般来说,被请求法院在提供国际司法协助时都适用本国的民事诉讼规则。被请求法院一般不能收取执行有关请求的费用,但同时亦规定请求法院应支付给证人、鉴定人及翻译人员的费用,因司法人员或依履行地国法律有主管人员参加而引起的费用,以及被请求法院执行请求法院要求的特别程序所花的费用。

外交途径有:① 领事渠道;② 司法部同有关国家的司法机构之间的直接联系;③ 有关国家司法部之间的直接联系;④ 中央机构之间的直接联系;⑤ 提出请求的法院同接受请求的法院的中央机构之间的直接联系。

被请求法院提供司法协助的程序和方式是依照哪国的法律进行的?

2. 国际司法协助的拒绝

被请求法院在遇到下列情况之一时可以拒绝执行请求法院的有关委托:① 委托的送

达违反必要程序;② 对委托文件的真实性存在疑问;③ 委托履行的行为超越职权范围;④ 委托履行的行为是被请求国法律明文禁止的诉讼行为;⑤ 委托履行的行为与被请求国主权和安全不相容;⑥ 委托履行的行为显然违背请求国公共秩序或公共政策;⑦ 两国间不存在互惠关系等。

能力实训

一、实训案例

1. 2015年3月,美国的A公司与我国的B公司就棉制产品买卖达成协议,即B公司按照A公司的要求生产并加工棉制产品,保证货物的质量和按时交货;A公司经过检验合格后,按照约定付款。双方最后还约定,一旦就本合同发生争议,提交中国国际经济贸易仲裁委员会依美国仲裁协会的仲裁规则进行仲裁。后来,因货物规格和质量问题,双方发生争议。按照事先约定的仲裁条款,A公司和B公司将争议提交给中国国际经济贸易仲裁委员会请求按照美国仲裁协会的仲裁规则进行仲裁。

请问:

(1) A公司与B公司签订的仲裁条款是否有效?

(2) 中国国际经济贸易仲裁委员会对该争议是否有管辖权?

1. 评析

2. 中国寰寰公司和美国四郎公司协议购买一批电脑,双方在协议中约定四郎公司向寰寰公司提供一批笔记本电脑,寰寰公司则向四郎公司支付货款总计100万美元。双方还约定基于该购买协议所发生的争议均提交位于烟台市的仲裁委员会进行仲裁。寰寰公司支付货款后发现四郎公司提供的部分笔记本电脑存在严重的质量问题。在与四郎公司协商无果后,寰寰公司向烟台仲裁委员会提起仲裁申请。四郎公司则认为双方的仲裁协议无效,并于仲裁庭首次开庭前提出了异议,请求烟台仲裁委员会对双方仲裁协议的有效性进行审查。寰寰公司则认为该仲裁协议有效并申请烟台市中级人民法院对该仲裁协议的效力进行审查。经查明,寰寰公司的住所地位于山东省烟台市;寰寰公司和四郎公司在协议中没有约定适用于仲裁协议的法律。

请问:

(1) 在本案中,应该由哪个主体对仲裁协议的效力进行判断?

(2) 在本案中,应该适用何种法律对仲裁协议的效力进行判断?

(3) 在本案中,如果应适用我国法律对仲裁协议的效力进行判断,则根据我国法律的规定,本案中的仲裁协议是否有效?

2. 评析

3. 2019年8月,我国武汉的A公司与法国的B公司签订了一份货物买卖合同。合同中的仲裁条款规定:"因履行合同发生的争议,由双方协商解决;无法协商解决的,由仲裁机构仲裁。"2019年10月,双方发生争议,A公司向武汉仲裁委员会递交了仲裁申请书,但B公司拒绝答辩。同年12月,双方经过协商,重新签订了一份仲裁协议,协议规定:"因履行合同发生的争议,由双方协商解决;无法协商解决的,提交中国国际经济贸易仲裁委员会仲裁解决。"事后,A公司出于各种考虑,未申请仲裁,而是向合同履行地的武汉市中级人民法院提起诉讼,且起诉时未说明此前两次约定仲裁的情况。法院受理了此案,并向 B 公司送达了起诉状副本,B 公司向法院提交了答辩状。法院经审理判决被告 B 公司败诉,B 公司不服,向湖北省高级人民法院提起上诉,理由是双方事先有仲裁协议,一审法院没有管辖权,请求判定一审法院判决无效。

3. 评析

请问:
(1) 货物买卖合同中的仲裁条款是否有效?
(2) 争议发生后,双方签订的仲裁协议是否有效?
(3) 原告 A 公司向法院提起诉讼是否正确?
(4) 一审法院对本案是否有管辖权?
(5) 被告 B 公司是否具有上诉权?其上诉理由是否正确?

二、思考题

1. 什么是国际商事诉讼?国际商事诉讼与国际商事仲裁有何区别?
2. 简述外国人的诉讼地位。
3. 简述国际商事诉讼管辖权的原则。
4. 什么是司法协助?司法协助包括哪些内容?
5. 什么是仲裁协议?仲裁条款包括哪些内容?
6. 仲裁庭做出裁决时须遵守哪些规则?
7. 《纽约公约》规定的承认和执行仲裁裁决的条件有哪几项?

三、在线测试题

为检测本项目学习效果,请学生扫描左侧二维码完成在线测试,习题答案将于提交后自动显示。

参考文献

1. 陈岩编著.国际贸易理论与实务.机械工业出版社,2015.
2. 韩晓平主编.电子商务法律法规(第三版).机械工业出版社,2018.
3. 韩玉军编著.国际商法.中国人民大学出版社,2017.
4. 金春主编.国际商法(第二版).北京大学出版社,2008.
5. 雷·奥古斯特,唐·迈耶,迈克尔·比克斯比著.高瑛玮编译.国际商法(原书第六版).机械工业出版社,2018.
6. 刘刚仿编著.国际商法.机械工业出版社,2015.
7. 宁烨,杜晓君主编.国际商法(第三版).机械工业出版社,2019.
8. 钱晓英,张善燚,孟繁华等编著.国际商法.清华大学出版社,2011.
9. 屈广清主编.国际商法.东北财经大学出版社,2018.
10. 沈四宝,王军编著.国际商法.对外经济贸易大学出版社,2018.
11. 史学瀛,乔达等编著.国际商法(第二版).清华大学出版社,2011.
12. 王庆春,王晓亮主编.电子商务法律法规(第二版).高等教育出版社,2018.
13. 王志伟主编.商贸法律实务.中国纺织出版社,2010.
14. 温希波,邢志良,薛梅主编.电子商务法——法律法规与案例分析(微课版).人民邮电出版社,2019.
15. 吴建斌著.国际商法新论.南京大学出版社,2001.
16. 吴旭华,褚霞编著.中华人民共和国电子商务法:原理、实务及案例.法律出版社,2019.
17. 杨国明主编.国际商务法律法规.清华大学出版社,2010.
18. 曾黎娟主编.国际商法.中国人民大学出版社,2019.
19. 张圣翠主编.国际商法.上海财经大学出版社,2016.
20. 郑春贤编著.国际商法原理与案例教程.机械工业出版社,2009.
21. 周志珍主编.国际商法实用教程.中国经济出版社,2018.

教辅申请说明

北京大学出版社本着"教材优先、学术为本"的出版宗旨,竭诚为广大高等院校师生服务。为更有针对性地提供服务,请您按照以下步骤通过**微信**提交教辅申请,我们会在 1~2 个工作日内将配套教辅资料发送到您的邮箱。

◎扫描下方二维码,或直接微信搜索公众号"北京大学经管书苑",进行关注;

◎点击菜单栏"在线申请"—"教辅申请",出现如右下界面:

◎将表格上的信息填写准确、完整后,点击提交;

◎信息核对无误后,教辅资源会及时发送给您;如果填写有问题,工作人员会同您联系。

温馨提示:如果您不使用微信,则可以通过以下联系方式(任选其一),将您的姓名、院校、邮箱及教材使用信息反馈给我们,工作人员会同您进一步联系。

联系方式:

北京大学出版社经济与管理图书事业部

通信地址:北京市海淀区成府路 205 号,100871

电子邮箱:em@pup.cn

电　　话:010-62767312 /62757146

微　　信:北京大学经管书苑(pupembook)

网　　址:www.pup.cn